Auxiliando a humanidade a encontrar a Verdade

Uma Busca da Verdade

© 2018 — A. Moacyr Uchôa

Uma Busca da Verdade
AUTOBIOGRAFIA
A. Moacyr Uchôa

Todos os direitos desta edição reservados à
CONHECIMENTO EDITORIAL LTDA.
Rua Prof. Paulo Chaves, 276 — Vila Teixeira Marques
CEP 13480-970 — Limeira — SP
Fone/Fax: 19 3451-5440
www.edconhecimento.com.br
vendas@edconhecimento.com.br

Nos termos da lei que resguarda os direitos autorais, é proibida a reprodução total ou parcial, de qualquer forma ou por qualquer meio — eletrônico ou mecânico, inclusive por processos xerográficos, de fotocópia e de gravação — sem permissão por escrito do editor.

Revisão: Paulo Roberto Yog de Miranda Uchôa
Projeto gráfico: Sérgio Carvalho
Ilustração da capa: Banco de imagens

ISBN 978-85-7618-444-7
2ª Edição — 2018

• Impresso no Brasil • Presita en Brazilo

Produzido no departamento gráfico da
Conhecimento Editorial Ltda
grafica@edconhecimento.com.br

Dados Internacionais de Catalogação na Publicação (CIP)
Angélica Ilacqua CRB-8/7057

Uchôa, A. Moacyr (Alfredo Moacyr), 1906-1996
  Uma busca da verdade: autobiografia / A. Moacyr Uchôa — 2ª ed. – Limeira, SP : Editora do Conhecimento, 2018.
  358 p.

ISBN 978-85-7618-444-7

1. Uchôa, A. Moacyr (Alfredo Moacyr), 1909-1996
2. Espíritas : Autobiografia I. Título

18-0890   CDD — 920.91339

Índices para catálogo sistemático:
  1. Espíritas : Autobiografia

A. Moacyr Uchôa

Uma Busca da Verdade
AUTOBIOGRAFIA

2ª edição – 2018

Dedicatória

Aos meus queridos e inesquecíveis pais, Alfredo e Idalina, dedico este livro com o maior carinho na sintonia de filial amor e com a homenagem das poesias que lhes ofereço.

Sumário

Alfredo Uchôa, meu pai 9
Idalina, minha mãe 11
Apresentação 13
Palavras iniciais para esta edição 16
Capítulo I: Os primeiros tempos 22
Capítulo II: A escola de Carrilhos: o fatídico 1913 –
Os folguedos infantis 27
Capítulo III: A vida em Maceió – Os primeiros estudos –
O futebol 32
Capítulo IV: Rio de Janeiro — 1922 a 1924 — a Revolução
de 22 — Escola Militar de Realengo — Jundiaí — Itu —
Primeiras experiências espíritas — Tropa, engenharia,
dificuldades acadêmicas — Monge — Kardec 46
Capítulo V: Os idos de 1925 a 1930 — Ainda as experiências
acadêmicas — Augusto Comte e Allan Kardec 84
Capítulo VI: Vitória/ES, engenharia — As tensões político-revolucionárias de 1930/32 — Novas experiências no Exército —
A Revolução Paulista 9/julho/32 102
Capítulo VII: Os anos de 1933 a 1935 — A revolução
comunista em Recife 119
Capítulo VIII: 1936 a 1950 — Da Artilharia de Costa ao
Magistério Militar: Realengo e Resende (AMAN) —
Tempo rico em paranormalidade — Espiritismo, efeitos
físicos e materializações 133

Capítulo IX: As ricas, sofridas e felizes experiências dos
anos 49 a 60 — West Point (USA) — Milagres? —
MestrePhilippe de Lyon 165

Capítulo X: Os anos 60 a 68 — a ESG (Escola Superior de Guerra)
— USA — Curas — Os discos voadores nos céus
de Washington — Brasília 193

Capítulo XI: Brasília — 1968 — Engenharia — Sociedade de
Parapsicologia — Os discos voadores — O mestre Morya
da Fraternidade Branca 216

Capítulo XII: Os discos voadores em Alexânia/GO — Criação
da Associação Universal Morya e da União Pioneira
de Integração Social (UPIS), em Brasília/DF 228

Capítulo XIII: Fenômenos extraordinários na fazenda
de Alexânia 238

Capítulo XIV: Fenômenos metapsíquicos ou parapsicológicos
e ufológicos, estimulantes da "Busca da Verdade" –
Mergulho no hiperespaço 244

Capítulo XV: Ainda a década de 70: livro sobre o Senhor Cristo
e curas paranormais "absurdas", porém comprovadas. "O
milagre das igrejas"? Não! Os novos tempos que chegam! ... 255

Capítulo XVI: Ainda a década 70: cura extraordinária — Vale
do Amanhecer — Viagem à Europa em 1978: dez países —
Arte e beleza — I Congresso Internacional de Ufologia 270

Capítulo XVII: A década de 80 — Congresso em Cambridge —
A Universidade de Duke/EUA — Curas extraordinárias 288

Epílogo 306
   I – Vidas passadas? 306
   II – Reflexões finais 315
Final 328
Busca 329
Adendo 350
Busquei 356
As Oitenta Pétalas de uma Eterna Rosa 356
Carta ao meu avô 357

Alfredo Uchôa, meu pai

Viril, corajoso, desassombrado,
Culto, político sem jaça, autoridade,
De viver moral por todos proclamado.
Caráter firme, alta dignidade.
Aos filhos, o exemplo e sã orientação:
Livros próprios ao tempo, primeira mocidade.
De Samuel Smiles "O Dever" em nossas mãos
E de Flammarion, o profundo "Deus na Natureza",
Brilhante epopeia da vida no Universo,
No homem, no animal, em tudo que vive ideal beleza
Inexpressável até em pensamento, prosa ou verso.
Tais livros são exemplo do valor que a leitura,
Desde a infância estimulada, aos poucos vai
Se tornando no alicerce da cultura;
Estava certo, àquele tempo, meu saudoso pai.
Dedicando à família um amor ilimitado,
De ambições mesquinhas totalmente desprendido,
Era um homem de ação, de visão, decidido
E ao correr da vida foi por todos respeitado,
De sinceros e bons amigos rodeado.
Do fluxo alternativo das paixões bem protegido
Pela vida livre no campo influenciado,
O meu pai se identificava à harmonia
Daquela ambiência de paz, trabalho e poesia...
Orador de escol, nele falavam,
Na verve bem inspirada na emoção
Brilhantes imagens que só mesmo se explicavam

Pela riqueza interior de seu próprio coração.
Com ele aprendemos dedicar terna atenção
Às plantas, animais e passarinhos
Que tratava com cuidado e especial carinho
Num exemplo que, certo, lhe define a evolução.
Amar a natureza, eis um aspecto do caminho
Que meu pai trilhou e nos serve de lição.
Forte e hábil cavaleiro destemido,
Entre os melhores sempre foi considerado.
Orgulho-me de meu pai, sua vida, seu passado,
Nas auras da saudade dos belos tempos idos...
Que continue meu pai, no Plano Superior,
Seu espiritual progresso, na vibração
Da filosofia de Vida, *Dever* e *Amor*,
Que o conduziu neste nível inferior,
Nosso mundo objetivo de ação e reação,
Em que o homem sobrevive em concreta atividade,
Onde soube se impor, como um Homem de Verdade,
Na antevisão da mais viva claridade
De Faróis Transcendentais que mostram as vias
Que se abrem em mágicas sintonias,
Levando mais e mais para a Espiritualidade
Em segura ascensão ao Céu Superior,
Onde tudo vive a "Graça" do Divino Amor!...

19/Setembro/1988
Alfredo Moacyr de Mendonça Uchôa

Idalina, minha mãe

Desde criança sempre a soube bem-educada
Em colégio excelente muito preferido
Por conceito altíssimo certo desfrutado
Naqueles tempos distantes, há muito idos.

Pianista e cantora reconhecida
Animava o ambiente das recepções
De famílias amigas ali reunidas,
Todas aproximadas por vivas emoções.

Grande amor à família, muito dedicada,
Sofreu demasiado, perdas prematuras:
Seis filhos se foram da dor na escalada
Cruel, difícil, provas muito, muito duras.

No correr da existência, outros sofrimentos
Provaram-na ao longo do terreal caminho,
Ensofrega, muito nervosa em seus lamentos,
Porém sempre bondade e espiritual carinho.

Amando aos filhos e ao marido com fervor,
Era sempre muito ativa, impressionante,
Sensível e vibrátil nas emoções do amor
Que demonstrava em sua vida a cada instante.

Por vividas experiências elevadas,
Em um plano de luz de vibrações mais puras,
Comunicamo-nos, de lágrimas banhadas
Minhas próprias faces, às maternais ternuras.

Algum tempo depois, à passagem de meu pai

Para esse outro plano da espiritualidade,
Junto estava ela e o conduzindo vai,
Na Luz do Mestre, à tal nova realidade.

No início das pesquisas extraordinárias,
E mesmo hoje quando no campo lá me encontro,
Visando a presenças interplanetárias,
Lá está ela para novo reencontro,

Certo preparando-me para as incertezas
De contatos possíveis, interrogativos,
Ajustando-me às vibrações da ideal grandeza
De seres superiores na terra muito ativos.

Colaboração científico/espiritual
Para com o filho ainda na inconsciência
Do grande perigo que o cerca, atual,
Que vem do muito orgulho incrível da ciência.

Que os queridos Excelsos Mestres da Evolução,
Por seus Guias Espirituais em pleno amor,
Possam, minha mãe, tê-la junto ao
Coração Da Luz Bendita, Luz Divina do Senhor!...

16/Outubro/1988
Alfredo Moacyr de Mendonça Uchôa

Apresentação

As palavras que se seguem visam à apresentação desta autobiografia, constituindo na realidade um prefácio introdutório do autor. Ver-se-á que não tanto por formalismo de um prefácio comum, mas por verdadeira necessidade, tais palavras se impõem no sentido de franca e sinceramente alertar para certos aspectos talvez demasiado supranormais do seu conteúdo.

Nas páginas desta *Uma Busca da Verdade: Autobiografia*, estão muitos eventos de transcendental natureza, que podem surpreender ao leitor e, até, com justa razão, levá-lo a fazer reservas naturais e previsíveis. Por exemplo, quanto às curas paranormais, bem longe da medicina clássica, há fatos que sugerem o conceito vulgar, religioso, de "milagre", que o autor não aceita como tal. Julga ele poder exercer-se, em tais casos, uma ciência superior — uma verdadeira sabedoria que os seres já ascensionados do espírito realizaram, permitindo-lhes um procedimento, uma técnica de cura capaz de fazer estarrecer o senso terapêutico e possibilidades clínicas da medicina atual.

Devo advertir de que não houve, nesta autobiografia, qualquer preocupação em apresentar provas testemunhais ou documentais, por não se tratar de livro propriamente científico. Aliás, isso eu justifico, porque, no âmbito do metapsíquico supranormal, as obras de Charles Richet, de Camille Flammarion (brilhante astrônomo francês e verdadeiro campeão da minúcia documental em tal campo), de Ernesto Bozzano (eminente fisiologista italiano) e de tantos outros cientistas, todos apresentaram exaustivas comprovações, e tudo isso de nada valeu para abalar o ceticismo científico vigente na época. São, hoje, todos eles subestimados, apesar de cientistas de escol mundialmente reconhecidos.

Desejo, outrossim, enfatizar que esta autobiografia, no que contém de depoimento transcendental, do paranormal psicológico e ufológico, ambos ainda não aceitos pela ciência clássica, está escrita para aqueles que, segundo as Palavras do Divino Mestre, "têm olhos para ver e vêem, têm ouvidos para ouvir e ouvem". Pessoas de mente aberta podem naturalmente ser encontradas entre cientistas e pesquisadores. Tal a esperança do autor!

É de se supor ser possível exercer-se, em tais "absurdos" paranormais, uma verdadeira paraciência: técnicas e decisões operacionais superiores de entidades espirituais de nível super--humano, que atuam segundo leis ainda desconhecidas por nós.

Vai neste prefácio uma clara profissão de fé que certamente não colide, antes se ajusta bem à formação científica do autor, a qual lhe veio desde seus tenros anos, quando iniciou o estudo da matemática. Essa formação ampliou-se no então famoso curso de Engenharia Civil da Escola Politécnica do Rio de Janeiro e, em seguida, no exercício do magistério em disciplinas como o Cálculo Vetorial e a Mecânica Racional. Isso fundamentou o estudo da Física Teórica com base nas mecânicas relativista, quântica, ondulatória, das subpartículas atômicas, estudos esses que já levaram sábios físicos da Universidade de Harvard (USA) a inferirem um "Espaço do Espírito" coexistente com o "Espaço do Elétron", isto é, com o nosso Espaço da matéria.

Além disso, tal formação científica foi revigorada, completada de certo modo, com observações e experiências de vários anos na área da paranormalidade, dando origem a cinco livros já publicados pelo autor.

Sua profissão de fé pode ser assim resumida:

1º - Acredito na hierarquia do espírito humano, ascendendo através de vidas sucessivas, segundo a Palavra de Jesus quando disse: "Sede perfeitos como Vosso Pai Celestial é Perfeito". Então é que, segundo a Palavra do Divino Mestre, haverá certamente nesse caminho de aperfeiçoamento divino uma hierarquia que vai da humanidade comum, àqueles que já se encontram acima, muito acima de nós, os super-homens, os chamados adeptos de elevadíssima realização espiritual, Ascensionados Mestres em Crística Realização.

2º - Desde os vinte anos de idade, tive a felicidade de tomar conhecimento de que estava conosco, ajudando e orientando na gloriosa ascensão, a Grande Fraternidade Branca, constituída por tais Adeptos, Mestres e Discípulos no Caminho, grande número deles em corpo físico ou hiperfísico, muitos morando em Shambala, ao leste do Himalaia, no Tibet, elevadíssimas regiões, indo até os bordos ocidentais do deserto de Gobi, na Ásia Central. Vários desses seres realizados da Espiritualidade Maior já teriam estado presentes e atuantes em nosso passado histórico. A Grande Fraternidade Branca faz parte do Governo Oculto planetário, juntamente com hierarquias ainda mais altas de Seres Divinos Missionários Plenificados da Crística Ascensão, que visam ao cósmico e luminoso Destino da Terra. O nosso planeta, incluso na tônica da evolução do próprio Sistema Solar e este, por sua vez, incluso no maravilhoso âmbito extraordinariamente belo, estelar, da nossa Galáxia!...

Os dois itens precedentes podem ser sintetizados com a simples afirmação, verdadeiro ato ou profissão de fé, de que aceito a Teosofia, tendo, desde muito, provas objetivas da existência dos Mestres, de Sua Presença operante junto a nós, humanos. Daí a plena aceitação da Teosofia, mensagem de tais Mestres, Excelsa Mensagem da Grande Fraternidade Branca, científica, paracientífica e espiritual, que abrange os fundamentos de credos filosóficos, religiosos e de posicionamentos científicos quaisquer. Aí encontra-se justificativa de tudo que porventura estiver nesta autobiografia, de paranormal e surpreendente, incluindo-se os depoimentos sobre os Discos Voadores, sem dúvida o maior e mais fascinante problema enfrentado pelo espírito humano neste fim de século, devendo interessar decisivamente à Ciência, à Filosofia e à Espiritualidade.

Palavras iniciais para esta edição

Alfredo Moacyr de Mendonça Uchôa passou pela transição em março de 1996. Pouco mais de catorze anos depois, foi muito gratificante recebermos, minha filha Denise e eu, convite da "Mutual UFO Network (MUFON)" para apresentarmos uma palestra sobre o trabalho dele na área da ufologia, durante a realização do encontro do MUFON em 17/18 Ago de 2010, nas cidades de Los Angeles e Orange, na Califórnia/EUA. E eu digo gratificante porque esta foi uma demonstração de que sua obra permanece como interesse de homens e mulheres que prosseguem no objetivo de esclarecer o fato de que não estamos sós no universo.

Outros dois eventos, da mesma forma gratificantes, foram os IV e V Fóruns Mundiais de Ufologia, realizados em Foz do Iguaçu, Brasil, respectivamente, em dezembro de 2012 e dezembro de 2013. No primeiro deles, fui convidado e apresentei um trabalho sob o título "O Legado do General Alfredo Moacyr de Mendonça Uchôa para a Ufologia", que pode ser visto em *http://youtu.be/PLgxvmo-ZbE*. No segundo, falei sobre "A Avançada Ciência e Espiritualidade dos Seres Extraterrestres Pesquisados em Alexânia/GO", uma síntese das pesquisas de campo de meu pai, que também está disponível em *http://youtu.be/Dm0RCaI-Y30*.

A história de Moacyr Uchôa é muito rica e se encontra resumida por ele no presente livro, intitulado *Uma Busca da Verdade:Autobiografia*. Além deste, ao longo de sua produtiva existência, escreveu e publicou mais sete livros. À exceção de *Além da Parapsicologia*, *A Parapsicologia e os Discos Voa-*

dores e *Mergulho no Hiperespaço* — todos já reeditados — os demais se encontram com as edições há muito esgotadas.

E é esse o motivo que nos leva, a mim e a meus irmãos, a despertar para o fato de que já é tempo de reeditá-los posto que, assim, estaremos contribuindo para a continuidade da missão que nosso pai recebeu de seu Mestre naquela célebre madrugada de 13 de março de 1968, em uma fazenda no município de Alexânia/GO e que está referida no capítulo XI do presente livro: "Você tem aqui uma missão: observar, pesquisar, escrever livros e divulgar...!". Divulgar é a palavra que resume a missão que, em nome dele, agora nos cabe assumir, providenciando a reedição de suas obras.

Para esclarecer os leitores das novas gerações, creio que cabe, aqui, um breve resumo biográfico de Alfredo Moacyr de Mendonça Uchôa:

— General Professor, oriundo da arma de Engenharia do Exército Brasileiro.

— Engenheiro civil formado pela então Escola Politécnica/RJ.

— Professor catedrático de mecânica racional por quase 20 anos da Escola Militar do Realengo, depois Resende e, finalmente, Academia Militar das Agulhas Negras.

— Parapsicólogo, sensitivo e estudante / pesquisador dedicado da Metapsíquica e da Teosofia trazida ao Ocidente por Helena Petrovna Blavatski.

— Idealizador e um dos fundadores / 1º Diretor-Presidente e Reitor da União Pioneira de Integração Social (UPIS), em Brasília/DF.

— Fundador da Associação Universal Morya (AUM) e do Centro Nacional de Estudos Ufológicos (CENEU).

— Ufólogo conhecido como o "General das Estrelas", segundo o jornal *Correio Braziliense*.

Uma Busca da Verdade

Além do presente livro e dos já mencionados como reeditados, publicou, ainda: *O Cristo Para a Humanidade de Hoje, Muito Além do Espaço e do Tempo, O Transcendental - Curas e Fenômenos* e *Oásis de Luz*.

Sua educação e espírito científico sempre estiveram presentes nos estudos e pesquisas na área do transcendental, que desenvolveu desde tenra idade — como dito nesta autobiografia. Sempre teve orgulho de sua formação científica, porém nunca deixou de considerar as aberturas para o mundo espiritual, em consequência de suas próprias observações ao longo de décadas, acrescidas de suas experiências pessoais. Ele costumava dizer que era extremamente importante manter os pés no chão, mas, por outro lado, nada o impedia de levantar a cabeça e contemplar as estrelas que — segundo sua convicção — era absolutamente indispensável ao avanço da ciência.

Como os leitores haverão de concluir, Alfredo Moacyr M Uchôa participou — e os resume com feliz objetividade — de momentos importantes da Política Nacional. No campo profissional, teve uma vida intensa e repleta de desafios e realizações, como bem descreve nesta sua autobiografia. Na área do paranormal, foi uma existência inteira dedicada a estudos, pesquisas e à seriedade dos fenômenos dos quais participou — muitos deles como protagonista. Não cabe, aqui, antecipar quaisquer deles, tanto no campo da espiritualidade, da cura paranormal, da parapsicologia ou, mesmo, da ufologia. Para a análise e compreensão de muitos dos fenômenos ufológicos, sua experiência com as sessões de materialização lhe foi bastante valiosa, pois, diversas vezes, presenciou, em campo aberto, fenômenos semelhantes aos que pesquisara em ambiente fechado, valorizando sobremaneira a alta tecnologia praticada pelos seres visitantes, de forma análoga àqueles que se manifestavam em suas sessões... e que não eram, necessariamente, extraterrenos (ver no livro *Além da Parapsicologia*).

Ele demorou a aceitar e, por muito tempo, reagiu contra o exercício do fenômeno parapsicológico da telepatia com ele próprio. Finalmente, quando não teve mais argumentos para negar, em razão das continuadas provas insofismáveis que lhe eram apresentadas, ele capitulou e passou a aceitar essa forma de comunicação que, parece, está destinada à humanidade do futuro. Com isso, ele "desbloqueou" os canais apropriados, com valiosíssimas informações passando a fluir com facilidade. Foi então que escreveu o livro: *Mergulho no Hiperespaço*, em cujo Capítulo IV — Evolução para uma Percepção Diferente, ítem 4.1. Telepatia Extra-humana, n° 6), Uchôa escreveu: "... Verifiquei que, depois disso, a faculdade ainda mais se desenvolveu, se ampliou e se aclarou, modificando-se evidentemente para melhor, de vez que foi complementada por uma espécie de visão hiperespacial, conjunto esse — telepatia — visão hiperespacial — que possibilitou tudo o que se seguiu e que constitui a razão de ser deste livro".

Em artigo da Revista UFO (Abr/96), por ocasião do falecimento do general A. Moacyr Uchôa, assim se expressou Ademar José Gevaerd:

"O General foi além da própria Ufologia, na busca de respostas para perguntas sobre o universo..." E disse mais: "... Em um de seus livros, *Mergulho no Hiperespaço*, ele transcendeu ainda mais a exploração dentro da questão ufológica pois, há mais de duas décadas (era o ano de 1996), o general Uchôa já tinha respostas claras para questões complexas que, até hoje, fogem ao controle de vários ufólogos".

Finalizando o artigo, disse Gevaerd: "Felizes os ufólogos veteranos que tiveram a oportunidade de conviver com o general Uchôa, ler seus livros e assistir às suas concorridíssimas palestras. Felizes, também, serão os ufólogos novatos que têm, com seu legado, certezas para o futuro".

A posição do general A. Moacyr Uchôa sobre Ufologia, segundo o entendimento que nos deixou, é a de que considerava a UFOLOGIA, não como um fim em si mesma, mas como um instrumento valioso que contribui para a abertura dos horizontes da humanidade, permitindo-lhe seguir seu glorioso destino em direção aos universos, revelados ou não, em harmonia com seus irmãos da galáxia e extragalácticos.

Em 12 de janeiro de 1983 foram comemoradas suas bodas de ouro com a querida Enita. No texto da cerimônia, preparada e conduzida pelo filho Paulo Roberto Yog, estavam uma pequena descrição de cada um deles:

> O homem: Alfredo Moacyr de Mendonça Uchôa, faz hoje ideia nítida e precisa da direção da Evolução, e tem dedicado sua vida a cooperar com ela, auxiliando e orientando os seus irmãos de jornada. Os Membros da Grande Hierarquia, em cujas mãos está a Evolução do Mundo, buscam homens como ele, predispostos para a missão, orientando-os no que lhes falta para poderem auxiliá-Los na Grande Obra;

> A mulher, Ena de Miranda Uchôa. A abnegação de seu amor é tão grande que se constitui em uma indispensável aliada no caminho do discipulado. O Mestre de um, é o mesmo do outro. Ele é um montinho de terra fértil. Ela, a roseira branca que nasceu, cresceu e floresceu nele...

A seguir, apresento alguns conceitos e conclusões resultantes dos estudos, experiências e pesquisas de Alfredo Moacyr M. Uchôa, extraídos de seus livros e palestras:

> As religiões não valorizam nada que possa indicar a existência de seres superiores ao homem, o qual consideram a obra prima da criação. De repente, aparecem seres adiantadíssimos, com inteligência e poder muito acima da humanidade. Isso não interessa nem às religiões nem à ciência.

> Quem poderá limitar, por um ponto final à ascese do

ser criado, no caso a criatura humana, que veio como impulso e vida dos abismos dos diferentes outros reinos da natureza, perlustrando, já individualizada, sombrios caminhos no próprio seio da humanidade e, hoje, sensível às suas próprias intuições maiores, até se lança à conquista das estrelas?! Quem marcará esse ponto final? Quem?!...

O Hiperespaço como o ambiente mais sutil, sem limites de espaço e tempo, onde o homem haverá de operar quando tiver desenvolvido, plenamente, as qualidades já demonstradas pela Parapsicologia.

Cremos na contínua e gloriosa ascese da nossa humanidade a um destino maior, no amanhã da nossa civilização, quando o homem, além do conhecimento pleno do universo em extensão e profundidade, haverá, ainda, descoberto, penetrado, estudado e compreendido o universo moral em que também se contem, vivendo em plenitude seus mais nobres valores espirituais.

É claro que muito mais poderia ser dito nesta apresentação do autor, mas não cabe, aqui, em uma autobiografia, onde seus leitores irão conhece-lo, por ele mesmo.

Um comovente, inspirado e preciso resumo poético sobre quem foi A. Moacyr Uchôa, está na "Carta ao meu Avô", que lhe escreveu a neta Denise, pouco antes de sua transição e que se encontra transcrita ao término deste livro. Aliás, é criação da própria Denise, um portal na internet dedicado ao avô, e que pode ser acessado em: *www.general-alfredo-moacyr-uchoa.com/*

Que possamos nós, como você, Moacyr, sermos capazes de "...mergulhar para dentro de nós mesmos, até sentir o Espírito, vindo da densidade das rochas, do paralelepípedo das ruas ou da poeira das estradas e das areias oceânicas, por dentro da Vida, até a Alma dos Sóis, das Estrelas e das Galáxias..."

Paulo Roberto Yog de Miranda Uchôa

Capítulo I
Os primeiros tempos

Poderia ser bem atípica esta autobiografia, se tivesse começado nos idos longínquos do Egito de mais de 3.000 anos atrás, a rigor 3.350 anos, distância de tempo a que já fui conduzido em fascinante experiência ou vivência psíquica. Isto ocorreu quando recordei, em nitidez cinerâmica, uma vida então "vivida", em termos de humanidade e sofrimentos inauditos, a tal ponto intensos e aparentemente inexplicáveis, que teriam justificado a sequência de outras experiências encarnacionais felizes desde então.

Limitarei este relato, por enquanto, à vida atual deste século XX, para a qual vim à existência a 21 de abril de 1906, no local então chamado "Engenho Bititinga", propriedade de meu avô paterno José Zeferino de Mendonça Uchôa, no município de Muricy, Alagoas. Só ao final deste relato é que, visando particularmente aos meus filhos, netos, parentes, amigos e tanta gente que aprendi a amar, acrescentarei um pouco de vidas passadas, mostrando nexo apreciável com a existência presente que passo a rememorar, desde a infância distante. Tudo visto na perspectiva atual, de outubro de 1981, quando inicio esta autobiografia.

Vai então o meu pensamento ao ambiente de labor um tanto primário em que a cana-de-açúcar dominava; o cheiro de engenho das épocas de moagem, a todos dando o vivido senso de uma atividade dura para aquela gente, lutando para viver ou sobreviver em um árduo trabalho, das 4 ou 5 horas do alvorecer às 7 ou 8 horas da noite. Cessava, então, a moagem da cana do dia. O caminho do açúcar ainda prosseguia até bem mais tarde nos caldeirões ferventes que se sucediam, desde o caldo até o chamado açúcar bruto daqueles tempos. Fala à minha recordação o tempo das chuvas, do inverno, das moendas paradas, em que os canaviais, se estendendo a grandes distâncias e crescendo em beleza verde, prenunciavam as boas safras do próximo verão. Então, o cuidado, o zelo pelos campos plantados de esperanças, em que o mesmo caboclo, sofrido assalariado, constantemente ligado ao "barracão" do engenho, do qual não podia libertar-se, deixava nas limpas sucessivas dos canaviais o valor sem medida do seu esforço para sobreviver. Assim era a vida dos engenhos daquele tempo, em que nós, os filhos do Senhor do Engenho, tínhamos muito o que ver de existências sofridas, mas também de alguns sucessos particulares que o sistema permitia: caboclos que não se restringiam àquele tipo de disfarçada escravatura do "barracão", do "vale" para a compra do mínimo para a sobrevivência e que faziam uso da terra com o consentimento dos patrões. Quantas vezes isso lhes assegurava sensível melhoria econômica! Agora, lembro-os assim, recordando os sítios em que nós, os filhos do proprietário, tantas e tantas vezes fazíamos passear a nossa presença em busca de tão boas frutas e ambientes queridos e agradáveis perto de rios e cachoeiras.

Tudo isso, hoje é apenas uma lembrança. É que a Usina de Açúcar revolucionou o arcaico sistema: desde muito, não mais fatias discretas de terra para o labor independente do trabalhador e sua família. A Usina é faminta de terra. Os canaviais se estendem além, muito além, por toda parte. Fome absoluta de terra, que não dá vez ao assalariado, e que passa a ser alimento daquela máquina que haveria de produzir e produzir açúcar! E, para isso, mais e mais cana... Quer o trabalhador ter atividade própria? Plante cana e mais cana para a Usina, sob o regime ditado. Ali está a máquina que, como em toda parte, cria na estrutura econômica, em que todos vivíamos, a dependência maior, tendência escravizadora da qual seria sonho difícil libertar-se. Assim era nos ambientes industriali-

Uma Busca da Verdade   23

zados de toda ordem. Assim, era nas nossas Usinas do Sul e do querido Nordeste da minha infância. Assim, naturalmente, em toda aquela zona dentro da qual estava o "nosso" Engenho Bititinga, da minha saudade infantil, a rigorosa Usina Bititinga atualmente propriedade de queridos parentes e amigos.

E, agora, o pensamento vai a outra parte, ao Engenho Serra d'Água, para onde meu pai transferiu a família ainda no tempo da nossa primeira infância e onde, quantas vezes, eu e meu irmão, Dr. Darcy de Mendonça Uchôa, quando já estudantes universitários, íamos passar as férias de fim de ano. Na verdade, sempre tínhamos uma feliz estada de alguns dias em companhia do querido tio Lula, o Dr. Luiz Moreira de Mendonça, figura ímpar de inteligência e bondade, de alto relevo e prestígio em todo aquele vale do rio Camaragibe, onde se situava o engenho Serra d'Água. No vale do rio Camaragibe, acima e abaixo, no tempo da minha infância, engenhos e engenhos pertencentes à gente de nossa família, em cujo seio havia muita amizade, em decorrência de uma antiga tradição que remontava a remoto ancestral — o Ouvidor-Mor das Alagoas — ainda nos tempos do Império.

Em minha lembrança, é no engenho Serra d'Agua que se fixa a mais antiga reminiscência da primeira infância. Tudo é como um sonho já evanescente, mas nem por isso menos efetivo, presente no fundo da própria alma.

Naquele velho solar, a "Casa Grande" da Serra d'Água, como ainda me é caro recordar a solene religiosidade das mulheres ante o altar na sala nobre, todas na respeitosa contrição das invocações a Jesus, aos Santos e à Virgem Santíssima, nos dias de maio, como também em novenas que se faziam todos os anos em junho, em louvor a Sto. Antônio.

Essa lembrança me tem sempre acompanhado e ainda vive em mim, marcando urna suave tônica de espiritualidade, certamente afim em relação à inocência dos cânticos e recitações que enchiam de religioso perfume aquele inesquecível ambiente da Casa Grande.

Como deixar de recordar a esfuziante alegria dos meus 4 a 5 anos, quando recebi de presente, da tão querida tia Francisquinha, um lindíssimo cavalinho branco, o "Condor", todo preparadinho com arreios novos, para que aprendesse a montar e me tornasse "um homenzinho" no meio daqueles tantos cavaleiros, gente da família, sempre em passeios e pequenas e encantadoras viagens a locais próximos, engenhos e propriedades de parentes e amigos diletos.

Aliás, no treinamento para montar o "Condor", quantas surpresas e quedas, sempre, porém, estimulado e orientado pelo querido pai — Alfredo de Mendonça Uchôa — famoso desde muito jovem por suas audácias e habilidades no mister de montar excepcionalmente bem.

Ainda a lembrança da imensa casa, sob o governo e a vigilância de minha querida mãe, Idalina Moreira de Mendonça Uchôa, tudo marcado em mim na mais viva recordação. Lembro o salão enorme que conduzia à cozinha, ambiente em que se reunia a gente relativamente muito simples dos trabalhos domésticos. Durante o dia, os misteres da cozinha e do bater dos doces de goiaba e banana e, às vezes, de outras frutas, cuja técnica era supervisionada com segurança pela mui querida avó, a D. Sinhá de toda aquela gente. Pela noite, conversas simples, primárias, de pequenos grupos que se faziam aqui e ali com estórias ingênuas de novidades e ocorrências menores ou maiores. Havia também estórias de "assombração", assunto que enchia de espanto e interrogações a gente humilde do meu tempo de criança em Serra d'Água.

Ainda desse tempo, como recordo bem a tarde em que, segundo o hábito de então, saí de "anjo" na procissão da vila próxima à Matriz de Camaragibe, aos meus 4 anos de idade, conduzido pela mão do primo Dr. José de Mendonça Alarcão Ayala. Aos "trancos e barrancos", os passos indecisos, lá ia eu, no meio de tanta gente, tendo que cuidar das belas asas brancas prateadas que me tinham sido impostas e cuja feitura tão entusiasticamente acompanhara. Até recordo a emoção com que, na acentuada inocência infantil havia realmente acompanhado a confecção das brancas asas, desejando que ficassem muito belas com os elementos apostos de papel brilhante, prateado, que as deviam enfeitar...

E aqui considero acontecimento ligado a certas coisas da vida, coincidências que, muito simples, sem qualquer sentido para terceiros, podem trazer vivas recordações!... Volvidos mais de 60 anos — eu e minha esposa, Enita de Miranda Uchôa — vamos à Matriz de Camaragibe, visando a assistir à tradicional festa que vem de remotos tempos, especialmente a procissão dos meus 4 anos, "de anjo".

Depois de algum percurso, provavelmente semelhante ao da procissão de minha passada infância, decidimos nos dirigir à Igreja de Bom Jesus, onde se recolheria a procissão em andamento. Com certa dificuldade, eis-nos penetrando o templo e, afinal, encontrando bem à frente, ao acaso, local para sentar, orar e aguardar. Inesperadamente, eu e minha esposa demo-nos conta de que praticamente sob nossos pés — um tanto à frente, clara e límpida estava a lápide em que se lia: "Aqui jaz o Dr. José de Mendonça Alarcão Ayala...", o mesmo querido primo dos 60 anos atrás, quando, solícito, cuidadoso, me conduzira, eu com as asas prateadas, naquela mesma procissão...

O célebre psicólogo Jung, sábio do âmbito psíquico, emérito psicanalista, diria, dentro de sua Teoria da Sincronicidade: "coincidência significativa". Será? Importa é que o fato me fez pensar bastante, dando motivo a intensas e vivas recordações.

Capítulo II
A escola de Carrilhos: o fatídico 1913 – Os folguedos infantis

Chega o ano de 1913. Tínhamos que nos mudar para Maceió. A família com seis filhos: três estavam a exigir escola. Aliás, já estávamos os três bem alfabetizados, pois havia quase dois anos que frequentávamos, mesmo sem estrita continuidade, a escola de D. Josefina no engenho "Carrilhos", destinada aos filhos, sobrinhos e parentes do respeitado velho proprietário — o Dr. Afonso Uchôa — chamado pelas crianças de "Papai Uchôa". Era reconhecido como o quase absoluto chefe político de toda a região do norte do estado.

E a lembrança do meu primeiro dia na escola, às voltas com a energia da D. Josefina, desafiada pelos meus cinco anos de idade? É que não quis receber a carta do ABC para os primeiros dias escolares. Resultado: uma "solene" palmatória ameaçadora de cor amarelo-marrom, bem impressionante, surgiu-me à frente em plena agressão, ajudada pela palavra forte e enérgica de D. Josefina. Que fazer? A criança tomou a carta e foi levando ao seu jeito, estudando a seguir. Assim fiz eu.

Transfere-se, então, a nossa família para Maceió em janeiro de 1913, ano que seria tão infeliz. Na verdade, como esquecer ou deixar esmaecer no tempo o infeliz 1913, em que o "Anjo Kármico" da morte arrancou da vida física, certamente sem piedade, três dos meus irmãos, todos acometidos de gravíssimas enfermidades, praticamente incuráveis com os recursos locais de então. Isso aconteceu no lapso de apenas 10 meses.

A 25 de janeiro, morre de angina diftérica a lindíssima

irmã Maria do Carmo, deixando-nos os adultos com a nebulosa informação, para consolar-nos, de um céu para o qual teria sido conduzida, protegida pelos anjos de Deus. Ficaram os queridos pais em imenso desespero de aflição incontida, nada compatível com a suposta viagem celeste que seria naturalmente feliz! Hoje escrevo e analiso, mas naquele tempo nenhuma condição havia para analisar ou inquirir sobre tão triste acontecimento. Sabíamos, as crianças, que de Recife chegaria o salvador soro antidiftérico, o qual de nada serviu devido a sua demora. É triste recordar a aflição da espera para o coração dos nossos pais, tudo na dependência de um trem-comboio, da "Great Western", a arrastar-se por mais de 12 horas de Recife a Maceió.

A 7 de junho seguinte, eis que o irmão mais velho, Cauby, subitamente acometido de estranha e intensa febre ao retornarmos da escola ao entardecer, vem a falecer três dias depois de febre amarela, que os médicos especialistas discutiam haver ou não em Maceió naquele tempo. O grande e querido amigo de meu pai, Dr. Sampaio Marques, que o atendeu, confessou seu tremendo erro dizendo: "discuti e afirmei não haver aqui febre amarela. Errei, de verdade, lamento e participo da imensa dor de toda família". Para a minha alma infantil de sete anos de idade, a morte do querido irmão mais velho, aos oito anos, de forma tão rápida e inexorável, foi um trauma emocional de viva tristeza, que dificilmente poderia ser apagado em termos de chamada para o céu.

O falecimento desse irmão mais velho havia sido anunciado em sonho à minha mãe, sete anos antes. No sonho, uma voz lhe dizia que não chegaria ele aos 10 anos. Minha mãe dizia às pessoas mais íntimas, mais idosas, mas não disse ao meu pai. Faleceu ele a 8 de junho, antes de completar os 10 anos. A irmãzinha Maria José, depois de alguns dias com erupção, apareceu, após, com broncopnemonia (dir-se-ia sarampo recolhido) incontrolável e foi juntar-se aos dois outros, deixando-nos imersos num mundo de tristeza que enchia o coração de toda família e, certamente, de grande desolação a alma de nossos pais...

Devo ainda lembrar que, antes de 1913, dessa ida para

Maceió, já nossos pais haviam perdido um filho, Luiz, em 1910. Guardo do irmão Luiz uma lembrança muito vaga. Era belo, dizia-se, e morreu súbita e inexplicavelmente, sem tempo para qualquer assistência médica, no engenho Serra d'Água. E, ainda recordando, o inaudito sofrimento dos meus pais, perdendo tantos filhos: seis dos nove da nossa família, relembro a morte de José aos 4 meses, que adoeceu gravemente em consequência de excesso de festejos com bombas violentas sobre o muro de nossa casa. Recordo-me, também, do falecimento da minha linda irmã Inah, que me havia sido dada como afilhada, apesar dos meus nove anos, vítima de estranha infecção na cabeça, num tempo em que o antibiótico ainda não sonhava nascer do gênio de Flemming...

Tudo triste, muito triste para os queridos pais que, hoje, aqui homenageio pelo acentuado amor que sempre dedicaram à infância de todos nós, seus filhos.

Em Maceió, durante os nove anos que se seguiram, uma infância feliz, no convívio de caros primos, filhos da querida tia Sinhazinha e do circunspecto tio Omena, este especialmente lembrado pelas sabatinas de tabuada valendo "bolo" de mão para quem errasse; mas eu, bastante bom em números, conseguia sair ileso. Éramos eu e meu irmão, hoje Prof. Dr. Darcy Uchôa, conceituado psiquiatra em São Paulo, um verdadeiro "terror" para as primas e primos, amiguinhos e amiguinhas, quando dessas tais sabatinas de tabuada.

Por outro lado, que ambiente maravilhoso o dos inocentes folguedos de cantos e "rodas" com muitos simples "cerimoniais" de uma tradição que já vinha de longe, dos nossos ancestrais.

Agora, o meu pai, apesar de continuar em Maceió, transferiu as suas atividades agrícolas da "Serra d'Água", junto à Matriz de Camaragibe, para o engenho Bititinga, onde viera eu à luz. Passou a substituir ali o querido avô e padrinho José Zeferino, já em idade avançada. Nas férias, todos da nossa família lá nos encontrávamos, recebendo visita de nossos primos do engenho "Estreito" da tia Francisquinha que ficava bem próximo.

Casada com o dinâmico tio Antônio Braga, constituíam

Uma Busca da Verdade 29

um casal simpático de uma atração natural para quem quer que os visitasse e ao qual nós, crianças, amávamos e gostávamos de visitar. Fazíamos viagens a cavalo por caminhos estreitos e cheios de mato, que se tornavam "sensacionais" quando chovia, escorregando aqui e acolá; à noite, atravessávamos matas escuras em que os cavaleiros, e nós crianças de permeio, não podíamos sequer ver uns aos outros. O cavalo, com a sua habilidade, o seu "faro" notável para obstáculos, era a nossa verdadeira segurança...

Que festa os primos reunidos na Bititinga: pegar e montar carneiros ariscos que havíamos de controlar, pô-los, às vezes, em "carro de boi" adequado, isto é, próprio para carneiros e educá-los no mister, dirigindo-nos para os canaviais na alegria daqueles anos! Montadas à cavalo, iam todas as crianças passear pelas redondezas. Muitas vezes até à famosa "queda d'água", que se precipitava de muito alto na Serra do Ouro, a poucos quilômetros de distância e apostar carreiras "malucas", quase sempre em caminhos estreitos, tortuosos. Os mais audaciosos treinavam saltos de obstáculos fora das vistas dos nossos pais, pois tais carreiras "malucas" e saltos nos eram prudentemente proibidos. Tal era o encanto do nosso mundo infanto-juvenil.

Dos tempos que periodicamente passávamos no engenho, quando estudantes no Rio de Janeiro, sempre na época das férias coincidente com o tempo de moagem, não há como esquecer as festas de fim de ano quando pelos engenhos passavam os "reizados" e "maracatus", com cânticos e danças tradicionais. O "maracatu", com a sua tônica africana, ritmos inspiradores de emoções primárias, profundas, convidando à dança indiscriminada, um tanto sensual, descontraída e apaixonante, exibindo sempre verdadeiros artistas; o "reizado", bem mais sóbrio e discreto nas danças, mantida a elegância do porte de gente muita enfeitada, com fitas e fitas de várias cores que caíam lindas, presas aos chapéus de abas viradas, revestidas de espelhos dispostos com arte. A hierática compostura do "rei" e da "rainha" ambos especialmente adornados, a pontificarem na orientação das evoluções dos dançarinos! No reizado, a alegria das crianças — os chamados "mateus", da cara pintada a carvão, chapéu alto afunilado, buscando ao cômico; uma "chibata" na mão, em geral de uma leve palha elástica trançada os ajudava a fazer graça, ameaçando de vez em quando, aqui, ali ou mais à frente, assistentes e figurantes, provocando risos. Eram os tais "mateus" (versão do palhaço), a alegria da criançada! E muitos se tornaram célebres, famosos pelo desempenho nessa difícil "missão" de ser engraçado.

Naqueles engenhos, eram os "reizados" e "maracatus" um acontecimento "celebrado" e atraente para os próprios patrocinadores e os amigos convidados para os típicos festejos de fim de ano. Como nós, as crianças, "adorávamos" aquelas coisas, hoje um passado distante que nos traz refletidos nas asas da saudade conteúdos de espírito pela alma ainda inocente da infância! E lembro e penso, em meio às técnicas exigências do cotidiano quase sempre monótono e a repetição das experiências enervantes da vida moderna, particularmente nos grandes centros, onde o mundo interno da criatura é sufocado por suas necessidades e ambições, como seria interessante se cada um de nós pudesse ser um pouco a criança daqueles tempos, despreocupada e feliz, respirando ar puro, não poluído pelos egoísmos vaidosos, cultivando indefinidas aspirações, qualidades de criança presentes na própria alma, para semear pelo mundo apenas bondade, compreensão, tolerância e amor...

Penso hoje, depois de tantos e tantos anos vividos no bem espiritual, que tais recordações ainda me conferem, quando as sinto no âmago do silêncio interno, o fluido da saudade dourar-me de límpidas, puras, suaves e inocentes emoções do tempo de criança!

Chegamos a crer que isso se dá porque o nosso destino é, afinal, depois de amadurecidos pelas experiências humanas, voltarmos, um dia, à pureza inocente que nos visitou na infância, buscando o Céu do Espírito a que certamente o Divino Mestre Jesus, o Cristo, se referiu, quando marcou a condição do seu reino com o selo inefável e divino das criancinhas: "Em verdade, em verdade vos digo que, se não vos tornardes como criancinhas, não entrareis no reino do Céu!...

Uma Busca da Verdade

Capítulo III

A vida em Maceió – Os primeiros estudos – O futebol

Tivemos nós, os três irmãos remanescentes, uma infância e uma pré-adolescência felizes, passadas as tristezas do fatídico ano de 1913. Minha irmã, bem mais moça, Maria de Lourdes, agora filha única, cercada dos extremados cuidados e carinhos familiares à moda da época, tinha a sua vida a deslizar suavemente, preparando-se para as iniciais lides escolares, que nós dois já vínhamos vivendo desde o tempo mais antigo da "Serra d'Água" e "Carrilhos".

Fomos, meu irmão Darcy e eu, sempre bons alunos, desde as primeiras responsabilidades escolares, isso a partir dos nossos 7 e 8 anos de idade. Facilmente fomos à frente nos estudos e exercícios das primeiras contas de operações fundamentais. A propósito, lembro-me bem do primeiro ensino de "dividir", quando já vencida uma casa só, nos foi dado partir para as duas casas! Já sabíamos multiplicar e tirar os "nove fora", para verificar as demais operações: somar, subtrair e multiplicar. Mas na divisão, apareceu uma prova diferente ensinada pela D. Clotilde: multiplicar divisor pelo quociente e somar o resto e achar o dividendo! Lembro que achei aquilo muito bonito! Como é que dava certo isso? Claro que então não poderia compreender qualquer explicação a respeito. Estava certo porque estava certo, e acabou-se! Qual a minha alegria quando aquela prova, que sempre me encantava, a vi demonstrada, plenamente justificada alguns anos depois quando, aos

12 para 13 anos, pude penetrar a teoria da Divisão.

Na verdade, um tanto prematuramente, de vez que desde então se tornou apreciável a facilidade com que eu aprendia as teorias da aritmética, levando professores e familiares a dizerem: "Esse menino tem que ser engenheiro". E isso acabou acontecendo...

Ainda dessa época, recordo a figura simpática do professor Carlos Lins, que muito cedo se passou para o outro lado da Vida. Ótimo professor de matemática (naquele tempo se dizia de aritmética), lembro como explicou bem as operações sobre fração ordinária e, particularmente, como me fez "amar" as frações decimais, a magia da vírgula, significando décimos, centésimos, milésimos, etc... E a tal regra de três, que aprendi aos 10 anos, não a simples, mas, logo a seguir, a "importante" regra de três composta!

Em aritmética, depois em álgebra e geometria, éramos, meu irmão e eu, sempre bons. Porém eu sempre mais avançado na matemática, ciência dos meus amores de estudante e ele, meu irmão, por outro lado, sempre mais avançado em português, francês, latim. Os dois, porém, superequilibrados nos estudos de geografia e história, dispondo ambos, àquele tempo, de uma incrível memória. Certa vez, um professor novo de Geografia do Brasil, parente nosso, deu uma prova sobre o Estado do Amazonas pedindo muitas informações, desde o resumo histórico aos mínimos detalhes físicos, de clima, produção, economia, etc. Depois de dar o grau de todos, finalizando, diz: "Há aqui duas provas a que não atribui grau; porque foram estritamente copiadas do livro". Eram as nossas!

Eu, mais velho, mais afoito, disse-lhe então: "O Sr. Professor pode abrir o livro aí e perguntar qualquer coisa que responderemos exatamente o que está nele escrito". Aceita a proposta, duas ou três perguntas, respostas longas e exatas, palavra por palavra e a exclamação do honesto e bom professor: "Assim também é demais!". E nos conferiu o grau 10 pelo nosso mérito.

Desde que decidi escrever esta autobiografia, penso que devo assinalar as coisas que ocorreram, marcando-me realmente a vida em termos de emoções e sentimentos. Ocorrências inesquecíveis, na época, para o menino, mas que magicamente se fixaram no meu mundo interno. Por isso é que não posso deixar de rememorar, do tempo vivido em Maceió, dois incidentes que ficaram vividamente em minha lembrança. São coisas que dificilmente terão ocorrido com outra pessoa, análogas a umas tantas que aconteceram comigo próprio já na vida acadêmica e que serão mencionadas em tempo oportuno. Aos 14 anos ainda incompletos, já conhecia muito bem aritmética teórica, inclusive a extensão de certas teorias ao campo algébrico. O meu professor, o inesquecível amigo Faustino Silveira, pai da brilhante psiquiatra Dra. Nise da Silveira — que se tornou notável especialista nessa área — certa vez comentou em roda de alunos referindo-se a mim: "Aquele menino, filho do Alfredo, posto no prato de uma balança em que se pesasse conhecimento de matemática e, no outro, o Prof. Guedes de Miranda — chefe da cadeira de matemática no Liceu do Estado, onde iríamos prestar exame final sob a sua supervisão —, o menino pesaria mais..."

O Prof. Guedes de Miranda soube disso e resolveu naturalmente apurar, e imaginou uma prévia no âmbito do inesquecível Colégio São João, do brilhante, inolvidável e querido amigo Padre João Machado de Melo.

Nas vésperas da prova final de Aritmética, compareceu o Prof. Guedes ao Colégio e solicitou que o diretor reunisse em seu gabinete todos os candidatos ao exame de aritmética do dia seguinte. Assim foi feito. Então, o Prof. Guedes de Miranda começou a fazer perguntas a um e a outro, até que chegou a vez do meu irmão, a quem fez uma pergunta teórica mais difícil, que ele não soube responder. Sabia o professor, naturalmente, que não era uma pergunta para aluno comum, de vez que altamente teórica: um dos teoremas mais difíceis sobre os números primos, assunto que, havia tempo, não mais se estudava.

Não respondida pelo meu irmão, passou a mesma pergunta para o tal menino do suposto "maior peso" na balança, ou seja, eu.

Conhecia eu muito bem a aritmética teórica de Carneiro, célebre pela antipatia que lhe devotavam os alunos em geral e que, hoje penso, ter sido a única do conhecimento do Professor Guedes, brilhante advogado deslocado na matemática. Eu a conhecia muito bem e, além dela, algumas outras, como a de Serraqueiro e as conceituadas aritméticas de Aarão Reis, professor do Colégio Pedro II do Rio de Janeiro e a de Jules Tannery, adotada para o vestibular de engenharia da famosa Escola Politécnica do Rio de Janeiro.

Foi feita a pergunta ao menino de apenas 13 anos (isso relembro hoje, eu próprio surpreendido). Disse eu, uma vez solicitado pelo professor, com firmeza: "Dr. Guedes, o Sr. vai nos examinar amanhã no Liceu não é mesmo? Olhe, eu tenho estudado muito e poderia responder, mas não quero!... Eu peço ao senhor que guarde todas as perguntas para o exame, amanhã. Lá, eu responderei tudo!".

É de avaliar-se a surpresa, a perplexidade do professor e de todos os presentes, perante tal petulância. Mas nada disse o Dr. Guedes. Ficou quieto e aguardou o momento adequado.

No dia seguinte, à hora do exame, nada perguntou, a não ser definir o que seria uma proporção. Lembro que me mandou embora, sem qualquer inspeção sobre o que realmente o aluno conhecia. E, numa escala de graus de aprovação, de 3 a 10, a mim conferiu o grau 4! Revolta e até, lembro-me bem, uma verdadeira crise de raiva e choro naqueles idos ainda infantis.

Todavia, o meu drama estudantil não estaria encerrado; é que o Prof. Guedes concebeu e realizou um plano para a minha reprovação em Álgebra. No dia seguinte, tudo combinado com o outro examinador, cujo aspecto pacífico e passivo bem se prestava ao fim acertado: não me examinar depois do incidente que seria criado. Assim aconteceu. Havia eu feito ótima prova escrita, com todos os problemas resolvidos. Com a mesma tranquilidade e segurança da Aritmética, ali estava para o exame: "Menino!", exclamou o vibrante advogado e historiador, improvisado professor na Matemática, "na divisão de um polinômio inteiro em x por x − a, a divisão é possível ou impossível?" Desde aquele tempo e na Escola de Engenharia, dei-me conta de que a pergunta fora muito mal formulada, comprovando isso mais à frente. Só se prestaria mesmo para o sucesso do tal "plano" concebido, referente à minha reprovação. Respondi então, e estou seguro, até hoje, de que seria a única resposta possível. "Se feita a substituição de x por a no polinômio e executadas as operações indicadas, o resultado for nulo, a divisão é possível e exata. Se for diferente de 0, a divisão é impossível, porque aquele resultado não nulo é o resto da divisão considerada". Ora, isso é absolutamente certo e se baseia em um teorema que legisla sobre o resto de tal divisão. Replicou o Prof. Guedes: "Menino, você não entendeu a pergunta?". E a repetiu já em voz alta, de espantar qualquer criança. Dei-lhe a mesma resposta, estranhando que não a aceitasse.

Ficou furioso e repetiu a pergunta nos mesmos termos, mas em termos sumários e de forma ameaçadora. Considerei com segurança e afirmei-lhe a mesma coisa, dizendo-lhe não haver outra resposta e que eu não estava fazendo qualquer confusão e estava certo, muito certo. No auge da indignação, disse então o exaltado examinador, dentro do plano traçado: "Pois bem, estou satisfeito. Pode retirar-se". Passei para o segundo examinador, o passivo Dr. Antônio Leite. Disse ele, então, com descontraída e inesquecível fisionomia: "Eu também estou satisfeito, pode retirar-se".

E fui clamorosamente reprovado, quando tinha o sagrado direito de ser honestamente examinado, visando até ao grau 10, como também em aritmética.

Para mim, criança, o golpe foi demasiado. Ao regressar ao lar, a indignação em altíssima temperatura explodiu, afinal, em lágrimas de sentida e profunda revolta.

Meu pai, advogado, sem a mínima condição de medir a minha preparação, limitou-se a censurar a minha pretensiosa segurança, pondo dúvidas até na sinceridade do querido Professor Faustino, quando este falava sem reservas sobre meu precoce aprendizado. Tive, então, meses de sofrimento e revolta, e minha raiva infantil caminhou para um ódio estranho, que jamais conhecera na relativa inocência emocional daqueles tempos.

Chega, porém, para minha felicidade, o então Cap. Tenente Afonso de Albuquerque para comandar a "Escola de Aprendizes Marinheiros". Recordo meu pai haver dito ser ele professor da Escola Naval no Rio de Janeiro, homem de formação matemática. Meu pai o conhecia bem e encontrando-o em certa reunião social, falou-lhe do meu caso, da minha tristeza e da minha pretensão, estimulada pelo Professor Faustino. Pediu-lhe então que me recebesse na Escola de Marinheiros, ou em sua residência, me examinasse e desse seu parecer de experimentado professor.

Lembro-me da escandalosa alegria em que fiquei pelo próximo exame particular daquele professor, cuja competência o meu pai tanto enaltecera. Aliás, o meu querido pai se revelara suspeitoso de que eu teria realmente sofrido tremenda injustiça, quando me disse: "Meu filho, acredito na sua sinceridade, quando se julga preparado, mas não tenho condições de verificar, como você sabe; estou muito satisfeito por haver falado ao Afonso e ele haver concordado em examinar você". Fiquei imensamente alegre e otimista, aguardando o encontro do dia seguinte.

Fui, então, muito feliz, no tal exame, surpreendendo o Cap. Afonso. Posteriormente, ele afirmou em pequena carta ao meu pai não se lembrar de já haver encontrado um conhecimento básico de tal porte em uma criança de 13 anos. Nessa carta, até felicitava os meus pais por isso! Essa foi a minha primeira "vitória infantil" daquele tempo, permitindo-me nova credencial de confiança junto ao meu pai e me elevando a um sadio otimismo para retomar e prosseguir os estudos, já desde então visando ao curso de Engenharia no Rio de Janeiro.

O emocionante, porém, estaria por vir ainda esse ano, aos meus 14 anos. Fazendo, como era bem do tempo, exames parcelados, o ano de 1920 foi da Álgebra e da Geometria, além do Francês para o exame final e a complementação do Latim.

Muito e muito estudo de Álgebra e Geometria, esta última com o já mencionado Professor Faustino, que se negou a ensinar-me Álgebra. Simplesmente, dizia ele, porque já me ensinara tudo o que sabia e não podia acompanhar-me no interesse sobre assuntos só próprios para os candidatos a Engenharia, assuntos esses não ensinados em Maceió por quem quer que fosse, naquele tempo. Realmente, tive que estudá-los sozinhos: Análise Combinatória, Determinantes, Equações Recíprocas e Exponenciais, etc., realmente coisas além do programa habitual, ministrado nos colégios de então ou por professores particulares.

Cheguei ao fim do ano considerando-me muito bem preparado e certo de que teria de enfrentar bem o mesmo Professor Guedes de Miranda, que costumava providenciar perguntas de "algibeira", dizia-se, para os alunos não responderem. Na realidade, aguardava-me uma grande experiência, que hoje recordo como a primeira oportunidade em que uma Proteção Invisível me foi dispensada. A mesma que, alguns poucos anos mais tarde, passou a afirmar-se mais e mais positiva, não só no âmbito do estudo em nível superior de Engenharia, como em estranhos e profundamente significativos acontecimentos da minha própria vida.

Havia estudado, realmente, estudado muito e muito. Álgebra e Geometria, mas, evidentemente, em nível do que chamávamos na época, e ainda é válido até hoje, de matemática elementar. Preparei-me para o exame com o Dr. Guedes que, por esse tempo, já sentira que meu pai não estava mais indiferente (depois do exame do Cap. Ten. Afonso) ao que ele me fizera. Meu pai era Secretário da Fazenda do Estado, político de prestígio pessoal e, naturalmente, não haveria conveniência em estremecimentos maiores de amizade entre ambos.

Ora, no ano anterior, quando o Dr. Guedes estava examinando certo colega bastante capaz — e um tanto petulante –, havia lhe feito duas perguntas que um estudante muito jovem, de nível ginasial, não poderia responder. Isso ele fez com ar solene, impressionante, visando a "espichar" o aluno (era como se dizia, em nossa gíria, provar que ele nada sabia, no sentido de desmoralizar pretensões): "Demonstre algebricamente que a série dos números é infinita, tanto positiva quanto negativamente". O aluno nem entendeu que demonstração seria aquela para ser "ALGÉBRICA". Ficou quieto e "arrasado" pelo brilho da palavra agressiva do professor de matemática. A segunda: "Demonstre, com precisão, a regra dos sinais. Particularmente considere $(-) \times (-) = (+)$ e $(+) \times (-) = (-)$.

Como iria o aluno demonstrar se, a rigor, não há demonstração e, sim justificativa mediante objetivas interpretações, acima do nível ginasial da época e de agora?

Pois bem, sabia eu dessas perguntas e me imaginava às voltas com elas, sem as poder responder, e fui para o exame sem dominá-las ou ter qualquer resposta para tal emergência.

No exame do fim de ano, um ano depois daquele do meu grau 10 em prova escrita e da incrível reprovação, eis que fiz uma péssima prova escrita, à base até da 1ª questão com possível zero. Fui tomado de inexplicável inibição, por encontrar uma 1ª questão para ninguém resolver, dificílima, e isso me criou psicologicamente um quadro deprimente de fracasso, estranho nervoso que não permitiu reconstituir-me mentalmente para raciocinar. Desolado, certo de que nem poderia ser chamado ao exame oral, à tarde daquele dia, confirmado que a falha, então, era verdadeiramente minha, julgando tudo perdido, compareci ao Liceu. Lá chegando, a notícia: eu entraria em exame oral, por imposição do próprio professor Guedes de Miranda, das tropelias passadas.

Assim surpreendido e feliz, certo de que faria ótimo exame oral, aguardei. Chamou-me reservadamente o professor Guedes e disse: "Sei que você é estudioso. Você e seu pai estão convencidos de que lhe prejudiquei o ano passado. Vou provar que não. É que você fez péssima prova escrita. Não estaria em oral. Insisti para que entrasse, junto ao Inspetor Federal. Espero que faça um brilhante exame oral. Está bem assim?" Fiquei muito alegre e, ingenuamente, acreditei na sua sinceridade. Logo a seguir, porém, tudo negado, depois de fazer digressão pública sobre as possibilidades do aluno (eu no caso), que iria fazer exame amplo, sem ponto sorteado e que me encontraria muito bem preparado etc. Cheio de esperanças e bastante confiante, ali estava eu.

Começou, então, o exame com o manifesto objetivo de fazer-mo projetar no silêncio da ignorância. Abandonando qualquer assunto programático, eis que me fez a primeira pergunta, a mesma que, durante todo aquele ano, fora constante preocupação: "Demonstre algebricamente que a série dos números é ilimitada tanto positiva quanto negativamente".

Surpreendido, um tanto aturdido, principalmente depois de haver ele, o professor, afirmado das minhas altas possibilidades para um destacado exame, levanto-me incerto, dizendo: "Vou ver se demonstro", se bem que, naquele exato momento, não atinasse com o que deveria fazer.

Tracei um eixo, orientei-o e teci as únicas e possíveis considerações, marcando segmentos unitários simétricos e sucessivos para a direita e para a esquerda, que indiquei corresponderem a números que se sucediam para o "infinito" quer positivos, quer negativos, à esquerda.

O professor não tinha qualquer demonstração diferente. Houve que aceitar o que, rapidamente, naquele instante, me ocorreu e afirmei com segurança. Nada retrucou e passou à frente.

Aliviado do primeiro e imenso susto, esperei perguntas do programa, que o conhecia perfeitamente, mas isso não aconteceu. E veio o segundo grande susto, o outro assunto que sabia haver "arrasado" o inteligente colega do ano anterior e que, também me preocupara, constituindo uma pergunta absolutamente indevida, inoportuna e sem nexo, num simples exame de álgebra elementar, onde o examinando é apenas um menino de 14 anos!... Incrível aquela falsidade de querer fazer "brilhar" o estudante, cortando-lhe pela base todas as suas possibilidades daquela maneira. É que, naquele segundo ano, queria o professor justificar estranhamente a justiça da "injustiça" escandalosa da minha reprovação do ano anterior. Assim prosseguiu: "Demonstre a regra dos sinais, particularmente no que tange a $(-) \times (-) = (+)$ e $(+) \times (-) = (-)$". Inicialmente chocado com mais aquele golpe de deslealdade, novamente levantei-me, dizendo como o fizera, quando da primeira pergunta: "Vou ver se demonstro". Peguei o giz, dirigi-me novamente ao quadro negro, tracei um eixo quase compulsivamente e ocorreu-me justificar a regra em face de um problema de mecânica: o deslocamento de um móvel ideal sobre aquele eixo orientado. Surpreendido pelo desembaraço da exposição, evidente para todos, ainda houve que elogiar!

Daí para adiante, que mais poderia perguntar, arriscando-se a que, de verdade, fizesse um ótimo exame!? Resultado: na escala de 3 a 10, fui aprovado com aquele 3 inesquecível, que, porém, me permitiu, no Rio de Janeiro, pouco tempo depois, estudar sem professor, em 35 dias, para o exame vestibular da famosa Escola Politécnica do Rio de Janeiro. Fui então, tranquilamente aprovado!

Pode bem parecer que valorizo em demasia esses incidentes da vida estudantil daqueles primeiros anos, mas é que deixaram marca de revolta, em face da impotência de um menino que já encontrava, além da sua pouca idade, uma experiência tão pesada para o mundo de suas emoções e aspiração, ainda não afeito às maldades da vida comum. Também, neste último caso, hoje posso dizer que já ali um tipo de proteção não humana me visitou, limitando o peso do acontecimento, que poderia ter levado a uma nova reprovação. Confirma, até certo ponto, a certeza de invisível proteção, a pergunta que me fez um irmão Marista, professor de Matemática no Colégio Diocesano local, admirado com tais demonstrações, que antes eu não conhecia e que, pelo visto, ele também não.

Quando me retirava do exame, chamou-me ele e perguntou: "Menino, onde você encontrou e estudou essas boas demonstrações?" Que poderia eu dizer? Que disse então? Apenas isso, recordo bem: "Em uma Álgebra velha, que tenho em casa, cujo autor agora não me recordo". Tive que mentir. Como iria lhe dizer que me vieram naquela hora difícil de fonte desconhecida ou de uma feliz intuição no momento? É claro, absolutamente evidente que, naquele tempo, uma criança, não tinha condição de saber dessas coisas: *fonte desconhecida? feliz intuição?!...*

Recordando esses tempos tão longe, dos primeiros estudos em Maceió, jamais esquecerei que a nossa vida não era só estudos, se bem que, na realidade, estudássemos muito. Entre nós dois, eu e meu irmão Darcy, disputávamos para um estudar mais que o outro, na verdade correndo sempre "empatados". Era emocionante: de manhã, quem acordava mais cedo, às vezes 5 horas ou menos, procurava levantar-se e sair do quarto, sorrateiramente, para que o outro ficasse dormindo. Era difícil uma vitória dessas. Quem perdia, ficava "invocado" para "vingar-se" na próxima oportunidade. O problema era começar a estudar primeiro! Morando juntos, continuamos assim na vida acadêmica, estudando muito, aproveitando todo tempo disponível. Até namorada era apreciada em termos de

Uma Busca da Verdade

horas de estudo. Naquele tempo, o bonde do Rio de Janeiro nos tirava completamente de qualquer namorico nos bairros cariocas. Só mesmo namorada que frequentasse, por acaso, o ambiente familiar da pensão em que nos encontrávamos. Mesmo assim, havia os horários e o nosso "regulamento".

A propósito, lembro da indignação do meu irmão quando, certa noite, resolveu ver a namorada no Méier, vendo-se às voltas com a perda de mais de 4 horas de estudo. Chegando tarde e me encontrando a estudar à altura de 1 hora da manhã, ficou tomado de profundo remorso e jurou jamais repetir a aventura...

Feita essa digressão, volto ao ambiente ainda de Maceió. Não só estudos, mas muito folguedo, muita alegria esportiva naquele tempo, fazendo-se entre nós práticas e competições de variada natureza. Salto em distância e em altura, corridas de velocidade e de resistência (assim as denominávamos), exercícios de argola e de barra, de "pegar peso" (como chamávamos) e, principalmente, esse o ponto alto, o jogo de futebol. Argolas, barras, halteres, ambiente para saltos e algumas corridas, tínhamos em nossa própria chácara da Estrada Nova, desde o tempo da Av. Comendador Leão, em frente ao mercado de Jaraguá. Acompanhamos sua construção. No canteiro de obras, tivemos algumas "brigas", uma de perspectiva perigosíssima porque havia "canivete" e "agulha de crochê" para "fechar o tempo". Essa foi felizmente evitada no último instante por um amigo de meu pai, um parente, que agiu com energia e dissolveu o grupo de "valentes" que se iriam empenhar perigosamente, em luta.

Havia na época dois grandes clubes, que ainda hoje existem e disputam até campeonatos nacionais: o Centro Esportivo Alagoano – CSA e o Clube de Regatas Brasil – CRB, mas não havia grande atração das crianças para os clubes muito específicos de futebol.

Atletismo no clube, naquele tempo, não era particularmente atraente para as crianças. As nossas verdadeiras pistas para o atletismo infantil eram as ruas que não tinham o movimento de hoje e nem tinham calçamento. A "base" era grama ou areia escura: areia quase preta e grama irregular e maltratada. Assim, também nas ruas, o futebol se instalava: sábado à tarde e à noite e nos domingos, era um verdadeiro "horror". Felizmente, eram poucos os transeuntes, e os automóveis muito raros, por aqueles areais e gramados acidentados de altos e baixos. Os pais de todos nós compreendiam tais necessidades de expansão infanto-juvenil e tudo ia bem, muito bem! Afinal, fundamos um clube: o "Internacional". Nome "solene" que foi posto não se sabe por quem. Mas o "Internacional" infanto-juvenil foi pegando conceito, particularmente depois que conseguimos um campinho para treinamento. Oh! Como lembro as brigas em campo, as pancadarias que às vezes surgiam, felizmente sem maiores consequências. É que havia liderança de "brigadores" por aquelas bandas e estabelecia-se quase que um acordo antecipado, infanto-juvenil, de paz armada, tese defendida hoje por muitos estadistas de projeção mundial...

Assim, pois, na linha das recordações, o tempo de menino em Maceió, já entrando na juventude, que veio a se firmar no Rio de Janeiro, quando ainda eu e meu irmão, respectivamente aos 16 anos incompletos e 14, viemos para as lides universitárias; engenharia e medicina, carreiras que havíamos eleito desde alguns anos já; o meu irmão na linha da tradição familiar de médicos e eu, na Engenharia, o segundo a ser então engenheiro na família devido ao inegável pendor para a matemática. Também, naqueles idos, não havia muitas carreiras de nível superior para escolher. Fomos felizes na escolha. Ambos atingimos um bom nível de realização nas respectivas áreas: o meu irmão Darcy, a culminância universitária como professor catedrático de Psiquiatria na Escola Paulista de Medicina; eu, um *status* bem mais discreto, uma cátedra de disciplina na área de engenharia na Academia Militar das Agulhas Negras, nessa, porém, exercendo por muitos anos a chefia do ensino científico fundamental.

Ainda tenho a recordar dos meus tempos de menino o ambiente de conversas, ora tímidas ora vibrantes, ora quase em silêncio cauteloso, ora em vivos desabafos emocionais sobre a política estadual: os dois partidos políticos que se digladiavam na arena de teor primário dos naturais interesses de tal ordem. Fixou-se em minha lembrança, dos da nossa família, a tensão de verdadeira guerra que foi a ascensão do Partido Democrata sob a chefia do Dr. José Fernandes Lima, ao qual o meu pai se achava ligado pelos mesmos ideais políticos, tais os princípios democráticos que alegavam absolutamente subvertidos pelo Partido Conservador, este jungido à orientação que vinha dos idos do Dr. Euclydes Malta, o qual, havia muito, conduzia a política local. Quando se reuniu o Senado Estadual para o reconhecimento do candidato, o General Clodoaldo da Fonseca, eleito apesar dos pesares e das inauditas pressões sobre o analfabeto do interior, das atas eleitorais ditas feitas "a bico de pena" (especialistas nessa feitura fingiam letras e assinaturas de ausentes e até "de defuntos"), foi o recinto invadido por tropa policial sob o comando do Capitão Montenegro, exigindo a imediata interrupção da sessão e a retirada rápida de todos, senadores ou não. A ordem que tinha, dizia ele, era de varrer o Senado à bala, caso houvesse qualquer resistência. Essa invasão se deu, aliás, depois de uns 2 ou 3 dias, em que o acesso ao Senado já se achava impedido pelas vias normais, para que a fome e a sede obrigassem todos à retirada. Não era o recinto do Senado em prédio isolado, de forma que recursos de alimento chegavam por caminhos escusos, pela audácia e coragem de alguns que operavam "misteriosamente" através de vizinhanças decididas. Aí, a tensão de "guerra" a que me referi, precedendo a culminância de pressão com a invasão policial do recinto das sessões. Que tempo aquele! Melhoramos? Parece, mas não tanto como gostaríamos.

    Houve, porém, coragem dos sitiados e, afinal, compreensão por parte do Capitão Montenegro de que iria cometer um ato de sangue, sem ao menos uma ordem escrita que posteriormente o defendesse de tal crime. Depois de incisivas ponderações dos ali encurralados, sofrendo a tremenda ameaça, sob a liderança de alguns, entre os quais o meu próprio pai, Alfredo Uchôa, o Capitão reconsiderou a sua determinação, comandou a retirada da tropa e disse ir buscar a ordem escrita. É claro que não a obteve. A sessão prosseguiu e o reconhecimento oficial do governador da oposição eleito se consumou. E em nossa casa, em que, naqueles dias, só havia consternação, incertezas e justas preocupações, foi aquele um dia de festa!

Na nossa mentalidade infantil, já um tanto desperta, sentíamos, nós os filhos, a importância do nosso pai agora Secretário-Geral do novo Governo.

Apesar da tônica de gosto pela política que sempre caracterizou os nossos ancestrais, eu e meu irmão Darcy sempre fugimos dela, jamais nos preocupando com tal mister: ser um político.

Hoje, apesar da minha não vocação política, reconheço ser a carreira política de altíssimo nível, quando se considera a sua valia e real significação, porque nela é que muito o homem pode bem servir à coletividade a que pertence, ao povo que é, afinal, ele mesmo, seus filhos e netos, seus parentes e amigos, seus compatriotas, enfim, seus irmãos humanos. Assim vejo o político de verdade, não os carreiristas ambiciosos, o político com letras maiúsculas, com as marcas da nobreza e do ideal superior de servir, com inteligência e capacidade atuantes, ao bem humano! Que poderá ser mais digno, mais nobre?...

Capítulo IV

Rio de Janeiro — 1922 a 1924 — a Revolução de 22 — Escola Militar de Realengo — Jundiaí — Itu — Primeiras experiências espíritas — Tropa, engenharia, dificuldades acadêmicas — Monge — Kardec

Em dezembro de 1921, ainda no correr dos meus 15 anos e o meu irmão com 14, eis-nos acompanhados de nossos pais chegando ao Rio de Janeiro. Que emoção ao descortinar, para nós tão falados, os celebrados e famosos Corcovado e Pão de Açúcar! E o gigante deitado que, a muitas milhas ainda da baía da Guanabara, em viagem por mar, se mostra nítido e impressionante: a cabeça Pedra da Gávea, o conjunto do busto em repouso, a massa de montanhas à distância, o joelho, o Pico da Tijuca, seguindo-se a impressão das enormes pernas distendidas até a visão do pé com calçado de ponta fina, sola lisa e vertical, o Pão de Açúcar com a sua escarpa abrupta para o mar.

E a cidade? Naquela época, nada de arranha-céus, podendo-se de imediato apreciar a beleza que viria à curiosidade da nossa vista nos lindíssimos contornos de suas praias, da Glória a Ipanema e a magia das elevações já bastante construídas — Santa Tereza, Tijuca e encostas da Gávea.

Destacava-se, à vista do recém-chegado, o Hotel Glória, o mesmo de hoje, plantado em ponto privilegiado, dominante e simpático como naquele tempo. Era, na verdade, uma amostra pioneira do que seria o Rio do futuro, o Rio atual dos 60 a 70 anos depois.

Desembarcados, lá vamos de táxi para São Cristóvão, para a inesquecível Rua Canabarro 32, casa do muito querido primo José Luiz Cavalcanti de Mendonça, o Dr. Mendonça como era comumente chamado, o Jucá das referências familiares mais antigas. Jamais pude esquecer quanto me foi impressionante a Av. do Mangue, atual Getúlio Vargas, com as palmeiras esguias, elegantes, altaneiras em toda sua notável extensão, alinhadas e belas, espetáculo urbano de nível até então jamais posto à nossa vista. A seguir, a famosa Praça da Bandeira e o viaduto da Central do Brasil ali próximo, aquele mágico entrelaçado de ferros que se dizia haver sido projetado por um grande engenheiro que teria se suicidado por haver o viaduto cedido um pouco mais do que previra, à passagem do primeiro comboio!

Afinal, a residência, o lar do muito estimado primo, Dr. Mendonça, e de D. Elisa Castelo Branco de Mendonça, senhora de virtudes extraordinárias cuja forte e marcante personalidade, expressão de bondade, amor e senso de alta dignidade, passei tanto a admirar no longo convívio que se seguiu. Forjou-se entre nós uma intrínseca e imorredoura amizade que ambos, eu e meu irmão, soubemos incorporar à própria vida.

Desse dia em diante, no Rio de Janeiro, uma fase muito particular da nossa vida, especialmente da minha, pois, dentro em pouco, ainda tão criança, fui inesperadamente tomado no vértice de uma Revolução de caráter aparentemente militar, mas cujo espírito foi se revigorando e revigorando pelos erros de dirigentes políticos sem vistas maiores, erros de consequências políticas inexoráveis, conduzindo, afinal, à Revolução incontestavelmente popular de 1930.

Pouco a pouco, nesta rememoração, irei mostrando o significado extraordinário desses três anos, no sentido de me situar perante uma grande experiência de vida, que veio a repercutir intensamente na evolução do meu próprio caráter. É que passei, nesses anos, de um aventureirismo mental semi--inconsciente e pretensioso, de jovem liberto do pensamento tradicional e da fé religiosa de sua infância, tão ligada a um catolicismo familiar de dogmas indiscutíveis, à um materialismo displicente, indiferente aos valores daquela fé. Depois, veio o despertar muito cedo para uma visão espiritual do mundo e da vida, que se tem progressivamente ampliado mais e mais, até hoje, com imensa felicidade. Na verdade, um novo lar encontramos junto à querida família do bondoso e dinâmico Dr. José Luiz de Mendonça, afeiçoando-nos de verdade às primas (suas filhas) e à sua extraordinária esposa D. Elisa, cuja memória reverencio com a mais profunda saudade e elevado preito de reconhecimento à alta hierarquia do seu belo espírito. É que, antes, outros haviam tido aquele privilégio de convivência e, nesse ponto, eram um tanto diferentes. Com o tempo, bem mais à frente, uma das primas certo dia nos disse: "Vocês estudam demais; assim também não é possível!". Ao que repliquei: "Sim, estuda-se muito, mas, em compensação, sabe-se muito!". Recordamos, eu e meu irmão, essas coisas para nós hoje quase poéticas, pois envoltas em suaves lembranças daqueles parentes aos quais tanto nos afeiçoamos com fraternal amor.

Aprovado no vestibular em março de 1922, eis que meu irmão inicia o seu curso de medicina ainda no correr dos seus 14-15 anos de idade. Para a Escola Politécnica, a célebre Escola de Engenharia do Largo São Francisco, havia de preparar-me em curso particular de matemática, para uma transição adequada, em face do nível do 1° ano do curso daquela escola.

Participo, a partir de março, por apenas três meses, do ótimo curso ministrado pelo excelente professor Carlos Novaes, cuja amizade posteriormente iria cultivar durante o curso de Engenharia. Obstáculos e dificuldades inesperadas, entretanto, me estavam reservadas, mas o curso era muito bem conduzido. Como escrevia bem no quadro negro aquele excepcional professor! Como o seu exemplo de método e boa apresentação veio a frutificar em mim quando atingi o magistério, então capitão da arma de Engenharia, aos meus 32 anos de idade! É que, naturalmente, um tanto sem método, até sensivelmente desorganizado, logo ao procurar preparar-me para lecionar, eis que a lembrança do querido mestre veio à tona de forma intensa, construtiva e tratei de procurar imitá-lo. A beleza de sua letra tranquila e elegante no quadro, jamais atingi. Todavia, realizei a disposição bem ordenada e própria dos desenvolvimentos no quadro-negro, com traços verticais sofisticados, como aquele professor fazia. Assim procedendo, eu mesmo me sentia bem ao ver as aulas de Mecânica Racional postas nos quadros das salas de aula da Escola Militar do Realengo e, depois, nos da Academia Militar das Agulhas Negras – AMAN, em Resende/RJ. A esta dediquei, de 1945 a 1957, muito de trabalho didático e muito, também, das minhas preocupações educacionais como seu Subdiretor do Ensino Fundamental durante 12 dos 23 anos de atividade no magistério militar.

Volto aos primeiros meses letivos de 1922. Achava-me, então, tranquilo, aperfeiçoando toda a aprendizagem pretérita feita em Maceió, onde a carência de professor de Matemática era impressionante, conforme salientei. O ano de 1922 era o ano do centenário da independência do Brasil. Deveria ter um 7 de setembro extraordinário! Já se iam 100 anos de independência pátria, um grande acontecimento. A parada de 7 de setembro deveria ser excepcionalmente brilhante! Parece incrível, mas isso acabou mudando o meu caminho, a minha vida, segundo o que mostrarei a seguir.

Hoje, com estudos esotéricos que dizem de vidas sucessivas e condicionamentos *Kármicos* que criam, às vezes, certas inexorabilidades, posso explicar, na perspectiva do tempo, tudo o que ocorreu em 1922 em relação às experiências que teria de viver. Subitamente, não mais Engenharia, não mais volúpia matemática a me conduzir, tudo isso posto para o futuro, adiado. Seria militar, atraído para a carreira não por despertada vocação ou conselho de quem quer que seja, visando ao que se comentava na época, dizendo-se ser a militar uma carreira segura. Dizia-se, e é verdade: terminado o curso já se estaria definitivamente empregado. Além disso, ainda haveria a considerar: o estudante não precisaria do auxílio do pai; teria casa, alimentação, professor, livros; quase toda a roupa de que necessitasse lhe seria fornecida.

O Governo brasileiro resolveu então aumentar o efetivo da Escola Militar do Realengo visando a sua mais imponente apresentação no desfile de 7 de setembro, em que estaria presente a eminente figura do Rei Alberto da Bélgica, inesquecível herói da grande guerra de 1914. Para tal fim, resolveu o governo criar um curso anexo naquela escola com o objetivo de

Uma Busca da Verdade

aumentar o seu efetivo. Seria um curso básico, preparatório para o Curso Militar regular, para o qual bastaria o candidato possuir documentação de haver feito todos os exames finais dos chamados "preparatórios" (12 disciplinas exigidas então para qualquer curso acadêmico) e ser aprovado em exame de saúde. Aí, então, o problema: não tinha vocação, mas teria um curso básico muito bom e gratuito de matemática nas condições favoráveis já mencionadas; o meu pai se achava em difíceis condições financeiras para nos manter no Rio de Janeiro nos estudos em andamento.

Com apenas 16 anos, um movimento revolucionário na história da minha vida terminou por definir, no momento, o rumo completamente diferente daquele que sonhara: ser apenas engenheiro, um bom engenheiro. Na verdade, acabei tornando-me um engenheiro e pratiquei a profissão por vários anos. Mas o meu *Karma*, o que a Lei Superior me reservara, na verdade, seria inicialmente de outra natureza, outro teor: ao invés de encerrar-me na profissão, lidando apenas com obras, construções de qualquer natureza ou variadas instalações, teria que dedicar-me ao âmbito educacional, lidar com a formação intelectual e moral de jovens, dedicar-me ao trabalho "fino" (como certa vez, um prezado amigo professor o denominou) de ensinar, exemplificar procedimento, educar! Na verdade, nessa linha de trabalho, hoje me sinto feliz por haver lidado durante 25 anos de labor continuado com esse mister de ensinar, encerrando a carreira militar com a fundação e o comando do Colégio Militar de Salvador durante quase 3 anos, desde o princípio de 1957 até fim de dezembro de 1959.

Em maio de 1922, ao abrir-se o tal curso anexo da Escola Militar, eis-me decidido a mudar de rumo, pelo menos provisoriamente. Seria oficial do Exército da arma de Engenharia.

Quando iniciei as providências para inscrição, um aluno do 3º ano daquela Escola já bem próximo ao oficialato, M.L., bastante ligado à minha família, quase noivo de uma das queridas primas, procura-me e fala em tom grave de quem cumpre um dever, apesar da implicação muito séria: "considere e compreenda bem o que vou lhe dizer, porque você é primo de D., e eu já me vejo como seu amigo. Sentir-me-ia mal se não lhe falasse, vendo você no início de sua vida aqui ainda tão inexperiente, caminhar para uma coisa tão séria que você pode evitar. Vendo-me surpreendido com tal advertência, assim continua ele: "É que eu quero lhe dizer que vai haver uma revolução em que a Escola estará envolvida; não tenha dúvida do que falo, pois sou um ativo conspirador; não entre agora para a Escola, pois vai prejudicar-se, arriscando-se nesse movimento que poderá ser vitorioso, mas quem poderá estar certo disso? Olhe, eu lhe aconselho: Não entre, não entre na Escola agora". Então, pergunto-lhe: "Que revolução é essa? A favor ou contra quem?". Responde-me ele: "A favor do Nilo Peçanha, contra o Presidente Epitácio Pessoa e o Artur Bernardes". Então, de imediato, sem quaisquer considerações em torno, exclamo: "Bem, essa revolução me serve; o meu pai é a favor do Nilo Peçanha. Entrarei na Escola e, se for o caso, na revolução". Guardei a reserva que ele, o meu amigo M.L. pediu e, pouco depois, inscrito, apresento-me na Escola do Realengo, a 2 de junho de 1922, com 16 anos de idade feitos a 21 de abril daquele ano.

Em ligação com aquele amigo, já aluno do 3º ano e conspirador, fui acompanhando, com poucas informações, é verdade, pois apenas acabara de chegar à escola, a marcha para a revolução que, afinal, explodiu a 5 de julho daquele ano. Esta data, até hoje, nós, os ex-alunos de então, comemoramos, relembrando particularmente a ínclita figura do nosso Comandante Cel. Xavier de Brito na aventura daquele dia que, com sensatez digna e enérgica, salvou a vida de tantos e tantos jovens. Relembramos, outrossim, a figura do nosso colega Clodoaldo, morto em combate, em escaramuças próximas à Vila Militar, seguidas por fogo de artilharia que nos cobria em toda a frente, até na colina em que eu me achava num pelotão de reserva. Bati, então, um *record*. Estava debaixo de fogo, o fuzil desarmado, com munição e sem saber armá-lo. Um colega, ali todos arrastando-se por um solo lamacento — armoume o fuzil, a meu pedido, para, ao menos, dar uns "tirinhos", como disse e fiz.

Houve mesmo muita sorte naquele dia, pois marchamos para a Vila Militar certos de sua adesão, o que não aconteceu. Lá, a situação mudara. Já o meu amigo M.L., que teria ido parlamentar, se achava preso e os revolucionários da Vila também tinham sido dominados.

A sorte referida se prova pela escaramuça inicial que adveio de um piquete de cavalaria haver atirado inadvertidamente sobre nós, à altura da estação de Magalhães Bastos, alertando, assim, o nosso comando, que nos fez retrair para posições de expectativa, dado que jamais se compreenderia, levar-se algumas centenas de jovens alunos contra toda a tropa da Vila Militar! Tornou-se necessário ficarmos seguros do que realmente estaria acontecendo na Vila. Por isso, a escola atacou-a ao amanhecer com fogo de artilharia, respondido com intensidade dobrada. Então, pouco a pouco, bem esclarecida a situação, mesmo contra os descontroles de alguns corajosos alunos e oficiais, o inesquecível Cel. Xavier de Brito nos levou de volta e ficamos presos na própria escola. Aí, então, viemos a saber do levante do Forte de Copacabana que acabou resultando na consagrada epopeia dos *18 do Forte*, como passou à história o heroísmo daquela gente, ainda hoje relembrada simbolicamente, em alto nível, na notável e invulgar personalidade, plena de coragem e dignidade, do Brigadeiro Eduardo Gomes. Houve, então, o levante de Mato Grosso sob a chefia do Gen. Clodoaldo da Fonseca.

Logo depois do fracasso dos levantes, todos fomos submetidos a inquérito. Tudo indicava que as autoridades teriam estimado que a maioria dos alunos se dissesse enganada, ludibriada por seus instrutores e por uma minoria ativa de alunos. Comentávamos uns com os outros: — "Querem que nos digamos "inconscientes". Verão o que irá acontecer... Na verdade, muito poucos entre os 500 e tantos alunos assim procederam e ficaram, depois, sempre referidos pejorativamente, durante alguns anos, como "os inconscientes". Lembro-me muito bem de que a mim não faltaram conselhos, apontando a solução da "inconsciência" com todas as suas vantagens: permanecer na escola normalmente, com as regalias correspondentes e livrar-se de qualquer processo. O oficial superior que me inquiriu fez o possível para induzir-me àquela suave e benéfica "Inconsciência" dos "Inconscientes".

Com todo cuidado, conferi bem o que estava assinando e preferi as consequências da indisciplina que afinal conduziu mesmo a um processo a que respondemos no correr de 1923, sem maiores perigos de objetiva condenação, de vez que se tratou realmente de uma exaltação do muito jovem setor de alunos da área militar, sensibilizados por uma carta ofensiva às Forças Armadas, supostamente escrita pelo candidato à Presidência da República, o Dr. Artur da Silva Bernardes, então Governador de Minas Gerais. O Clube Militar pronuncia-se com energia. O Presidente Epitácio Pessoa prende o Marechal Hermes da Fonseca. Agita-se o meio militar. Houve, como disse atrás, em 1922, três levantes: Escola Militar, Forte de Copacabana e a Guarnição de Mato Grosso, sob o comando do Gen. Clodoaldo da Fonseca. A seguir, em 1924, em São Paulo, Gen. Isidoro Dias Lopes; em Mato Grosso, Cel. Berthold Klinger e no Rio Grande do Sul, resultando na Coluna Prestes, famosa coluna a pervagar pelo interior brasileiro, alimentando o ideal de inflamar a alma nacional contra um regime político arcaico, deformado pelos primários interesses de uma economia sob a tutela da Fazenda de Café. Tanto a semente da Revolução de 1922 tinha vitalidade, que promoveu a de 1924, já mais forte e, depois, a vitoriosa Revolução de 1930, esta sim, promovida, preparada no bojo das Forças Armadas e que acabou empolgando a alma da Nação. Vitoriosa em outubro de 1930, o Dr. Getúlio Vargas no poder, seguiu-se um caminho diferente, destacando-se, então: a vigência do voto secreto, a busca mesmo vacilante do caminho da industrialização e a criação da assistência social, com o Ministério do Trabalho.

Então, ao tempo, firmou-se no Exército a "época dos Tenentes", pensando-se talvez que o "Tenente" significava a novidade, novos caminhos, energia e disposição para os novos tempos...

Voltemos a 1922. Da prisão na Escola Militar até princípios de agosto seguinte, um pouco mais de 30 dias, os alunos de menos responsabilidade no levante de 5 de julho foram distribuídos por várias unidades do Exército das diferentes regiões militares.

Eis-me, então, em Jundiaí, São Paulo, passando rápido daquela euforia um tanto ingênua de aluno muito jovem, àquele ambiente bem diferente de gente boa, mas também de gente um tanto grosseira que, evidentemente, não nos via com bons olhos. Lembro-me o inesquecível primeiro despertar na caserna, naquele 5° Grupo de Artilharia Pesada: cinco e meia da manhã, o plantão da hora, um preto bastante forte começa a suspender as camas de ferro, por uma das cabeceiras, de preferência do lado do pé e soltá-las com grande ruído e gritos: "Acorda", seguindo-se um sonoro palavrão. Logo entra um 3° Sargento a bater com a espada nas pernas dos soldados... É claro que não esperei a minha vez: pus-me imediatamente de pé.

Éramos, os ex-alunos, novidade em Jundiaí: soldados, ainda usando a túnica de alunos, sensibilizavam um pouco os habitantes do local devido a facilidade dos "namoricos", para aqueles jovens "revolucionários".

Naquele tempo, que proporcionava ambientes bem menos indulgentes que os dos dias de hoje, alguns pais ficavam muito atentos às atividades dos recém-chegados. Eu próprio tive a minha pequena e inicial experiência: a primeira namorada J., em Jundiaí, não havendo lá muita simpatia por parte do pai dela...

Um mês depois, alguns de nós foram transferidos para o 4° Regimento de Artilharia Montada, 4° RAM, em Itu. Que diferença extraordinária quanto à receptividade que lá, nesse Regimento, encontraríamos... Parecia até que éramos de igual nível dos oficiais. Desde o Cel. Adolfo Lins, seu comandante, aos Tenentes, todos solícitos em nos dar apoio e demonstrar simpatia.

Foi uma bela temporada aquela em Itu. Alguns sargentos e oficiais muito nossos amigos, talvez a maioria; outros um tanto mal satisfeitos, pois todos nos sabiam simples praças e, apesar disso, com o uniforme de aluno da Escola Militar, tínhamos regalias quase de oficiais, chegando a frequentar o seu próprio cassino. Ademais, os nossos Comandantes de Bateria nos propiciavam cavalos preparados para exercício de salto e até para passeios pela cidade e cercanias. Lembro muito bem do meu comandante, Capitão Costa Leite, nos idos de 1922 e 1923. Destacou-se ele futuramente com grande atividade revolucionária, tendo vivido alguns sérios incidentes, sempre provando sua intrepidez, uma das vezes em sensacional fuga quando conduzido por policiais! Evoluiu, depois, para a extrema esquerda, abandonando o Exército, sem renunciar às suas posições. Muito, muito depois, então foragido, nos encontramos em um ônibus. Ele, de óculos escuros e uma pasta na mão em pleno Rio de Janeiro, quando era procurado por toda parte. Reconheci, imediatamente, quase duas dezenas de anos depois, o meu antigo e bom amigo Comandante de Bateria e pergunto-lhe, então, sentando-me a seu lado: "O Sr. é, por acaso, parente do Capitão Costa Leite?". Responde rápido e nervoso: "Não sou, nem tenho parente algum oficial".

Continuo: "É que o Capitão Costa Leite foi meu comandante em Itu, em 1922, quando ex-aluno revolucionário da Escola Militar de Realengo". De imediato, diz ele: "Estou me lembrando; qual o seu nome?". Disse-lhe e ele demonstrou grande alegria ao reconhecer-me. Acrescentou: "Compreenda que tenho que ser cuidadoso. Procuram-me muito e eu estou bem perto...".

Portanto, os caminhos do mundo, quando pensamos em termos amplos de espírito: os encontros tão claramente casuais, quantas vezes marcam momentos que ficam indeléveis na recordação e prosseguem na memória humana, denunciando um sentido de *kármico* valor.

Assim, muitas vezes acontece com as grandes amizades, que nos acompanham de perto ou de longe em nosso existir. No caso, a nossa simpatia e a amizade para com o estimado ex-comandante sempre o acompanharam à distância. Ainda nos encontramos, bem depois, ele já calmo, mas sempre vibrante de fé, em Salvador, quando então eu fundara e comandava o Colégio Militar naquela cidade.

Daquela antiga e pacata cidade de Itu, São Paulo, guardo as mais vivas e melhores recordações do tempo de transição psicológica, para mim um tanto crítica. Convivia com colegas de mais idade, alguns de formação diferente, em uma "república" (assim se chamava naquele tempo uma casa de morada só de rapazes). Lá havia desde o circunspecto, pouco conformado, até o alegre cantador ou dançarino improvisado (com este, que se tornou um grande amigo, aprendi a dançar "tango argentino" que, logo depois, afoitamente, tive que exibir em um salão). Desde o calmo, modesto e sensato até o "valentão" em miniatura, andando sempre perigosamente armado. Hoje, pergunto como seria possível aquilo, sem qualquer interferência da autoridade militar do próprio Regimento? Ver--se um jovem, naturalmente pouco sensato, exibindo às claras uma arma de fogo... Felizmente, nada aconteceu de gravidade. Apenas, certa vez, uma tensão maior com um dos colegas que era calmo, equilibrado e corajoso e que o enfrentou a sós, mesmo sem arma, desmoralizando aquela prematura valentia.

Pouco a pouco, ex-alunos, aliados à oficialidade jovem do regimento, foram quase que tomando conta da cidade no sentido de dinamizá-la socialmente e alegrá-la. Éramos os "tais" puxadores de bailes, sempre convidados para festas particulares e em clubes sociais. A nossa ausência significava o "ramerrão" antigo, que não mais tinha expressão. Em fevereiro de 1923, promovemos um carnaval como jamais até então fora vivido. É claro que à mocidade local só faltava liderança inicial para essas coisas. E foi um sucesso!

Devo recordar a experiência extraordinária que vivi em Itu no dia 19 de novembro de 1922. O Cel. Adolfo Lins, comandante do Regimento, decidiu empenhar-nos na Festa da Bandeira naquele 19 de novembro. Nos contatos iniciais, ouviu-me declamar uma belíssima poesia à Bandeira, de autoria de Osório Dutra. Realmente belíssima. Gostou o Cel. do "escândalo patriótico" de minha declamação e disse: "Na cerimônia final dos festejos, no teatro, você vai fechar a cerimônia com "chave de ouro". "Será o número de encerramento!" Aos 16 anos, com boa dicção e aquele "entusiasmo patriótico", que inicialmente polarizou o comandante, para lá fui. Posso dizer, hoje, já tão distante daquela noite: fui *apoteoticamente aplaudido*.

Guardo viva essa recordação e, aqui, emocionalmente antecipo que, durante a minha vida, a *palavra* posta a serviço da Espiritualidade Maior, na linha do Ensino da Grande Fraternidade Branca, levou-me a ser algumas vezes (inclusive na Escola Superior de Guerra, em 1960) "apoteoticamente" aplaudido. Nessa ocasião da Escola (ESG), fui aplaudido de pé pelos 92 colegas estagiários e pelas autoridades presentes.

Para respondermos ao processo pela Revolução de 1922, deixamos todos Itu, à altura de março de 1923, com evidente alegria por voltarmos ao Rio, mas com um tipo de saudade que nos deixava felizes pelas amizades de toda natureza que cultivamos naquele pacato e seguro ambiente social. Ambiente de vivo espírito religioso; naquela época, havia 14 igrejas católicas. No quartel, ou no serviço de Intendência, nas folgas, estudava matemática, e o boníssimo Ten. Castelo passou a admirar a minha persistência. Assim sendo, prestigiava, enaltecia e revigorava intensamente a minha disposição para estudar. Foi isso de muito grande importância quando, no ano seguinte, em 35 dias, sem professor, tive de preparar-me para o exame vestibular da Escola Politécnica do Rio de Janeiro, em junho de 1923. Como sou, ainda hoje, agradecido àquele bom, simpático e grande amigo, o Tenente Castelo!

Itu foi e será sempre muito importante na minha vida, principalmente porque lá tive o meu primeiro e inesquecível encontro com o supranormal — com o fenômeno indiscutivelmente espírita. E esse encontro veio a repercutir extraordinariamente na minha vida, desde então, tocado pela evidência do supranormal, do espiritual. Assim aconteceu no primeiro encontro, no lar simples e rico de espírito, de bondade e espiritualidade, do Major Astrogildo Pereira, então Fiscal do Regimento.

Um dos colegas, também ex-aluno da Escola Militar do Realengo, disse-me: "Sabe, fizemos uma sessão espírita na casa do Major Astrogildo. Rapidamente, o Portugal (outro colega, inesquecível amigo) dormiu pesadamente e escreveu com letra grande, com ótima caligrafia, uma mensagem desenvolta e segura, exatamente sobre as linhas do caderno de papel almaço". Portugal, dormindo, escrever certo sobre as linhas com magnifica letra? Como seria possível?

Na verdade, escrevera também, na noite anterior, advertência e instrução sob a assinatura Leonor, dizendo-se ola "Guia" do Portugal. Pondo dúvida a respeito da ocorrência, fui imediatamente convidado e, na noite daquele dia, estava presente à experiência mediúnica. Guardava, então, na lembrança as restrições de meu ambiente familiar quanto ao Espiritismo, não pela doutrina em si, de vez que os meus pais,

Uma Busca da Verdade 57

apesar da formação católica, não eram religiosos sistemáticos, mas bastante liberais e compreensivos. Mas, e quanto à prática espírita, isto é, mediúnica? Falavam de um nosso conhecido Dr. Teodoro Palmeira que, muito dedicado a esse campo, teria ficado demasiado impressionado, perigosamente desequilibrado. Muito posteriormente vim a saber que jamais, na realidade, o Dr. Teodoro se prejudicara, como tendenciosamente nos meios católicos se propalava.

Assim, tocado de extrema curiosidade, lá estava eu naquela noite. Apenas os jovens ex-alunos da Escola Militar, pois o Major Astrogildo, chefe da família, conhecido espírita, não comparecera. Sem qualquer ritual, prece ou apelo invocativo, súbito, Portugal começa a ficar sonolento, inspirando e expirando calma e profundamente. Pouco depois cai em sono profundo, inclinado sobre a mesa, a cabeça apoiada sobre o braço esquerdo enquanto o direito, livre, toma do lápis ali posto e, sem qualquer possível controle visual, começa a escrever com impressionante segurança, beleza e autoridade. Primeiro, uma saudação a todos nós e, a seguir, algumas considerações doutrinárias límpidas, breves e compreensivas, tocadas de aconselhamento espiritual. Observei tudo atentamente, surpreendido pela caligrafia tão bela, de letras altas e corretas, quase ocupando o espaço interlinear da pauta, mas sem qualquer irregularidade ou hesitação.

Ao fim da página, como se estivesse de olhos abertos, toma o Portugal outra folha com absoluta serenidade e prossegue. Encerrando a mensagem, diz Leonor: "Vou me retirar, mas virá o meu amigo, Dr. Lourenço, que lhes dirá algo e com quem poderão conversar sobre quaisquer problemas de saúde de vocês ou pessoas distantes que lhes interessem".

Mal havia a mensagem terminado, eis que rápido cai o lápis da mão do Portugal, ainda em sono pesado nas condições descritas. O lápis é tomado novamente, prosseguindo o extraordinário fenômeno. Então, aconteceu.

"Sou o Dr. Lourenço, amigo de vocês. Aqui estou à disposição de todos". Seguem-se perguntas as mais variadas, particularmente sobre saúde, e as respostas escritas em péssima caligrafia, às vezes de difícil leitura; à minha pergunta sobre a minha família em Maceió, meus pais e uma irmã, a resposta precisa, inesquecível: "Todos, vão bem, exceto teu pai que esteve mal. Fique, porém, tranquilo, pois que já se encontra bem recuperado". Surpreendido, de vez que meu pai era um homem muito sadio, no momento cheguei a pensar em erro de tal informação. Todavia, voltei a perguntar: "Que terá acontecido? Poderá dizer sobre o que ocorreu, o seu verdadeiro estado de saúde"? A resposta veio então imediata: "Não sei bem, porque não estava presente, mas pelo que ainda posso ver, tratou-se de uma ameaça de congestão cerebral. Esteja tranquilo. Não há mais perigo".

Fiquei preocupado, pois o meu pai era um homem muito forte, sanguíneo e os médicos sempre o advertiam e aconselhavam a respeito de certas extravagâncias arrojadas em que se metia, nada próprias para o seu organismo.

Pouco depois, dois ou três dias, por via marítima, chegava-me carta de minha mãe, dizendo da perigosa ocorrência, confirmando o diagnóstico do "Dr. Lourenço", com minúcias comprovativas indiscutíveis da tal ameaça de congestão cerebral...

Como anteriormente já disse, esse acontecimento de Itu se encontra na raiz, na origem de todo o meu caminho nas lides espiritualistas, em que tenho tido oportunidades e observações excepcionais, bem como experiências científicas de indiscutível significação. Essas, atualmente, se encontram em livros que publiquei e sobre os quais hei de mencionar bem mais à frente.

Na verdade, qual a razão da importância que confiro a esse acontecimento de Itu em 1922, quando apenas me encontrava aos 16 anos de idade? É que, no ano seguinte, dezembro de 1923, se deu outra extraordinária ocorrência ligada à primeira. Estávamos em férias acadêmicas em Alagoas, eu e meu irmão Darcy.

Encontrávamo-nos, então, no Engenho Serra d'Água, onde fomos, por alguns dias, conviver com a amizade e a bondade excepcionais do querido tio Lula (Dr. Luiz Moreira de Mendonça) e da sua prezada esposa, tia Valerita. Homem de grande inteligência e acendrado valor moral, verdadeiro e reconhecido campeão de bondade, sempre a ele dedicávamos dias e dias das nossas férias. Relatando certa noite a experiência de Itu, propôs-nos ele reunirmo-nos, visando a um fim análogo, isto é, uma experiência de caráter espírita. Quem deveria prever o que aconteceria? Seria positiva, negativa, ou o quê? Todos ficamos plenos de irrequieta curiosidade: nós dois, os irmãos, o casal de tios e um amigo de trabalho do tio, João de Castro.

Reunidos em uma sala bem ampla da Casa Grande, em torno de uma mesa leve, pusemos as mãos sobre ela, tocando-se as extremidades das mãos. Pouco depois, sentimos uma estranha energia agitar insolitamente a mesa, promovendo levantar-se ela de um lado para bater energicamente sobre o piso com um dos seus pés. Sucederam-se pancadas. Discriminadas as letras do alfabeto a cada pancada, formavam palavras e palavras.

O nome próprio — Zacarias (seria o Dr. Zacarias, relacionamento pretérito do meu tio? Nosso antigo professor?). E, a seguir, um apelo a que "Luiz" (assim foi a palavra escolhida) tomasse de um lápis para escrever. Meu tio aquiesceu e experimentou escrever, à conta do "suposto" Dr. Zacarias, uma série de orientações sensatas, sóbrias e instrutivas sobre o estudo relativo à experiência em que nos encontrávamos empenhados. Termina a mensagem aconselhando-nos a encerrar a experiência da noite, pondo a sua assinatura: Zacarias. Achamos todos, nada versados que éramos em tais pesquisas, que tudo havia sido muito rápido e que deveríamos prosseguir sem consideração à advertência feita. Repetido o ritual, cabe-me agora a seleção para escrever. Aceitei e, de imediato, comecei a escrever. Apresentou-se na escrita que surgia de estranho impulso no braço e mão (muito depois, estudei esse fenômeno que se resume no que se denomina "escrita automática"), uma suposta personalidade que se dava o nome "Alice", que pretendia ser uma irmã do meu tio, há muito falecida e que se regozijava pela oportunidade de falar-lhe pela forma de escrever, pela natureza do conteúdo e alguns outros pontos, o meu tio passou a não aceitar a autenticidade daquela presença. A suposta personalidade passou a referir minúcias da vida de estudante do meu tio Luiz quando estudava em Salvador. Eram precisas, de absoluto desconhecimento meu o que estava escrevendo. Com isso, "ela" procurava demonstrar a irmandade. Nesse processo de "convencimento", irritou-se com a atitude do meu tio, este sempre firme, negando-se a aceitar. Então, o processo psicológico tornouse mais agudo. Tomado eu de estranho impulso, do qual era consciente, mas já incontrolável, mesmo porque havia apoio dos demais presentes, aquela estranha personalidade passou a falar compulsiva e rapidamente por mim próprio, estabelecendo-se diálogo intenso e enérgico com o meu tio, ao qual eu sempre dedicara o mais profundo respeito e consideração. Transformei-me, passando a tratá-lo de igual para igual: o "senhor", do respeitoso tratamento daquele tempo, passou a um petulante "você", a voz alterou-se e chegou a um clímax insuportável, levando o meu tio a uma interrupção sumária e enérgica de tudo aquilo. Jamais pude esquecer a estranha ocorrência que, só bem mais tarde, pude compreender. Um ano após, compelido por fenômenos ainda mais estranhos, passei então ao estudo dessa atípica fenomenologia, em que, pouco a pouco, me sentia cada vez mais envolvido.

Devo, porém, acentuar que na noite seguinte a essa experiência em Serra d'Água, nada obtivemos a não ser a presença atuante de uma estranha energia que se apossou da mesa, promovendo pancadas violentas, nada cordiais. A energia tornou-se tal que eu, sozinho, peguei a mesa, na ignorância bastante primária de tudo aquilo, a levei para o grande salão junto à cozinha, onde vários empregados do engenho e empregadas da casa se encontravam, para atemorizá-los com o estranho fenômeno. Bastava pôr a mão na mesa e ela se agitava, levantava o pé e batia com qualquer deles. Quando um mais corajoso desafiou o fenômeno, a mesa virou subitamente, ficando de "pernas para o ar". O assombro foi total e eu, em tempo, senti que deveria parar e não prosseguir. No momento próprio — voltarei a esse assunto quando, então, já me encontrarei em condições de melhor analisá-lo e viver as experiências inesquecíveis dos meus distantes 17, 18 e 19 anos de idade!

Recordados os fatos marcantes de minha estada em Itu, eis-me em fevereiro de 1923, no Rio de Janeiro, envolvido no processo de responsabilidade pelo levante de 5 de julho de 1922. Chego de Itu e vou para o 1° Grupo de Artilharia Pesada sediado em São Cristóvão, junto à Quinta da Boa Vista, sob o Comando do Major Ávila Garcez. Não era nosso amigo. Olhava-nos com olhos diferentes, com natural preocupação disciplinadora, certo de que via em nós, naturalmente, maus exemplos de inegável insubordinação! Lembro, aqui, aquele ditado que diz que quando uma revolução vence, o revolucionário é um herói; quando perde, é o revolucionário quase sempre um perigoso bandido! Assim, as coisas foram indo até 1930 quando, anistiados, quase todos voltamos ao Exército, constituindo-nos em reforço de sangue novo ao sangue novo e velho, agora renovados, os quais apoiaram vitoriosamente a marcha para a revolução providencial de 1930. Seguiram-se as reações de 1932, 1935 e 1938, respectivamente, a revolução "Constitucionalista" de São Paulo (do interesse da economia do café, já a ser necessariamente superada), a comunista e o "movimento" integralista de maio de 1938, culminando no assalto ao Palácio da Guanabara, visando a depor o Presidente Getúlio Vargas.

Naquele grupo de Artilharia Pesada, em fevereiro de 1923, eu e meus colegas tivemos uma experiência humana interessante: viemos do prestígio do 4° RAM, onde convivíamos com a oficialidade, frequentando até o cassino de oficiais e o ambiente social, para a condição de um soldado visado em 3° escalão. Era um ambiente tão negativo que, às vezes, para compensar a fome (tal a alimentação em alguns dias), bebíamos água morna nos bebedouros ensolarados do pátio.

Fiquei doente e enfraquecido nesse lugar e fui medicado às 5 horas da manhã com um purgativo de sal amargo; às 11 horas desta mesma manhã, durante o efeito do laxativo, me foi servida uma feijoada; esse absurdo deu-se na própria enfermaria da Unidade!

Disse, então, revoltado, ao Sargento-enfermeiro: "Poderei morrer de fome, mas não de infecção alimentar que a sua "estupidez" me põe à frente com essa feijoada! O Sr. pode matar assim "boçais" do seu tipo (naquela época e nas circunstân-

cias, nada de finura de educação), mas não a mim".
Nada providenciou para o meu estado de fome e debilidade orgânica. Tive que esperar o "mate" das 15 horas... Jurei que não esqueceria aquele dia e hoje o relembro bem: 14 de fevereiro de 1923. Todo o meu ventre se abatera tanto que, se o calcasse bem, poderia dizer que encontraria a coluna vertebral. Exagero? Mas foi isso o que me ficou... Nesse mesmo dia de abatimento e fome, à tarde, resolvi fugir da enfermaria. Aprontei-me e já estava de túnica, culote e perneiras. Ao sair, aproximava-se um grupo de oficiais acompanhando um general em inspeção. Dirigia-se para a enfermaria. Voltei às pressas e me cobri cuidadosamente porque estava pronto para sair. Mostrei "cara" de conformado. Ao passarem junto ao meu leito, o capitão, cujo nome não recordo, me apontou ao general e disse:
"Este, quase uma criança, foi na onda da tal revolução".
Falou de forma um tanto displicente e em tom depreciativo. Ainda hoje recordo satisfeito o que lhe disse no momento e alto para que ele e o general ouvissem:
"Posso ser uma criança, mas lúcida, perfeitamente consciente e capaz de ser responsável pelos meus atos. Não conheci e não conheço onda!". Ele foi então compreensivo... Até achou graça e se foi com o general e os acompanhantes.
Felizmente, pouco mais de um mês depois, já me encontrava em melhor ambiente: a 6ª Companhia de Metralhadoras, então na Av. Pedro Ivo, junto ao portão principal da Quinta da Boa Vista.
Constituiu-se a estada aí em uma feliz recordação na minha vida. Lá estudei muito e muito para o vestibular da Escola Politécnica, que seria realizado em princípios de junho.
Seria um ingente esforço preparar-me bem para o vestibular naquela famosa Escola de Engenharia, a célebre instituição do Largo do São Francisco, muito respeitada pelos estudantes. Desde Maceió, quando no estudo preparatório, ouvira sempre falar dessa instituição através de estudantes mais velhos que para ela tinham vindo, alguns dos quais haviam sido reprovados. Lembro-me que, ao subir pela primeira vez a rua do Ouvidor, em janeiro de 1922, quando nem me passava

pela cabeça a Escola Militar, defrontei-me com aquele casarão de antigos jesuítas com sua pesada cor azul acinzentada, sóbrio, monótono na arquitetura, lembro-me, repito, de que pensei: "Que lutas terei aqui? Quantas reprovações haverei de enfrentar?". É que viera de Maceió, onde professores de matemática de verdade praticamente não existiam. Como disse bem atrás: reprovado vilmente em álgebra, o meu querido professor confessou ao meu pai: "O menino já aprendeu o que eu sei, não posso aceitá-lo este ano" (1920). Outro realmente muito bom e justamente conceituado (o chamado "velho Agnelo"), solicitado a ensinar-me a teoria das Combinações sem e com repetição e Determinantes, disse-me: "Nem pense nisso: aqui não há quem saiba esse assunto. Isso é só mesmo para a Engenharia". É claro que fiquei sem professor. E, agora, com aquela famosa Escola pela frente?!...

O fato positivo se resumiu, então, em que das dezenas de ex-alunos da Escola Militar na minha situação, que pleitearam matrícula na famosa escola, só quatro resolveram ir à frente. Baseados em certas nuances de uma lei recém-aprovada, visando a beneficiar os jovens ex-revolucionários, enfrentamos o vestibular. Este foi antecipado para junho, concessão àqueles do tal curso anexo, pois os alunos regulares da Escola Militar haviam sido merecidamente matriculados porque já haviam se submetido a exame vestibular, também muito sério, quando da admissão à Escola do Realengo.

Então, eis a situação a 25 de abril: divulga-se a decisão da Congregação da Escola Politécnica — vestibular para nós a 2 de junho próximo. Quantos "Valientes", afoitos e decididos entre as dezenas que a tal aspiravam? Como disse antes, apenas quatro: um deles, eu.

Começou então, a loucura do estudo de 38 dias e sem professor, que não havia tempo para aulas (soldado incorporado à 6ª Cia de Metralhadoras) e, também, dinheiro para aulas excepcionais. Só decisão e a melhor amizade com o melhor e mais consagrado amigo do estudante: o bom livro. Os livros, eu os tinha da minha pregressa preparação em Maceió, quando os importava do Rio e Salvador.

Então, os quatro audaciosos e confiantes fomos aprovados a 6 de junho daquele ano. Fomos todos, modéstia à parte, ótimos estudantes, três dos quais, ao longo da carreira, professores de matéria de alto nível do Curso de Engenharia.

Quando hoje lembro daquele exame vestibular, sinto-me tomado de uma estranha euforia que interpreto como uma significativa posição no tempo de um futuro distante, (na época dos meus 17 anos) da imensa alegria que nós, os quatro, vivemos, quando anunciada a nossa aprovação! Um sonho antigo, mas bem atual, daqueles trinta e poucos dias de ansiedade, de esforços e decisão inexorável de corrermos o risco de tão consciente aventura!

Na verdade, estudamos demasiado. Ficamos todos abatidos e pálidos. De olhos fundos agredidos pelo pouco tempo dormido.

Sempre que possível, liberto do quartel, dormia na casa da querida família a que já me referi, em São Cristóvão, naquele confortável porão habitável e ali estudava com um companheiro, Aristeu de Assiz. Mas estabelecemos que, quando um dormia, o outro estaria acordado, para despertar o primeiro à hora marcada. É que o sono tinha que ser controlado.

Quando estava no quartel, a todo instante, no alojamento ou em qualquer outra parte, trazia sempre o livro na mão, o papel e o lápis para os problemas: tornei-me um "escândalo" em face dos soldados daquela 6ª Cia que não entendiam o que, persistentemente, noite e dia, eu decidira empreender: estudar, estudar, estudar...

À noite, quando no quartel, tirava plantão dos soldados amigos no alojamento, de 7 ou 8 da noite às 2 a 3 da manhã, estudando sentado na cama, com um travesseiro no colo e os livros e cadernos por ali, sobre o "querido amigo" travesseiro.

Chego a pensar que os professores que nos examinaram no vestibular se deram conta de que aqueles rostos um tanto esquálidos diziam mesmo do inaudito esforço feito. Até suspeitamos de que tenham sido condescendentes em relação àqueles quatro "sofredores" às suas vistas! O fato é que fomos matriculados em junho de 1923; o curso normal da escola suspenso para os 20 dias de férias e nós quatro, já com "baixa" do Exército, em cujo seio passáramos um ano, desde o dia

Uma Busca da Verdade 65

2 de junho de 1922.

E agora? O curso? Os programas já tão avançados! A impossibilidade à vista de acompanhar as aulas das pesadas disciplinas do 1º ano de Engenharia Civil: "Física", "Geometria Descritiva", "Geometria Analítica", "Cálculo Diferencial e Integral" com o acréscimo ainda da então "famosa" disciplina "Desenho de Aguadas, Perspectivas e Sombras". O professor desta última, o severo Heitor Bustamante, dela fazia tal exigência que se constituía em um verdadeiro pesadelo para o aluno de 1º ano. É que a tal disciplina era um misto de conhecimentos avançados de Geometria Descritiva e de habilidade de execução técnica tão cara ao professor Bustamante.

Já em julho, dei-me conta da absoluta impossibilidade de cursar essa famosa disciplina — pois havia trabalhos a apresentar mensalmente e julho seria o 4º mês. Tive que ater-me às demais disciplinas — Geometria Descritiva, Cálculo Diferencial e Integral, Geometria Analítica e Física, mesmo assim, certo de que o esforço seria imenso. Na verdade, assim foi. Os cursos dessas disciplinas já bem avançados, impossível assistir aulas, por falta de base para compreendê-las, a não ser as aulas de Física. Que fazer? Juntamo-nos os quatro amigos, todos bem equilibrados no preparo em Matemática Elementar, inteligência e vontade. Formamos duas duplas que estudavam separadamente e se encontravam duas vezes por semana para debates, em que questionávamos sobre os conhecimentos progressivamente adquiridos. Discutíamos e discutíamos, e aprendíamos, assim, bastante, tendo os bons livros como professores. E que professores pacientes e solícitos, sempre a nos ajudarem a qualquer hora do dia ou da noite! Calmos, silenciosos e solícitos. Como nos recordamos até da capa daqueles livros amigos, que nos levaram à frente em 5 meses, no que deveriam valer um ano letivo. Ficaria o "Desenho" em dependência para o ano seguinte.

Resultado: todos em ótimas condições para os exames finais! Que diferença para os tempos de hoje, de provas e provinhas arrumadas, que vêm acompanhando o aluno durante o ano letivo...

Não. Naquele tempo, disciplinas de exames sérios, como

Cálculo, Física, Geometria Descritiva, nada de provas parciais mensais ou bimensais. Fim de ano: provas escritas de 4 a 6 horas; exames orais de tempo indeterminado, e assim por diante. Naquela escola, a reprovação era tão frequente que passou praticamente a ser "retirada" do exame. Para todos os efeitos, por motivo qualquer que não se apurava, o aluno pedia para retirar-se e assim era a perspectiva dos exames finais na antiga Escola Politécnica do Largo de São Francisco, no Rio de Janeiro. A retirada do exame não contava como reprovação! Isso facilitava o aluno, na 1ª época, pois não podia ter mais de duas reprovações, com as quais perderia o ano.

Realmente, naqueles meses — julho a dezembro de 1923, estudávamos de verdade, quer na escola, quer na Biblioteca Nacional ou, principalmente, no silêncio daquele porão habitável: bom, amplo e arejado, da Rua Canabarro, 32, residência da querida família José Luiz Cavalcanti de Mendonça e Elisa Castelo Branco de Mendonça, a querida D. Elisa. Também ali as queridas primas, verdadeiras irmãs, que eu e meu irmão fomos encontrar: Lina, Diva e Elsa. De oito da noite à meia noite ou mesmo uma da madrugada, sempre ali estávamos às voltas com livros, papéis e cadernos, a estudar, estudar e estudar. Já disse, mas aqui repito, o que certa vez uma das primas nos disse: "Não estudem tanto. Vocês estudam demais. Assim, também, não é possível". Ao que respondi: na verdade, estuda-se muito mas, em compensação, sabe-se muito!...

Levávamos na brincadeira a palavra das primas, mas a verdade era que, de fato, éramos muito dedicados, estudando e aprendendo, eu com a enorme tarefa das quatro disciplinas do 1º ano de Engenharia Civil em cinco meses e o meu irmão, dentro do seu próprio sistema de dedicação inarredável ao estudo, já então no 2º ano de Medicina, curso que concluiu aos 20 anos de idade, com excepcional brilho e distinção.

Finalmente, o término do ano, início de dezembro de 1923. Com muito esforço e estudo, eis-me frente ao 1º exame — Geometria Descritiva. Passados tantos e tantos anos, sem qualquer paixão (se a houvesse, o tempo já a teria desfeito), me vejo reprovado de maneira incrível, rude, sem apelo. Nos meses de estudo, julho a novembro já referidos, reuníamo-nos os dois —

Uma Busca da Verdade

eu e o querido amigo Alfredo Bruno Gomes Martins — em uma sala contígua à sala de aula da própria disciplina Descritiva, do então catedrático Prof. Henrique Costa, o Costinha no linguajar dos alunos. Certa vez, faltou-lhe giz e foi ele buscar na sala onde nos encontrávamos estudando, por nossa conta, a Geometria Descritiva. Sem indagar das razões ou quaisquer justificativas, considerou certamente aquilo afrontoso. Encarou-nos gravemente. Pairou em sua face uma irradiação de ameaça! Foi o bastante para a animosidade no exame oral, apesar de uma boa prova escrita. A prova oral, na antiga Escola de Engenharia, a então famosa Politécnica, era decisiva.

Tímido, primeiro exame na vetusta escola, de ambiente pesado, concentrado, eis-me embaraçado por uma atitude hostil, de súbita e agressiva elevação de voz, só porque repetira uma letra na figura que fazia. Assustei-me ao ouvir, em tom alto, arrogante e já um tanto ameaçador: "Esqueceu-se de que o alfabeto tem 25 letras?! Preste atenção e não repita isso"!

Foi o bastante para a inibição quase total. Só pouco a pouco, foi-me voltando a normalidade. Mas isso não interessou ao professor. Deu-se por satisfeito. Não quis apurar, na realidade, o que houvera; e eu tendo estudado, com tanto esforço, naquele alentado livro que adotava — *Geometria Descritiva* de Roubaudi. Estava reprovado e marcado, assim, por mais uma experiência pesada de reprovação, indubitavelmente injusta, repetindo-se, agora, em nível superior, a quase trágica ocorrência de reprovação em Álgebra, em Maceió, quando dos estudos preparatórios. Essas reprovações me deixaram sentidas marcas de injustiça nos termos em que as descrevi.

Essa reprovação, porém, no 1º exame prestado na Escola de Engenharia, me foi marcantemente importante, de vez que a ela iria dever, um pouco à frente, a certeza de que poderia ser professor, aspiração que viria a realizar no seio do Exército, na Escola Militar do Realengo e na Academia Militar das Agulhas Negras, onde fiz carreira no magistério militar, definitivamente consolidada, com muita felicidade. Um pouco adiante, mostrarei como se deu a evolução para o professorado, a partir do amargurante insucesso, ao prestar o 1º exame na ambiência solene da antiga e famosa escola. Revestida de uma respeitável tradição, que ascendia a muitas e muitas dezenas de anos, ali se achava, imponente e bem postada no Largo de São Francisco, já então convergência de fluxos humanos intensos, que surpreendiam os recém-chegados à já grande capital, o Rio de Janeiro daquele tempo.

No princípio de dezembro, mês da reprovação, fui aprovado tranquilamente nas demais disciplinas: Geometria Analítica, Cálculo Diferencial e Integral e Física. Recordo ainda o susto passado por todos nós sete quando, pela manhã, nos apresentamos na Secretaria da Escola para o sorteio dos pontos do exame de Física: soubemos que, na véspera, toda a turma examinada havia sido reprovada! E a aprovação poderia ser até com grau um: o que decidia era sempre a qualidade do exame oral, isto é, o aluno, com o conhecimento demonstrado estaria ou não em condições de ser engenheiro. De 1 (um) a 10 (dez), então, vinha a graduação do mérito, o juízo de valor sobre o estudante. Todos reprovados no dia anterior! E, então, nós, naquele dia?!... Todos um tanto preocupados. Resultado: todos aprovados e com graus 6 a 9, sem mesmo sequer uma simplificação, isto é, grau de 1 a 5!... Andei, então, *na casa dos 7 (sete)*, resultado para mim entusiasmante, pois o curso fora pesado com o Prof. Henrique Morize, Diretor do Observatório Astronômico do Valongo, em São Januário. Eu estudara de julho a dezembro, em livros da Biblioteca Nacional, em seguidas tardes — só dedicadas ao estudo de Física, na sóbria ambiência da biblioteca. Os livros de Física em volta, às vezes até tratados como os de Jamin e Chappuis Berget e até a excepcional obra de Chwolson, de muitos volumes, os quais gostava de consultar ou, então, algumas vezes, de examinar-lhes os imensos índices dos vários volumes, para inferir, ao menos, os assuntos de que tratavam. A propósito, me parece bom, suave, agradável e significativo, rememorar, aqui, um acontecimento simples e caro sobre minha vida estudantil. É que, certa vez, o funcionário encarregado do salão de leitura me diz:

"Menino, você deve saber muito sobre Física; nunca vi tanta persistência em Física, todas as tardes nesta biblioteca!".

Lembro-me que respondi: "de fato, o senhor tem razão; estudo muito e penso que estou aprendendo", mas o principal é que comecei em julho a estudar o que deveria estar estudando desde março, neste 1º ano de Engenharia da Escola Politécnica.

Passa-se o tempo e eu, Cel. Professor da Academia Militar e seu Subdiretor do Ensino Fundamental, vou encontrar o antigo funcionário da Biblioteca, Hanheman Guimarães, como Presidente do Supremo Tribunal Federal, quando a Academia resolveu homenagear a justiça brasileira, homenageando a mais alta Corte de Justiça. Reconheci-o, depois de tantos e tantos anos! Falei-lhe e relembrei o incidente da *Física*, na sala da biblioteca; confirmou haver sido aquele encarregado e me disse:

"Tão raro o fato de uma persistência daquela, com tantos livros que o senhor pedia, ficando cercado deles, que posso assegurar-lhe que, realmente, me lembro." Este fato nos aproximou durante a visita à querida Academia Militar, relembrando os idos de 1923 e as peripécias da vida de estudante, do tempo em que ele era também estudante, já num passado tão distante!

Férias de fim de ano e eis-nos, eu e meu irmão Darcy, na ambiência da primária e pesada condição de trabalho duro no Engenho de Açúcar daquele tempo, no interior das Alagoas. Passeios e pequenas aventuras de audácia cavalariana, pelos inesquecíveis campos, serras, rios e quedas d'água. Hoje, a dourada lembrança da alegria de nossos queridos pais e da querida irmã, Dilú, que o céu nos conservou, depois de seis irmãos outros que se haviam ido para outro plano de existência, conforme referi anteriormente, nestas memórias. Súbito, tumor em um dos ouvidos; tratamento moroso, muito antes da penicilina: sofrimento agudo, difícil de suportar! Resultado: impossível retornar para a 2ª época do exame da tal Geometria Descritiva! Junta-se a disciplina em tela, Geometria Descritiva, com a outra prática que já havia deixado para o ano seguinte por impossibilidade material de apresentação dos trabalhos — "Desenho de Aguadas, Perspectivas e Sombras".

Então, a evidência inexorável: ter que repetir o ano estudando matéria já sabida e outra muito afim, apenas mais prática, não obstante o professor exigir muito a teoria da técnica, de execução e a prática dos desenhos! Além disso, o sofrimento psicológico: meu irmão mais moço já a fazer o 3º ano de Medicina e eu, mais velho um ano, a repetir, tristemente, e de forma tão clamorosamente injusta, o 1º ano de Engenharia! Conluio da injustiça do professor e da enfermidade do ouvido. Em fins de fevereiro de 1924, deveria retornar ao Rio para o exame de 2ª época.

Na verdade, muito cedo comecei a verificar a verdade da afirmação de um grande Instrutor Militar, o admirado, na época, por todos nós, Tenente Odílio Denis, um dos nossos comandantes, durante os eventos revolucionários de 5 de julho de 1922. Certa vez ele nos advertiu, quando todos respondíamos a processo pela participação revolucionária na Escola do Realengo, dizendo:

"Nunca se esqueçam de que é na adversidade que se tempera o caráter."

Estou certo disso, do bem que me fizeram certas adversidades, como a da revolução de que participara aos meus 16 anos e, a seguir, a adversidade que encontrara no primeiro contato com a Escola de Engenharia, repetindo o ano, sem qualquer outra possível opção! Pois bem! Essa repetição de ano me foi extraordinariamente benéfica. É que aperfeiçoei no ano seguinte (1924) os estudos básicos do 1º ano, estudando, por decisão própria, matérias em que já havia sido amplamente aprovado — Geometria Analítica e Cálculo Diferencial e Integral, numa assistência livre de qualquer compromisso de provas e exames de cursos dados por outros ótimos professores, consolidando valiosos conhecimentos da área que foram decisivamente importantes, influentes, na facilidade que fui encontrando ao longo do curso de Engenharia Civil. Esse aperfeiçoamento de aprendizagem também me proporcionou oportunidade de passar a ensinar, colaborar com colegas nas dificuldades que encontravam, não só nessas matérias refori das, mas particularmente na tal Geometria Descritiva, em que, no ano seguinte, me tornei acima do nível do aluno comum. Podia ensinar com segurança e explicar com precisão e clareza àqueles que me solicitavam, quando das horas de estudo a que tinham direito antes dos exames orais. Era unânime o juízo positivo dos colegas, quanto às minhas predisposições, facilidades e senso para esclarecer, para ensinar! Então, pensei: um dia serei, na verdade, um professor e isso veio a acontecer de maneira até fácil, como quase um oferecimento do próprio destino. A carreira militar, de alguns serviços técnicos prestados como engenheiro, quer de execução de obras, quer de projetos, quer de oficial da arma de engenharia, acabou sendo, indiscutivelmente, de tônica flagrantemente didático--educacional, isto é, no magistério militar, em que ingressei, como Capitão-Adjunto de Ensino de Mecânica Racional e Cálculo Vetorial, na Escola Militar do Realengo. Daí, fui à Cátedra e à Direção do Ensino Fundamental na Academia Militar em Resende, como já disse, e à fundação e comando do Colégio Militar de Salvador. Então, já se poderá ver a importância do papel que desempenharam, na minha vida profissional, o sofrimento e a adversidade do ano de repetição de estudos nos idos de 1924.

Mas tal importância e esse "Bem" não ficaram aí; foram muito mais à frente, com duas consequências positivas, ambas de significativa e indiscutível valia:

1º - passei a ser um aluno "petulante", convicto de tudo o que porventura aprendesse, assim pensando: nunca mais ocorrerá qualquer professor me inibir, criar condições para eu não expressar, não comunicar (por complexo de timidez) o que eu houver aprendido —, como acontecera quando da tal reprovação em Geometria Descritiva, perdido, como fiquei, em estado nervoso incontrolável;

2º - a influência que este triste evento de responsabilidade do estado de ira passional do professor Costinha, irritado pelos estudos que fazíamos na sala ao lado onde ele nos surpreendeu, como já descrevi. E essa influência, repito, acabou tendo muita importância em minha vida espiritual futura. É que um acontecimento transcendental veio a ocorrer, à altura de agosto do ano seguinte (1924) relacionado objetivamente com tal evento.

A primeira consequência aqui apontada me foi extremamente valiosa em sérios incidentes que ocorreriam ao longo do curso e que serão, um pouco à frente, apontados. A segunda, de tônica espiritual positiva, tenho que enfatizá-la particularmente — dado o bem moral que acabou oferecendo, em que o ódio se transformou em compreensão e amizade para com o próprio professor Costinha.

Logo no começo das aulas de Geometria Descritiva do Professor Costinha, em 1924, surpreendi-me a mim mesmo com um "ódio terrível" e tão forte que nem atenção às aulas poderia prestar: frequência livre, resolvi não as frequentar; obrigado a desenhos (épuras) na sala de aula, para exame de 1ª época, que seria em dezembro, resolvi, também, não comparecer e fazê-los em casa, concessão que o professor tacitamente conferia. Quando apresentei o segundo desenho, feito em casa, com rispidez pergunta-me o professor Costinha: "Feito em casa, fora da sala"? Respondo: *sim*. *"Não aceito"*, diz ele. Como ele aceitava de qualquer aluno que assim procedesse, indignado, digo-lhe: "está bem", e agressivamente, rasguei-o à vista espantada do professor com ousadia nítida e até violenta reação.

Complicou-se a situação: agora nem mais o exame de dezembro: por não só ausente absoluto das aulas, mas dos trabalhos práticos exigidos! Já à altura de fins de agosto, certa noite, sobreveio-me o seguinte raciocínio: "preciso fazer esse exame; não estudando, já sei menos que em dezembro passado, quando fui injustiçado; na marcha em que as coisas vão, serei, certamente, reprovado outra vez; não é possível! Preciso reagir e fazer um plano de estudos; é necessário saber, de verdade, a matéria e não permitir outra ocorrência daquela! Vou, então, fazer alguma coisa!"

Com esse pensamento forte em mente, peguei um caderno de papel almaço e coloquei o "título" daquilo que escreveria:
"Problemas para estudos de Geometria Descritiva".

A seguir, com grande rapidez, comecei a escrever-lhes os enunciados: 1ª, 2ª 3ª 4ª e 5ª questões. Lembro-me de que, a partir da 3ª, comecei a sentir estranho automatismo e segura impulsão no braço, na mão, assim continuando até a 5ª e última. Não podia parar e não parei ao fim dessa 5ª questão, ou 5º problema. Continuei e escrevi:
"Para os assuntos dessas duas últimas questões, ver a

Uma Busca da Verdade 73

minha Geometria Descritiva, das páginas... a ..." e, após, a assinatura: *Monge*. E, ainda, não foi possível parar e continuei: "Dora em diante, serás protegido por mim, mas não te envaideças por isso. Antes, deves considerar que foste educado em um lar em que não se cultivava ódio e tu estás cheio de ódio pelo teu professor. Está na hora de te modificares e eu vou ajudar-te nisso. Faze esses trabalhos e mostra-os ao teu professor. Eu me encarregarei de prepará-lo para te receber bem. E que o ódio não é o teu caminho. Verás que tudo vai acontecer para que encontres o teu próprio caminho, modificando-te o procedimento sempre em busca de compreensão e amor. Estuda e segue os meus conselhos. Eu te ajudarei." E, novamente, a mesma assinatura: *Monge*.

Ora, sabia eu da existência de Monge, matemático francês, muito ligado à gênese e desenvolvimento da Geometria Descritiva. Não sabia, porém, da sua obra sobre o assunto, nem se a encontraria depois do conselho e da advertência. Não sendo religioso de qualquer credo, egresso do catolicismo e me julgando pretensiosamente materialista, sem noção firme sobre a adoção de práticas mediúnicas espíritas, o que pensar em face de tal ocorrência? Nada. Apenas surpresa e perplexidade! Todavia, no dia seguinte, na Biblioteca da Escola de Engenharia, procurei e encontrei o tal livro, bem volumoso, já bem antigo, maciçamente denso de teorias, estudos e problemas, etc... e, nas páginas indicadas, qual o espanto (?), lá se achavam os assuntos das tais últimas 4^a e 5ª questões da escrita compulsiva, que viera por mim próprio!...

Aconteceu, porém, na época, que outros eventos de caráter diferente, mas extraordinários, sobrevieram logo após, os quais mais à frente mencionarei e comentarei, fazendo-me levar a sério a tal escrita automática com a surpreendente e inesperada assinatura de Monge. Decidi, apesar das dúvidas e bastante atraso, estudar e preparei, particularmente, a solução do 3° problema, interseção de um cilindro de eixo inclinado, com um hiperboloide de revolução também colocado em posição atípica. Ficou um belo trabalho que resolvi, afinal, sem qualquer entusiasmo, apresentar ao professor. Isso já à altura do fim de setembro, quando a possibilidade de exame

de 1ª época já estava ficando bem comprometida por não haver eu feito e apresentado os tais desenhos, as épuras! Eu relutara, não quisera aquiescer à transformação da minha atitude odienta, procurando o professor. Afinal, decidido, sinto súbito impulso e escrevo:
"Despertaste, já está um pouco tarde; mas ainda é tempo, eu te ajudarei, conforme prometi".
Levei o trabalho ao professor. Inicialmente, encarou-me de má vontade, reconhecendo, certamente, o "malcriado" que lhe rasgara, à frente, o tal trabalho não aceito! Olhando, porém, o desenho, competente como era, tomou-se logo de interesse, mostrando-se muito atento. Elogiou-o demasiadamente e inquiriu sobre como o havia concebido para ficar tão belo!... Como poderia eu dizer-lhe da rapidez automática que o fizera e da ajuda suposta da "desconhecida", "interrogativa", "questionável" personalidade, que havia decidido ajudar-me?!... Em resumo, porém, foi aquele um grande momento, e inesquecível para mim, em que se consagrou a transmutação do ódio em afeição e amizade. O trabalho foi suficiente para um mútuo e frutuoso entendimento, que levou o professor a facilitar-me os passos necessários, inclusive a apresentação ainda, apesar de retardada, dos trabalhos práticos exigidos para os exames de 1ª época. Rapidamente, vi-me refeito em meus estudos da área, indo à frente do normal do curso e passei, ostensivamente, a ensinar a colegas em dificuldades. Sendo assim, fiquei em condições de prestar exame de alto nível, consolidando-me no *status* estudantil de um bom aluno da então famosa Escola, confirmado no ano seguinte com a distinção grau 10 (dez) alcançada na difícil disciplina Mecânica Racional, de que acabei Professor Catedrático, 20 anos depois na Academia Militar das Agulhas Negras.

Como disse antes, aí se encontra o início do meu amor ao ensino, que me levou sempre ao longo da carreira militar que abandonara e que a revolução vitoriosa de 1930 viria novamente me colocar à frente e na qual sempre fui inteiramente feliz, apesar dos desassossegos revolucionários que sobrevieram desde 1932. Falo da revolução de São Paulo (1932), da Intentona Comunista em Recife (1935) e a tentativa integralista frustrada de 1938, de tônica eminentemente fascista. Também, aí, incluo a deposição do Presidente Vargas, para a realização das eleições presidenciais de 1945. Esses foram os primeiros movimentos dos quais participei, antes do ingresso no magistério militar, à exceção do último, quando eu já era professor da Escola Militar do Realengo.

Ainda neste capítulo, em que trato dos "idos de 1922-1923-1924", cumpre lembrar também eventos que marcaram, em definitivo, a minha própria vida. Todos eles, de certa forma, estão relacionados com a extraordinária experiência no caso da compulsão surpreendente que me levou a escrever as "coisas" já referidas sob a assinatura de Monge. Tais fatos aconteceram como que para valorizar a sequência de eventos atípicos, cujas raízes se encontravam na ocorrência em Itu, em 1922, já referida, que se passou na casa do Major Astrogildo Pereira, em função da espontânea e notável mediunidade do inesquecível amigo, também ex-aluno da Escola Militar do Realengo, Edgar Portugal. Ver-se-á como o caso Monge se insere muito bem, e muito oportunamente, na sequência do qual resultou mudança completa de orientação em meu trabalho, em minha vida, afinal na minha "Busca da Verdade".

Volto à lembrança das férias 1923-1924 — dezembro-janeiro-fevereiro desses anos, quando ocorreram no Engenho Serra d'Água, em companhia do meu tio, Dr. Luiz Moreira, sua esposa, meu irmão e um amigo, os já referidos acontecimentos de tônica espírita, em que me vi, pela primeira vez, envolvido, eu próprio, a minha personalidade, em fenômenos mediúnicos incontroláveis, espontâneos. É verdade que, não obstante o ocorrido, continuara a subestimar, por exigência racional, a realidade de manifestações genuinamente espíritas, apesar dos fatos haverem sido de transcendental significação. Volto a relembrar os acontecimentos dessas férias, 1923-1924, para acentuar que, não obstante o ocorrido, de caráter estritamente espírita, na realidade não me deixou marca sensível, a não ser o estranho dos fatos, que só passei a valorizar na 2ª metade de 1924. Isso porque, na sequência, ocorreram outros fenômenos que, sem dúvida, levaram à transformação da minha vida, buscando algo mais para o lado do espiritualismo científico, condizente com o Espiritismo! O que me empolgava, até então, o espírito jovem, era a liberação de convicções ou pensamentos religiosos, pela certeza da inocuidade ou desvalia de preocupações de tal natureza. Isso significava a desvinculação da influência católica, de dogmas dos quais me julgava, ao tempo, completamente desligado. Seria preciso, pensava eu, para uma formação superior ser rigorosamente científica, buscar os fatos e as leis! Sim, leis que haveríamos de descobrir na coexistência ou sucessão dos fenômenos que ocorressem no tempo, sob nossas observações e experiências. Daí a relutância para aceitar, uma vez abandonado o catolicismo, outra palavra de religião, outros mandamentos. Raciocinava eu, então, que viessem a ser como os "antigos" da Igreja, igualmente limitativos, até certo ponto coercitivos da própria liberdade e inteligência humanas. Assim é que nitidamente reagia a tendências místicas, nesse tempo em que mais e mais em mim se desenvolvia acentuada preferência pelo cultivo da matemática e suas aplicações à física, à química, à astronomia etc. Sim, a matemática me levava a simpatizar com certas afirmações que vinham do silêncio das idades, quando ora Platão falava, referindo-se ao Universo das Ideias, da Mente, do Universo Mental: "Deus Geometriza", ou Pitágoras afirmava a presença do número na regência do próprio Universo.

Esse o meu estado de espírito, quando do caso Monge: reação, dúvida, inquirição, lendo Le Dantec, Claude Bernard, Auguste Comte, Gustave Le Bon, todos de tônica dominantemente materialista.

Para ser correto, tenho que acrescentar ainda que tais leituras seriam em termos de compensação ou contraposição, pois pouco antes, havia lido o "Deus na Natureza", de Camille Flammarion, livro que acabou, afinal, influindo decisivamente em relação a meu definitivo posterior posicionamento espiritualista, revigorado e ampliado até hoje na contínua "Busca da Verdade".

Disse anteriormente que outros notáveis eventos haviam sucedido à época em que se apresentou o fenômeno Monge de evidência psicológica marcante, os quais sem dúvida alguma influíram, decisivamente, não só no desfecho do "fenômeno

Monge", como também, em consequência, nos rumos da minha vida. Agora, porém, além de psicológicos, fenômenos praticamente materiais, se é que ao biológico, à ação terapêutica sobre moléstias orgânicas, pode ser atribuída à condição de material. Ainda acrescentarei que, sem que nem de leve os buscasse, aconteceram posteriormente fenômenos psicológicos que me marcaram com vivo interesse, durante meses de significativas mensagens escritas, antecipando psicograficamente ensinamentos que só depois de algum tempo fui colher, com perspectivas amplas, em livros de consagrados autores.

A seguir faço, suscintamente, um depoimento objetivo e de significado bastante expressivo, envolvendo fatos espontâneos que, afinal, tanto influenciaram as decisões do meu caminho em "Busca da Verdade".

Certa madrugada, despertei ouvindo pesados gemidos, como de inaudito sofrimento, que me chegavam do quarto relativamente distante. Morávamos em uma pequena pensão, à Rua D. Geraldo n° 57, junto à Av. Rio Branco, eu e meu irmão Darcy, no mesmo quarto. Pensão de estudantes pobres, de fraca mesada, ambiente simples, porém muito, muito bom, destacando-se, na minha lembrança, a bondosa D. Sylvia, dona da casa, suas filhas Adelaide, Helena e Belinha, como também seu filho Higino, engenheiro eletricista. Eram todos, já então, de definitiva formação espírita, fato esse que eu próprio e os demais hóspedes desconhecíamos. É bom dizer que o notável acontecimento que indicarei a seguir se deu um pouco depois daquele já referido a propósito da Geometria Descritiva, da reprovação da Escola de Engenharia e da benfazeja atuação do "suposto" Monge.

Ao despertar de madrugada com fortes gemidos, apoderou-se imediatamente de mim a ideia de curar, de aliviar o sofredor, que sabia ser um sueco sem grandes recursos, enfermo de terrível dor de cabeça que, súbito, o acometera. Levantei-me e, sentado na cama, uma vigorosa compulsão de mim se apodera, no sentido de fechar os olhos e pensar concentradamente na cabeça do enfermo, que passei a visualizar nitidamente. Sobre sua cabeça, assim visualizada, começo a passar as mãos, compulsivamente, como que sob o influxo inexorável de um estranho poder que me fazia atuar sobre a cabeça do enfermo distante.

Ao mesmo tempo, ouvindo os gemidos, mais e mais estranhava o que estava fazendo, de vez que jamais pensara em curar quem quer que fosse, dedicado até então ao estudo do curso de Engenharia Civil em andamento.

Pouco e pouco, fui percebendo o declínio dos gemidos, sobrevindo o silêncio. Surpreendido, levanto-me e vou ao quarto do sueco enfermo, do outro lado da casa. Ele encontrava-se de pé, começando a gemer novamente, querendo sair do quarto, com o olhar parado, como em semi-inconsciência e os lábios a tremerem num impressionante automatismo, revelando incontrolável mecanismo de tremor e sofrimento. Tomando-o pelo braço, fi-lo deitar-se e senti como que se pelos meus antebraços e mãos fluísse uma estranha energia. Seria a projeção de uma energia qualquer, com poder ainda completamente desconhecido por mim!? Em poucos instantes, dormia pesadamente o enfermo! Isso em torno de duas horas da madrugada.

Um tanto perplexo, surpreendido, vejo que junto a mim, se encontrava a bondosa D. Sylvia, que me interpela: "Sr. Moacyr, o senhor é espírita?". Ao que respondo: "Não. Não sou e, na minha família, ninguém é espírita. Nada sei do que está acontecendo!". Ao que replica ela: "Pois bem, sendo o senhor espírita ou não, saiba que é "médium" e um bom espírito veio aliviar essa criatura por seu intermédio". É claro que fiquei um tanto espantado com o suposto inesperado espiritismo então anunciado por D. Sylvia! Resultado da surpreendente experiência:

— o sueco a dormir pesada e tranquilamente e eu acordado, bem desperto, sem poder conciliar o sono, a pensar, pensar e pensar no estranho evento; o homem sem recursos, no dia seguinte entregue às autoridades de saúde na Santa Casa de Misericórdia. Às 9 horas daquele dia, eis o diagnóstico: meningite cerebro-espinhal em estado avançado, agudo, que houvera progredido sem tratamento adequado; o doente foi encaminhado de imediato ao Hospital São Sebastião de moléstias infecciosas, onde veio a falecer 8 a 10 dias após.

À mim e àquela família — e aos demais companheiros de

pensão — ficou-nos a pergunta: como ser aliviado de tal modo um acesso agudo de meningite cérebro-espinhal e a pobre sofredora criatura dormir, daquela maneira, durante cerca de 7 horas seguidas, em pleno sono profundo, tranquilo? Que teria, na verdade, ocorrido?

Este acontecimento calou fundo em minha curiosidade científico-filosófica de então, uma vez que eu era egresso do catolicismo e não tinha qualquer condição de responder às naturais indagações. Isso porque, à época, meu raciocínio era conduzido pelos caminhos da matemática e das ciências naturais. Na verdade, encontrava-me lendo, precocemente, a *Síntese Subjetiva* de Augusto Comte e livros outros de consagrados materialistas.

A partir daí, desse fato tão insólito, criou-se em meu espírito uma sensível predisposição para achar quem pudesse explicar-me alguma coisa a respeito de espiritismo. O Higino, filho da D. Sylvia, me surpreende dizendo, entre outras coisas:

— "Olhe, você compreenderá melhor tudo isso, quando souber da seguinte verdade: os espíritos, que estão no mundo invisível, nossos amigos espirituais, vivem quase como nós, isto é, têm 'corpo'; sobrevivem à matéria do corpo físico, mantendo um outro tipo de matéria, mais sutil, naturalmente em um espaço diferente!". Tais palavras foram o bastante para me abrir a perspectiva objetiva de um novo horizonte, de um novo mundo!

É bem verdade que, antes disso, desse incrível fato do sueco da meningite, já me havia acontecido o caso Monge da Geometria Descritiva e eu ainda estava em interrogação espírita. Entretanto, comecei, de vez em quando, a sentir vontade de escrever, isto é, a sentir impulsos, desejo intenso, quase incontrolável, de escrever: tomava do lápis e do papel e começavam a sobrevir mensagens pela minha própria mão, explicando-me a doutrina dos espíritos, isto é, espiritismo — sem que, antes, jamais houvesse eu lido um simples livro a esse respeito! Sobrevinham algumas lembranças inesquecíveis. Afonso, um tio avô, único da família do qual havia referência, que teria, ao seu tempo, estudado o Espiritismo; Luiz Moreira que fora meu avô materno, meu padrinho e Lumen, que se dizia egípcio e teria sido meu amigo desde vários séculos, cuja

aproximação espiritual e amizade cultivo até hoje.
 Assim, iam aparecendo e se somando fatos e mais fatos desse teor, sem que me decidisse a estudar ou ler qualquer livro propriamente espírita da linha Allan Kardec, Leon Denis, Gabriel Delanne e alguns outros eminentes escritores, que me iam sendo indicados por pessoas já instruídas na área, quando tomavam conhecimento de minhas experiências pessoais.
 Mudamo-nos de pensão, os dois irmãos, um primo, Abelardo Lima e mais três amigos íntimos daquele tempo: Luiz de Brito (estudante de medicina), Ernani Machado (colega de engenharia) — ambos alagoanos — e Lauro de Moro, catarinense, estudante de Direito.
 Agora, em outro ambiente de gente nada espírita, o Sr. Alcides da Polícia Civil e sua esposa D. Lúcia, à Rua Evaristo da Veiga nº 126, muito próximo ao quartel da Polícia Militar. Ali instalamo-nos melhor e todos muito satisfeitos, mesmo porque bem próximo à Biblioteca Nacional, onde tanto e tanto estudávamos, particularmente eu e meu irmão.
 Certa noite, Ernani Machado, meu prezado colega do curso de Engenharia Civil, que houvera adoecido de um tumor no ouvido então em evolução, muito aflito, com grandes dores, sem ceder aos analgésicos receitados e na perspectiva de possível próxima operação, procura-me e diz:
 — "Não é possível que este meu caso de tumor seja mais grave do que o da meningite do sueco que você conseguiu amenizar, fazendo-o dormir horas seguidas! Quer fazer uma experiência comigo? Estou sem sossego e sem poder dormir, com fortes dores". Ao que respondo:
 — "No caso da meningite, foi uma compulsão inesperada, estranha; agora, você me pede. Por isso, já é diferente. Todavia, aceito a experiência. Vou atuar sobre a sua cabeça, pensando intensamente em irradiação curativa sobre o seu ouvido".
 Visando a evitar qualquer ação ou efeito de sugestão, digo-lhe:
 — "Aguente a dor como puder, lá no seu quarto (três quartos após o meu). Deixe os seus companheiros de quarto dormirem e, então, lá irei".
 Assim fez ele, retornando ao seu quarto. Na verdade, de-

Uma Busca da Verdade   81

sejava agir à distância, sem que ele soubesse. Sento-me na minha própria cama e tento reproduzir o que, espontaneamente, se passara no caso da meningite, três ou quatro meses antes. Apenas 10 a 15 minutos, visualizando a cabeça do amigo e seu ouvido direito afetado, sobre cuja região estaria passando a mão àquela distância. Súbito, interrompo e vou ao quarto do Ernani: já estava dormindo! Desperto-o e ele fala:
— "Melhorei tanto que pensei que você não viria mais e comecei a dormir. Apague a luz, eu só quero dormir".
Digo-lhe:
— "É incrível, estou muito feliz; a experiência foi positiva! Eu estava tratando de você à distância!"...
Pouco depois ele voltou a dormir profundamente e amanheceu sem dor. Foi então ao médico, prosseguiu o tratamento normal, curando-se rapidamente. Agora, eu próprio a perguntar: o que teria acontecido? Que tipo de energia irradiada ou projetada? Qual a fonte? Seria eu próprio, apenas, a fonte de tal energia de tônica terapêutica? Ou fonte outra de algum ser, que não eu, um "espírito" bondoso, como diriam os espíritas, utilizando-me como intermediário, como me falara a D. Sylvia, quando do caso da meningite? Segui em frente, com esse caso e outros menores vividos. Resolvi estudar o espiritismo, ler e aproximar-me de tal âmbito, em termos de acentuada preocupação, verdadeira curiosidade científica. Em toda a minha vida, jamais me arrependi dessa decisão: vivi, com a pesquisa e o tempo, sucessivas oportunidades em que se me provou a evidência da paranormalidade. Ainda hoje, 1988, a Ciência luta por não aceitar ou, pelo menos, finge ou procura desprezar tal hipótese, recusando-se a tratar, com sincera profundidade, o assunto da sobrevivência do ser.
Passo agora, no capítulo seguinte, ao período propriamente acadêmico, em que certas e interessantes experiências sobrevieram, conforme antecipado.
Devo iniciar dizendo que, nessa fase de 18 aos 20 anos, passei a ler avidamente e a estudar as obras de Allan Kardec, que me pareciam familiares, de uma aceitabilidade espontânea, natural e indiscutível. Assim, também, a dos famosos escritores e pesquisadores de tal área: Leon Denis, Gabriel

Delanne, César Lombroso, Camille Flammarion, Paul Gibier, Acksakoff, Charles Richet, Willian Crookes, etc... Leituras e estudos contínuos conduziram-me a uma posição segura de expansão crescente de compreensão, não só dos fenômenos espíritas ou metapsíquicos apresentados por tão eminentes e sábios autores, mas, principalmente, de uma visão filosófica extraordinária, satisfazendo integralmente às interrogações do meu próprio espírito. Assim aconteceu até os meus 20 anos, com os estudos espíritas e a prática da mediunidade em grande número de sessões e, também, a frequência assídua às reuniões das tardes de domingo na sede da Federação Espírita Brasileira, à Avenida Passos, n° 30. Iniciava, assim, objetiva e entusiasticamente, a minha "Busca da Verdade", a qual foi se tornando cada vez mais intensa e frutuosa, ao longo do caminho!

Aliás, cumpre dizer, desde já, que com essa idade, 20 anos, 3° ano de Engenharia, me chega às mãos, não me lembro por que via, o *Compêndio de Teosofia*, de Charles William Leadbeater. Livro pequeno, mas extraordinariamente importante para mim, pelo conteúdo e pelo imediato estímulo que me ofereceu para aprofundar, de verdade, desde o tempo acadêmico, a Mensagem Teosófica, que me revelava tudo aquilo que já aceitava, percebia, compreendia e intuía em decorrência dos estudos espíritas! Voltarei oportunamente a tal extraordinária Mensagem e ao enorme benefício que começou a trazer-me, dando-me imensa felicidade até o dia de hoje, em que escrevo essas memórias, aos 82 anos... tocadas substancialmente da espiritual sintonia que implica "A Busca da Verdade"!...

Encerro, o que chamei os idos de 1922-24, já até com algumas referências aos tempos de 1925-26, um pouco do 2° período de minha vida acadêmica que, sucintamente, irei rememorar no capítulo seguinte. Como verá o leitor, outros tantos fatos atípicos e inesquecíveis ocorreram comigo, em um dos quais, estou certo, haver podido identificar a proteção invisível que me chegou do "Alto", não obstante a relativa pouca importância espiritual do evento.

Uma Busca da Verdade   83

Capítulo V

Os idos de 1925 a 1930 — Ainda as experiências acadêmicas — Augusto Comte e Allan Kardec

Passados os primeiros tempos da vida acadêmica, um tanto difíceis para o meu próprio brio de estudante, eis-me no 2º ano do currículo escolar, sentindo-me, é verdade, em ótimas condições. É que repetira o 1º ano com apenas duas disciplinas afins a estudar. Então, dei-me ao luxo de, espontaneamente, à minha própria conta — já tendo sido aprovado amplamente nas demais disciplinas —, repeti-las com outros professores durante o ano seguinte, 1924: Geometria Analítica e Cálculo Diferencial e Integral. Como resultado de tal decisão, consequente ao sofrimento da terrível injustiça que já apontei no ano anterior, 1923, chego ao fim de 1924 bem preparado, posso dizer mesmo, muito bem preparado para explicar aos colegas pontos de exame oral, quer em Geometria Descritiva, quer nas outras disciplinas mencionadas, de suma importância no Curso de Engenharia: Geometria Analítica, Cálculo Diferencial e Integral. O importante, porém, é que aí já fui descobrindo um tipo de vocação que, afinal, me marcou a vida, fazendo-me professor, 14 anos depois, do magistério militar. Na verdade, em 1938, aos meus 32 anos ainda incompletos, fui designado professor adjunto de "Noções de Cálculo Vetorial e Mecânica Racional" da antiga Escola Militar do Realengo.

Aí, pois, o momento do cumprimento do "flash" pretensioso que me fez afirmar que um dia seria professor, quando era apenas um simples estudante de Engenharia. Esse "flash" ocorreu quando, super emocionado, ouvi, lido em voz alta, en-

fática, o resultado da prova final de Mecânica Racional (2º ano de Engenharia Civil), disciplina a cargo do famoso professor da Escola Politécnica, Sebastião Sodré da Gama, considerado muito competente, muito sério, respeitado e exigente! Os alunos sabiam de tudo isso e lhe votavam grande admiração e respeito. Então, ouvi:
"Alfredo Moacyr de Mendonça Uchôa, grau 10!"... Foi incrível a emoção e não só a minha como a dos próprios colegas, muitos deles mais ligados a mim por estudos em grupo, alguns dos quais insistiam em vaticinar o tão raro grau 10 em Mecânica Racional com o famoso professor Sodré da Gama.

Não havendo satisfeito a umas duas perguntas no final do exame oral, de cerca de 40 minutos a uma hora de duração, fico "espantado" com o resultado (a primeira distinção na minha turma) e decido procurar o professor Gama, dizendo-lhe: "Professor, estou admirado, pois errei umas tantas coisas; como o professor me conferiu grau 10?" Então, responde ele: "Seu resultado foi um grau muito justo. Lembre-se que você só não respondeu a perguntas sobre assuntos que eu não havia lecionado e eu queria ver até que ponto você havia estudado, pois me convenci de que sabia, e bem, tudo o que eu ensinara!... Então, veja a justiça do grau 10!"

Logo depois, ainda na euforia da grande alegria, lembro-me de haver pensado e confiado a alguns colegas:
"Essa matéria é tão bonita, tão fantasticamente bela, a Matemática pura aplicada no plano abstrato, a móveis teóricos, também abstratos, que, um dia, ainda serei professor disso!"

Hoje, eu digo: que boa e precisa precognição ou profecia...
Em verdade, 14 anos depois, a profecia foi realizada: professor adjunto na Escola Militar do Realengo, cujo programa de Mecânica Racional era bem próximo do nível do da Escola Politécnica do meu tempo; em seguida, 1946, oito anos depois, professor catedrático dessa disciplina na querida e inesquecível Academia Militar das Agulhas Negras – AMAN, em Resende/RJ.

Tudo isso, agora relembrado, foi de grande importância, pois, a partir de então, vieram responsabilidades, oportunidades maiores que, afinal, marcaram bem, em relativamente alto nível, a minha carreira militar como professor, até 1961. Oportunamente, ao longo desta autobiografia, assinalarei, com muita satisfação, a certeza de haver servido à instrução e educação, dedicadamente, no âmbito do Exército Brasileiro. Ainda do tempo da Escola de Engenharia, relembro um fato inesquecível, talvez justamente conectado à possibilidade de uma proteção espiritual, desde que já tinha a certeza de possuir algumas provadas faculdades de sensitivo, faculdades mediúnicas, de acordo com a terminologia espírita. Eis o acontecimento.

Para o Curso de Engenharia, o professor Lohman, de Química Analítica, não era exigente. Dizia: "Engenheiro civil não precisa de Química". Em compensação, o aluno de Engenharia Civil, que, de regra, não se dedicava muito à Química, quase sempre era aprovado com notas muito baixas da classificação de 1 a 10 vigente na Escola. Era comum o professor Lohman brincar, não fazer muitas perguntas e conceder, depois, grau 2, 3 ou 4 de aprovação.

Sabendo disso e havendo tirado graus bem altos — em Mecânica 10, em Topografia 9 e 9 também em Desenho Topográfico — ficou-me a Química em ansiosa interrogação, certamente para nível bem inferior. Além disso tivera a grande infelicidade de quebrar, por acidente, as provetas com que trabalhara na prova prática, cujo relatório das técnicas utilizadas e o acerto dos elementos químicos identificados, davam a nota que valia como prova escrita.

Naquele tempo, o ponto do exame oral era sorteado com duas horas de antecedência. Nele, o aluno seria especialmente arguido depois de satisfazer em uma substancial "parte vaga", no início da arguição. Sempre, de hábito, antes dos exames orais, isolado em uma sala para estudar (de regra, sozinho mesmo), naquele dia, lembro-me bem que pensei em ajuda espiritual superior e procurei acalmar-me na tônica de uma grande confiança! O "incrível" aconteceu e alguns colegas daquele tempo jamais esqueceram o incidente a que assistiram. É que o exame se desenvolveu primeiramente na base de uma espetacular e progressiva adivinhação, particularmente quando o professor adjunto, professor Sá Lessa, passou a arguir-me sobre sais de fósforo. Respondi tudo de forma um tanto estranha, sem convicção aparente, mas tudo, tudo certo; o professor Lohamn então observando. Logo a seguir, quando a ele chego, diz com ares "triunfais" das brincadeiras costumeiras de quem iria "pregar uma peça" no aluno que estava adivinhando!

Diz o professor Lohamn ao seu adjunto, professor Sá Lessa: "Não percebeu Sá Lessa que este aluno nada sabe de Química, que adivinhou o tempo todo? Você vai ver se é ou não verdade. Quero ver ele adivinhar comigo!...". O professor Sá Lessa diz qualquer coisa e replica o professor Lohman: "Você vai ver se comigo este aluno adivinha e se vai continuar a adivinhar."

Começou a arguição e aconteceu que, a cada pergunta, parecia que a página da resposta de um livro antigo de Química — que ele não adotava — mas que eu possuía e nele havia algumas vezes estudado, me surgia à frente nitidamente e eu falava certo, bem certo, a resposta. O professor foi ficando surpreso, a mudar de assunto, com novas e novas perguntas, sem sair, porém, do tal livro de Química (Química de Engel) antigo, que eu lera, sem que ele jamais houvesse aconselhado! A toda pergunta feita, a página do livro continuava a surgir com a resposta nítida, precisa, eu próprio emocionado e admirado. Espantado, o professor Lohman diz: "Mas não é que o menino está continuando a adivinhar?!...". Depois de muitas e muitas outras perguntas e a página da resposta sempre nítida à minha frente, manda-me embora e diz bem alto:

"Esse menino nada sabe, nada sabe mesmo de Química; adivinhou o tempo todo! Mas o que posso eu fazer, se ele nada errou? O jeito que tenho é dar nota para ele!"

Tal grau conferiu, a mim, a cobiçada aprovação plena (ou "plenamente" como nós todos dizíamos), apesar do zero da prova prática equivalente à escrita.

Esse resultado me levou ao grau final 7, com que fui aprovado!

Para mim — e para meus colegas que assistiram à minha prova oral de Química — ficou o "inexplicável". Não uma pergunta ou duas ou três respondidas por acaso, mas uma

Uma Busca da Verdade 87

série delas que viria a constituir-se em um "desafio" ao professor, ao "impossível" das respostas de um aluno que, na verdade, não teria estudado tanto aquela Química Analítica do professor Lohman. Certo era que jamais tinha sido a Química do meu maior interesse, a não ser depois dos altos graus de aprovação nas demais disciplinas do currículo do $2°$ ano de Engenharia Civil. Antes do tal exame de adivinhação incrível, havia orado muito, isolado em uma sala.

A partir do $2°$ ano, o meu curso de Engenharia não foi lá tão pacífico. Tive outros incidentes sérios que recordo satisfeito, os quais deixo de lado minuciar a respeito se bem que talvez possa afirmar que coisas iguais dificilmente terão acontecido com qualquer aluno de Escola Superior. Citarei dois acontecimentos, sendo que um deles só ocorreu por fraqueza de caráter de um professor, até muito competente, que não quero nem devo aqui identificar pelo nome, o qual faleceu tragicamente dois anos depois e já era meu amigo. Descreverei rapidamente o insólito acontecimento.

Entro em exame oral de "Economia Política e Estatística" do $3°$ ano. Exame em uma época especial: janeiro. Dissera o professor: "De dezembro a janeiro, aluno qualquer não poderia haver aprendido a matéria; é preferível não arriscar!". Eu e mais cinco nos inscrevemos. Muita tensão no ambiente do exame oral, anfiteatro cheio. O primeiro aluno examinado, bom estudante, fora um tanto ridicularizado e já praticamente reprovado, bastante desconsiderado. Sou o segundo. Diz o professor: "Uchôa, a sua prova escrita está péssima!". Respondo petulante e confiante: "Péssima?! Não, professor, não está péssima nem mesmo regular, está boa e não pouco boa. Está, de verdade, muito boa! E mais, se não houvesse eu cometido ligeiro erro de soma em tal parte (e disse a parte), estaria ótima!"

Será que diálogo de tal natureza haverá ocorrido numa Escola Superior entre um aluno daquela época e um professor catedrático?

E não ficou por aí. Prossegui e acrescentei enfaticamente para estarrecimento dos presentes (anfiteatro lotado de alunos) e perplexidade absoluta, evidente, na face pálida e surpresa do professor:

— "E se o Senhor tem dúvida, lanço-lhe um repto: discutir comigo essa prova aqui, em público."
Isso dito com veemência e petulante segurança. Hoje, até eu me pergunto se fui capaz de tanta petulância. A prova estava realmente muito boa! O professor empalideceu, perturbou-se e não aceitou o repto!... Começou a divagar para me enervar. Outros incidentes se seguiram, muito positivamente para mim, isto é, a meu favor. Retirei-me, afinal, irritadíssimo, do exame sem ir ao outro professor. Fui dado, então, como "retirado" do exame. Em face disso, o professor aprovou os demais, tratando-os a todos muito bem.

O segundo incidente, não por fraqueza de caráter, mas por grande inexperiência do professor, que não esperou encontrar no aluno, em mim, um estudante sofrido da "providencial" injustiça do 1º ano e que houvera jurado, por isso mesmo, jamais ser tímido, nervoso, em qualquer exame, para ficar inibido e submisso! De um estado muito inferior de aprovação previsível, graus 2 ou 3, a petulância e, novamente, a sorte (ou proteção superior) me levou a um grau 9 final, com grau 6 ou 8 de escrita. Isso no exame de Resistência dos Materiais, no 4º ano do curso! Foi um belo incidente.

Falando desse tempo acadêmico, aqui termino com a lembrança da vivíssima emoção com que, inesperadamente, recebo a medalha "Gomes Jardim" das mãos do então Presidente da República, Dr. Washington Luís, em sessão solene de colação de grau, no Salão Nobre da Escola Politécnica.

Assim aconteceu. Disse "inesperadamente" e assim foi, pois nem sabia da existência da tal medalha, conferida a engenheiro geógrafo (fim do 3º ano de Engenharia Civil). Não sabendo de sua existência, como poderia conscientemente disputá-la ou pretender conquista-la? Não. Nada sabia. Assistia à sessão solene, com a presença do Excelentíssimo Senhor Presidente da República Washington Luís, e o Exmº Senhor Ministro da Justiça, o Dr. Viana do Castelo. Este, o Ministro, ia chamando cada premiado, que recebia a medalha das mãos do Presidente da República. Súbito, uma incrível surpresa, ouvi meu nome pronunciado pelo Exmº Senhor Ministro Viana do Castelo: "Alfredo Moacyr de Mendonça Uchôa". Fico atônito, espantado: eu chamado ali para receber medalha!? Que estaria acontecendo? Algum erro? Teria ouvido mal? Nova chamada: era eu mesmo. Dois colegas ao meu lado me empurraram para que me dirigisse à mesa central. Recebo a medalha das mãos do Excelentíssimo Senhor Presidente e retorno; mal chegara ao meu lugar, novamente chamado! Volto à mesa e nova medalha recebo, igualmente das mãos do Excelentíssimo senhor Presidente! Uma fotografia é batida: fotógrafo da "Revista da Semana", muito prestigiada na época, que a publicou e eu me apressei em mandar para os queridos pais em Maceió, o que, certamente, lhes encheria do "justo humano orgulho" de pais em situação como essa.

Aconteceu tão inesperado que até a roupa nova houvera ficado em casa, no cabide, reservada para o baile da noite. Na tal cerimônia, estava eu de barba grande, roupa já bem batida de estudante relativamente pobre, pois sabia que ia ficar em meio à massa de assistentes.

Logo após, vim a saber a natureza do prêmio concedido a aluno de maior média até o 3º ano e também, da parte quase cômica: a segunda medalha me fora entregue por engano! Seria de um colega de outro curso que, por motivo de saúde, não comparecera e eu fui chamado pela segunda vez, repito, por engano. No momento, porém, fiquei "invocadíssimo". Como duas medalhas, sem nada saber de qualquer delas? Será que alguém já viveu tal surpresa, tratando-se de cerimônia tão solene com a presença do Excelentíssimo Senhor Presidente da República? Dificilmente haverá ocorrido!

Aqui encerro essas recordações acadêmicas. Dessa fase, apenas uma pequena referência às duas emoções do meu primeiro emprego, logo depois da formatura como engenheiro geógrafo. Ver-se-á, e eu jamais esqueço isso, como me foi fácil o primeiro trabalho profissional, extraordinária facilidade de emprego, de trabalho, que felizmente me acompanhou na vida, até os 80 anos, quando escrevo estas linhas. Engenheiro geógrafo aos 20 anos, achei que deveria trabalhar, desde que a frequência à Escola era livre e eu houvera concluído que aprendia mais com os livros do que com grande parte dos professores. A um querido amigo médico, Dr. Hildebrando Portugal, comunico informalmente a decisão, lastimando não ver, à frente, como iria conseguir emprego. Diz-me o Portugal: "O Iglesias, meu grande amigo, Diretor do Horto Florestal do Ministério da Agricultura, acaba de sair daqui e de dizer-me que está precisando contratar engenheiro jovem como você! Quer que trate disso?". "Sim, é evidente." Esse pequeno diálogo às 6 hs da tarde e, já às 9 hs da noite, comunica-me o grande amigo já estar eu empregado! Apresentando-me no dia seguinte, anotadas as minhas condições para o trabalho, imediatamente comecei. Menos de 24 horas e já empregado, vibrando e entusiasmado! Minha grande e primeira emoção de trabalho: "estar ganhando dinheiro"! Eu que, havia anos, recebia "mesada" de meu pai, nem sempre ele em boas condições financeiras?! Foi uma imensa alegria; sentia-me euforicamente feliz.

O registro no Tribunal de Contas demorou. Era esse registro necessário para poder eu receber o salário. Só três meses depois fui registrado. Recebi esses meses de uma só vez e lá veio grande emoção: para mim, naquele tempo, muito dinheiro! Então, eu e meu irmão, a meu convite, tomamos um taxi e demos um imenso passeio pelo Rio de Janeiro: várias horas, até a relativa saturação! A inesquecível emoção de poder gastar dinheiro, passeando de automóvel!

Esse emprego no Horto Florestal acompanhou-me o curso até o final, quando, então, pedi demissão, já engenheiro civil, garantido com novo trabalho em Vitória, no Espírito Santo, como membro da Comissão de Melhoramentos da Capital. Aí, trabalhei bastante tempo, juntamente com o grande e inesquecível amigo Fábio de Macedo Soares Guimarães, muito distinto e inteligentíssimo colega do curso que ambos havíamos terminado, havendo juntos colado grau em 29 de abril de 1929.

Agora, a referência de gratidão ao meu dileto amigo José Synval Monteiro Lindemberg, muito relacionado no Espírito Santo, de cujo Governador de então, Dr. Aristeu de Aguiar, fora discípulo no Ginásio de Vitória. Amigo dedicado, verdadeiro amigo meu e do Fábio, foi ele quem nos apresentou ao Governo do Espírito Santo, levando-nos para lá sob as melhores auras.

O Lindemberg, no ápice da carreira militar, como marechal, se passou para o outro lado, para a espiritualidade, depois de excepcional vida terrena sempre digna e valorosa. Que o divino Mestre o tenha sempre em sua Luz Maior. De julho de 1929 a 1932, a estada em Vitória foi magnífica sob qualquer aspecto que possa eu considerar. Um trabalho novo, especializado, para nós até um tanto desafiante: o cadastro da cidade, exigindo antes uma triangulação da ilha, trabalho esse quase geodésico, demandando extremado rigor de medidas de ângulos, distâncias e um cálculo penoso e seguro! Em 2º lugar, a estada foi muito feliz pelo convívio social, a receptividade que o meio ambiente de uma sociedade agradável, muito simpática, quer no recinto dos clubes, quer das residências particulares, nos oferecia, a nós, alguns engenheiros bem jovens, em início de carreira e outros tantos jovens, também recém-chegados, da área do Banco do Brasil, de outros estabelecimentos bancários e de controle da política do café, âmbito este de grande interesse do Estado.

Aí, em Vitória, vou encontrar o inesquecível amigo, Dr. Airton Machado, presidente do bem conhecido e até já tradicional Centro Espírita Henrique José de Melo. A afeição entre nós se desenvolveu célere, pelas afinidades filosófico-espirituais, que de imediato identificamos.

Assim sendo, eis que logo, a 3 de outubro de 1929, faço a minha estreia na oratória, falando na noite desse dia, no Centro, sobre o Codificador da Doutrina Espírita, Allan Kardec. Era o seu dia! Nervoso e emocionado, cheguei ao fim satisfeito. Eis, então, que me senti impelido a aceitar falar sobre Jesus, o Cristo, no Natal, que se aproximava. Aceitando, sob pressão cordial e amiga, a missão, estaria muito longe de imaginar o que iria suceder, a partir de tal conferência sobre Jesus! Era o que de mais importante na minha vida poderia me ocorrer: ali, naquela conferência vi, pela primeira vez, minha futura esposa Ena Morgade de Miranda. Pessoa espiritualizada, de valor exponencial em minha vida. Constituímos um lar integralmente feliz, com quatro filhos, que só nos têm oferecido muitas e muitas alegrias!

Estou sempre a dizer da importância e do significado des-

se fato:
Uma conferência, a primeira que fiz, sobre Jesus, o Cristo, nos casou. Por isso certamente temos sido tão e tão felizes!... Irrompera a revolução de 24 de outubro de 1930. Jovem engenheiro, tendo em meu passado a experiência da revolução de 1922, chego certo dia ao meu quarto na pequena "república" em que morava com vários grandes amigos e lá encontro o amigo Lindemberg, que assim fala: "Guarde silêncio, estou aqui com Pio Borges, Joaquim Barata e Wolmar Carneiro da Cunha, para fazermos a revolução, o levante armado do 3° BC (então sediado em Vila Velha, junto a Vitória)!". Explica-me tudo e mantenho a requerida reserva sobre os preparativos da revolução de outubro de 1930, ali em Vitória. O que teria acontecido até então, levando-os à revolução e, particularmente, ao meu prezadíssimo amigo Lindemberg, ele que era, pouco antes, tão ligado ao Governo do Estado? Trabalhava nas obras do Porto de Vitória e era amigo de todos os Secretários do Governo!?... Assim aconteceu.

É de lembrar, aqui, e ressaltar o triste acontecimento em que havíamos nos envolvido, eu e alguns amigos dentre os quais o querido amigo José Synval Lindemberg.

Evento sumamente triste e mesmo deprimente, em face da elementar obrigação de um governo, como a de ter dignidade suficiente para não descer tão baixo, projetando e realizando um crime, quase um massacre em praça pública. Esse incrível acontecimento ocorreu na fatídica noite de 13 de fevereiro de 1930. Assim aconteceu, fixando-se indelével essa noite na minha viva lembrança.

Na praça, à frente do Colégio do Carmo em Vitória, dar-se-ia um comício político, no correr daquele ano, 1930, de intensa disputa, visando à sucessão do Presidente Washington Luís. Seria às 20 horas. Grande afluência. Para lá nos deslocamos, lembro muito bem, eu e os diletos amigos Fábio e Lindemberg.

Havíamos ouvido boatos que diziam que o comício seria dissolvido pela polícia, desde que promovido e conduzido por políticos oposicionistas, entre os quais o brilhante destaque de duas figuras muito conhecidas no cenário nacional: o famoso, na época, advogado e jurista Evaristo de Morais e o então Senador Pires Rebelo, cujo discurso, no comício à noite, era aguardado com ansiedade.

Começam os discursos e a tensão aumenta, até que, afinal, inicia o seu discurso o destemido Senador. Então, ouvimo-lo dizer: "O Governo que aí está é um ladrão; sim, um ladrão de votos!". Nesse momento, sobrevieram tiros e mais tiros, depois cerrado tiroteio, naturalmente, de início, para o ar, visando a espalhar o pânico e a dissolução do evento. Há corrida para todos os lados. Na confusão que se estabeleceu, separámo-nos os três amigos, cada um, afinal, com destino diferente! Lembro-me de que cheguei a pegar o Lindemberg pelo braço e procurar puxá-lo para afastar-se comigo e que ele relutou, ficando estático, parado, onde desde o início estava. Uma onda de povo, de gente, porém, me empurrou inexorável à sua frente e uns tantos comigo fomos atirados em um pequeno jardim da residência de um turco bem-conceituado, terminando o grupo, do qual eu participava, na sala de visitas da residência. Enquanto isso, lá fora, prosseguia o tiroteio bastante violento. Na realidade, não estávamos tão abrigados, dada a larga janela de madeira e isso provou-se por pessoas atingidas por balas dentro da própria sala! Aí dentro, um senhor idoso, que chorava pelo filho que ficara fora, o qual procurei animar, notando, porém, o risco em que estávamos: janelas amplas de madeira frágil, podendo os daquela sala serem atingidos por tiros provavelmente provenientes de mais alto, do lado oposto, onde se encontrava a escadaria do Colégio do Carmo. Tanto isso era verdade, que um jovem foi atingido na coxa, atravessou a femural e, ali mesmo, perdeu muito sangue, havendo, pelo que foi divulgado, morrido horas depois; era filho de um delegado. Outro caso terrível, ali naquela sala: um homem jovem sustentando nos braços um senhor idoso cardíaco em crise, o qual ali mesmo faleceu, ao ver o homem, que o sustinha, atingido nas faces tendo ambos os lados perfurados com horrível ferimento na parte da saída do projétil. Pouco depois, na cozinha daquela casa, quase um "hospital de sangue", alguns feridos atendidos, como possível, naquela emergência...

Em resumo, uma terrível experiência de perigo de vida para tantas pessoas ali reunidas, na realidade expostas, pois a janela, muito ampla de madeira, nada protegia da fuzilaria em andamento.

Digo eu, depois, ao Lindemberg: "Afinal, por que você ficou parado e não procurou abrigar-se de imediato?" Responde ele: "O absurdo era tão grande que eu não acreditei que fosse bala de verdade; só quando vi uma bala tirar fogo nas calçadas me convenci e me abriguei, saindo logo depois para me certificar do que realmente estava acontecendo".

Encerrando esta rememoração, presto aqui veemente e sincera homenagem a esse grande e excepcional amigo, Marechal José Synval Lindemberg.

1º - à sua invulgar coragem, demonstrada, outrossim, em outras oportunidades, entre as quais recordo a atuação durante a revolução paulista de 1932.

2º - a sua ímpar capacidade de sacrificar-se por uma causa que não lhe era pessoal, envolvendo gente desconhecida, pois não teve qualquer parente envolvido. Engenheiro do Estado, muito bem remunerado, apaixona-se pela causa das famílias que, no triste incidente de 13 de fevereiro, perderam entes queridos e resolve, imediatamente, demitir-se, dizendo pessoalmente ao governador, do qual houvera sido aluno no Ginásio e era, então, amigo: "Não poderei jamais servir a um governo responsável por tudo o que vi, tal a minha absoluta convicção"! Na realidade, o Governo não pôde deixar de reconhecer, pelo que transpirou, apesar de todos os cuidados, a morte de 16 pessoas!

Desse traumatizante acontecimento, resultou que o prezado amigo, todo da área do Governo, se passou para o lado oposto e afastou-se de Vitória, voltando no outubro próximo para o levante do 3º Batalhão de Caçadores, sediado em Vila Velha, conforme antes já indiquei. Afinal, vitoriosa a revolução, o então Cap. João Punaro Bley na chefia do Governo, vem o Lindemberg a ser Secretário de Viação e Obras Públicas, em cujo âmbito permanece em função até o início de 1932.

Segue-se à revolução de 1930 uma fase muito atípica para mim, interessante por certos absurdos ocorridos, que acaba-

Uma Busca da Verdade 95

ram me sendo positivos, não obstante as interrogativas perspectivas iniciais e a ocorrência de certos fatos imprevisíveis que, afinal, me conduziram à vida militar, o que jamais estivera nas minhas reais aspirações. Fui, porém, nela, muito feliz! Tratarei dessa fase subsequente a 1930, que denominarei atípica e cheia de "absurdos" no capítulo seguinte, depois de encerrar este com fatos de significação espírita indiscutível, inclusos no período de tempo ao qual denominei "os idos de 1925 a 1930".

Volto, pois, aos fins de dezembro de 1928, época das festas de formatura de cursos universitários, relembrando, de início, o baile dos formandos em Direito, no Hotel Glória, pouco antes do Natal de 1928. Retornando, pois, ao tempo passado, assim prossigo. Minha prima Elsa que, com sua irmã Diva, levara uma amiga ao baile do Hotel Glória, de formatura em Direito, diz-me pressurosa: "Está aqui uma colega muito amiga a quem quero apresentar você". Respondo: "Não quero, pois estou de "smoking" emprestado, um tanto desajustado; ademais, suas colegas quase sempre não são bonitas". Claro que falava meio sério, meio brincadeira. Resultado: na hora da despedida, fim do baile, eis-me profundamente arrependido, até amargurado, quando Elsa e a amiga Nair se abraçaram e beijaram afetuosamente, e eu pude vê-la e considerar a "infelicidade" da noite relativamente perdida.

Alguns dias após, o "reveillon" nos altos do Ed. Odeon, na Cinelândia, a solicitude da mesma querida prima: "Sabe, Nair está aí, venha comigo". O nosso relacionamento se fez com a jovem e a sua distinta família. Em poucas horas parecia até que algo indefinível, nas auras da simpatia, se me abria ao espírito; não era beleza física, não eram artifícios e atrativos femininos superficiais. Bem ao contrário: simplicidade extrema, palidez de quem despreza aparências, nada de beleza sofisticada que seduz e, quantas vezes, se mostra em ilusão que logo se revela e se desfaz! Em poucos horas, como um reconhecimento de passado remoto, uma nota de vibração interior que naturalmente se harmonizava e afinizava com outras notas espirituais, revigorando-se em sintonia e beleza de espírito!...

Muito longe de qualquer plano matrimonial aos meus 22 anos, no mesmo fim de ano formado em Engenharia Civil, apesar das restrições alimentadas, consequentes de posições filosófico-espirituais, eis-me sentindo-me na "voragem" atrativa da maioria dos jovens, a qual segue o seu curso sem querer parar, para, com segurança, meditar e decidir. Teria ainda muitos trabalhos práticos de final de curso, com relatórios exigidos, atividades bem intensas em janeiro e fevereiro. Encontramo-nos novamente no carnaval de fevereiro/29, no Clube Naval, que sempre frequentava nos dias de Momo. Tudo nos três dias de festa correu na mais suave convergência de recíprocos e muitos caros sentimentos de amorosa aproximação, envolvendo os de sua família. Veio, porém, o difícil e inesperado desfecho da última noite no Clube Naval! No momento, então, a quase intransponível dificuldade: tinha ela um compromisso sério, chegou a dizer, quase uma "jura de amor" com um primo, que não era apoiado por sua família, particularmente seu pai, que se enchera de esperanças quando a viu passar-se para o meu lado.

Mas como fazer, diz-me ela, para quebrar tal juramento? Passou a chorar e eu, muito surpreso, agora com uma dúvida avassalante: doravante, prosseguir ou não. Esperaríamos um pouco! Logo depois, viagem para o exterior, Paris; o pai, Adido Naval e a certeza da séria enfermidade de que já sofria e que, naquele mesmo ano, a tiraria deste mundo físico, nosso atual "habitat". Já estava gravemente enferma quando nos conhecemos e reconhecemos... e tudo foi sério impacto, então, para o meu coração, minha vida... Nada além do exposto, mas, desse tempo, ficou uma marca tão profunda, que jamais poderia deixar de assinalar nestas recordações autobiográficas, de vez que, em quatro oportunidades apenas em que nos vimos, nos encontramos, mais e mais nos reconhecíamos: um estranho fluido de viva e intensa simpatia nos dizia que não teriam sido aqueles os nossos primeiros encontros.

Na verdade, passados anos e anos, dezenas deles, quando pude espiritualmente voltar ao passado, a certeza adveio do reencontro ao longo do espiritual caminho! Aqui, pois, nessa vivida recordação, o testemunho de uma homenagem e de uma certeza de que somos da mesma família em ascensão!

Assim, pois, aconteceu nos fins de 1928 e, a seguir, no decorrer de 1929, ano em que passou ela à espiritualidade. Causas kármicas transcendentais vieram a afirmar-se novamente a partir de uma conferência sobre Jesus, como já indiquei, pronunciada no Natal de 1929, pondo-me na nova e, também, já antiga sintonia da querida exponencial criatura que a vida me proporcionou, para ser realmente feliz nos dias da atual existência. Então, no correr de 1930, os caminhos iniciais se abriram para a nossa aproximação segura, abençoada pelos Excelsos Mestres, da querida esposa, Enita, primeiro passo para a construção de uma felicidade integral, com quatro queridos filhos, dois casais plenamente afirmados nos valores da inteligência, da moral e do espírito. Graças ao Poder Supremo; graças, graças, graças à Divina Lei; graças, graças, graças!...

E, ainda, ao finalizar no que respeita à faixa de tempo deste capítulo e, também, considerando o tema deste livro, em que foco minha "Busca da Verdade", devo dizer da importância do ano 1930, com duas contingências emocionalmente muito fortes, igualmente densas, mas que tanto diferem substancialmente em termos de significado, aspirações e procedimentos humanos:

– a terrível noite de 13 de fevereiro, já mencionada, em que pereceram vítimas inocentes, por uma impiedosa decisão de insensatas autoridades governamentais;

– as experiências nacionais decorrentes da vitória da revolução de 1930, que levaram a mudar o monótono, acanhado e sem futuro rumo do Brasil, bem digno, já na época, de acertar passos em linhas diferentes no campo econômico, social e político.

Além de tais acontecimentos, o outro lado, no que concerne ao caminho da busca do espiritual, que já naquele tempo começava a esboçar-se, expressando-se, depois, como um imperativo, um inalienável dever de difundir ou mesmo pregar a PALAVRA DO SENHOR... Volto, pois, mais uma vez, ao Natal de 1929, à conferência sobre Jesus, no Centro Espírita Henrique José de Melo. Essa conferência já possuía tônica teosófica decorrente de estudos que começara aos 20 anos, desde 1926. Por isso mesmo, quando enviada, por insistência de amigos, para publicação no "Reformador", órgão da Federação Espírita Brasileira, me proporcionou a honra da distinção de uma carta do seu então Presidente, Dr. Guilhon Ribeiro, elogiando-a, com restrições, porém, em relação a alguns pontos. Publicada a conferência com as poucas concessões que julguei poder fazer — compreendi, então, que o meu caminho seria outro: a busca de aproximação cada vez maior da mensagem, do ensino da Grande Fraternidade Branca, a Grande Luz apresentada concretamente ao mundo por Helena Blavatsky, sob a proteção efetiva e inspiração maior dos Mestres Morya e Kut-Humi. Firmei-me nesse ponto, mas sempre arraigado, decisivamente, ao estudo do Espiritismo Científico, que me chegava pelos trabalhos de Crookes, Bozzano, Alfred Wallace e tantos outros, ou da Metapsíquica, nome conferido a tais estudos pelo eminente sábio pesquisador Charles Richet, da Sorbonne, tão cara essa denominação aos materialistas de então, hoje substituída por Parapsicologia, tímida herdeira da rica Metapsíquica do sábio Richet.

O mais importante para mim no ano de 1930 passou a ser o desenvolvimento na oratória. Muito cuidadoso no preparar palestras, ocorre-me haver que falar sobre o tema "Céu e Inferno". Tudo escrito com relativo esmero, o papel na mão com a conferência escrita, falo mais de uma hora, termino a conferência sem ler uma só linha. Daí para frente, pouco a pouco, a liberação progressiva do papel, a fala espontânea e relativamente fácil, certamente com a inspiração efetiva dos Irmãos Maiores que, até hoje, estou seguro, jamais me abandonaram.

Nessa área de divulgação, da busca intuicional da Verdade, a inspiração fluindo fácil na conversa, no simples diálogo, no debate ou na oratória, o ano de 1930 me foi felicíssimo, culminando no Natal do mesmo ano com feliz noivado, a confirmação da descoberta do "anjo" de bondade, compreensão o amor que se provou ao longo de bem mais de 50 anos de vida em comum.

Ainda em 1930, aos meus 24 anos, conheci um jovem estudante de Direito, Alberto Stange, já na época diácono na Igreja Batista de Vitória, sob a direção pastoral de Mr. Rheno. Impressiona-se o jovem diácono com as teses evangélicas vistas sob o ângulo espírita ou espiritualista em conversas que houvéramos tido. Convida-me para uma pregação, na sua Igreja, de um brilhante pastor evangélico de São Paulo, presente em Vitória. Palavra fácil, boa exposição e, ao final, um veemente apelo às pessoas presentes que ainda não houvessem dado "testemunho" do Cristo e Senhor. Um certo exagero nesse apelo, até ameaçador: "Talvez seja a última oportunidade para alguns; é a Salvação ou condenar-se"... Alguns ergueram o braço e testemunharam.

Encerrado o culto, fui-lhe apresentado e felicitei-o cordialmente pela palavra evangélica fácil, bem própria ao ambiente. Quando acrescentei rápidas pequenas restrições (muito jovem e um tanto polêmico), assim falou ele: "Estude as palavras sagradas e verá que, aqui, no templo, pregamos a palavra de Deus". Retruquei, então: "Justamente estudando essas palavras, é que cheguei a conclusões diferentes; a Palavra de Deus deveria ser mais clara, sem deixar lugar a dúvidas e tantas diferentes interpretações..."

Seguiu-se um vivo diálogo, em que me senti extraordinariamente seguro na conversa com tal autoridade evangélica, chegando ao ponto dele, embaraçado, dizer-me, à vista dos seus fiéis: "Bem, isso eu lhe responderei amanhã". No dia seguinte, lá estava eu, depois de sua pregação, com uma assistência bem maior para a conversa, o nosso diálogo filosófico. A diferença era que ele era formado em Teologia, um Pastor responsável e eu apenas um jovem engenheiro, sem qualquer estudo sistemático em tão delicada área!... Logo depois de iniciado o diálogo, novamente um tanto embaraçado, disse o Pastor: "Desde ontem que senti, percebi, ser difícil conversar com o Senhor. O Senhor está certo, mas nessas condições, a sua alma está perdida!".

Respondi-lhe: "Pastor, estou tranquilo e feliz. Então, porque vou perder-me com as qualidades, as faculdades que o seu Deus, o meu Deus, Deus, enfim, me concedeu: essa bendita curiosidade, anseio, aspiração para compreender sempre mais a Obra Divina! Vamos continuar amigos e, ali próximo, tomar um cafezinho..."

Assim aconteceu e, de certa forma, amistosamente com mais alguns, confraternizamos em conversa informal, comum,

inspirada no oportuno cafezinho...
Soube depois que na Igreja, o seu Diretor, dentro certamente de sua caridade evangélica, chegou a aconselhar preces ao Espírito Santo para que eu me convertesse..., o que, no sentido pastoral restrito, jamais aconteceu, porque eu já era superconvertido à concepção ampla do Poder Criador e do pleno e até fervoroso reconhecimento de Jesus, o Cristo e Senhor. Pois bem! Mais uns 2 ou 3 meses, outro Pastor, eminente pregador, chega a Vitória. O mesmo diácono, Alberto Stange, me convida. Igual brilho de palavra, etc... Ao lhe ser apresentado pelo diácono, alguém o chama e ele não regressa. Isso nada significou para mim, achei natural. Vim a saber, porém, pelo próprio diácono, meu jovem amigo, que o Diretor da Igreja foi quem o mandara chamar e assim justificou:
"Chamei você para que não converse com aquele moço: parecia bem intencionado; por ele oramos, pedindo ao Espírito Santo por sua conversão; até hoje, continua o mesmo: *elemento perigoso*, maleável, flexível nas mãos de Satanás, com o qual está ele atacando, fortemente, a nossa Igreja. Aconselho: não volte a conversar com ele." Assim aconteceu, vim a saber no dia seguinte, através do diácono, que já estava sensibilizado de verdade e mudara já então o seu caminho!...
É o caso então de perguntar que Satanás ou Força Negativa, ou que Anjo de outra Luz, não a demoníaca, mas a angelical, teria conduzido o jovem engenheiro, que era *eu*, em momentos como aqueles, iguais a muitos outros análogos que me viriam a ocorrer e experiências e provas realmente estimulantes da minha própria "Busca da Verdade"? Sim, a Busca da *Assintótica Verdade* há que fazer caminhar a criatura humana, indefinidamente, sempre à frente, pela expansão e revigoramento progressivo da inteligência e da intuição, da consciência mística enfim. E este caminho, certamente, a conduzirá à conquista de maior sabedoria, até que, um dia, viverá as divinas harmonias da beleza, da arte, acordando, afinal, para a crística visão do Universo Manifestado, em puras vibrações de Som, Luz, Vida e Consciência. Esse é o destino da alma em ascensão. Enfim, um dia, tal a Realização da Divina Sabedoria!...

Capítulo VI

Vitória/ES, engenharia — As tensões político-revolucionárias de 1930/32 — Novas experiências no Exército — A Revolução Paulista 9/julho/32

Engenheiro da Comissão de Melhoramentos da Capital, Vitória (ES), havendo vivido a terrível experiência do comício de 13 de fevereiro de 1930, já relembrado, desse momento em diante, certa tensão progressiva foi acompanhando a cidade, o seu ambiente, durante o ano, em termos de política. O Governo Federal cada vez mais determinado e rígido na imposição da candidatura paulista do Dr. Júlio Prestes à Presidência da República, então Governador de São Paulo. Por outro lado, a fermentação revolucionária efetiva, se bem que um tanto disfarçada, no bojo da campanha presidencial liderada pelo Dr. Getúlio Vargas, Governador do Rio Grande do Sul.

Sucedem-se acontecimentos aqui e acolá, a maior parte sem grande relevância, mas deixando entrever que não teria sido em vão que a famosa Coluna Prestes agira no interior brasileiro, procedente do Sul, promovendo a união dos revoltosos do Rio Grande do Sul e das forças revolucionárias que se haviam retirado da capital paulista, tudo isso nos idos da 2ª metade de 1924.

Pairava nos ares brasileiros um sentimento de insatisfação, algo como que uma inconsciente aspiração à mudança do monótono ritmo Minas-São Paulo ditando a sucessão presidencial brasileira! Os que particularmente vinham dos acontecimentos de 1922, no Rio e em Mato Grosso, muitos deles envolvidos na revolução paulista de 1924, entre os quais alguns que sub-reptícia ou claramente teriam pertencido ou participado da Coluna Prestes, em sua quase totalidade se achavam imersos na grande onda das reivindicações patrióticas. Defendiam, em última análise, o Brasil livre da política exclusiva do café, "Brasil essencialmente agrícola", sem ter condição de industrializar-se, conformado a ser eterno fornecedor de matérias-primas às grandes potências da liderança mundial. Depois de percorrer o interior brasileiro de oeste ao nordeste e daí de leste a oeste, internara-se a Coluna Prestes na Bolívia. Seus maiores líderes dirigiram-se então à Argentina, entre eles o seu Comandante e inconteste líder, o ex-capitão do Exército Luiz Carlos Prestes. Foi alçado à chefia, de livre aceite dos brasileiros revolucionários no exterior, particularmente na Argentina. Com a evolução dos acontecimentos sócio-políticos aqui no Brasil, começaram a atuar, veladamente, na preparação da mudança do estado de coisas, alguns verdadeiros líderes da transformação política em marcha, entre os quais, seria de destacar-se, no Norte, a figura do então foragido, em virtude das lides anteriores, o ex-capitão Juarez Távora, apoiado pelo Secretário do Governo da Paraíba, Dr. José Américo de Almeida. No Sul, em sintonia de ação com o candidato presidencial e Governador Dr. Getúlio Vargas, já se projetava a brilhante figura do intrépido e decidido Oswaldo Aranha, então Secretário do seu Governo.

Tornou-se, depois, absolutamente evidente que, à articulação revolucionária no País, estavam presentes o espírito e a decisão dos revolucionários no exterior, na Argentina, em uma verdadeira conspiração internacional, a rigor, porém, eminentemente nacional. Aconteceu, porém, que àquela altura do ano 1930, já o ex-Comandante da famosa Coluna, Luiz Carlos Prestes, se houvera passado para o âmbito comunista, fervoroso adepto da linha Lenine, isto é, de uma linha dura, firme e intransigentemente materialista, nada afim com o espírito e a ambientação do nosso País. Fica, pois, ele de lado. As lideranças efetivas do movimento de outubro se definem claramente e as atividades revolucionárias se acentuam nos bastidores políticos e militares, depois do assassinato do bravo Governador da Paraíba — Dr. João Pessoa —, discriminado ostensivamente depois de sua formal oposição à orientação política rígida do Dr. Washington Luiz, Presidente da República. Tal atitude se afirmou para o futuro em uma simples palavra do seu telegrama de resposta à Presidência da República, quando solicitado a apoiar a candidatura oficial do Dr. Júlio Prestes, então Governador de São Paulo: "Nego".

Surgiu, afinal, a *Revolução de 30*, vitoriosa a 24 de outubro. Vitoriosa, de verdade, em todo norte e nordeste, sob a incontestável liderança do bravo ex-capitão Juarez Távora. Firmou-se definitivamente no sul do País, sob a chefia do Dr. Getúlio Vargas. No Centro, clara vitória em Minas Gerais, sob a firme ação do Governador Olegário Maciel. O Exército, como um todo, foi progressivamente demonstrando a mudança dos tempos. Assim sendo, não houve como deixar de renunciar à dura e sumária energia do Presidente Washington Luiz, convidado, afinal, a deixar o Palácio do Catete em companhia do Cardeal D. Sebastião Leme.

Na realidade, em face da simpatia nacional que envolveu e penetrou os bastidores da Revolução de 30, a própria Igreja colaborou. Daí o motivo pelo qual, achando-se credora de especial atenção, movimentou-se visando a oficializar-se e transformar-se em Religião de Estado, chegando eminentes autoridades clericais da época a fazerem declarações, particularmente, o próprio Cardeal Leme, em Belo Horizonte: "A Revolução vitoriosa tem compromisso com a Igreja!".

Em face disso, fundou-se a "Coligação Nacional pró-Estado Leigo" em Porto Alegre e, felizmente, a tal oficialização da Igreja foi posta de lado, até mesmo com o apoio de altas personalidades católicas, entre elas o próprio General Juarez Távora, na época com grande e decisiva influência em sua condição de verdadeiro líder em todo Norte-Nordeste: o "Vice-Rei" do Norte, como muitas vezes, era referido!

Finalizando essas breves referências à Revolução de 1930, parece-me próprio ainda acrescentar que o Estado do Espírito Santo foi uma prova do estado de coisas que reinava no Brasil, pois tornou-se um bom exemplo de governos estaduais que caíram rápido, até por "telefone". Muita valentia e apoio ao Governo Federal, mas, no momento da decisão, fuga e entrega, tal a euforia do apoio popular em todo o território Nacional, o qual envolvia a Revolução vitoriosa em 24 de outubro. Na verdade, havia sabido o Governo do Estado que tropas mineiras se encontravam nas proximidades da fronteira, visando a cidade de Colatina. Em pouco tempo, governador e secretariado, a bordo de um navio, o 3° BC praticamente dono de Vitória e a euforia de todos nós em celebração pelas ruas da capital, à base do lenço vermelho no pescoço, ostensivo e feliz.

Alguns dias depois da vitória da Revolução, a posse do Presidente Getúlio Vargas e a nomeação do então Cap. João Punaro Bley para Interventor no Espírito Santo, o qual tivera viva atuação em Vitória, no controle militar da situação nos dias de transição.

O capitão Punaro Bley fez do grande amigo Synval Lindemberg seu Secretário de Viação e Obras Públicas.

Como elemento de absoluta confiança do novo Secretário, Lindemberg, meu estimadíssimo amigo, fui nomeado Chefe do 1° Distrito de Obras da Capital, deixando, pois, a tal Comissão de Melhoramentos de que fazia parte. Novas experiências muito importantes me aguardavam, ainda em consequência da Revolução de 1930: a anistia integral para os revolucionários de 1922 e 1924, de que resultou, afinal, a minha volta ao Exército, sem que, na época, tivesse o mínimo desejo ou propósito de carreira militar.

Tudo aconteceu, conforme exposto a seguir, com alguns "absurdos" ou "impossíveis" que foram ocorrendo, todos eles em decorrência da minha sedimentada disposição de fazer carreira no âmbito civil e jamais no militar.

Logo após a vitória de outubro de 1930, sobrevindo a anistia, eis que todos os ex-alunos da Escola Militar do Realengo, revolucionários de 1922, poderiam retornar ao Exército no posto em que estariam se não houvesse a interrupção de 1922, isto é, no posto de 1° Tenente comissionado. Neste posto, os ex-alunos deveriam fazer ou completar o curso militar, para então, normalizada a situação, serem efetivados e prosseguir a carreira. Para isso, criara o Governo, de imediato, a Escola Militar Provisória, em Andaraí, Rio, onde a parte teórica dos cursos das várias armas seria ministrada, sendo as respectivas partes práticas militares conduzidas na Vila Militar. Então, sobreveio a euforia dos ex-alunos de 1922, apressando a se apresentarem ao Exército, vindos dos mais diferentes setores ou carreiras: médicos, engenheiros, advogados, bancários, profissionais originários de médias e grandes empresas etc.

Enquanto isso, começa o ano de1931 e foi estipulado um certo dia de fevereiro desse ano para limite da apresentação dos ex-alunos. Eu, porém, mantinha-me absolutamente indiferente ao fato, muito longe de pensar em apresentar-me ao 3º BC, Unidade sediada ali perto, em Vila Velha. Relacionado que era com alguns oficiais, tenentes do batalhão, passaram eles a não entender ou admitir a minha indiferença, até obstinação, jogando fora tal oportunidade de fazer uma carreira segura, de garantido futuro, mesmo porque, como engenheiro civil que era, estaria garantido, por ato do Governo, a pertencer à Arma de Engenharia e, ainda, numa época em que mal se iniciara a formação do quadro de Engenheiros Militares com a criação da Escola Técnica do Exército! Estaria assegurado, praticamente, que iria fazer o curso da arma de engenharia dentro do Exército, com futuras promoções a postos sucessivos, aspiração natural de todo militar. Inconformados, alguns daqueles amigos convidaram-me, certa noite, a visitar, às vésperas do último dia de apresentação, o inesquecível Cel. Eliezer Abbot, muito digno Comandante daquele BC (Batalhão de Caçadores) que ficara surpreendido com a minha decisão de não seguir a carreira militar. Aceitei o convite. Lá compareci e a minha vida mudou, mudou de verdade sem que, porém, a rigor, me apresentasse ao Exército! Como? É que o digno e bondoso coronel Abbot considerou-me apresentado ao BC, à minha revelia, isto é, sem qualquer aquiescência da minha parte! Será que já houve caso igual em nosso Exército?! A ele pertencer, sem ato voluntário de apresentação?

O Cel. Abbot me recebe muito amistosamente e declara logo um tanto cerimoniosamente:

"Uchôa, sei que é ex-aluno de 1922, e que não vai se apresentar."

"É verdade" — respondo eu. "Quando saí do Exército,

com baixa em fim de maio de 1923, senti um grande alívio e decidi jamais voltar a vestir uma farda."
"Mas qual a razão de tão categórica decisão?", indaga o Cel. "Muito simples explicar", replico.
Em 1922 também jamais havia pensado em Escola Militar e estudava para o vestibular da Escola Politécnica do Rio de Janeiro, prova vestibular essa afamada por sua dificuldade e notório rigor. Súbito, criou-se o Curso anexo da Escola Militar de Realengo, com muita facilidade de ingresso. Satisfazia eu a todas as condições e o meu pai vivia em acentuadas dificuldades financeiras, com dois filhos a estudarem no Rio de Janeiro. Então, pensei: 16 anos. Com 20 incompletos serei oficial de engenharia e, depois, já militar, formar-me-ei em Engenharia Civil, meu objetivo, a minha verdadeira meta, com as facilidades e desenvolvimento, que sempre tive, no estudo da Matemática!... Essa foi a explicação que dei ao caro coronel, daquela decisão um tanto "infantil", que me levou a participar das graves ocorrências do levante de 1922!... A seguir, um ano de tropa, estudando Matemática sobre o travesseiro na cama do alojamento, a tirar plantão meu e de outros para estudar! Assim, em 1923, aluno de Engenharia Civil e Engenheiro da Turma de 1928. Realizado o ideal de carreira civil, como poderei voltar a um "não ideal", uma carreira que jamais me falou, nem de leve, ao coração, às minhas reais aspirações?...
Então, perdida a cerimônia, diz o Cel. Abbot:
— "Menino, há quantos anos você está formado e trabalhando aqui?"
— "Dois anos; a colação de grau se deu a 29 de abril de 1929".
— "Qual a sua função?!"
— "Sou engenheiro chefe do Distrito de Obras."
— "Olhe bem, em dois anos você já é chefe; que futuro terá aqui? Veja: o Exército precisa de engenheiros, que irão tendo acesso aos diferentes postos e responsabilidades progressivamente mais elevadas, oferecendo-lhe um grande e seguro futuro. Menino, pense bem! Eu não me conformo com a sua posição!".
Até parecia um amigo antigo da família ou um parente

chegado que vivesse a situação da minha inexperiência e que não desistiria fácil de me convencer para mudar de rumo. Ele que jamais me vira antes! Continuei na minha firme obstinação e, simplesmente, acrescentei:

— "Coronel, é tudo muito simples; não consigo reconciliar-me com a ideia de vestir uma farda; é praticamente impossível!"

Depois de algum tempo, já na hora de me despedir, o Cel. Eliezer Abbot, que hoje venero tão alto na recordação daquele momento, pois acabou sendo um Anjo Protetor do meu caminho na carreira militar, onde fui imensamente feliz, assim falou:

— "Vejo que não é possível convencer o jovem amigo, mas jamais terei remorso!" E concluiu: "Amanhã, quer venha, quer não venha o meu boletim dará a sua apresentação ao meu Batalhão. Dr. Uchôa: o senhor está apresentado ao Exército!".

Relutei, ainda reagi e saí da sua presença certo de que não faria aquilo, isto é, apresentar-me à minha absoluta revelia ao BC, sem que lá eu fosse!...

Assim, porém, sem apresentar-me, fui apresentado, recebendo no dia seguinte, no meu gabinete de trabalho, como engenheiro do Estado, um cartão do inesquecível coronel e amigo no qual dizia:

"Prezado Dr. Uchôa, conforme lhe disse ontem à noite, o meu boletim acabou de dar a sua apresentação. Sei que tem horror à farda, mas não precisa vir aqui fardado. Venha conversar ainda. Venha."

O cartão causou-me um grande impacto e lá fui ao 3º BC. Assim, voltei ao Exército, à carreira militar que, naqueles dias, quis jogar fora e, por mais duas vezes, ainda, o tentei fazer sem conseguir, para, afinal, ser muito feliz. Teria, certamente, que cumprir um destino *kármico*: ser militar mesmo contra as tendências, as aspirações, pois esse era, sem que eu soubesse, o caminho mais próprio que, felizmente, teria que seguir ao longo da vida, agraciado pelo grande número de ótimas e amplas relações de amizade que a vida militar me ofereceu. Isso devo, particularmente, ao ingresso no magistério militar, em que, não há como negar, fui muito feliz, conforme poderá ver-se ao longo desta autobiografia.

A palavra esotérica, que hoje posso usar, diria que meu verdadeiro *karma* benéfico, inexorável, haveria de segurar-me no Exército. Diria, também, que já houvera vivido como um monge extraordinariamente místico em um mosteiro do Tibet, sempre a rezar, orar e procurar curar sofredores, isso à altura do século XVII. Então, nesta existência, os caminhos da lei teriam de me levar ao exercício de aptidões diferentes, tão evidentes pela vocação matemática na minha infância e primeira juventude. Refiro-me ao racional da Matemática, agora nada místico, buscando a engenharia militar. Haveria que ser militar implicando novas e novas experiências de uma responsabilidade e atuação bem diferentes de orações e estados místicos transcendentais de monges de mosteiro! E que necessitaria a minha evolução natural, de estudos, provas e experiências, para que, afinal, voltasse à densidade da matéria, às ciências físico-químico-biológicas, à conjuntura difícil das reais necessidades humanas, às ciências humanas — Psicologia, Sociologia, Filosofia, Direito... Deveria, afinal, voltar a uma vista profunda e, ao mesmo tempo, culminante, que faz o espírito vir da densidade das rochas, do paralelepípedo das ruas ou da poeira das estradas e das areias oceânicas, por virtude da Verdadeira Vida, até a alma dos sóis, das estrelas, das galáxias!...

De lado agora esses acentos místico-filosóficos, volto à contingência dos idos de 1931, continuando sobre a estranha apresentação ao Exército, ao 3º BC, feita tão inesperadamente e à minha inteira revelia!...

Ao receber o cartão, anunciando-me estar apresentado, lembro-me bem, passei a conjecturar assim:

— Esse Cel. Abbot não me conhecia; por que se fez de tal interesse em minha vida, contrariando até os meus mais firmes propósitos? Que poderia significar isso? Já então espiritualista, pensei: teria sido o Cel. inspirado pelos meus bons "anjos", guias ou protetores invisíveis, procurando fazer-me *bem*, muito bem, no caminho da vida?!... Ou então, qualquer força *kármica* negativa, fazendo-o instrumento do meu desvio, levando-me a arrependimentos e sofrimentos futuros?".

Assim pensei e decidi, em face do estranho e paternal

Uma Busca da Verdade

interesse: "aceitarei, pelo menos, a tal apresentação; irei ao quartel conversar e, quem sabe, não estará ele certo?".

Hoje, ao longo de minha vida, como relembro carinhosamente aquela figura amiga, paternal e mesmo providencial que, como verdadeiro instrumento dos "meus anjos tutelares" (se lícito falar assim), me repôs, com muita felicidade, no caminho de certas experiências de que eu precisava.

E o "mundo" de relacionamento de que desfruto agora, benéfico para o meu trabalho de hoje, em tônicas da espiritualidade teosófica, de que tanto precisa o mundo atual e outros estudos e trabalhos transcendentais em que me acho sempre envolvido, e que serão naturalmente considerados mais para o fim desta autobiografia?!...

Àquela tal apresentação houve que se seguir o curso no Rio, na Escola Militar Provisória em Andaraí, sendo que a parte militar prática seria, como já disse, conduzida na Vila Militar.

Engenheiro civil, teria direito à escolha da arma de engenharia e, também, à dispensa da parte teórica do 1° ano, cujas disciplinas já cursara na Escola Politécnica e mesmo algumas do 2° ano. Considerando os dois primeiros anos, haveria de cursar apenas Direito. Resultou, então, a matrícula inicial no 2° ano, devendo acumular, porém, as práticas militares desses dois primeiros anos. Isso em março de 1931.

Dada, então, a situação e o meu vivo interesse nas obras do Estado, nas quais estava envolvido, resolvi continuar (1931) no meu cargo, desligando-me da escola, para retornar em 1932. Baseava essa minha pretensão em existir, no curso militar, "um ano de tolerância". Sabia eu que esse "ano extra" seria para atender motivos de saúde, ou inesperadas reprovações e, até, uma "chance" ainda para o aluno imprevidente. Claro que não seria para o meu caso, isto é, antecipação por interesse próprio!... Falando ao comandante, Cel. Sílio Portela, também de muita cara lembrança, pela forma pela qual sempre me distinguiu, diz-me ele:

— "É absurdo o que você deseja; todavia, requeira e o Estado-Maior decidirá."

Assim o fiz. Solução: "Esse oficial deve prosseguir o curso imediatamente. Indeferido".

Como a mim não importava ser demitido, resolvi dar "a mim mesmo" o que o Estado-Maior negara: o tal ano de tolerância, faltando 45 dias aos trabalhos escolares, continuando abusivamente os meus trabalhos de engenheiro em Vitória/ES. Regresso (praticamente um "desertor", de vez que, bem ignorante dos regulamentos militares, para isso não atentara) e fui polidamente recebido pelo Cel. Portela, Comandante da Escola, nesses termos:
— "Pelo que você acaba de fazer, o Estado-Maior naturalmente vai demiti-lo. Perdeu 45 pontos irregularmente. Eu, porém, relevarei trinta pontos, você ficará apenas com 15 e continuará seu curso."
Vi, então, repetida a paternalidade do boníssimo Cel. Abbot de minha estranha apresentação em Vitória.
— "Coronel, não faça isso; prefiro que me desligue e deixe correr o perigo de demissão; se isso ocorrer, até será melhor, pois não estou interessado no Exército; se isso acontecer, pois, muito bem, continuarei a minha carreira civil".
O Cel. insiste e eu, de minha parte, também, na minha teimosa displicência, visando, afinal, a abandonar o Exército. Este, porém, a me segurar, segurar: fui desligado, voltei ao 3º BC, onde o Cel. Abbot para nada me solicitava (a não ser escala de serviço de "oficial de dia"), deixando-me tranquilo na minha engenharia de funcionário do Estado. Situação estranha, anormal, levada à conta da minha ignorância militar e da "*kármica* boa vontade" daquele boníssimo Cel. Abbot. É que ele sabia ser eu um oficial, 1º Tenente comissionado, sem preparo sequer de instrução de recruta! O absurdo era excessivo, mas era real, estava ali!... Em 1923, quando aluno desligado, em unidade de Artilharia, jamais tivera qualquer instrução básica de soldado de qualquer arma! Era um "anjo inocente", como "alguém abandonado à sorte", à sua intrínseca ignorância.
Assim, vejo eu hoje, a inconsciente colaboração do Estado-Maior do Exército, não tomando conhecimento da justiça regulamentar de minha demissão, reduzido eu, agora, à situação do "inocente" 1º Tenente, sem a mínima condição de servir no BC, mas um tanto vibrante jovem engenheiro a ser-

viço do Estado, em uma situação plenamente irregular, pois não houvera sido posto à sua disposição. Já teria havido caso igual? E ainda mais, seis meses depois, obrigado pelo regulamento militar a receber o vencimento do Exército! Como fazê-lo, se trabalhava para o Estado, recebendo regularmente o vencimento mensal?! Decidi não receber, mas seria obrigado e, então, recebi! O que fazer então? Devolver o recebido do Estado?! Como, se o Estado se negava a receber, desde que eu trabalhara para ele?! Conclusão: paguei "folha de operários" com o que recebera do Estado e, assim, devolvi. Repetiria isso hoje? Ainda penso que sim.

Agora, a maior surpresa! Um ano depois, de volta à Escola para o curso militar, havia eu sido incluído, compulsado, na Arma da Cavalaria, fazia quase um ano. E aí? A minha Engenharia e o meu direito perdido de vez que não comparecera à escolha de arma pelo meu teimoso, irregular e forçado desligamento?!

Como reivindicar, denunciando a grande irregularidade da qual me beneficiara até então?! Como fazer, se o próprio Cel. comandante Sílio Portela me advertira:

— "Já provei ser seu amigo quando quis relevar-lhe as faltas e mantê-lo na escola o ano passado, mas, agora, não há mais jeito: você está mesmo na Cavalaria e não pode alegar a irregular ausência em que se encontrava. Qualquer pedido, requerimento seu de transferência de arma, sou obrigado a informar contra". Repliquei, então:

— "Ótimo, Cel., vou requerer, o senhor vai informar "contra" e esta será então a grande oportunidade de eu próprio me demitir: jamais servirei ao Exército na Cavalaria; sou engenheiro e só a engenharia me serve; vejo que, agora, afinal, chegou a minha vez de deixar definitivamente o Exército".

Assim fiz: aleguei a tal ausência, causa da minha compulsão na Cavalaria e o meu suposto direito de ainda ingressar na arma de Engenharia que eu, na verdade, tivera mas perdera.

Alguns dias mais, assistindo displicentemente às aulas, eis que sou chamado ao Gabinete do Comando, então já do amigo Cel. Sílio Portela. Diz-me ele:

— "Tenente, todos já sabemos que o senhor nada quer com o Exército, mas o Exército insiste em querer o senhor!

Apesar da minha informação contrária, o Estado-Maior acaba de lhe transferir de arma! Está, agora, na Engenharia." Emocionado, então, verdadeiramente satisfeito e como um vislumbre da felicidade futura no Exército, replico:
— "Cel., estou satisfeitíssimo e aqui prometo: dedicar-me-ei integralmente ao Exército, enquanto dever e puder servi-lo." Assim é que, afinal, fiz no Exército o que devia: em situação de perigo como em 1932 e 1935 (Revolução de São Paulo e Comunista), em situações de serviços técnicos como na Vila Militar de Socorro, no Recife, Depósito de Remonta de Barreiros, interior de Pernambuco, serviços técnicos de construção de campos pioneiros para o Correio Aéreo Militar, no Comando da 6ª CPT, sediada no Recife, à altura de 1934 e 1935. A seguir, trabalhos na Inspetoria de Costa, sob o comando do muito prezado amigo daqueles tempos, o Gen. José Pessoa, com projetos para o Forte de Coimbra e projetos e execução do primeiro paiol semienterrado à prova de bombardeio no Forte de Imbuí; depois, o magistério na Escola Militar de Realengo e, após, na Academia Militar de Agulhas Negras – AMAN. Finalmente, a fundação e o comando do Colégio Militar de Salvador, trabalho este último que me é ainda muito caro recordar, reviver...

Ainda nessa faixa de tempo, de 1931 a 1933, não há como deixar de enfatizar a experiência da revolução paulista de 9 de julho de 1932.

Aluno da Escola Militar Provisória desde março daquele ano, ainda sem qualquer instrução básica militar, eis que irrompe a Revolução de São Paulo, reação desse grande Estado à política da Revolução de 30, que visava a algo mais que o plantio do café e, sim, à libertação do domínio sócio-político dos fazendeiros: a alguma coisa no caminho da industrialização; nada mais de Brasil apenas "essencialmente agrícola".

Encontra-me a revolução na capital paulista até onde levara minha querida mãe ao encontro do meu irmão Dr. Darcy Uchôa, então médico nas imediações de São Joaquim, na cidadezinha de Santana dos Olhos d'Água.

Na manhã do dia 9 de julho de 1932, soube do movimento revolucionário, impossibilitando-me os caminhos normais de retorno ao Rio. Insistindo e dirigindo-me à estação da Central do Brasil, lá estava o aparato militar. Então, um cabo do Exército nos diz, a mim e a meu irmão: "Aqui só há passagem carimbada com aquela ali" — uma solene metralhadora!... Só restava usar alguns subterfúgios. Assim fizemos. Bem informados, seguimos pela estrada de ferro que passava em Guaxupé. Fui até Três Corações, onde se encontravam o Cel. Cristóvão Barcelos e o Major Juarez Távora, ambos já em missão das forças federais. Orientado pelo Major Távora, e a Escola Provisória ainda em funcionamento, sigo para o Rio. Logo após, fechada a Escola, todos os alunos solidários, segundo o espírito da Revolução de 30, eis que alguns, inclusive eu próprio, nos incluímos no Destacamento Manuel Rabelo, cuja sede de comando seria em Uberaba, visando a penetrar em São Paulo pela região de Igarapava e a atingir Ribeirão Preto.

Das ações militares do nosso destacamento, pouco ou nada direi. Não caberão aqui. Apenas relembrarei que suas forças lutaram denodadamente lá em Santana do Parnaíba, em Goiás, e que a tropa em que estava eu inserido, como comandante de um Pelotão de Transmissões à disposição do Estado-Maior do Destacamento, teve o seu batismo de fogo na travessia do Rio Grande, junto à ponte do Delta, a alguns poucos quilômetros de Uberaba. Eu, como comandante, e alguns poucos elementos do pelotão, durante toda a noite precedente, vimo-nos às voltas com ligações telefônicas, em meio de mato cerrado e chuva muito persistente, até o desencadear da operação que seria às primeiras claridades da manhã.

Aí, mais uma vez, outro absurdo em se tratando de Exército regular.

— Ser eu designado comandante daquele pelotão, sem um dia sequer de instrução militar! É que, em julho estávamos na parte teórica do curso da Escola Militar Provisória. Como ser eu, então, comandante de um pelotão especializado sem qualquer instrução militar?!...

Como se vê, mais um *absurdo* no meu caminho! Sendo, porém, engenheiro civil, informei-me, estudei e agi. Fui em frente, com facilidade e felicidade. Graças!

Dessa revolução guardo ainda a boa memória de haver

sido distinguido pelo Comando do Destacamento, Gen. Rabelo, para prefeito, isto é, interventor militar em três municípios paulistas: São Joaquim, Orlândia e Nuporanga. Digo boa memória, boa lembrança, pela tranquilidade com que soube me haver, criando paradoxalmente ambiente de simpatia apesar dos entusiasmos revolucionários e agressivos do povo paulista em tal emergência.

Ainda refiro o *karma* positivo que me livrou de atirar em um soldado insubordinado, aliás soldado não regular de uma pequena tropa que passava por São Joaquim e que lá ficou quase à base da deserção. Assim se passou o fato. Pedira eu a um colega, Tenente Caetano Sabóia, que me substituísse enquanto eu fosse à sede do destacamento, em Uberaba, receber instruções do comando, de vez que, já suspensas as operações militares em todo o estado, havia ordem, soubera eu, de entregar as prefeituras aos antigos prefeitos. Pois bem, o tal soldado, armado, começou a cometer violências em certa zona suspeita da cidade. Estando eu fora, o Tenente Caetano se dirigiu para o local sendo, de imediato, desacatado e ameaçado, a revólver, pelo tal indivíduo. Não houve opção: teve o tenente que, mais rápido, atirar nele, prostrando-o imediatamente. Seria o que me estaria reservado e que acabou na responsabilidade de outro. Felizmente o tal indivíduo salvou-se. Anunciou vingar-se, mas nunca mais se soube dele, que completara o seu tratamento bem longe em sua terra, em Goiás.

Assim, pequenas recordações dessa revolução paulista, que finalizou com a homenagem à genialidade política do Dr. Getúlio Vargas, entregando, no dia seguinte à vitória, São Paulo aos paulistas que contra ele se haviam levantado em armas. Visão de estadista extraordinário, sem rancores secundários, homenageava assim o grande Estado cujo povo se empolgara, demonstrando valor por uma causa nada oportuna, nada adequada às necessidades do Brasil de então. Pretexto: luta pela Constituição. O nome acarinhado — Revolução Constitucionalista — polarizou sobremaneira o heroico povo e chegou a ter o apoio até da Igreja, que colaborou na formação de um chamado "batalhão patriótico", em ambientes por ela controláveis, levando ao desastre de jovens rapazes contra a polícia mineira. Na realidade, porém, foi uma luta do *status* econômico muito caro aos fazendeiros de café e ao jogo Minas-São Paulo, São Paulo-Minas, para a Presidência da República... Como o próprio título desta autobiografia sugere, mencionarei, não todos, mas muitos fatos importantes para a minha experiência de vida, como indicando um tipo de proteção, do que, costumeiramente, se chamaria "sorte", "destino" etc. Desde os tempos de estudante de engenharia fui levado incisivamente ao supranormal, ao inabitual de Charles Richet ou ao espiritual dos espíritas, sem dúvida, significativos eventos e condições que me jungiram ao Exército para o qual jamais tivera vocação. À palavra autobiografia, acrescenta-se: "uma busca da verdade". Nessa altura do que escrevo, acho por bem dizer que, mesmo durante os quase três meses da Revolução Paulista, o sentido do espiritual jamais me abandonou, continuando, sempre que possível, leituras da mais variada natureza no campo desse sutil interesse, quer científico, quer filosófico ou religioso. Sempre alguns livros na bagagem do tenente que, de vez em quando, perguntava a si mesmo, como fiz depois (no meio de projetis que por janelas entravam no Quartel General da 7ª Região Militar, em Recife, durante os primeiros momentos da Intentona Comunista de 1935 — eu de arma na mão): com vocação tão diferente, por que, afinal, sou militar? No subconsciente, a resposta: "experiências da densidade conjuntural da vida de que ainda precisas!". E ia em frente, como qualquer militar, animado e cônscio dos compromissos e deveres assumidos.

Às vezes, com a minha presença e posições conhecidas, durante certas refeições em conjunto com colegas oficias durante a Revolução de 1932, chegava-se a um acordo com o apoio unânime dos presentes: "vamos parar com esses assuntos, eles não cabem muito na situação; por ora, a matéria é outra"! Todos ríamos e deixávamos de lado o espírito de mansuetude evangélica e ilações transcendentais que haviam surgido...

Ainda nessa linha de assuntos espirituais, durante a Revolução Paulista, que inesquecíveis horas vivi, talvez até à minha revelia, mas sob o impacto inspirador de alguma oportuna mensagem que veio do "Alto", dirigida a uns tantos católicos muito fanatizados e, o pior, muito vaidosos, pretensiosos e impositivos! Em um pequeno hotel de Ituiutaba (Triângulo Mineiro), onde com o meu Capitão João Masson Jacques, grande amigo e orientador militar, por sua experiência e a minha confessada ignorância de técnicas militares e mais uns poucos oficiais, fomos jantar.

Pouco depois de chegarmos ao hotel, um tenente, talvez até por brincadeira, havia dito que Jesus teria sido comunista! Estava presente a mais petulante e agressiva sobrinha do padre, professora; soube eu que era de afamado renome local. Ela se inflamou demasiado, surpreendendo o tenente, que não tivera segundas intenções religiosas quando fez certas afirmações sobre Jesus, e que ficou chocado com tamanha veemência! Este o exato momento em que cheguei e o tenente, aflito, correu a mim! Por quê? Não sei. O fato é que me vi, súbito, envolvido, o hotel todo paralisado e até interessado na "confusão", já agora também envolvendo a outra sobrinha do padre, o tio-irmão do padre, líder local reconhecido por seus conhecimentos em assuntos religiosos!... Nada teria eu com tudo aquilo, principalmente por jamais discutir assuntos de religião, qualquer que fosse ela, todas sempre respeitadas por mim. Sempre pensei: cristianismo procura-se praticar e difundir, nunca impor com argumentos ou discussões.

Apesar disso, dizendo alguma coisa por solicitação do tenente, logo vejo o "mundo" fanático vir para cima de mim! Aí, então, tendo fácil mediunidade falante, como denomina Kardec (lembro aqui o que já contei a respeito do pastor na Igreja Batista, em Vitória, que rapidamente se confundiu e nem teve condição de conversar), entrei em estranha sintonia; apelei para haver ordem, que eu iria responder um por um daqueles opositores sumários e fanáticos. A custo, aquiesceram. Foi falando um por um, particularmente os três mencionados. Tenho a impressão de que aquele debate jamais foi esquecido pelos que porventura o hajam assistido. O meu Capitão João Masson Jacques, depois, chegou a comentar: — "O meu tenente, tão pacato às voltas com o seu pelotão, quase o desconheci".

De fato, a cada objeção, a cada exposição adversa, vinha a palavra abrangente e lógica, inexorável. Um pouco mais, só

Uma Busca da Verdade

os três ainda mal reagiam palidamente, mas já bastante conformados! É que não havia ataque à Igreja deles e dos circunstantes. Estava ali, mediunicamente, uma mensagem de compreensão, amor, tolerância, lógica, lucidez e amizade. Até hoje, nunca soube de onde veio! Sei apenas que todos confraternizamos em sintonia de verdade cristã pelo ambiente de simpatia que perdurou e marcou tal noite no pequeno hotel!

E hoje, assim considero: os que buscam a "Verdade do Senhor", os que têm desejo de levar â frente a tarefa de transmitir a felicidade, a interna realização no caminho do Serviço do Grande Instrutor do Mundo, consciente, subconsciente ou inconscientemente, encontram sempre espaço, tempo e oportunidade para fazer esse *Bem!*

Capítulo VII
Os anos de 1933 a 1935 — A revolução comunista em Recife

Após o 1932 das experiências do 1° ano do curso militar (meu 2° ano pelo fato de ser engenheiro civil) ocorrências previsíveis e imprevisíveis, até certo ponto naturais ou normais em uma revolução, a de 9 de julho de 1932 em São Paulo, se não verdadeiramente uma guerra de 3 (três) meses, eis-me na normalidade do curso militar que se desenvolveu pelo final de 1932 e todo ano de 1933, finalizando na 1ª metade de 1934.

Então, fui designado para servir no QG da 7ª Região Militar, em Recife, sob o comando do chefe e amigo General Manuel Rabelo, o Comandante que tivera na referida revolução paulista de 1932 e na companhia do então ainda Capitão João Masson Jacques, de quem tanto me aproximara nos idos revolucionários de julho-agosto-setembro de 1932.

Noivo, havia dois anos, casei-me a 12 de janeiro de 1933. Hoje, mais de 50 anos depois, afirmo providencial esse enlace, como já disse, consequente a uma conferência que fizera sobre Jesus Cristo no Natal de 1929. Digo enlace providencial, porque foi ele de inestimável, extraordinária valia na minha "Busca da Verdade", título desta autobiografia.

É que, sendo Enita essencialmente religiosa, católica da linha claramente devocional, possuindo uma bela voz e cantando seguidamente em atos religiosos, começou, naturalmente, a perceber o meu profundo respeito por sua religião e a imensa apreciação pelo canto que me vinha das temporadas de ópera no Teatro Municipal do Rio de Janeiro, a ponto de sempre, anteriormente, haver pensado: gostaria de me casar com uma jovem que *cantasse bem*. E o Céu me ouviu: ela estava ali. Sendo eu, no meu mundo interno, antes de mais nada um místico, apesar de toda a minha formação pretensiosamente racional e compreendendo-a bem, no seu devotamento, também evidentemente místico, como foi fácil nos entendermos maravilhosamente e caminharmos juntos na "Busca da Verdade"... Tolerância inicial de ambas as partes: particularmente do meu lado, tolerância das crenças dogmáticas da Igreja Católica, dos seus rituais e práticas: missa, comunhão, batismo, matrimônio como sacramento...; isso nos uniu para sempre numa vida conjugai felicíssima. Pouco a pouco, eu, um egresso do catolicismo, mas há muito convertido ao Evangelho do Senhor, pensando sempre em dedicar todo meu possível trabalho espiritual a Jesus, senti haver plena afinidade entre nós, o que a ambos estimulou e harmonizou nas aspirações e práticas cristãs, sem rótulo religioso. Na verdade, a Teosofia, com seu cósmico universalismo, começou a mostrarnos o valor intrínseco do essencial da alma, sempre que nos encontrávamos. O resultado foi a constituição de uma família de quatro filhos, felicíssima!...

Esses aspectos das nossas mútuas sintonias serão, um tanto à frente, enfatizados quando me referir à grande série de experiências metapsíquicas (hoje dir-se-iam parapsicológicas), em que tivemos contatos objetivos, físicos, com seres de outros planos ou espaços, fenômenos de que sucintamente tratei já em alguns dos meus livros, particularmente no primeiro deles: *Além da Parapsicologia*. Por enquanto, falarei da nossa estada de quase dois anos em Pernambuco, sempre estudando a grande mensagem da Fraternidade Branca e difundindo-a continuamente em meu círculo de relações ou fora dele. Relembrarei, apenas, incisivamente, dois fatos muito importantes, que reúno aqui, apesar de tão diferentes e de aparente desvalia.

Comissionado pelo Comando da Região, eis-me em Barreiros, cidade do interior a aproximadamente 120km do Recife. Iria construir, e o fiz, um Depósito de Remonta tendo em vista, na época, os interesses da própria Região Militar.

No absoluto isolamento de uma casa já abandonada e

condenada pelo médico, o bom amigo Dr. Joel, em cima de um morro, perto de um hospital psiquiátrico, a noite era mais silenciosa que o próprio silêncio! Não havendo forro, algumas vezes o vento penetrava forte e sibilante e fresco pelo telhado, um tanto preocupante, pois a segurança da casa era precária. Aliás, o médico a condenara, dado o seu passado de hospital, mas, como engenheiro necessitado de abrigo, resolvi aprová--la escorando-a cuidadosamente por todos os lados!

Dos fatos anunciados, aí vai o primeiro: durante cerca de sete a oito meses, sentávamo-nos à mesa da sala de jantar, nós três — eu, a minha esposa Enita e a cozinheira D. Josefa, esta da Igreja Evangélica — para a leitura e estudo dos Evangelhos. Ocorria ler algo também do Velho Testamento, trechos dos profetas ou alguns salmos. Hoje, como valorizo tal persistência e quantas vezes a recordo quando acontece, inesperadamente, com real surpresa, os trechos do Evangelho do Senhor me ocorrerem sempre, em conversas, pequenos debates, quando escrevo ou em palestras e conferências que tanto as tenho proferido em minha vida.

Passado já tanto tempo, penso eu que não fazíamos, ali, naquelas noites tão silenciosas e em tal isolamento, senão visar à "Busca da Verdade" nas luminosas páginas bíblicas que a nossa humanidade pesada e difícil ainda não aprendeu a ler, viver e realmente valorizar!

Na verdade, fomos eu e Enita imensamente felizes em Barreiros, onde cheguei a lidar com mais de duzentos operários, visando cumprir a missão recebida.

Morando em uma casa grande, espaçosa, porém escorada para não cair, sem forro e no inverno vertendo água do piso de cimento frio e até muito perto de hospital psiquiátrico, com tudo isso bafejou nos um bom *karma* e ali vivemos, os dois, muitas alegrias, tempos de felicidade, na tônica de uma verdadeira sintonia inicial de um amor que nos veio sempre acompanhando, límpido, ao longo da nossa existência! Também, dali a recordação das boas amizades, dos operários, trabalhadores amigos com os quais pude manter ambiente sempre muito cordial de fraternal compreensão, que relembro hoje com saudade.

Agora, algo bem diferente anunciado. No alto comando

da Região Militar dominava manifesto posicionamento positivista: o general e alguns dos coronéis seus amigos, positivistas confessos. Soube até, certa vez, que o general me lastimara, dizendo ser eu um moço inteligente, de futuro, mas que o tal do espiritismo me atrapalhava demais (eu, porém, já era da linha filosófica da Teosofia e já praticamente abandonara as práticas espíritas habituais).

Cái enfermo de uma nevralgia na cabeça, intensa, generalizada, o meu colega Cap. Afonso Gomes, Ajudante de Ordens do General. Com mais de uma semana de persistentes cuidados médicos, sem qualquer resultado, soube um dia que estava ele bastante impressionado e sofredor, sem qualquer alívio da terrível dor de cabeça. Soubera estar ele muito abatido; é que, passado o efeito de fortes injeções analgésicas, voltava a dor na cabeça. Aconteceu algo depois do nosso encontro, à saída do Quartel General. De fato, muito abatido, fisionomia de enfermo e cansaço. Seguiu-se, então, este diálogo: "Afonso, soube que você está doente; o que há com você?".

— "Veja, sou um desgraçado (a palavra exata foi esta); há mais de uma semana que não durmo, com uma terrível nevralgia na cabeça; passa por alguns instantes e logo volta igual ou pior que antes; sinto que já não sabem os médicos o que fazer comigo!".

— "Pois bem, diga-me onde mora; hoje às 21 horas, irei à sua casa, você vai dormir e vai ficar bom!". "Soube que você é espírita?! É verdade?!".

— "Sim".

— "Nesse caso, você não tem medo de mim." Falei em tom de brincadeira.

Na noite daquele dia, às 21 horas, entro no seu quarto desarrumado e o encontro com dores a andar aflito de um lado para outro. Peço-lhe um lápis e sento-me à pequena mesa ali existente. Pergunta-me ele então:

— "E eu, onde fico?" Respondo-lhe:

— "Sente-se aqui ao lado, na sua cama e espere um pouco."

Comecei a escrever:

"Caro amigo, fizeste muito bem em vir hoje aqui..." Mal escrevera estas palavras, o Afonso atira-se de costas sobre o

seu próprio leito, a ressonar pesadamente. Interrompo a escrita, tomo-lhe as pernas e as disponho bem melhor, sobre o leito, sem que despertasse. Nesse momento exato, estava curado! Dormiu seguidamente 10 a 12 horas e no dia seguinte estava renascido para a saúde, sem o mais leve indício do mal que o atormentava havia mais de uma semana. Observo que nem tive tempo de orar!...
Como explicar ou interpretar tão extraordinário evento? Enveredar pelo triste e pobre ceticismo materialista de *acasos*, *de reversões espontâneas*, inexplicáveis virtudes do inconsciente "sábio", fuga tão sem valor lógico, de visão tão pequena, limitada, tão curta, do universo e da vida?! Ou um momento de, mesmo pequena, porém, supervaliosa resposta àquela "Busca da Verdade", implicando planos ou espaços superiores onde vivem e de onde podem operar e operam seres mais avançados do que nós, já possuindo uma ciência maior que a nossa, uma técnica mais perfeita, tudo decorrente de uma supraconsciência avançada em pretéritas evoluções? Essa, mais uma incrível experiência, resposta ao meu permanente propósito de sempre e sempre "Buscar a VERDADE". À esse fato, acrescentar-se-iam aqueles outros espontâneos e flagrantemente valiosos, já referidos que, na primeira mocidade, tanto me marcaram indelevelmente o caminho!
Ainda hoje faço referência a esse relativo "escândalo" da súbita cura do Afonso, da forma como se processou, sem remédios quaisquer! E como teriam ficado perplexos os que me lastimavam pelo espiritismo *que me atrapalhava?*...
Particularmente os positivistas ou os materialistas do Quartel General da 7ª Região Militar?!
Dos idos da estada no Nordeste, sediado no Recife, cumpre-me, ainda, falar da conjuntura experiencial de então e reviver, nesta autobiografia, mesmo que sucintamente, sem minúcias quaisquer, umas tantas experiências, que marcaram bastante a minha vida naquela época:
Primeiro – a fase do meu comando da 6ª Companhia de Preparadores de Terreno, a 6ª CPT, à disposição da Aviação Militar, mais tarde Aeronáutica.
Segundo – a breve e tumultuada fase da intentona co-

munista de 1935. Na verdade, ambas as fases transcorreram simultaneamente pois, durante a Intentona, ainda estava no comando da companhia que, logo depois, foi extinta.

Na primeira fase, de início, a minha estreia em voo: "Já voou, Capitão?" — pergunta-me o então Cel. Amilcar Pederneiras, no campo de Ibura, hoje aeroporto Guararapes, no Recife.

"Não", respondo-lhe.
"Quer voar?"
"Sim. Quero." Então, a ordem:
"Sargento, prepare o capitão para voar."

Em pouco tempo, paraquedas com as instruções para o uso, avião de dois lugares apenas, sem cobertura. Seguem-se voltas e mais voltas e observações sobre Recife, locais interessantes a critério do Coronel. Essas voltas, curvas, às vezes muito fechadas, não me eram agradáveis!... Assim, bem mais de uma hora sobre Recife. De repente, ouço o Coronel dizer: "Vou fazer..." e não percebi o final da frase. Era um *looping*. Para mim, em primeiro voo, foi dose forte: bico do avião para a vertical, a virada e o "pique!"... "Gostou, Capitão?" Fiz sinal que sim (?!) e felizmente aterrissou...

Daí para frente, no comando da CPT, que atuava em preparação, fiscalização e controle de campos primários de terra ou grama para pouso do Correio Aéreo Militar, de Bom Jesus da Lapa na Bahia até Turiassú, no norte do Maranhão. Isso à altura de 1935, quando me foi possível ver, sentir e apreender do relativo primarismo das populações interioranas, a vida de miséria conformada dentro das crenças religiosas sempre presentes, certamente um alimento do espírito, que faz valer mais que o alimento precário do corpo. Mas aí, em toda aquela região dos vários estados compreendidos, já uma expressiva amostra do Brasil que as cidades maiores não conhecem, que o político, muitas vezes, falsamente valoriza segundo propósitos eleitorais que se desfazem ao sopro de uma realidade diferente que sucede às eleições! Mas, mesmo assim, ainda penso: viva a democracia que se nutre das eleições! Ditadura, só a do Céu, das grandes hierarquias espirituais, mesmo assim porque elas se alimentam nas auras puras da liberdade. E que, buscando essas hierarquias, busca-se, afinal, a verdade. E aqui, mais uma vez, acentuo a importância da "Busca da Verdade!".

Só ainda, como viva recordação sempre grata, simpática, positiva, lembro nos idos de 1935, as rápidas e emocionantes pequenas aventuras aéreas e incidentes, a maioria da responsabilidade do querido amigo daqueles tempos — o capitão José Sampaio Macedo — o tão conhecido Cap. Macedo da gente do interior, hoje brigadeiro; ao longo dos extensos percursos pelos sertões do vale do São Francisco, outros interiores nordestinos e também o litoral dos estados, do Recife, São Luis e Turiassú, no Maranhão. Lembro algumas dessas pequenas aventuras ou incidentes:

No interior da Bahia, um "pique" espetacular sobre um casamento, com dezenas de cavalarianos; "não faça isso, disse eu", "não tem importância — diz o Macedo — essa gente monta muito bem!" E haja cavalo espantado a correr pelas extensas capoeiras!

O susto que tive na pista pequena que delimitava um campo argiloso, molhado, lamacento, em Curvelo/MG. Ali, *o salto de uma cerca*; avião pequeno — Waco Cabine — de quatro lugares. Éramos só nós dois. Eu à frente, com o piloto. A cerca se aproximando e o avião ainda no chão. Quando esperei a pancada e o desastre, eis que o avião salta e estávamos tranquilos no espaço. Logo em seguida, a explicação do Macedo: pista muito pequena de barro lamacento, escorregadio. Solução: aproveitá-la ao máximo e saltar a cerca no exato momento! E o susto?!

Certa vez, fomos eu e o Macedo à cidade de Rio Branco, hoje Arcoverde, no interior pernambucano, onde iria eu providenciar pequeno campo para o Correio Aéreo Militar. Propõe-me esse pequeno voo o Cap. Macedo, em Petrolina/PE, onde nos encontrávamos o donde seguiria eu de automóvel no dia seguinte, para Rio Branco: "Vamos dar uma voltinha até lá, à tarde, para ver o melhor lugar para o "campinho". De Petrolina, lá fomos em uma dezena de minutos... "Que beleza" exclama Macedo; "que campo de futebol ótimo para o nosso campinho! Vamos descer lá"! "E as balizas e o mato em volta, pondero eu. "Nada, você vai ver". Algumas evoluções sobre a cidade e o campo, agitando-se a população que supusera dificuldade técnica e o risco de um desastre. Eis que lá descemos, ficando a poucos metros de uma das balizas, de um lado e, do outro, moitas de mato rasteiro. Acorre a população; chegam o prefeito e outras autoridades. Resultado: ambos, de calça militar e paletó de pijama, jantamos festivamente na casa do prefeito! Como esquecer isso, essa boa lembrança de gente tão afável, assim tão surpreendida? E sair dali, ainda mais à noite? Balizas arrancadas, campo bem mais inspecionado por nós, buracos inexistentes, mato em volta desbastado no prolongamento do campo, à ordem do prefeito. Às 9 horas da noite, a festa da decolagem noturna: o meu primeiro voo noturno, com a certeza do Macedo de que o Sargento de Petrolina acenderia fogueira, ou fogueiras, para o pouso lá. Assim aconteceu: na saída, aproveitamento integral da improvisada pista rumo à fogueira que indicava a direção; por isso mesmo, susto daquela gente ali postada, com o aproveitamento do espaço, passando o avião rasante a todos eles e chegada e pouso apoiados pelas fogueiras tranquilas em Petrolina!

Outra aventura, um acidente inesquecível, descida forçada, emocionante e segura na rua principal de Aracati, no Ceará. Antes, com a pressão do óleo caindo, já havíamos descido num campo de pastagem quando me dera conta de que, subitamente, deixávamos a praia e saíamos quase em ângulo reto para o interior! "Que é isso, para onde vamos?". "Claro, vamos arrumar lugar para descer"... e, logo após, animais pastando e o claro de um gramado simpático! "É ali" e, logo depois, descíamos lá. Chave de fenda, arrumação rápida, improvisada, da competência do Macedo, uma subida muito hábil e, poucos minutos mais, a mesma necessidade com respeito ao vazamento de óleo. "E agora?". "Rua de Aracati".

A pressão do óleo baixara tanto que o Macedo veio baixinho sobre as casas e, direto, pousou na rua principal muito longa. Que súbita "revolução" na cidade, que jamais vira de perto um avião, isso nos idos de 1935. Víamos a poeira levantada por muita gente correndo em nossa direção!... Era quinta-feira santa; hora do lava-pés religioso na igreja! Soubemos, depois, que o padre ficara sem *discípulos* para lavar ritualmente *os pés*... Convocados dois mecânicos de automóvel, sob a orientação técnica do Macedo, duas horas depois, já no fim da tarde, tudo "teoricamente" pronto para decolar: voo noturno até Recife com o avião naquele estado! Sendo o Macedo ótimo piloto, muito seguro, resolveu, com o meu aplauso, ali pernoitar. Na manhã seguinte, tranquilamente, Recife.

Agora, poucas palavras ainda sobre a segunda fase das recordações a que propus no seio do Exército.

Aqui, apenas pequenas rememorações, sem quaisquer minúcias sobre ocorrências de que participei com outros tantos bons colegas e amigos nas horas dramáticas, consequentes ao levante do então 29º BC (hoje, 14º Batalhão de Infantaria Motorizado), sediado na Vila Militar do Socorro, junto ao Recife. Corre a surpreendente notícia: revolução no 29º BC. Alguns oficiais e poucas praças cercados em um pavilhão, resistiam; o Batalhão, constou de imediato, já se deslocava em direção ao Recife. Tudo verdade e já um batalhão da Brigada Policial do Estado o fora enfrentar e tentar barrá-lo em Afogados, na periferia do Recife. Além disso, o operariado de Jaboatão, armado pelos próprios revolucionários do 29º BC, pronto para a luta.

Surpreendido o QG da 7ª Região Militar, quase sem munição, a ponto de solicitar a pouca que havia na minha pequena companhia técnica, com pouco efetivo militar. Na hora em que, lá no CPOR, anexo ao QG, a munição era entregue e passava a ser distribuída a alguns elementos, o Sgt. Gregório Bezerra, traindo a confiança do Ten. Aguinaldo, então Ajudante de Ordens do Gen. Rabelo, ausente no Rio, insurge-se e nele atira friamente, pelo que soubemos, pelas costas, ferindo-o e só não o matou devido a ação decidida e corajosa de um jovem sargento, que lhe segurou rapidamente a arma.

Nesse momento, recebia eu instruções do Chefe do Estado-Maior da Região, Major Flávio Cavalcanti. Então, começou, para nós, inesperado tiroteio; balas pelas janelas no QG; tudo fluido e sem definição; onde os amigos e onde os inimigos no próprio Quartel General? Haveria no seu interior revoltosos em armas? Poderiam súbito surgir ou não à nossa frente? Armas na mão, preparadas para as circunstâncias, até a calmaria que se sucedeu. E a nossa pergunta: donde viriam tantas balas?

Uma Busca da Verdade   127

Soubemos em parte, mas, na realidade, como um todo, nunca explicamos bem. Não importa: elementos fiéis à legalidade reagiram rápido e nos pareceu que, afinal, a insurreição se limitava ao prédio vizinho!... O que seria? Quem ou que elementos teriam atirado em tais condições e daquela forma sobre o Quartel General? Ferido, também, o Sgt. Gregório consegue fugir e atingir o mesmo hospital para onde leváramos o Ten. Aguinaldo, ferido. Este de muita fibra, medicado (bala na coxa), sai e aí surpreende o Sgt. Gregório que ia chegando e o prende.

Havia no Recife uma verdadeira contaminação revolucionária de operários, ou gente do povo, armados, atacando aqui e ali comissariados e delegacias. Chegou até ao ataque da própria Secretaria de Segurança Pública, quando o próprio secretário, o bravo Cap. Malvino Reis Neto comandou pessoalmente a fulminante reação.

No ajuste e equilíbrio da situação, ouso afirmar, como a vitória do governo se deveu, e até hoje deve, à bravura e à capacidade de comando desse prezado amigo, o Cap. Malvino! Super enérgico, alta capacidade de comando, raciocínio rápido, decidido e corajoso; só com essas qualidades efetivamente atuantes, o movimento pôde ser debelado! Houve tempo para a chegada do 20° BC de Maceió, comandado pelo Ten. Cel. Andrade, que pôs em debandada apreciável massa de operários armados (mas sem qualquer instrução militar), que tinha a missão de cobrir a retaguarda do 29° BC revoltado, que se deslocava para o centro do Recife. Chegaram, também, uma bateria e outro batalhão, que se deslocaram de João Pessoa, tropas que, afinal, selaram a vitória definitiva da legalidade. O Cap. Malvino soube agir valentemente com oportunidade e rapidez; encheu ao máximo a penitenciária do estado; conseguiu do Governador Andrade Bezerra a demissão de dois secretários, seus colegas, que ele próprio prendeu, criando, enfim, um clima na cidade em que ninguém poderia deslocar-se sem que a polícia o alcançasse e prendesse, em caso de necessidade! Presto, nesta recordação autobiográfica, a mais sincera e justa homenagem ao valor militar excepcional desse brilhante oficial, colega e amigo.

Volto à nossa 6ª CPT, discreta companhia para serviços

técnicos. De sua sede no Forte das 5 Pontas, transferiu-se, dada a emergência, operacionalmente, para o Quartel General da 7ª RM. Que dizer do seu efetivo, sargentos, cabos e soldados? Nenhuma defecção e muita dedicação às tarefas que tinham. Como comandante, então capitão, relembro todo o seu "efetivo", com reconhecimento e até um preito de amizade. Para encerrar essas referências e recordações, apresento mais um fato: ali, na minha companhia, a 6ª CPT, o soldado era preso em xadrez aberto; abolira eu o xadrez propriamente dito, substituindo-o por uma sala de porta aberta. Em outros termos, às vezes dizia: "Grade é para animal! Você é gente! Você raciocina, tem brio; assuma esse compromisso; não transponha a porta." E nunca houve um caso de transgressão em toda a guarnição da 6ª CPT que se manteve integralmente leal ao comando, todos oficiais e praças.

Me é grata a lembrança de como esses militares foram fiéis e corretos, durante o levante de 1935. Disso, eu muito me orgulho. Agora, pergunto: será que essa concepção do valor do homem, do seu mundo interno, das suas possibilidades no sentido de acordar para o mundo moral e que eu apliquei em conjuntura tão objetiva, tão material, tão difícil, não teria ela sido um indício de uma crença que justificava uma "Busca da Verdade", no âmbito dos mais elevados ensinamentos dos Excelsos Mestres da Grande Fraternidade Branca? Na verdade, desde aquela época, ou até mesmo antes, já procurava eu entender e viver no dia-a-dia das humanas preocupações e necessidades, a Palavra das Hierarquias Maiores do Espírito!

Não poderia recordar a vida no Recife, dos idos de 1934 e 1935, sem referir-me à notabilíssima personalidade do Dr. Luiz de Góes, então professor de Anatomia da Faculdade de Medicina local; personalidade dificilmente encontrável, se atentarmos para o seu passado de estudante de medicina, celebrado por excepcional coragem, volúpia de entrar em conflitos, chegando até a provocar, ele próprio, as confusões mais perigosas, exatamente para se meter no meio delas!

Conhecia-o de referência, desde criança, por tal tradição de temperamento violento e coragem, através de informações e comentários de dois dos meus tios médicos, seus contemporâneos em Salvador/BA. Depois de formado, no interior de Alagoas e Pernambuco, celebrizou-se ainda como terrivelmente voltado para conflitos e lutas, particularmente políticas. Comandando certa vez um grupo numeroso de jagunços (os "cabras" do antigo nordeste), visando a tomar de assalto, na base de superviolência, a prefeitura de pequena cidade do interior nordestino, um pouco antes de 1930, súbito, contava ele, recebeu um violento "tapa" na cara, quando já nas imediações da cidade. Ouviu então: "*Não seja bandido, meu filho!...*"

Impressionado vivamente pelo evento, recordou logo que, certa vez, recebera, em Salvador, uma estranha mensagem de sua falecida mãe, aconselhando-o veementemente. A mensagem foi muito estranha, pois escrita por dois médiuns diferentes, cada parte sem sentido algum e, juntas, a tal mensagem materna! Extraordinariamente impressionado, desistiu então sumariamente do comando, renunciou à chefia e nem fez questão de que o taxassem de covarde. Ele, de fama tão alta no âmbito dos corajosos e da violência!

Conhecia-o, também, de referências à sua ação em 1930, sob o Comando Geral do então Cap. Juarez Távora, quando, com um grupo de homens decididos, assaltara o Corpo de Bombeiros, pelo telhado, levando-o à rendição.

De mim, tornou-se realmente amigo, fazendo conferências espíritas em Barreiros, onde me encontrava, quando em missão da construção do Depósito Regional de Remonta, nos idos de 1934, que já referi. Meu médico, fui por ele operado com maestria e amiga dedicação. Finalizo estas palavras de lembrança, com os fatos que se seguem.

Certa vez, chegando ao seu consultório, encontro um cidadão que houvera sido famoso, junto com ele, pelas tropelias de violência interiorana, entre grupos que se digladiavam. Diz-me o Dr. Góes: "Este, que aí está, sempre foi excepcionalmente valente, decidido e ativo companheiro em nossas atuações pelos sertões afora; faço questão de apresentar um ao outro". E assim o fez:

— "Apresento um ao outro os meus dois maiores amigos!".

Fiquei, então, a pensar como as nossas índoles, tendências e vidas tão opostas poderiam encontrar-se no coração do

Dr. Luiz de Góes. Então, de mim para mim, filosofei dialeticamente: dos contrários saem realidades novas; que fosse uma delas a amizade entre nós três. Aí, então, a DIALÉTICA TEOSÓFICA, no alto sentido de, quantas e quantas vezes, inesperados surtos da Divina VERDADE podem irromper luminosos de aparências aparentemente contrárias, que devem cobrir corações, mesmo não-afins, mas que, afinal, se encontram.
Outro fato: sala ampla do consultório, com muitos alunos aguardando o Professor Dr. Luiz de Góes, que lhes iria ministrar uma aula de anatomia. Chego e ali fico também à espera, pois teria que fazer um curativo em consequência de ligeira cirurgia a que me submetera. Esperamos bastante até chegar o Dr. Góes com a mão sobre o peito, aparentemente tranquilo, concentrado. Chama-me ao interior do seu consultório e então me mostra estar ferido no peito do lado esquerdo, à altura do coração. Pressiona e faz verter sangue. Então, diz-me ele: "Acabei de receber uma facada, agredido por um ex-colega seu". Soube, depois, ter sido um tenente do quadro auxiliar, já afastado da ativa, inimigo antigo do Dr. Góes, quando, despreocupado, saía de um elevador. "Tomei-lhe a faca, não o quis matar; você sabe, agora eu sou espírita, mas ele levou um "bom recadinho". Nunca soube qual teria sido. Diz-me, então: "Estou aqui verificando quanto de ferro entrou em mim", e mostrou-me, com o dedo indicador, a provável extensão da penetração transversal. "Se fosse na perpendicular, o coração seria atingido, mas essa gente deve saber que eu não morrerei assassinado!". E mostrou-me sinais nas duas mãos (entendia de quiromancia), assegurando-lhe estar livre de assassinato. Pela quantidade de sangue que vertia, fico muito preocupado e pergunto-lhe se queria que um colega o atendesse. Responde:
"Capitão, para mim isso é sem importância (disse até: É "besteira"); Veja o que vou fazer". Tomou um esparadrapo largo, sem colocar qualquer medicação e cobriu a ferida. Logo a seguir:
"Capitão, vamos ao seu curativo; quando essas coisas me acontecem, fico tranquilo. A minha mão fica até mais firme; confie em mim!".
A seguir, diz-me: "Agora vou dar aula". Digo-lhe "Dar

aula nesse estado?" Responde: "Sim, os alunos não podem ser prejudicados". Sai para a ampla sala de espera, anuncia o fato, os alunos querem retirar-se, mas energicamente os faz sentar e inicia a aula sobre as várias cavidades existentes no crânio humano, um em suas mãos, levando à frente a sua palavra de mestre!...

Fiquei, então, a pensar: que força interna de espírito faz esse homem superar tudo isso, como se nada houvesse acontecido? Só mesmo uma excepcional grandeza de convicção, força interna extraordinária, que vem de uma notável evolução pretérita, ali demonstrada de forma tão clara, insofismável.

Encerro aqui as reminiscências dos meus agitados idos de 1935 no Recife, tempos de preocupações políticas que, afinal, em termos nacionais, foram desaguar no triste e bem semifascista, se não fascista, Estado Novo de 10 de novembro de 1937. O país, sob uma Constituição imposta ao arbítrio do poder, tal a carta constitucional que tudo respirava, menos a democracia, que a de 1934 pretendera implantar depois das revoluções de 1930 e 1932. A de 1930, uma plenitude de vibração da alma nacional, sedenta de modificações e a de 1932, quase épico movimento muito dignificante e expressivo do valor dos paulistas, tomados quase de um inocente, porém valoroso e paradoxal patriotismo super-regionalista. Tal movimento empolgou o Estado de São Paulo, infelizmente inspirado por política pequena de interesses econômicos regionais limitados, já não mais próprios, adequados, justificáveis para a Nação Brasileira.

Lembro, ainda, com tristeza, antes de 10 de novembro de 1937, data do reacionário e fascista golpe de 1937, haver visto desfilar na Avenida Rio Branco, no Rio, milhares de integralistas (os fascistas brasileiros), precedidos por oficiais do Exército, fardados, alegres e triunfantes, em direção ao palácio do Catete. Em suas sacadas, além do Presidente Vargas, foi apurada a presença do próprio comandante da Vila Militar, General Newton Cavalcante. Os participantes do desfile e as autoridades presentes, certamente se encontravam em euforia triunfal, sintonizada com os sucessos militares do nazismo alemão em ascensão e certo da vitória, desafiando o mundo.

Capítulo VIII

1936 a 1950 — Da Artilharia de Costa ao Magistério Militar: Realengo e Resende (AMAN) — Tempo rico em paranormalidade — Espiritismo, efeitos físicos e materializações

Volto agora um pouco atrás, a 1936, ao regressar do Recife, no Rio, na Inspetoria de Costa, sob a chefia do Gen. José Pessoa, oficial general sempre referido por suas exigências e energia nos patrióticos propósitos de servir à nação. Eu o conheci bem e dele me tornei amigo. Era ele, antes de mais nada, um patriota que relembro com amizade e admiração.

Lembro este diálogo, quando bem à frente, em fevereiro de 1938, lhe comuniquei estar me candidatando à designação como professor adjunto de Mecânica Racional na Escola Militar do Realengo: "Como assim, capitão? Você, um rapaz inteligente, de futuro, que sempre julguei o tipo do *tropiê*, ficar aí como um simples coronel?" (É que a efetivação do magistério, pela lei de então, transferia o oficial para a reserva e limitava a sua carreira ao posto de coronel). Replico, então: "General, nunca a psicologia de V. Exª falhou tanto quanto agora, a meu respeito. Nada de *tropiê*, apenas muito cuidado e zelo para com os deveres militares, segundo uma natural e intensa noção de responsabilidade!".

Quanto à limitação da carreira, digo: "Quando eu for efetivado no magistério militar, qualquer que seja o posto (e seria o de major, presumivelmente, no ano seguinte à designação), V. Exª poderá dizer: "Aquele capitão, meu amigo, atingiu o seu generalato".

Na verdade, assim pensava, sentia e aspirava, certo de que a minha real vocação seria ensinar, educar e concorrer para a formação do jovem, segundo uma linha que não era a vigente. Tal linha decorria de uma visão espiritualista transcendental e abrangente da Realidade, que já pressentia, via e enxergava bem clara na Teosofia! Aliás, essa visão sempre me estimulou mais e mais na "Busca da Verdade" e, hoje, depois de mais de vinte anos de magistério efetivo na Escola Militar do Realengo e na Academia Militar das Agulhas Negras, como, também, outros muitos anos, ultimamente, como um dos Fundadores e Diretores da União Pioneira de Integração Social (UPIS), instituição de ensino superior, com seus Cursos e Faculdades, aqui, em Brasília, é que vejo como ainda está longe aquele ideal educacional!... A educação para uma cidadania cósmica, universal do homem, visando ao seu DESTINO MAIOR NO PLANO DIVINO, para a nossa CIVILIZAÇÃO, hoje ainda tão conturbada. Está ele mesmo longe, bem longe de sua meta planetária!...

Fica-me, porém, a certeza de que fiz o quanto pude fazer na tônica do aconselhamento, da instrução e da educação. Me é caro relembrar as inúmeras boas oportunidades que tive de, durante as aulas, e sem prejudicar-lhes os objetivos, fazer certas observações sobre as incertezas dos jovens. Isso, durante o exercício do magistério e, muito particularmente, ao longo dos 12 anos de subdiretor do Ensino Fundamental (Básico Científico) da Academia Militar e os três anos de comandante e diretor do Colégio Militar de Salvador. Hoje, humanamente me envaidece a carinhosa demonstração de afeto, de deferência, de apreciação e simpatia, que sempre recebo da parte de ex-alunos, atualmente em altos postos da hierarquia militar, quer na ativa, quer na reserva das armas, bem assim na hierarquia de autoridades civis de alto nível. Em todos os momentos de encontros, percebo, sinto intensamente, que empreguei bem o meu tempo na área do ensino superior, servindo aos elevados ideais que são culminantes no Evangelho do Senhor!

Cumpre, ainda, acrescentar que essa ampla fase de trabalho profissional no magistério, cerca de 25 anos, também foi enriquecida, em outros campos, de observações e extraordinárias experiências científicas, atípicas no âmbito do "paranormal" e sempre em "Busca da Verdade", segundo oportunamente mostrarei.

Feita tal digressão, eis-me de volta aos idos de 1936-1937, que precederam meu ingresso no magistério militar, anos esses em que me dediquei, apesar de apenas engenheiro civil, à engenharia militar, em virtude das condições vigentes. A razão disso é que era precário o quadro dos engenheiros militares, o qual estava, ainda, sendo formado, em consequência da recente criação da Escola Técnica, que se transformou no atual Instituto Militar de Engenharia.

Sendo assim, depois de trabalhos relativamente corriqueiros nos Fortes do Rio de Janeiro, eis-me frente a alguns, de caráter verdadeiramente militar, como o do embasamento e instalação de Canhões Armstrong 150, no Forte de Coimbra/ MS e o do projeto, cálculo e construção do paiol semienterrado, à prova de bombardeio, nas imediações do Forte de Imbuhy, em Niterói.

Quanto ao primeiro, tudo foi bem em projetos e cálculos, depois de escolhido o local por uma comissão de que fiz parte como engenheiro. Viagem inesquecível até Coimbra/MS, onde chegamos de madrugada. Calor incrível, acrescido de mosquitos agressivos que atacavam violentamente mesmo se estando embaixo do chuveiro. Resultado: a opção entre os terríveis mosquitos e o calor avassalante debaixo de um mosquiteiro fechado, isto é, de pano liso! Então, como dormir? E como entrar no mato agressivo sob nuvens de mosquitos? Afinal, abertura de picadas, sol a pino, mosquitos arredios e locais escolhidos, projetos e cálculos depois preparados e aprovados.

E quanto ao segundo trabalho, de natureza própria para o engenheiro militar, o tal paiol? Estudei afincadamente documentos sobre instalações análogas nas imediações do Canal do Panamá e fiz um projeto atípico, um tanto fora do padrão conhecido. O General José Pessoa me chama e, desolado, me diz: "Capitão, é triste comunicar-lhe que os seus colegas — engenheiros militares — da Diretoria de Engenharia, não aprovaram o seu projeto". Digo-lhe, então: "Está certo, sou apenas engenheiro civil; contudo, meu general, vou falar-lhes a respeito".

Lá fui eu à Diretoria de Engenharia. Confirmada a recusa, apelo aos dois colegas engenheiros militares, formados pela então Escola Técnica do Exército, para irem comigo ao Coronel Afonseca, chefe de ambos. Então, lhe fiz a seguinte proposta: enviar o projeto ao professor deles da área — O Cel. Miller — e pedir-lhe um parecer sobre o mesmo. Eles se comprometeriam a aceitar o *veredictum* do professor americano, altamente especializado! Aceitaram. Agora, quase o incrível desfecho do caso. Poucos dias após a remessa, aquiescendo ao pedido da Diretoria de Engenharia do Exército, o Cel. Miller escreve, ao devolver a documentação: "projeto excelente; parabéns a esse aluno que mostra, assim, que aproveitou muito bem o meu curso". Nunca o tinha visto!... Ora, dos três engenheiros interessados, eu, o autor do projeto, era o único que não o conhecia pessoalmente; *era apenas um engenheiro civil*. Todos ficaram contentes, meus amigos que eram.

Comecei a construção e estava a finalizá-la, quando me afastei para ingressar no Magistério do Exército, na Escola Militar do Realengo.

Esqueço, agora, essas coisas técnicas e volto ao ambiente político da ascensão integralista da época, apoiada, como já disse, pelo próprio Governo. Surgem o Plano Cohen e o Estado de Guerra, tudo como seria próprio, conveniente ao golpe do tal Estado Novo, de novembro de 1937, com o qual eu e o meu chefe, Major Bransildes Cavalcanti e tantos outros oficiais, não nos afinaríamos. Apenas, a custo, viveríamos na conjuntura de um Exército conduzido na linha de uma política nazifascista, adotada pela mais alta hierarquia militar, orientada de cima pela visão da estratégia política, certamente do Dr. Getúlio Vargas, esperando a possível consolidação fascista na Europa. E o Plano Cohen?[1]

Plano de assalto para o domínio comunista do Rio de Janeiro (depois, comprovadamente falso), com as evidentes consequências que sobreviriam. Desde muito, sabia-se que fora o tal plano elaborado por elemento do próprio Estado-Maior do

---

[1] Plano Cohen: Uma fraude para manter Vargas no governo. No dia 30 Set 1937, o chefe do Estado-Maior do Exército brasileiro anunciou, no programa radiofônico Hora do Brasil, a descoberta de um plano cujo objetivo era a derrubada do presidente Getúlio Vargas.

Exército, notório integralista, muito inteligente e audacioso, capaz de tal tarefa. Soube-se, depois, que o Chefe da Polícia de então, Filinto Müller, se negara a patrociná-lo, de vez que não possuía, a seu critério, qualquer fundamento objetivo. Isso nada importou. Levado ao Congresso, sobreveio aprovado o Estado de Guerra e, nele, o arbítrio encontrou campo para o Estado Novo, o golpe de novembro de 1937, com o qual exultaram, afinal, os fascistas brasileiros.

No mesmo 10 de novembro de 1937, porém, à meia noite, o discurso do Presidente Vargas esfriou por completo o calor integralista, pois o golpe era muito mais do Governo, de sua própria visão quase fascista, projetada numa Constituição previamente elaborada pela inteligência inegável do Dr. Francisco Campos. E, assim, continuou ao seu jeito, até que a 2ª Guerra Mundial, com as incontestáveis vitórias iniciais do nazi-fascismo, de certa forma estimulou o estado vigente, que foi se tornando simpático aos reacionários e mais aceito pelos nossos chefes militares, dentre os quais, destacadamente, o próprio Ministro da Guerra de então e o Chefe do Estado-Maior do Exército, cujos nomes prefiro não declinar aqui.

Com a 2ª Guerra Mundial, deflagrada em 1939, em andamento, juntamente com a atitude eminentemente sábia do Presidente Roosevelt,[2] preparando-se ostensivamente para, junto com as democracias europeias, enfrentar o nazi-fascismo, eis que o afundamento de navios brasileiros em nossas costas atlânticas por submarinos germânicos e a flama patriótica do povo brasileiro, levaram-nos à guerra, à altura de 1941!... Os tempos do fim de 1939, desde a invasão da Polônia e, a seguir, da França, pelo superequipado exército alemão, incluindo o traiçoeiro ataque italiano ao território francês, bem assim a guerra na África que celebrizou os Generais Montgomery, inglês, Rommel, alemão e, mais à frente, Patton, americano, tudo criou no mundo uma perspectiva de extrema tensão militar, cujo desfecho seria difícil prever. Excitação natural em todos os países. E, no nosso Brasil, culminou com o afundamento de navios nossos, silenciando os fascistas brasileiros que, mesmo depois do fracasso do integralismo

---
[2] Estados Unidos da América.

ao atacar o Palácio da Guanabara, em maio de 1938, ainda mantinham subterrânea e até ostensivamente uma atitude reacionária bem nazifascista, que veio atuando no ambiente brasileiro, até o referido ataque alemão aos nossos barcos, em 1940! É que havia esperanças para os "camisas verdes", fascistas brasileiros, em face da oscilação do nosso Governo Federal, a velada indecisão entre o apoio decidido, integral à democracia em perigo de Churchill, Roosevelt e De Gaulle, e a possível, se necessária, aproximação para o outro lado, de Hitler, Mussolini e Hirohito do Japão longínquo!...

Afinal, estávamos em guerra! Na Escola Militar do Realengo, onde lecionava desde março de 1938, acalmaram-se então os "patriotismos" germanófilos generalizados e os do outro lado, pela vitória da Inglaterra e da democracia, entre os poucos dos quais me encontrava eu. Passamos a ter a alegria do reconhecimento, por parte dos colegas, de que nós é que estaríamos, desde o princípio, no caminho certo!...

Permito-me, ainda, sobre a 2ª Guerra Mundial, refletir e questionar como foi possível soprar tão intensamente, sobre a face planetária, tal furacão de maldade, agressões e destruição dosvalores internos do homem? E, ainda, esse homem alimentado pelo espírito cristão, sempre fluindo do Evangelho, justificando que, pelos homens, por seus próprios valores, um HOMEM-LUZ derramasse o seu nobre sangue? Por outro lado, que dizer do privilégio que seria uma raça acalentada pelo sonho alemão, alimentado misticamente, talvez, pelos terríveis Deuses Nórdicos? E mais, tal sonho, revigorando-se na Moral Nietzscheniana do homem forte, opressor, estimulando e defendendo a Moral da Força, como se o Universo do Espírito houvesse para sempre sido proscrito? Ter-se-ia, afinal, o espírito diluído nos abismos trevosos do assassínio em massa de irmãos nossos de humanidade, no abandono ignominioso, cruel, satânico, dos campos de concentração, onde vivia a tortura ou nas câmaras de gás, onde seres humanos, como nós, penetravam para extinguirem-se em densas nuvens de gases venenosos?

Por que coisas tais poderiam, puderam ou podem ocorrer, perguntaria ou pergunta, certamente, um Buscador da VERDADE? Qual seria ou será a resposta? Na limitação da contingência vivencial humana atual, quem poderá responder com segurança? Aqui, apenas, aduzirei: — a onda de vida divina vem vindo de muito longe, até de antes do animal e do homem bronco, pesado, da pedra lascada! Já chegou a criar inteligências de escol, santidades e delicadezas de espírito em grandes homens e mulheres que iluminaram a história, a sabedoria da ciência e da filosofia, que já nos abrem as perspectivas e realidades do Universo Moral, Espiritualmente puro, muito além desse caos luciférico tenebroso que a 2ª Guerra Mundial nos ofereceu, legando-nos a terrível ameaça da 3ª Guerra Mundial nos dias que correm.

É de esperar-se, porém, que, com a incrível experiência de tanta dor e tantos sofrimentos nos idos de 1939-1945, promovidos pelas tenebrosas forças do mal, surja, afinal, a purificação humana que, certo, terá vindo do holocausto de tanto sangue derramado.

Esteja, então, na Lei Divina, surgir um Mundo Novo de AMOR, PAZ E HARMONIA, justo prêmio reservado, dádiva do passado, à humanidade que há de vir!

Ponho, agora, de lado, as lembranças da contingência da guerra 1939-1945, porque tratar dela não é objetivo desta "Autobiografia: "Uma Busca da Verdade". Vamos, então, voltar à minha vida e marcantes experiências dessa fase, até minha transferência para Resende/RJ, praticamente ao nascer da Escola Militar de Resende, logo após com o nome atualizado para Academia Militar das Agulhas Negras (AMAN), digna sucessora e brilhante continuadora das elevadas tradições da Escola Militar do Realengo

Há muito que referir e bem considerar, nesta autobiografia, sobre experiências pessoais de variado teor vividas nesta fase dos anos de 1936 a 1945, até a transferência para Resende (AMAN). Começarei pelos trabalhos de cura supranormal, não tão valiosos pela quantidade, que traduz particular dedicação, mas, principalmente, pela qualidade de certas ocorrencias que devo enfatizar, de vez que de significação transcendental, indiscutível por sua própria natureza.

Foi nessa época, à altura de 1936, que me relacionei com o Capitão Aristóteles de Faria, consagrado e conhecido curador, que mantinha um Centro Espírita na Rua Barão do Bom Retiro, próximo ao Engenho Novo, no Rio de Janeiro. Assistindo-lhe uma conferência sobre Magnetismo Curador no Salão da Associação Comercial, na Av. Rio Branco, verifiquei, de imediato, a semelhança das nossas experiências de cura. Ao falar ele, com muita segurança, em magnetismo curador, referindo várias técnicas de aplicação, achei-o muito objetivo, sem vaidades secundárias. Resolvi frequentar um curso que ofereceu. Começou com 58 candidatos. No fim de um mês, aproximadamente, apenas dois restavam: eu e uma jovem muito idealista, devocional. Os demais queriam apenas "milagres". Trabalhei intensamente no tal centro, para onde me dirigia depois do expediente no Quartel-General. Ali ficava normalmente até 10 horas da noite, pois a frequência era realmente grande. Muito bom treinamento de ação magneto-espiritual e o exemplo sadio de dedicação daquele amigo, Cap. Aristóteles. Era ele, em verdade, um curador avançado, com casos notáveis, divulgados pela imprensa.

A esse tempo, ocorreram-me alguns fatos dignos de destaque, justificando plenamente dedicar-me a tais estudos e trabalhos: na verdade, em minha vida sempre presente esteve a busca do extraordinário, do paranormal, um tipo de aspiração em mim inarredável, como que buscando sempre algo diferente, supranormal, em que o "desconhecido" ou um poder maior pudesse revelar-se. Isso, cumpre dizer ainda, nítida consequência das experiências dos tempos de meus 18 anos!

Um amigo me diz, ao relatar-lhe que estava trabalhando em tal área, na Rua do Bom Retiro: "Tenho um amigo com grave problema do ouvido, um eczema purulento, devendo operar-se e está "apavorado" com a perspectiva". Aceitei a experiência: tentar curá-lo, de vez que o Capitão Aristóteles insistia muito na eficiência do magnetismo nos processos purulentos, experiência que eu jamais tivera nos casos que até então enfrentara.

Começado o tratamento, sob a vista da filha do paciente (o Sr. Barata) a qual seria clarividente, logo de início, disse ela estar vendo uma irradiação luminosa azulada, que imaginei constituir um campo de força atuante, dirigindo-se ao ouvido de seu pai!... Deu-se o "escândalo": com três aplicações não havia mais pus e começou a produção de cera!... Era o Sr. Barata cliente do grande especialista na área, Dr. Raul Sanson. Logo a seguir, um outro notabilíssimo caso comprobatório da ação do magnetismo sobre processos purulentos. Uma sinusite facial e frontal terrivelmente purulenta, obrigava a Srª Magnólia, esposa de um Juiz de Direito, em Niterói, a não abandonar o lenço ao nariz. Estava ela também na perspectiva de uma operação imediata. Aceita a experiência, com algumas poucas aplicações, desaparece o processo purulento: ela, realmente curada, para espanto de um sobrinho seu, médico, que, por isso mesmo, acabou espontaneamente me oferecendo uma outra incrível oportunidade de tipo bem diferente. É que, clínico, estava com o caso de uma criança com febre alta, sem qualquer sintoma que a pudesse explicar. Era uma criança, filha de uma empregada da casa de um outro médico — o Dr. Roberto Cotrim, em Niterói. Diz, então, a Srª Graciema Cotrim, esposa do Dr. Roberto Cotrim, ao jovem médico, sobrinho da D. Magnólia: "Já que não há diagnóstico e a febre está tão alta e insistente, porque não experimentar um passe magnético?". O jovem médico diz-lhe, então, da experiência da tia e sou chamado para ver o caso. O médico me acompanhou, tomou todas as providências para suspender as medicações prescritas. Isso se deu pela manhã. À entrada da noite, vem o jovem médico à minha casa, que era próxima à do Dr. Cotrim, e alegre me comunica: — "a criança está boa". Digo-lhe: "como assim tão rápido?". Ele, então, responde: "Vim de lá; como sabe, nada tinha ela, a não ser a tal febre injustificável; desapareceu e ela está brincando, curada; vamos até lá." Assim o fizemos e a criança, vi-a brincando ativa e normal. Alguns meses depois, a D. Graciema me confirma: "Ficou realmente boa, até hoje".

Um outro caso que não devo aqui omitir, refere-se a um garoto com sério problema cardíaco, consequente à grave enfermidade que o afetara — "Coréia". Era filho do Dr. Clóvis, então Diretor ou Presidente do Clube Central na praia de Icaraí, em Niterói. A crise respiratória, com dor intensíssima nas articulações dos joelhos, estaria incontrolável; o médico ali presente concordara com o Dr. Clóvis em me chamar, aflitíssimo que se encontrava. É que, dissera o médico, o Dr. José Carlos, nada poderia fazer para dominar a tal crise, dadas as condições cardíacas da criança. Em lá chegando, junto ao leito da mesma, ventilador fortíssimo ajudando-lhe naquela ânsia respiratória, rapidamente acalmou-se, desliguei o tal ventilador e a criança caiu em sono tranquilo, para espanto de todos que ali se encontravam! Um por um dos que estavam na sala principal, inclusive o médico, foi à porta do quarto ver a criança dormindo tranquilamente. Aí, não houve cura. Só se verificou o corte da séria crise e o sono profundo, inexplicável.

 Apresento aqui a rememoração de experiências dessa natureza, porque me foram elas partes da minha vida, até do meu dia de trabalho, de vez que, saindo do Quartel General, junto à Central do Brasil, às 5 horas da tarde, ora na Rua Barão do Bom Retiro, próximo ao Engenho Novo, ora atendendo nos lares em bairros do Rio ou de Niterói, a verdade é que o meu empenho era extremado e, hoje, recordo tudo isso muito, muito satisfeito, porque tinha, àquele tempo, mocidade e saúde e um tipo de fé misturada com curiosidade de pesquisa científica, visando sempre a estar também em um serviço evangelicamente puro, qual o de procurar servir ao próximo, lembrando a Palavra do Divino Mestre aos discípulos: "ide, curai os enfermos, limpai os leprosos, levantai os paralíticos, dai de graça o que de graça recebestes". Ora, já havia eu recebido tanto e tanto dos planos superiores, como venho indicando, desde o princípio do meu curso de Engenharia Civil, que haveria de me sentir um tanto obrigado pelo mandato da Evangélica Palavra: "dai de graça o que de graça recebestes". Na minha memória, sempre a presença das ocorrências já relatadas do tempo de curas espontâneas, eu muito jovem, as quais indicavam incrível ação terapêutica. A essas, juntem-se os fatos psicológicos de conteúdo moral, tal a experiência com o matemático Monge, instruindo-me na Geometria Descritiva e aconselhando-me a deixar o ódio, como também auxílios estranhos em provas e exames, etc, conforme sucintamente já referi.

 Na realidade, já professor em Realengo, desde fevereiro de 1938, passei a sentir-me realmente integrado na minha vocação, profundamente satisfeito no labor didático. Assim é que abdiquei definitivamente em relação a seguir carreira estritamente militar dentro da arma de Engenharia. Por isso, não aceitei fazer o curso de aperfeiçoamento, naquele tempo chamado curso das Armas, o qual me habilitaria ao prosseguimento normal da carreira, correndo eu, o risco da possibilidade da não efetivação no magistério militar, o que veio a ocorrer em dezembro de 1939, no posto de major. Junto com o meu entusiasmo didático, mantive-me constantemente, porém, na tônica da atividade espiritual. Sempre pensava que, conhecendo, teoricamente, toda a literatura respeitante ao Espiritismo Científico, para uns tantos autores, ou à Metapsíquica para outros, aqueles espiritualistas e estes últimos materialistas, não havia, até então, tido eu experiências na área de efeitos físicos, isto é, da rica fenomenologia enfatizada e valorizada por grandes autoridades científicas desde o último lustre do século passado! Conhecia os trabalhos, observações e experiências de Frederich Zolner com o médium Henry Slade, à altura de 1875, destacando-se a escrita direta, levitações e outros efeitos físicos, até à evolução das materializações, com os trabalhos de William Crookes. Este, grande cientista inglês, descobridor do estado radiante da matéria, que em famosas cartas enviadas à Sociedade de Pesquisas Psíquicas de Londres, referiu às célebres "materializações" de Kate King, com rigorosas comprovações científicas; os trabalhos, ainda nessa área, com diferentes e famosos médiuns, do grande fisiologista francês Charles Richet, professor da Sorbonne, famoso nesse campo pela publicação do seu *Traité de Metapsiquique* e por seu maravilhoso livro, verdadeira clarinada abrindo-se para o futuro — *A Grande Esperança*! Conhecia, também, as obras científicas sobre toda essa transcendental fenomenologia de cientistas como Alfred Wallace, eminente naturalista inglês, o físico inglês Oliver Lodge, autor de obras valiosas, entre as quais o seu célebre livro *Raymond*, nome esse de seu filho Capitão, ceifado pela 1ª Guerra Mundial e que procurou, e teria conseguido, identificar-se junto ao pai, atuando através de vários grandes médiuns ingleses; conhecia a notável obra de Paul Gibier, *Espiritismo ou Fakirismo Ocidental*, as obras de Acksakoff, Lombroso, Camille Flammarion, Gabriel Delanne, em seu magnífico livro *O Espiritismo Perante a Ciência*, as obras de Ernesto Bozzano, grande fisiologista italiano, as quais muito e muito enfatizavam o valor do Espiritismo como ciência. Também John Crawford, físico inglês, cujas vigorosas pesquisas se acham em seu magnífico livro *A Mecânica Psíquica*, Gustave Geley, Cel. Des Rochas e tantos outros da alta estirpe científica das primeiras décadas deste século.

Sim, na época em que agora me situo, princípio da década de 40, estudando sempre no afã da "Busca da Verdade", todos esses autores eu conhecia bem, no denso rigor de suas investigações científicas, como, também, no brilho extraordinário de suas exposições filosóficas. Um Camille Flammarion, o Grande Astrônomo, cognominado o "Poeta dos Céus", um Léon Denis, em sua alta literatura científico-filosófica, maravilhoso em seus livros *O Problema do Ser, do Destino e da Dor, Depois da Morte, No Invisível* e em seu pequeno, porém, monumental volume de altíssima significação, *O Grande Enigma*; um Flournoys, valorizando sobremodo os dados de experiência psicológica fornecidos pela sensitiva Helene Smith, em seu precioso livro intitulado *Da Índia ao Planeta Marte* etc...

Tudo isso, à par das leituras teosóficas, que vinham, desde o meado da década de 20, me abrindo mais e mais o espírito à "Busca da Verdade" e, ainda, repito, estudos densamente científicos, uns e outros de alto conteúdo filosófico espiritualista, como que me preparara e estimulara para buscar oportunidades de pesquisas pessoais, comprovadoras de tantas evidências assinaladas pelos referidos grandes e famosos autores, notórios cientistas.

Ora, seria isso o que estaria próximo a acontecer, logo depois do ano de 1940! Certo dia, ouvi de uma querida prima: — "Sabe, hoje à noite, vai haver uma sessão de materialização no Centro de D. Noêmia, de que eu faço parte. Quer ir?"

É de imaginar-se a satisfação, a euforia daquela perspectiva! Afinal, teria chegado o dia do começo das experiências de que tanto necessitava. Seria evidente, verdadeira, aquela prova!?... Foi ela muito positiva e marcou o início do caminho em tal campo, bem cheio de observações extraordinárias, nas circunstâncias as mais diversas, em diferentes ambientes e muito sérios, terminando por se darem no meu próprio lar, sob as mais rigorosas condições de controle de testemunhas e científico!...

Seguir-se-á um resumo dessa fase, em que um fluxo da *Verdade "Buscada"* veio firme e decisivo até mim, resistindo a críticas, ceticismos e naturais interrogações do espírito científico necessariamente exigente. Ver-se-á que as evidências foram claras, muito claras!

Não é sadio para o espírito, atirar fora pérolas recebidas... Por isso, estou certo de que, se tanto tenho recebido do "Invisível", do "Transcendental", talvez seja, por me cuidar no sentido de valorizar as "pérolas". Isso posso dizer, hoje, quando escrevo essas linhas porque, na sequência dos anos que viriam desde então, tais "pérolas" me vieram às mãos, não só na área que agora vou referir, como também na de curas supranormais, continuação das muitas já mencionadas e, por último, no campo da presença, entre nós humanos, de irmãos nossos de espaços distantes que nos visitam. Chegarei lá, no desenvolvimento desta *Uma Busca da Verdade:Autobiografia*.

Foi muito difícil o meu acesso à primeira sessão de materialização que assisti em um Centro Espírita sob a presidência da D. Noêmia. Sem se saber a razão, essa presidente se opôs e não queria permitir, alegando excesso de pessoas. Sobreveio aborrecimento grande à minha prezada prima Maria Izabel, que lá trabalhava... Todavia, a decisão do pai da médium, o Inspetor Carmo, da Polícia de São Paulo, me levou à tal sessão.

Era um ambiente acanhado, sala bem pequena mesmo, com uma mesa redonda relativamente grande em relação à sala, mal permitindo as cadeiras ao redor. Sendo assim, uma vez os assistentes sentados, restava atrás um espaço mínimo, em que dificilmente passaria uma pessoa e, na frente, ficava a mesa, impossibilitando qualquer trânsito na pequena sala. Achei, então, magnífica a condição de controle do fenômeno, pois em tais condições, só poderia ser absolutamente estranho, evidentemente sugerindo paranormal, qualquer pessoa operar fisicamente na sala, à frente dos assistentes.

Feita a obscuridade, sobreveio uma voz muito suave, parecendo que variava o ponto de emissão, bem acima da mesa e dos assistentes! Era uma saudação aos presentes com encantadora voz. Depois, cada um foi notificando mãos macias e perfumadas que lhe acariciavam a face e, também, palavras suavemente pronunciadas dirigidas àquela pessoa presente. Isso progressivamente, como se fosse alguém super-estranho que evoluísse na sala, apesar da mesa ali postada e que o impediria. Chegou então a minha vez e esta foi rica de acontecimentos: é que minhas mãos foram tomadas e levadas a uma farta cabeleira sedosa, que pude examinar e, tanto quanto possível, verificar a sua objetiva realidade, como de uma pessoa normal que, então, à minha frente estivesse. Lembrei-me, emocionado no momento, da grande oportunidade que tivera William Crookes de obter um cacho, como dissera ele, "das formosas madeixas" de Kate e, então, pensei em receber uma pequena mecha que fosse dos sedosos cabelos que tinha em minhas mãos.

Eis que me foi, então, concedido e eu mesmo a colhi diretamente, sem instrumento cortante. A diferença para Crookes está em que ele a cortou com tesoura da cabeleira de Kate completamente materializada, à vista de todos e eu, nas especiais circunstâncias já descritas.

Entre vários outros objetos, que tive a oportunidade de manter de sessões futuras análogas, estava, sempre, a pequena mecha de cabelo, que em tal sessão colhera.

Depois da inexplicável evolução, pela sala, dirigindo a palavra a um e a outro, iniciou um canto belíssimo, de tônica sentimental, como a relembrar tempos de infância! A voz dava-nos a impressão de provir de bem mais alto. Em resumo, para mim a noite tornou-se inesquecível e a relembro, agora, tão vivas as ocorrências como se as estivesse vivendo hoje, mais de quarenta anos depois...

Seguiu-se, então, uma série de extraordinários eventos, começando com as "incríveis" sessões ditas de Atanásio, à rua Vicente Celestino nº 180, em Niterói, residência da família Rocha, cujo chefe era o proprietário da Farmácia Ponciano. O médium Nelson Rocha, meu grande amigo desde então, possuía, realmente, faculdades extraordinárias, promovendo-se, tais sessões, com a sua simples presença, feitas na obscuridade, mantidos, porém, objetos fosforescentes, controlando a posição dos presentes. Logo após, vinha o imprevisível, o paranormal a revelar-se: materializações parciais ou completas e transporte de flores, verdadeira chuva de pétalas que aconteceu desde o primeiro contato que tive com tais sessões que dizíamos "do Nelson", das quais, pouco tempo depois, passei a ser orientador e a presidi-las em variadas circunstâncias e diferentes locais... O horizonte das certezas transcendentais ampliava-se mais e mais na pequena sala da residência da família Rocha. E assim, também, crescia a decisão de progressiva e permanente "Busca da Verdade"! No caso, a evidência da metapsíquica de Charles Richet, ali demonstrada.

Escurecida a sala, música, todos à vontade! Súbito, luz estranha começa a evoluir pela sala principal da residência, como uma grande rosa de um branco-azulado. Dirigia-se a cada um dos presentes como a cumprimentá-los; concomitantemente, uma voz sibilante (como um assovio muito nítido, semi-articulado) se faz ouvir, saudando a cada um dos assistentes assim: "F... Boa Noite! Como vai você?" E assim por diante.

A seguir, estabelece conversa com um e com outro e, quando a mim se dirige, até parece que teria havido uma apreensão do meu pensamento, do desejo de um cético, que estivesse analisando a autenticidade dos fenômenos, isto é, que não implicassem qualquer mistificação...

Sou então convidado a levantar-me e ir até junto do médium, que fica iluminado, agora, com a intensa luz trazida pelo estranho ser, luz fosforescente, agitando rapidamente o objeto luminoso que trazia, com incrível rapidez! Assim, vejo o médium na poltrona, como em estado cataléptico e, ao mesmo tempo, uma mão grande de homem se me é estendida e a aperto normalmente. Podia enxergar bem certa parte do braço estendido sob a estranha luz fosforescente intensa. As demais pessoas sentadas estavam com as suas posições marcadas com pequenos discos fosforescentes... De imediato, pude valorizar tal experiência que espontaneamente se me oferecia, correspondendo à intenção definida de controle que me assaltara. Afinal, a parte culminante de interesse da sessão: o transporte de flores, cravos ou rosas. De onde viriam elas? Como passariam através das paredes (o recinto no 1º andar da residência, com janelas dando para o jardim), portas e janelas cuidadosa e rigorosamente fechadas?!... E a mesma voz do assovio dirige-se a uma senhora presente e pergunta: "F... gosta de flores?". E, à natural resposta positiva, acrescenta: "então, eu vou buscar uma braçada para você"! Na mesma noite, tive o privilégio de assistir e verificar o "absurdo", o "impossível" que se me oferecia e que, tantas e tantas vezes mais se repetiria no meu próprio lar e em outras partes, sob o mais perfeito controle. Pouco depois do aviso da busca, todos sentem, no recinto fechado, uma agradável ventilação perfumada de jardim em que se passeia em noite de luar e pétalas começam a cair sobre nossas cabeças, atapetando o piso do recinto, como todos vimos ao encerrar-se a sessão e, no instante, um "buquê" enorme de cravos de talos muito cumpridos é entregue à pessoa previamente escolhida.

Hoje, volvidos tantos anos e com as comprovações sucessivas que tive, ainda lembro com emoção a 1ª sessão desse gênero, verdadeira iniciação que surpreendentemente me chegou, para que, mais e mais ainda intensificasse a "Busca da Verdade", no caso em termos vislumbrado objetivos de uma Ciência Maior; assim, pois, em termos de real investigação científica, para poder compartilhá-la com os amigos e irmãos, companheiros da cósmica caminhada!

Algum tempo depois, no mesmo ambiente e em condições análogas às precedentemente descritas, já eu presidente da sessão, uma senhora, que ali estava pela 1ª vez (Srª Cilene de Morais) diz: "Vim a esta sessão porque, realmente, tenho o maior interesse; por isso não quis perder a oportunidade. Estou, porém, passando muito mal da garganta." Imediatamente, ouve-se a voz sibilante do Atanásio: "então eu vou buscar umas balas para você!". Ao meu lado, uma senhora, sogra de Cilene, comenta bem baixo: "ela gosta muito de bombons". Logo Atanásio acrescenta: "então eu vou buscar bombons!" Poucos segundos depois, ouve-se na sala como a manipulação de saco de papel com ruído característico e, a seguir, todos se surpreendem com a enorme quantidade de bombons sobre o colo da Srª Cilene e muitos espalhados pelo piso. Foi uma verdadeira festa! Para se ter uma ideia, todos (éramos 12) fomos agraciados e eu, ainda levei cerca de quinze bombons para casa, para as minhas três crianças daquele tempo. Desejava ainda eu, desde há muito, assistir trabalhos dessa natureza, à luz normal! Que houvesse luz fosforescente, mas também, luz normal, tal o meu pensamento, a minha exigência interior, de quem investiga, com formação e estudos na área da Engenharia Civil — Matemática, Mecânica, Física, Química, etc. No campo delicado, sutil, polêmico, de tais investigações, mister se faria objetividade crescente, nada de "crendices" quaisquer, tão prejudiciais à evolução do conhecimento.

Ouvira falar de sessões à luz normal, em São Paulo, com o já famoso médium João Cosme, que algum tempo depois, com amigos, participou da fundação do Centro Espírita Padre Zabeu em Vila Guilherme, na capital paulista. Nessas sessões se passariam, habitualmente, fenômenos de materialização com luz normal. Algum tempo antes da fundação do Centro, consegui permissão de acesso a uma sessão dita do Padre Zabeu, em certo salão muito amplo em São Paulo. Seria, para "espanto" meu, uma sessão pública. Fomos eu e o médium Nelson Rocha, de Niterói, à tal sessão pública em São Paulo. Éramos cerca de noventa a cem pessoas! Resultado: falhou. A não ser certos ruídos inexpressivos, nada foi à frente. Encerrada, até hoje não sei o motivo real da ocorrência, a Sr^a que a dirigia se encaminha até mim e pergunta: "o senhor é que veio de Niterói especialmente para esta sessão?". Respondendo afirmativamente, acrescenta ela: "Pois bem, recebi instruções (?) para, logo agora, depois da saída da maioria dos que aqui vieram, fazer uma sessão para o senhor e o seu amigo. Pode esperar?". "Claro que sim", respondi muito satisfeito, feliz e surpreso. Mal sabia eu e, também, o Nelson, que ele, o Nelson, seria, dentro em pouco, um outro médium pelo qual se manifestaria o Padre Zabeu, nas mesmas condições de luz comum, visando à produção de fenômenos físicos e materializações. Logo depois, eis nos em uma sala pequena, éramos 14. Em uma cabine de lona revestida de pano preto, junto a uma das paredes, lá dentro, uma cadeira, algemas de pés e mãos, vitrola e mesinha com discos. Havia, também, dispositivo elétrico, para controle da luz, isto é, um pequeno reostato para lhe regular a intensidade. Algemado o médium João Cosme de pés e mãos, à nossa vista, com as chaves das algemas sob o meu próprio controle, testados todos os dispositivos de som e luz, inclusive a natureza dos discos, feita a obscuridade, inicia-se a sessão...

Logo de início, ouve-se movimento na cabine, como que uma verificação dos elementos ali existentes, agora, para todos os efeitos, conduzida pela "suposta" entidade que iria aparecer: o padre Zabeu. De fato, muito pouco depois, acende-se a luz vermelha, abre-se a cortina, que servia de porta à cabine e surge a estranha figura que se apresenta em vestimenta branca de papa, com sobrepeliz ampla e crucifixo pendente. Olhos vendados por uma estreita cinta branca disposta em volta da cabeça. Dirige-se diretamente a mim e assim fala com muita clareza:

— "Meu filho, você precisa procurar desenvolver-se sempre pelo caminho da contrição. A sua responsabilidade é grande! Nunca se esqueça de orar e vigiar!"

O médium, relativamente baixo, contrastava com aquela figura alta, um tanto imponente. Era um elemento notoriamente positivo para a autenticidade do fenômeno, principalmente quando começou a andar pela sala, deixando apreciar-se melhor, desde os sapatos grandes (só mesmo de pessoas altas), toda a indumentária, os gestos cordiais e a voz suave, dispensando atenções a cada um. Dada a evidência ali clara, fiquei profundamente satisfeito e até bastante emocionado no momento, pois sabia que estava, material e muito objetivamente, comprovando depoimentos de autoridades eminentes do passado da investigação científica em tal área.

Alguém, um jovem, pergunta:

— "Padre, o sonho que tive foi o aviso prometido quanto à minha noiva?" E ele responde, claramente:

— "Sim, meu filho, sua noiva não terá mais de noventa dias de vida, aí entre vocês."

A seguir, despede-se cordialmente de cada um dos presentes. Em frente a mim, ainda com a luz vermelha acesa, com razoável intensidade, peço-lhe para examinar, ter em minhas mãos a sua batina! Ele concede. Eu a tomo e a suspendo um pouco, para o que me levanto, sendo, no momento, abraçado pelo padre. Sinto-lhe o corpo, sua compleição, contatando seus ombros e omoplatas. Observação ou experiência indiscutivelmente muito objetiva, irrecusável, inesquecível. Pede o padre que se fizesse a prece de "Cáritas" e se recolhe à cabine, de onde ainda fala alguma coisa, aconselhando a todos. Foi uma grande noite para mim e, particularmente, para o prezado amigo Nelson Rocha, o ótimo médium de efeitos físicos, luminosos, materialização e transporte de cravos e rosas de Niterói. Ele, apesar de médium, ficando, porém, durante as sessões de Niterói em estado cataléptico, nada até então vira de tais fenômenos. Ficou encantado e feliz. Algum tempo depois, passou a também ser capaz de produzir fenômenos da mesma natureza, à luz natural, como o Cosme, materializando-se o Padre Zabeu também com a sua presença!...

Nessa 1ª sessão, o padre promete materializar-se em Niterói, em sessões sob a minha presidência, o que foi amplamente cumprido. O seu médium, João Cosme, algum tempo depois, deslocou-se para Niterói com extraordinária boa vontade, aconselhado pelo Padre Zabeu. Reunião feita na própria sala da casa do Nelson. Uma bela sessão análoga à precedente, com uma inesquecível particularidade: o padre me põe na mão um grande crucifixo bastante pesado (isso na obscuridade), sugerindo ao tato ser artisticamente trabalhado. Diz-me, então:

— Pode levar para sua casa. É que costumo deixar esse crucifixo nos lares que desejo abençoar.

Pergunto-lhe:

— Padre, poderei mostrá-lo aos amigos, a pessoas que nos visitem? Responde:

— Pode, mas tenha cuidado, porque esse crucifixo é de uma igreja de Campinas, onde fui pároco e que, às vezes, deixo, como disse, nos lares que desejo abençoar!... — Na verdade, era uma peça artística, bonita, bem trabalhada! Na sessão seguinte, o médium, com todos aqueles controles de algemas já indicados, antes mesmo do seu início propriamente dito, já a mão suave do padre veio buscar entre as minhas, com a sua palavra bem mansa. "E o crucifixo, meu filho?". E o foi pegando e levando sorrateiramente...

Tudo o que acabo de escrever sobre essas experiências, tais vivências fenomênicas, convidando à reflexão profunda, a conclusões racionais, mais que isso, a intuições avançadas, conduz a vivências comprobatórias da verdade, do valor do ensino da Sabedoria Esotérica da Palavra dos Excelsos Mestres da Grande Fraternidade Branca. Diz-nos, ensinando-nos, da maravilha do Universo ainda não revelado para nós, pessoas comuns da atual humanidade!? Que fazer se não procurar viver em tônica de eufórica alegria e ainda maiores aspirações, no sentido da elevação espiritual do próprio ser humano, em busca da verdade?!

É bem evidente que, neste trabalho autobiográfico, não deverei insistir demasiado em técnicas, experiências e seus resultados, mesmo que sejam transcendentais. Todavia, há fatos de grande claridade observacional, extraordinariamente marcantes, que não é possível omitir. Seguem-se alguns ocorridos ao longo de diferentes sessões, até mesmo com diferentes médiuns. Indicarei vários da minha viva recordação, todos eles e outros tantos que me conduziram, precisa e racionalmente, a inferir, com provada segurança, duas outras dimensões da Realidade, abrindo caminho, afinal, a uma teoria bem razoável, por ser simples, abrangente e simpática para explicar apreciável gama de fenômenos paranormais, os hoje ditos parapsicológicos, ou psico-biofísicos. Essa teoria, desenvolvi-a em meu livro *Além da Parapsicologia – 5ª e 6ª Dimensões da Realidade*, publicado em 1969!... Seria a *Teoria do Hiperespaço*, nesse livro inferida e justificada, implicando outrossim, o *Hipertempo*, denominação essa jamais por mim vista, implicando o *Tempo no Hiperespaço*.

Sendo assim, relembrarei:

Certa noite, todos preparados para uma dessas sessões; éramos mais de trinta pessoas. O médium João Cosme, em um quartinho isolado que se ligava à sala, onde todos nos encontrávamos, por um estreito corredor de dois a três metros de comprimento. Lá dentro, no quartinho, sem qualquer acesso além do estreito corredor, os discos e os controles de som e luz como de hábito. A sala de sessão retangular com cerca dos dois terços ocupados pelos assistentes. No terço restante, nada a não ser a cadeira em que eu estava destacado, junto à parede de um dos lados. Operado o reostato que controlava a luz ambiental, fixa-se ela no verde claro. Tudo bastante iluminado. Alguns instantes mais e, subitamente, como por estranhíssima geração espontânea, à frente da assistência, um vulto de noiva, com vestido de longa cauda, postando-se por trás de um pequeno biombo. Este parecia feito de um tecido prateado, um tanto transparente, mostrando três lados: um paralelo à direção das filas de assistentes, os outros dois inclinados, formando, como que uma poligonal aberta (linha quebrada de três lados). Fico eu numa posição privilegiada: único dos assistentes que podia, em tal exato momento, ver diretamente a inesperada figura, o ser ali materializado sem o biombo à frente! Os panos do biombo pareciam ligados por prumos lembrando madeira, dado o aspecto, em disposição vertical e a criatura, se mostrava, como disse, em farto e belo vestido de noiva, fazendo gestos elegantes de saudação à assistência, com a cabeça acima do biombo, este à altura aproximada dos ombros!... Eu, porém, a via diretamente como semi-materializada, isto é, ainda transparente, percebendo, através dela, a parede do lado oposto!... Pensei, no momento, no verdadeiro privilégio de tal observação, de natureza nunca referida pelos cientistas pesquisadores dessa área: sim, fato excepcional de verdade:

1º) ver a formação súbita, em plena sala iluminada, à vista de todos, da materialização extraordinária pois, normalmente, segundo consta da literatura sobre tais pesquisas conduzidas pelos mais famosos cientistas, o ser materializado, usando ectoplasma emitido pelo médium, sempre toma corpo na cabine escura e de lá sai, o que não ocorreu no caso;

2º) logo a seguir, desfazer-se o biombo e a materialização tornar-se mais densa e o ser, assim densificado, mostrar-se a todos como uma noiva em desfile junto à primeira fila de assistentes, cumprimentar a uns e outros em passeio elegante. Em seguida, caminhando em direção ao pequeno corredor próximo do qual me encontrava, iniciou sua marcha para a cabine, exibindo uma elegância muito feminina, com o braço direito atirar a cauda do seu vestido sobre o meu colo e eu, envolvendo-a com as duas mãos, vejo-a e sinto-a escorregar e ir à frente, em direção à cabine, dando a nítida impressão de uma verdadeira massa sedosa, tal a natureza do tecido da tão

Uma Busca da Verdade

longa cauda do vestido.

Que mais desejar em objetividade, comprovação espontânea e contundente à plena luz, de tais fenômenos flagrantemente supranormais?!...

Aconteceu, ainda, que na noite seguinte, na mesma sala e em idênticas condições de plena luz normal verde, subitamente, uma coluna de matéria branca, à minha frente, de talvez uns trinta centímetros de diâmetro, se dispõe do piso ao teto! Pude examiná-la e verificar ser de filó de seda, assim estranhamente apresentada, à forma de uma coluna. Logo a seguir, começa a deslocar-se pela sala rapidamente! Observo, então, que se mantinha ereta e assim se movia, acionada por braço de alavanca de matéria acinzentada, para mim bem visível, quase colado ao teto. Essa alavanca de cor acinzentada, admiti provir naturalmente, da emissão ectoplásmica do médium, da cabine onde se encontrava. Analogamente ao que acontecera na observação anterior, a coluna acaba deslizando sobre meu colo, começando, porém, por deslizar sobre os colos dos assistentes da primeira fila, sobre os quais bruscamente se abate!... Incrível a estranha e marcante objetividade do fenômeno, assim, à plena luz.

Desde aquela época, já sabia das notáveis experiências do Prof. Rhine na Universidade de Duke, tentando prestigiar, cientificamente, experiências no campo das percepções extrasensoriais, as quais conduziram, afinal, com a ajuda de outros eminentes pesquisadores, particularmente na Inglaterra, à chamada Parapsicologia, denominação consagrada em 1953, na Holanda, no Congresso de Utrecht. Já então, na década de 40, me dava eu conta de que seria muito pouco restringir tais pesquisas ao âmbito apenas dos fatos ou fenômenos de quantidade, passíveis de serem submetidos ao método estatístico matemático, como diz aquele eminente professor da "Duke University". A meu ver e bem apoiado no grande filósofo francês Henry Bergson, jamais se poderá ou deverá, cientificamente, pôr de lado fenômenos de qualidade, como os que caracterizaram as pesquisas de Crookes, Richet e tantos outros grandes cientistas! Assim, diz o eminente filósofo: "*Um fato de qualidade, desde que verdadeiramente apurado, apro-*

vado, demonstrado, deverá bastar para reformular ou criar uma teoria". Passou-se o tempo e, ainda hoje, vê-se a Parapsicologia com repetições e repetições de provas, dominada por limitação preconceituosa, ora de caráter moralista, ora de dogmatismo religioso! Adstrita ao Inconscienticismo de Charles Richet, no máximo, ao Inconsciente Coletivo de Jung, a Parapsicologia se traça a si mesma um destino medíocre, a não ser que se reformule em suas perspectivas e teorias, se é que verdadeiramente as tem. E preciso ter coragem para progredir!...

Mais uma vez, acentuo a grande significação que tais pesquisas representaram, superiormente valiosas em face do pensamento racional que continuamente me inspirou. É que sempre convidado às sintonias místicas, herança da última vida passada no Tibet, Nepal, na condição de monge recluso em mosteiro daquelas alturas, fato de remoto passado, que vim a saber aos 66 anos de idade, a minha formação na linha da matemática e da atual engenharia civil, sempre exigiu persistente objetividade de pesquisa, para afirmar qualquer conhecimento. É de acentuar-se: não confundir intuições espirituais, sentimento de verdade transcendental, com conhecimento científico *strictu sensu*, que sempre valorizei, para poder transmitir com segurança, servindo ao despertar do irmão humano ao longo do caminho. Tenho a impressão de que esse posicionamento científico, mais racional que intuicional, também não deixa de fazer parte da condição da "Busca da Verdade", que venho enfatizando! Até me lembro de certa passagem do Mestre Kut-Humi, em uma de suas cartas a teósofos da fase inicial da Loja Teosófica de Londres, em que ele não subestima, antes, muito valoriza, com ênfase, a importância do conhecimento científico! É o caso de colocar-nos em ambas as linhas, sem monosprezar qualquer delas: mente racional — ciência, conhecimento; e intuição mística — caminho da sabedoria, conducente à realização espiritual interna para além da própria mente nos planos búdico e crístico.

Em tal linha de pesquisa que estou acentuando, e sempre encarei, em sua real valia, prossegui persistentemente, mesmo depois que me transferi para Resende/RJ, na qualidade de professor catedrático de Mecânica Racional da AMAN (Academia Militar das Agulhas Negras). Na verdade, essa fenomenologia metapsíquica, denotando inegavelmente o transcendental, se repetiu muitas, muitas vezes na sala da minha própria residência, na presença de dezenas de pessoas do mais variado nível, desde crianças como as da minha própria família, jovens, colegas e amigos, desde o simples e curioso estudante ou não dessa área, até professores e homens de ciência, não só militantes na Academia Militar, como outros tantos, que se deslocavam do Rio de Janeiro para ali apreciarem e confirmarem os "impossíveis" e "absurdos" da ciência oficial!

Foi um tempo que ficou bem marcado na minha viva recordação e da minha própria família, esposa e filhos, como alguma coisa muito diferente da rotina em que, normalmente, naquela cidade, todos vivíamos!... Destaco, na lembrança desses acontecimentos em Resende, a admiração e perplexidade de todos, quando saía da cabine, a Terezinha, a mesma noiva da extraordinária ocorrência já referida na sessão de Niterói, agora materializando-se, também, por outro médium. Emitia estranha luz azul-claro, ao mesmo tempo em que espalhava pela sala perfume que lhe era característico! A luz era tão intensa que, quando em frente a alguém, esse alguém não conseguia ver sua figura, por que ficava ofuscado, como que por um "arco voltaico". Só, mesmo, observando de lado, ou à distância, em ângulo próprio, a figura poderia ser nitidamente percebida.

Costumava ela, às vezes, ajoelhar-se no centro da sala para orar, imersa na própria luz que irradiava, emitindo intensos *flashes* de vez em quando. Enquanto isso, sob o mais absoluto controle, algemado de pés e mãos e, ainda, por uma cinta, amarrado no encosto da cadeira em que estava sentado, o médium, ora o Cosme de São Paulo, ora o Nelson Rocha, de Niterói, lá na cabine, meu pequeno escritório junto à sala, velado por cortina preta na porta de acesso, lá ficava, em relativo sacrifício!... Quer um, quer outro desses dois extraordinários médiuns, se hospedava em minha própria casa, onde chegavam com maleta pequena, contendo exíguas peças de roupas para a pequena estada de um, dois ou três dias! Então, respondendo às indagações de um cético interrogativo:

Onde e como as pesadas roupagens do Padre Zabeu, batina escura por baixo de sarja de veludo e a bela batina branca e sobrepeliz de seda pesada de papa e crucifixo, com as quais se apresentava?!...

Onde e como o belíssimo vestido de noiva da Teresinha, com farto véu que lhe envolvia a cabeça e caía solto, e a fazenda de seda de três metros, no mínimo, da cauda do vestido ali exibido?!...

À tais perguntas, a resposta infantil do preconceito e do orgulho científico materialista: muito simples, tudo magicamente forjado pelo Inconsciente do médium, inclusive as personalidades do padre e da noiva!?... E penso: até que ponto podem chegar o "preconceito" e o "orgulho" da ciência humana, presunçosa e, no caso, medíocre, querendo fixar limites à manifestação das coisas do Universo, que o homem, como Homem do Futuro, vai descobrindo!... Onde o Inconsciente haveria aprendido tal técnica?

Outra hipótese: requinte de desonestidade planejada, ludíbrio bem urdido para enganar terceiros com requintada mistificação!... Essa hipótese, nem a comento! A minha vida, da minha família e de tantos e tantos outros dignos pesquisadores não permitem descer tão baixo.

Vale, aqui, lembrar uma pergunta que, embora fora de moda, mereceu estranhamente aparecer, durante bastante tempo, nos idos do princípio do século. Seriam, esses extraordinários fenômenos, manifestação do poder de Satanás: impressionar, confundir e, afinal, atrair as almas, levando-as à perdição?... Hoje, felizmente, derrotado o Demônio, o clericalismo ortodoxo prefere, no caso, defender o inconscienticismo materialista!

Durante a estada em Resende, como professor catedrático de Mecânica Racional, passei, logo de início, a acumular a alta função de Subdiretor do Ensino Fundamental, cargo predominantemente ligado à área do ensino básico-científico da Academia Militar – AMAN. De certa forma, esse *status* na Academia, sentia eu, colaborava para dar relevo e credibilidade às observações e experiências no meu próprio lar, em cujo controle científico rigoroso tomavam parte alguns colegas oficiais professores, entre os quais, neste momento, relembro com imensa saudade, o então Ten. Cel. José Pondé, professor

Uma Busca da Verdade

catedrático de Balística, já falecido, inesquecível e muito prezado amigo daqueles tempos de pesquisas metapsíquicas!... Foi, pois, essa fase muito rica em tais experiências, alimentando em mim a tranquila certeza de que estava envolvido na responsabilidade de um trabalho fino, bem próprio e, certamente, oportuno para beneficiar muita gente, levando muitos do materialismo pesado, do ceticismo elegante, incapaz de qualquer fruto ou estímulo, para o despertar e cultivo de valores morais e espirituais. Sim, de valores que transcendem ao "terra a terra" das limitadas perspectivas em que todos nós, via de regra, vivemos e mantemos medíocres aspirações! Estaríamos, então, justificados, eu e a minha família, bem assim os queridos amigos João Cosme e Nelson, que de São Paulo e Niterói acorriam para tais trabalhos.

Antes de encerrar esta parte, em que digo das transcendentes experiências levadas a termo em Niterói e Resende, envolvendo a década de 40 e os primeiros anos de 50-60, tenho que referir, ainda, outras tantas como as com a médium Yolanda, sob a suposta orientação do mesmo ser, Atanásio, que sempre acompanhou e orientou o médium Nelson Rocha, mesmo quando este trabalhava sob o influxo do padre Zabeu. Não as minuciarei demasiado aqui. Direi apenas que Yolanda seria uma médium um tanto diferente, trabalhando apenas com luz fosforescente, mas em tal profusão que o ambiente ficava alegre, iluminado por uma luz diferente que vinha dos discos luminosos pregados na blusa de cada um dos assistentes, marcando-lhes a posição. Além disso, castanholas e flores também fosforescentes, ficavam no meio da sala! A médium muito bem controlada, amarrada de pés e mãos, à cadeira em que se sentava, a qual era ligada a pontos fixos na parede ou na porta de entrada do apartamento, usando-se cadeados, selos e lacres supervisionados. Os fenômenos surgiam, mostrando-se, à luz fosforescente, entidades que se afirmavam em conversas, músicas e danças. Notável e inesquecível, nessas circunstâncias, era a entidade que se dizia chamar Dolores, a qual dançava e sapateava feliz, durante as sessões, usando as castanholas disponíveis! Voltarei a esses fenômenos, mais adiante, quando referir a década de 60.

Fase de materialização.

Levitação consumada.

No capítulo seguinte, nova tônica de referência ao meu viver, um depoimento diferente, agora de caráter mais místico, de acontecimentos que me preparavam progressivamente e estimulavam no sentido da "Busca da Verdade": o meu encontro com a ordem Rosa Cruz, as mensagens iniciáticas do Sudha Dharma Mandhalan, o meu encontro com o Mestre Philippe de Lyon, o conhecimento da "auto-realização" (*Self-realization*) iniciado pelo Mestre Yogananda, o qual me levou à Krya Yoga, até o meu surpreendente, transcendental e inesquecível encontro físico com o Excelso Mestre MORYA, que veio a ocorrer bem depois, a 13 de março de 1968, verdadeira Benção do céu em minha "Busca da Verdade" que, até hoje, nem sei como a mereci...

Volto à década de 40, particularmente de 1946 a 1950, tempo para mim muito trabalhoso como professor da Academia Militar e seu subdiretor do Ensino Fundamental (básico-científico) e, ainda, de Filosofia e Inglês no Colégio Dom Bosco local. Nessa época mantivemos a flama da pesquisa transcendental, à base de sessões de materialização de seres de outros espaços. Dentre eles, destacavam-se os já mencionados Padre Zabeu — sempre ostentando perfeita vestimenta de papa — e a noiva que se dizia Terezinha, em belíssima roupagem de noiva, cuja presença era extraordinariamente interessante, trazendo consigo um curioso perfume que lhe era característico e sempre iluminada por estranha luz, mostrando-se bem claramente aos assistentes.

Havíamos, por outro lado, com o apoio do General Cyro do Espírito Santo Cardoso, criado a "Cruzada dos Cadetes Espíritas", filiada à "Cruzada dos Militares Espíritas", sediada no Rio de Janeiro. Assim, colaborávamos nós, os de Resende, com palestras semanais, visando à orientação segura dos cadetes interessados.

Pertencendo, desde os vinte anos de idade, quando ainda aluno da Escola Politécnica do Rio de Janeiro, ao Secretariado Nacional da Sociedade Teosófica Mundial, com sede em Adyar, na Índia, entrei na mágica sintonia do seu belo e amplíssimo campo científico, filosófico e espiritual de ensino. Por todos esses motivos, dei-me conta de que devia promover, em Resende, no âmbito da cidade e, particularmente, da Academia Militar, uma *Semana Espiritualista* que fosse de alto nível espiritual de caráter teosófico, absolutamente amplo, sem quaisquer limitações ou preconceitos científicos, filosóficos ou religiosos. Sendo assim, projetamos a Semana Espiritualista da seguinte forma:

1º - De início, uma conferência sob o título "O que é a Teosofia", de abertura da "Semana", que eu próprio faria, em termos de "Infinitos" que se entrelaçam e, paradoxalmente, se sucedem, segundo ensinamentos dos Mestres Ascensionados de Shambala (Tibet).

2º - Convidaríamos duas eminentes figuras do espiritualismo deste século. O primeiro deles, o Professor Humberto Rhoden, egresso do Catolicismo Romano, formado no Seminário de Leipzig — Alemanha, o qual passou a escrever livros inaceitáveis pelo clericalismo então vigente, liderado pelo Arcebispo de Porto Alegre Dom Sherer. Entretanto, Rhoden era amigo íntimo do Cardeal do Rio de Janeiro, Dom Jaime Câmara, que não aceitou a sua *suspensão da ordem.* Por outro lado, Rhoden contatou, nos Estados Unidos, estreitamente com eminentes figuras do movimento da Auto-Realização (*Self-Realization*), trazido da Índia e instalado na Califórnia pelo Mestre Yogananda, notabilíssimo autor do livro *Autobiografia de Um Yogi Contemporâneo.* Tal livro, condicente à Krya-yoga, adotava métodos espirituais e atividades que levariam à espiritualidade superior, sem aceitar a "reencarnação". Neste ponto, se aproximando do Catolicismo Romano.

O segundo convidado, Pietro Ubaldi, verdadeiro super inspirado instrutor, que trouxe da Itália para o Brasil, sua notável obra. Segundo Rhoden, Ubaldi resumia que a criatura humana não precisaria do clero. Em razão disso, surgiu o movimento do clericarismo católico, com a finalidade de conseguir sua suspensão da Ordem, principalmente quando escreveu e publicou seu livro *Profanos e Iniciados* ao qual se seguiu uma bela coleção de obras.

Ainda sobre Ubaldi, sucedeu à sua extraordinária obra *A Grande Síntese*, uma outra, denominada *As Noures*, ambas a inspirar o ser humano pelos caminhos das culminâncias intuicionais profundas, que alimentariam gloriosamente a "Ascensão Humana" para mais e mais alto, buscando Deus!

Como a de Rhoden, a obra de Ubaldi projetou-se na mente e no coração de milhares de brasileiros. Rhoden, pregando a desnecessidade do clero, enfatizou, por outro lado, a potencialidade interior da criatura humana, em termos da Busca Espiritual, auto realização, enfim. Daí chega à referida Krya-Yoga, cautelosamente orientada pelo Mestre Yogananda, com a virtude prática de acelerar a ascensão espiritual do homem, impondo à criatura humana cuidar-se para evitar possíveis desequilíbrios, até mesmo perigosos.

Ainda é bom enfatizar que Pietro Ubaldi brindou a criatura humana, que pensa e aspira ao verdadeiramente espiritual, com a sua concepção de realização do Universo Manifestado, a partir de alturas infinitas. Trata-se do ciclo "Espírito, Energia, Matéria" com o retorno "Matéria, Energia, Espírito", sendo este último, afinal, a Luz Divina.

Foi uma extraordinária oportunidade conviver com tão altas personalidades: Rhoden, o filósofo liberto das amarras e dogmas do catolicismo preconceituoso, herança da doutrina de São Tomás de Aquino, já superada; Ubaldi, o gigante de mente clara inspirado pelas noures superintuicionais, o qual marcou sua cósmica obra em tons divinos de busca eterna da Crística Verdade, na simplicidade do seu "Silencioso Meditar" e vigoroso Proclamar a glória luminosa da Inteligência que mora nos Céus do Espírito.

A "Semana Espiritualista" foi um verdadeiro sucesso, como também o foi a criação da Cruzada dos Cadetes Espíritas com suas belíssimas sessões de materialização de seres de outros espaços em nossa própria residência, na Vila Militar da Academia Militar.

Por tudo isso, como deixar de lado e não referir essa inesquecível "Semana Espiritualista", que promovemos no contexto das nossas atividades espirituais, vivendo e ensinando no âmbito tão sinceramente simpático da Academia Militar das Agulhas Negras?!

Uma Busca da Verdade

Mestre Philippe de Lyon.

Capítulo IX

As ricas, sofridas e felizes experiências dos anos 49 a 60 — West Point (USA) — Milagres? — Mestre Philippe de Lyon

Pertencendo à Loja Perseverança da Sociedade Teosófica Internacional, cuja sede se encontra em Adyar, índia, jamais pensara em ingressar em qualquer outra organização, buscando ao Espiritual. Na verdade, desde os idos acadêmicos, aos meus 20 anos (aproximadamente por volta de 1926), ingressara em tal movimento internacional iniciado por Helena Blavatsky e orientado pelos seus Grandes Discípulos: Dr[a] Annie Besant, o Bispo Anglicano William Leadbeater e o Senhor Jinarajadasa. O ensino recebido penetrava-me facilmente o espírito e me enchia a alma de alegrias internas sem limites, alimentando-me em vivas esperanças de que, afinal, havia encontrado a VERDADEIRA MENSAGEM de que precisava. Ali, encontrava a Ciência sem preconceitos, a Filosofia ampla e a Religião sem dogmas intrinsecamente unidas numa profunda comunhão de aspirações e ensinos seguramente harmonizados, visando à verdadeira essência da Crística Palavra do Evangelho do Divino Mestre, Jesus, O CRISTO!... Dei-me conta, porém, de que a Sociedade Teosófica não me oferecia orientação em práticas esotéricas, isto é, de como proceder para efetivamente buscar um desenvolvimento espiritual interno, adequado ao intenso desejo do candidato a discípulo, que visa à condição de preparação, sobre a qual está escrito: "Quando o discípulo está pronto, o Mestre aparece".

Havia o Círculo Esotérico da Comunhão do Pensamento,

sediado em São Paulo, publicando livros apreciáveis nessa área. Li, então, as obras do Yogi Ramacháraka, William Walker Atkinson, entre outras de bons autores. Lembro bem que, nessa época, me impressionou muito a leitura dos livros de Wan der Naillen — *Nos templos do Himalaia*, *No Santuário*, *Balthasar, o Mago* e *A Estrênua Vida Espiritual*. Essas magníficas obras, as de Ramacháraka (particularmente o *Curso Adiantado de Filosofia Yogui*) e o *Poder Mental* e *A Doutrina Secreta dos Rosacrucianos* de Magnus Incognitus, livro esse de alta transcendência teosófica, todos com muita seriedade, segundo o espírito da "Busca da Verdade" que me levara desde muito jovem à Teosofia. Eles me inspiravam a complementar a própria Teosofia pelo lado prático, em certo sentido, que não havia encontrado ou percebido nos livros teosóficos e nos ensinos da própria Loja Perseverança da Sociedade Teosófica no Rio, à qual pertencia. Optei, então, por iniciar-me, em Resende, no Colégio Pitágoras da Ordem Rosa Cruz "Fraternitas Rosae Crucis", com sede mundial em Beverly Hills, no Estado da Pensilvânia nos Estados Unidos. O Grão-Mestre da Ordem, Dr. Swimburne Clymer, vim a conhecer em fins de 1949 na própria sede, quando viajei aos EUA em missão de estudo e pesquisa pedagógica na magnífica Academia Militar de West Point.

Em princípio de 1949 ingressara na Ordem Rosa Cruz, no Colégio Pitágoras, Resende, sob a dedicada, lúcida e competente orientação do Sr. Antônio Delfino, que o fundara e conduzia com acentuada dedicação e amor. Foi um ano de intensas experiências relacionadas a práticas do desenvolvimento esotérico, as quais tanto se afirmaram em mim por estudos, observações e nítidas intuições. Aconteceu que, a 25 de junho daquele ano, inesperadamente, eis que falece, em minha residência em Resende, a minha querida mãe. Hoje, agradeço à Luz Maior, que sentia manter-me revigorado na fé e, assim, ir em frente, resignado... Pouco depois, 2 a 3 meses após, aproxima-se ela de mim, no escritório em que estudava, bem tarde da noite. Aí tivemos um triste diálogo tocado de saudades e de lágrimas. Ela, muito triste, mergulhada em profunda saudade de todos nós e eu, em tal inesperado momento, tomado de um acentuado sentimento da tristíssima realidade que me abatia profundamente, apesar da certeza da presença daquela que me falava! Afortunadamente, com o correr do tempo, esses contatos se tornaram felizes e bem importantes em minha vida, particularmente, desde que comecei estudos ufológicos no campo, isto é, longe das cidades. Contatos especiais nos momentos, sempre e sempre à noite, em que me postava e, às vezes, ainda me posto, em locais desertos para tais pesquisas, em companhia de amigos, quando me afasto um pouco do grupo para preparar-me.

Tenho vivido grandes momentos nessas áreas de pesquisa que, adiante, voltarei e relembrar, particularmente em termos do que significaram e significam para mim como complementação dos meus antigos estudos.

Voltando ao ingresso na Ordem Rosa Cruz, assinalo o bem que nos fez, a mim e à minha querida esposa, o tempo de frequência e aprendizagem no Colégio Pitágoras. Passamos a estimar e muito apreciar os trabalhos de Templo: o ritual simples com cânticos e "mantras", constituindo para nós uma verdadeira alegria; dar passos, mesmo que pequenos, na linha do Raio da "Magia e do Cerimonial", de responsabilidade orientadora do Mestre Saint Germain. Sobre este já havia tido informações teosóficas. Sempre soube que não pertencia, pelo menos na encarnação atual, ao Raio do Cerimonial, mas essa aproximação me foi extraordinariamente benéfica, pois já lera o livro do Senhor Leadbeater *A Ciência dos Sacramentos* que demonstra e enfatiza o valor do ritual, transformado em fulcro de atração de energias espirituais superiores a derramar-se sobre os participantes. Daí a verdadeira concentração e amor com que penetrava o pequeno templo, em que todos nós, em ambiente iluminado, inspirando-nos na busca da luz interna espiritual, que nos visitaria nos instantes de elevada sintonia e fé. Durante algum tempo, às quinta-feiras, ministrava eu uma aula de preparação ao ingresso no 1º grau da Ordem. Ensinando Filosofia no Colégio local, D. Bosco, uma Filosofia muito diferente das minhas instruções no Colégio Pitágoras, pude reconhecer e apreciar incisivamente as diferenças entre o caráter intelectual do que ensinava no D. Bosco em quatro aulas semanais e a tônica intuicional da Filosofia Rosacruz, identificada com a Teosofia. Devo, porém, dizer que o ensino rosa-cruz prático não me pareceu o que realmente desejava; ensinamentos que eu esperava. Estava, contudo, por ocorrer algo de muito positivo para mim e minha esposa: o nosso encontro com a "Sudha Dharma Mandhalan", ordem mística oriental cuja sede se encontrava, ou ainda se encontra, no norte da Índia, no Tibet. Sua mais alta autoridade externa era Swami ou Guru Subramaniananda, destacado dignitário da Magistratura de Adyar, Índia.

Foi uma grande surpresa quando, certa manhã de 1951, estaciona à porta de minha residência, um jipe puxando um "trailler". Chega, então, à Resende, à minha casa, com sua esposa Sadhana, o Mestre Sevananda. Segundo me relatou o Mestre, teria sido eu referido ou recomendado por um oficial do Exército de guarnição militar gaúcha, oficial esse que jamais pude identificar. Apresentou-se o Mestre com sua inegável simpatia pessoal, a sua palavra fácil, atraente, que logo se manifestou, realmente, instrutiva em assuntos espirituais. Estaria trazendo ao Brasil a mensagem de uma ordem mística da qual seria, no momento, a maior autoridade no mundo ocidental. Apesar de sempre muito cuidadoso para não aceitar facilmente casos possíveis de "falsos profetas" que se levantariam no final dos tempos, recebi com agrado e muita consideração aquela simpática personalidade e sua esposa. Foi-me fácil aceitar a sua palavra, visando a criar em Resende um "Ashram", isto é, um centro de vida monástica onde a mensagem da ordem poderia ser cultivada e irradiada no seu conteúdo de vivência espiritual. Senti, então, que os deveria hospedar e assim o fiz. Convivência agradável e encantadora. Ali, em nosso lar, eu e minha esposa começamos uma temporada feliz em que muito aprendemos da Yoga mística de orientação espiritual. Fundado o Ashram, com o apoio manifesto e eficiente dos nossos irmãos rosacruzes, liderados pelo Sr. Antônio Delfino, eis que todos nos alegramos com a iniciativa tão própria e oportuna: um local para frequentarmos com muita esperança, viva satisfação e espiritual amor, onde passamos a ter reuniões com orientação para práticas individuais no próprio lar.

Apesar de estar certo de que o Mestre Sevananda não

seria, ainda, um VERDADEIRO MESTRE, no sentido de que me era familiar no ensino teosófico, eu e a minha esposa Enita tornamo-nos seus discípulos: recebemos nomes místicos e passamos a dispor de instruções para práticas esotéricas, segundo a linha do Sudha Dharma Mandhalan. Tornamo-nos definitivamente vegetarianos. Passamos, com muita seriedade, às práticas duas vezes ao dia, pela manhã e à noite. Tínhamos que apresentar, mensalmente, relatórios sobre cada uma delas, indicando toda e qualquer ocorrência que sobreviesse durante as mesmas e o fizemos durante alguns poucos anos seguidos, a partir de 1952. Começamos a sentir-nos extraordinariamente bem, dentro do espírito das instruções recebidas: não aspirava fenômenos, a não ser psíquicos (se ocorressem, bem; mas não fazer deles o objetivo das práticas), mas, sim, buscar a expansão da própria consciência, uma percepção superior da realidade que levasse aos planos sutis, conduzindo o discípulo a procurar revigorar-se em "espírito de serviço", isto é, desejo intenso de servir ao Senhor, servindo junto à necessidade humana...

Isso queria dizer enriquecer-se em espírito de compreensão, tolerância, bondade e amor. Não seria essa uma forma de "Busca da Verdade"? Parece que sim.

A esse tempo, 1953, como já disse, lá em Resende, o Monastério "AMO-PAX" dirigido pelo Mestre Sevananda e sua esposa, o qual frequentávamos com assiduidade e especial carinho, decidimos fazer breve excursão ao pico das Agulhas Negras, isto é, chegar até o local mais alto donde se partia para a ascensão final aos quase 3.000 m de altura; essa escalada final muito íngreme, acidentada, de cerca de 400 a 600 m. Belíssimos, impressionantes e mesmo imponentes aspectos e vistas de alturas intermediárias e profundos abismos, tudo muito bem. Éramos seis pessoas: dois casais, o Mestre Sevananda e a esposa Sadhana, eu e a Enita, minha esposa, uma sobrinha minha, Edilma, e mais um jovem irmão do Mestre. De volta, 18 km tortuosos, de estrada estreita, de pedras soltas, até chegar a estrada de Resende/Caxambu, local muito agradável chamado "biquinha" fonte de água límpida e sombras atraentes.

Então, de volta, aconteceu ficar, apesar de o carro ser relativamente novo, e eu sempre atento ao seu funcionamento (era um Kaiser bem espaçoso), sem freio de pé e sem freio de mão! Como descer os 30 Km, inclusive, o íngreme trecho inicial de 18 Km, cheio de curvas fechadas? Sem jeito a dar já ao crepúsculo, sem qualquer condição de acertar o carro, só uma solução: descer engrenado nas marchas 1^a ou 2ª conforme o declive encontrado e com muita paciência. Resolvemos assim fazer, todos relativamente nervosos, eu, porém, certo de que desceríamos bem. Isso ainda um tanto claro, mas já escurecendo mesmo. Tudo ia bem. Enita, então nervosíssima, pediu à Mestra Sadhana, com o marido no banco de frente, que me levantasse um pouco o assento, para que enxergasse melhor naquela semi-luminosidade, pois só com os faroletes, desde que também a bateria enfraquecera demasiado. Ergui-me do assento do motorista, para por aí um pequeno colchão de borracha. Ao levantar-me, um joelho empurrou para frente, sem que eu percebesse, uma pequena esfera de metal, que promovia a chamada "roda livre", desligando as engrenagens que se dizia economizar gasolina, nunca, porém, aplicável em descidas quaisquer. Nesse momento, sem que eu sentisse, ficou decretado um grande perigo de morte. Logo à frente, um declive muito forte, longo, terminando com uma curva fechadíssima (em cotovelo). O carro, começou a disparar completamente solto: sem qualquer freio e sem motor engrenado. Gritei que ia atirar o carro na barreira e que todos se preparassem, mas vi que não havia barreiras: do lado direito, um abismo de ver nuvens lá embaixo, do lado esquerdo, rocha viva em balanço sobre a estrada e lá no final a tal curva em que iríamos atingir com superextraordinária velocidade! Numa situação dessa, como ficarem vivas aquelas seis criaturas? Que perigo de vida ou de morte maior se poderia imaginar? É que, parece, não havia chegada a nossa hora! Sem saber o que fazer: atirar o carro contra a rocha lateral e pivotear, caindo no abismo à direita? Ir até lá em baixo para saltar, voar sobre o abismo de nuvens lá em baixo, à esquerda ou à frente da curva fechada? O que poderia eu fazer? O que, afinal? Súbito, no auge da confusão, apagados os faroletes já naquela quase escuridão, vejo uma abertura na estrada (pequeno canteiro de obras de um bueiro à frente) e um saliente, que deveria ser também de rocha ou terra pedregosa e, sobre ele, atirei o carro para o desastre final! Era, porém, como de espuma de *nylon* para um filme cômico de Holywood! O carro entrou até o para-brisa, inclinando-se um pouco! Terra de raízes, apodrecidas, decompostas em estado avançado, fofa como espuma de *nylon*. Nós seis sem nem um leve ferimento e o carro incólume, nem foi à lanternagem.

Descemos a pé os quase 18 km de noite. Aos lados, acima e abaixo, espessas florestas com onças e porcos do mato, que tínhamos visto empalhados no Museu Nacional, na véspera.

— Poderia ter havido morte mais justificada e, até mesmo, inexorável? Ali, só os urubus no fundo daqueles abismos poderiam denunciar o local da enorme, da incrível tragédia da morte dos seis, não fosse a salvadora terra fofa que o Karma, a Lei Divina, a todos nos ofereceu?

Incrível, incrível, em tal situação ficarmos vivos e poder contar tal estória.

Triscando a morte, nós seis fomos salvos porque aquela não era a nossa hora! Graças ao ALTÍSSIMO, à Lei Divina que SABE como aplicar-se a nós, pobres e simples humanos no Caminho!

Superimpressionante: só uma pedrinha, do tamanho de um grão de milho, *dignou-se* a quebrar a lanterninha da esquerda.

Aconteceu, então, minha súbita mudança para Salvador. Fui distinguido, para incrível surpresa minha, pelo Ministro General Teixeira Lott, para fundar e comandar o Colégio Militar de Salvador. Muito surpreso, cheguei a dizer ao então Ten. Cel. Figueiredo, intermediário do convite:

— Sou, apenas e pretendo continuar a ser *apenas*, um professor, que jamais pensou em comando. Por obséquio, diga isso ao Senhor Ministro com mil agradecimentos.

Mas o Figueiredo diz-me:

— Compreenda, Cel. que esse convite é uma alta distinção, para qual o Sr. foi escolhido, apesar de haver até candidato General. Veja bem e pense bem que é a grande oportunidade de coroar a sua carreira no magistério militar: fundar um estabelecimento militar de ensino!

Conformei-me com os argumentos, voltei à Resende, consultei a família e os meus íntimos amigos, telefonei positivamente pela madrugada daquela noite e no outro dia, às 5:00 horas da tarde, recebo a mensagem-rádio:

— Parabéns! Nomeado comandante do Colégio Militar de Salvador — Urgente apresentação aqui.

Foi, na minha vida, uma grande oportunidade, em que me pus à prova, muito diferente das aulas e da condução do ensino científico da Academia Militar. Voltarei ao assunto um pouco adiante.

Essa nomeação e a mudança para Salvador interromperam o calmo decorrer das práticas esotéricas do Sudha Dharma, isso em princípio de 1957. Frutos já havia; sendo eles de conteúdo moral, espiritual e tão preciosos e cheios de vida em nossos corações, até hoje. Sempre nos lembramos com suave e mística saudade, dos tempos de Resende, junto ao Monastério "AMO-PAX", onde vivemos inesquecíveis momentos espirituais. Adiante, voltarei aos tempos de Salvador, 1957-1960.

Foi em agosto de 1954 que me ocorreu um dos mais extraordinários (senão o mais extraordinário) fenômeno da minha vida: um acontecimento pessoal, objetivo, impressionante e comprovado do contato, da presença e da ação do Mestre Philippe de Lyon! É que, naquele momento, salvou ele a vida de meu pai, que se encontrava em estado de coma, terminal, havia quase uma semana.

No Monastério "AMO-PAX", ouvira sobre o Mestre Philippe como um Grande Mestre essênio que teria vivido na França e estivera na Rússia, onde se tornara muito estimado pela família do Czar. Soubera que a Mestra Sadhana, esposa do Mestre Sevananda, lhe era muito devocionada. Enfim, seguidas vezes, o seu nome — Mestre Philippe — era mencionado, referido como um dos patronos do próprio Monastério.

Aconteceu, então, que meu pai adoeceu gravissimamente: enfarte medicamentoso, abrangendo ampla extensão do ventrículo esquerdo. Terrível choque de súbita alergia (choque anafilático?), causado por um tipo de penicilina injetável, medicação então recém-surgida no mercado. Caído desacordado ao chão, em uma farmácia, o farmacêutico ficou apavorado, pois foi ele quem lhe havia aconselhado tal injeção, apesar de sabê-lo alérgico à penicilina. Aplicou-lhe seguidamente quatro injeções de Atroveran, quando o viu prostrado. Vendo-o estremecer com a terceira dessas injeções, aplicou-lhe a quarta e meu pai recobrou a consciência, mas, logo após, ao chegar à sua residência, que era próxima daquele local, o enfarte estava amplamente instalado. Eu e meu irmão Darcy, médico, deslocamo-nos para Maceió, para assisti-lo. Foi, afinal, desenganado pelo especialista Dr. Cláudio, num domingo, quando nele se iniciou o processo comatoso. Na 3ª feira, outro médico de grande reputação local (havia sido nosso antigo colega, em Maceió, de estudos secundários), o Dr. Sebastião da Hora, examinou-o e nos disse: "Caso perdido. Enfarte de grande extensão na área do ventrículo esquerdo. Vocês só têm que esperar o colapso final". Mas o colapso não veio na 3ª, nem na 4ª, na 5ª ou na 6ª feira. O estado de coma, sem qualquer medicação possível, a prolongar-se com crises maiores em que se esperava o fim. Acontecia, no entanto, que o querido pai parecia voltar à vida, ainda em manifesto estado de coma! Afinal, na madrugada de 6ª para sábado, em torno das 2 horas da manhã, na Santa Casa em que se encontrava, eu e meu irmão, resolvemos orar e pedir ao Senhor que lhe evitasse tal sofrimento, de vez que se debatia, aflito, na tenda de oxigênio. Oramos os dois, um após outro, no interior da tenda. Alguns segundos após, na atenta observação do enfermo, eis que, súbito, vejo nitidamente, do outro lado da tenda de oxigênio, a figura do Mestre Sevananda, que se encontrava no Monastério, em Resende. Um gesto que fiz de surpresa e o meu irmão pergunta:

Que foi, que foi?! Respondo-lhe:

É Mestre Philippe, é Mestre Philippe!

Observo, aqui, que meu irmão conhecia bem o Mestre Sevananda que eu vi claramente e, por isso, até hoje, me pergunto porque não disse ser o Mestre Sevananda, apesar de ter a resposta desde aquela noite. Eu realmente não disse tratar-se do Mestre Sevananda que meu irmão conhecia, como seria natural, mas afirmei ser o Mestre Philippe, o patrono do "Ashram" de Resende. Por que falar em Mestre Philippe, se teria tido eu a claríssima visão do Mestre Sevananda, que ainda morava em Resende?

A resposta, afinal, é que, na realidade, o Mestre Philippe estava ali e viera salvar o nosso pai. O Mestre Sevananda apareceu por motivo que até hoje ignoro. Digo, apenas, que em Resende ele já nos demonstrara que tinha facilidade de se projetar em corpo astral. Estaria ali por coincidência? Por sintonia com o Mestre Philippe? Por vivo interesse também em nos ajudar, concorrendo ele próprio para o sucesso da cura? Teria ele, antes, se dirigido ao Mestre Philippe, que já sabia ter sido um excepcional curador na França, Rússia e Estados Unidos, fato esse que, na época, eu próprio desconhecia?! Deixo essas perguntas sem respostas precisas.

A clara visão do Mestre Sevananda poderá ser interpretada como alucinação, segundo os sábios materialistas. Mas que mágica "alucinação" foi essa que acabou trazendo a cura inesperada, surpreendente, incrível, do meu pai? Falando como se fosse o Mestre Philippe, prossegui gaguejando, sem que meu irmão pudesse entender.

"Consegui a graça de prolongar a vida de seu pai. Veja: estou tonificando o seu coração." — Nesse instante, as minhas mãos espalmadas e, em ponta, os dedos dirigiam-se para o coração do enfermo e lágrimas copiosas da mais viva emoção me escorriam pela face e me inundavam a camisa. "Repare bem", continuou, "esta é uma transação, uma transação. Eu quero dele a reformulação do seu ambiente espiritual". Repetiu, muitas vezes, a palavra transação até ficar normal o meu psiquismo (eu em absoluta vigília o tempo todo). Meu irmão me inquiriu sobre o que se passara, porque nada houvera compreendido.

"Foi o Mestre Philippe. Disse que o nosso pai será recuperado. Que conseguiu a graça de prolongar-lhe a vida. Que queria que ele reformulasse o seu ambiente espiritual".

Meu irmão, então perplexo, me ouviu dizer:

— Ele não mais morrerá.

Logo após, meu irmão o examina, pulso e coração, e diz:

— Está como uma criança no berço.

Tão calmo e tranquilo ficou nosso pai que eu, supercansado, fui dormir no hotel. Na manhã seguinte, na prática espiritual a que me achava afeito, tive contato com certo instrutor e per-

guntei sobre a ocorrência da madrugada. Respondeu-me então:
— Fique tranquilo, Mestre Philippe conseguiu a graça de prolongar a vida de seu pai. Ele será recuperado, ele será recuperado!

De imediato, interrompi a prática, dirigi-me ao hospital e, lá, a esperança havia renascido...

No dia seguinte, domingo, o médico, surpreso por não havermos procurado o "atestado de óbito", se escandalizou, perguntando:
— Que haverá acontecido com esse homem?

Uma semana depois, já estava ele em casa, em franca recuperação! Viveu quatro anos mais e o médico que incisivamente o desenganara na terça-feira, aconselhando-nos a aguardar o colapso final, morreu primeiro do que ele, dois anos depois!

Mais minúcias sobre esse caso está no meu livro *Além da Parapsicologia - 5ª e 6ª Dimensões da Realidade*.

Que dizer ou concluir de tudo isso? Há implicitada muita coisa que enfatizarei mais à frente, quando referir minha aproximação com o Mestre Philippe, que já vai para mais de 3.000 anos!... Direi, no momento oportuno, como foi possível saber desse relacionamento tão distante e saber, com relativa precisão, sem depender da via mediúnica de terceiros.

Cumpre ainda aqui, avançando um pouco no tempo, referir presença decisiva e análoga do Mestre Philippe, salvando um doente já sem esperança em Salvador. Também este caso se encontra minuciosamente apresentado no livro *Além da Parapsicologia - 5ª e 6ª Dimensões da Realidade*. Chegando a Salvador em 1957 como Comandante do Colégio Militar, lá soube de um jovem tenente que se achava internado no Hospital das Clínicas, vítima de um grande desastre de motocicleta. Lá, se encontrava em coma havia cerca de três semanas. A medicina não tinha esperanças: inconsciente, fratura exposta, sempre à base de 40° de temperatura, já com alta dose de penicilina sem qualquer efeito. O General comandante da Região o visitava diariamente e, certo dia, chegou dizendo:
— Agora não há mais qualquer esperança: as extremidades estão inchando, os médicos julgam que há septicemia generalizada, a febre está muito alta.

Lembrei-me, então, do caso do meu pai. Pensei: "O Mestre, que espontaneamente salvou o meu pai, não poderia ele salvar esse jovem Tenente?"

O problema seria: como poderia ir ao seu quarto para tal trabalho, em um ambiente tão católico, tão fechado a uma tal prática, a uma experiência de semelhante natureza, como a que ocorrera junto ao leito do meu pai? Isso já fazia quase três anos!

Diz-me o então Major Iram, professor do Colégio Militar do Rio, ao confiar-lhe esses pensamentos:

— Cel., vamos deixar o Tenente morrer só por causa disso, por não poder o senhor ir ao seu quarto? Se me autorizar, eu trato disso!

É claro que autorizei e, por intermédio do Exm° Senhor General Cmt. da Região, Eduardo Chaves (assim me disse o Major), a visita foi concedida e lá fui eu, entrando no quarto do enfermo, às 11:00 horas da noite.

Esse caso bem comprova, de forma inegável e evidente, o crístico poder do Excelso Mestre Philippe, hoje sei, ascensionado ser junto ao Senhor Jesus, o CRISTO e, por isso, em Seu Nome, é ele capaz de operar verdadeiros "milagres". Poucas pessoas presentes: o pai, então Cmt. do 19° BC, Cel José Bendochi Alves, um casal de tios, o Chefe do Estado Maior da Região, Cel. Milton de Azevedo e, junto à porta do quarto, o Dr. Waldemar Gomes, que até ali me conduzira.

Todos em silêncio, só o ofegar rumoroso do jovem Tenente, em estado desesperador de coma. Comecei a procurar, em prece, afinar-me espiritualmente com o Mestre Philippe, assim pensando e balbuciando sutilmente:

"Mestre, salvaste o meu pai espontaneamente. Agora, certo de que podes, na sintonia do Senhor Cristo, curar este jovem se ele merecer, e também, a sua família, bem assim eu próprio, para que seja intermediário de tal pedido; eu te invoco a espiritual presença e peço: em nome do Senhor, cura este jovem!"

Sobreveio clara vidência, como se o ambiente à minha vista se iluminasse em belíssima luz azul claro. Via o corpo do Tenente como sem vida, envolvido em larvas astrais, formando como se fosse um emaranhado pardacento, uma teia escura (impressão de teia de aranha), que passou a ser removida ao impacto da energia de luz azulada que percebia, no estado de concentração, invadir-me e projetar-se sobre o jovem enfermo, através das minhas próprias mãos! Essa operação durou cerca de 45 minutos. Suspensa, 15 minutos de descanso, nova fase de energização do organismo completamente desvitalizado, porém, agora limpo, livre da teia de aparentes larvas astrais, que antes percebera envolver o jovem. Assim prosseguindo, cerca de meia hora, saio do transe superconsciente. Pergunta-me o Cel., pai do enfermo: "Que acha, que diz?" Respondo-lhe apenas: "Nada poderei dizer, a não ser que até amanhã não morrerá, pois estou recebendo instruções para voltar aqui amanhã à noite", o que fiz, completando-se a cura.

No dia seguinte, pela manhã, cerca de 10:00 horas, quando supervisionava identificação de provas de candidatos ao Colégio Militar (1ª turma), chega e me abraça e me diz baixinho o Cel. Milton de Azevedo, que tudo assistira na véspera à noite, essas palavras inesquecíveis que me deram imenso júbilo:

— Parabéns, parabéns. — Pergunto então: "Porque, o que houve?"

E veio a resposta:

— O General acaba de chegar do hospital; a esperança renasceu nos médicos; o Tenente está sem febre e começando a indicar saída do coma!

Que extraordinária, incrível emoção se apoderou de mim naquele instante, tocado pela certeza de que o jovem se restabeleceria, isto é, de que o Mestre Philippe, nas auras puras do Divino Mestre, conseguira, depois daquele coma de 24 dias, salvar o jovem! Assim aconteceu, espantando a toda gente que conhecia o caso e, mui particularmente, aos pais do jovem oficial. Assim digo, porque, do Cel., seu pai, tive a imensa ventura de ouvir, bastante tempo depois, quando dele me despedi, ao deixar Salvador:

"Acredite ou não quem quiser, porém eu e minha senhora estamos certos de que o nosso filho nasceu pela segunda vez, no momento em que você entrou no quarto."

Sim, o Cristo e Senhor, na Glória Luminosa do Seu Divino Poder o salvou.

Esses dois casos extraordinários seriam apenas reversão espontânea, o primeiro com 7 dias de coma e o do Tenente com 24 dias e com fraturas expostas? Tudo é possível. Todavia, o conhecimento, a ciência humana, não se faz com certezas absolutas no âmbito do relativo em que todos nós vivemos, mas com hipóteses e teorias que se ajustem, progressivamente, às experiências que, muitas vezes, rapidamente evoluem e então se consagram.

Esses fatos — e os demais já referidos — terão ocorrido como autêntica demonstração da evidência da Hierarquia Maior do Espiritual Poder, da qual tanto sempre houvera falado a minha intuição e sobre a qual tanto já lera e me informara, através de magníficos livros da literatura teosófica.

É de ver-se como esses dois acontecimentos, sucintamente descritos, foram providencialmente inseridos em minha própria vida, a estimular-me no sentido da vista do Mundo Maior, de onde operam Excelsos Mestres, Ascensionados Seres de Crístico Espírito, verdadeiros missionários planetários junto à nossa difícil e sofredora humanidade! Nesses momentos assim vividos, certamente, estaria presente um impulso espiritual maior, estimulando a "Busca da Verdade".

Ainda, porém, dessa fase que estou considerando da minha vida, não poderia ir à frente, sem dizer um pouco mais do que realmente significou para mim e minha família a nossa feliz estada em Resende, entre os anos de 1945 a 1957. É que, graças ao Altíssimo, à Divina Lei, ali fomos extraordinariamente felizes, com a restrição do falecimento da minha querida mãe a 25 de junho de 1949, choque de imensa tristeza para o meu coração, mesmo assim amenizado pelo transcendental contato em meu escritório, misto de lágrimas e alegrias, de interiores recordações da infância e primeira juventude, como já referi.

Nesse contato, sobrevieram perspectivas luminosas de espiritualidade, na sintonia da fé e da certeza da sua real ascensão espiritual.

Na verdade, fui muito feliz em Resende durante os 12 anos ali, acrescida a minha família de três filhos com mais um em 1951, agora uma filha completando o segundo casal, sonho que tanto almejávamos realizado: uma família de quatro filhos, dois casais. E como eram felizes as crianças em Resende: excelente ambiente, a vizinhança em torno com suas crianças, ruas tranquilas e campos próximos para se divertirem e realizarem elas seus planejamentos infantis, a convivência sadia, cinema, com alegres "matinês" na algazarra quase infernal da explosão emocional da idade, tudo bem próprio para uma infância feliz! Isso, evidentemente, constituiu grande parte da vivência feliz dos professores e instrutores, esposas, amigos e amigas da simpática vila militar e da própria cidade. Por outro lado, a vida profissional, no ambiente atraente e límpido da Academia, amizades desde o General Comandante, passando por toda hierarquia de professores permanentes ou em comissão, comandante de Corpo de Cadetes e instrutores chefes e subalternos. Incluía-se, outrossim, no âmbito da minha amizade, o pessoal da área da administração civil, até os atenciosos servidores do café, os homens do rancho, toda essa gente que vive permanentemente simpática na recordação daquele tempo...

    O amor que cultivava ao meu trabalho na Academia, compreendia: primeiro, ensinar; segundo, dirigir e controlar a execução do ensino e a possibilidade de intervir no processo de aprendizagem. Tudo, para mim, implicava vivo interesse e sentido de realização profissional. Daí ser mantido em cargo de confiança do General Comandante por oito comandantes seguidos, de 1946 a 1957, quando então fui designado para a fundar e ser o primeiro comandante do Colégio Militar de Salvador. Além disso, a minha casa, sua sala de estar e o escritório, representavam laboratórios avançados da paranormalidade, atração de tanta gente, cientistas ou não cientistas, intelectuais ou pessoas simples, todos buscando, consciente ou inconscientemente, o transcendental — estímulo certamente à "Busca da Verdade", que tanto venho enfatizando até aqui.

    Como deixar de lembrar a figura excepcionalmente bondosa do tio Juca, o médico, irmão de meu pai, que viveu em Resende tanto tempo. Pessoa bondosa, muito querida e altamente conceituada. Aqui, nestas páginas, uma espiritual emoção de saudade, de fraternal amor sempre em ascenção no meu coração, no coração de toda a minha família, pelo muito que nos deu de sua competência médica e excepcional bondade.

A ele associo a sua devotada esposa Maria e seus filhos, aos quais sempre dediquei especial afeição. Sempre foi, o tio Juca, o sincero, seguro e devotado amigo de todos os instantes.

Ainda, na lembrança desse tempo, como não referir às emoções, o significado e a importância de minha primeira viagem ao exterior, aos Estados Unidos, em visita de observação e conhecimento da Academia Militar de West Point, ocorrida em novembro — dezembro de 1949? Na verdade, desde algum tempo, procurara preparar-me em inglês, visando à possibilidade de uma viagem ao exterior, particularmente, aos Estados Unidos. Desde antes de me transferir para Resende, ingressei no SPDC — "Standard Phonic Drill Club" — sob a competente orientação do Mr. Alfred Palmer a quem presto sentida homenagem de simpatia e reconhecimento do muito que oferecia aos membros do SPDC. Fiz ali boas amizades e senti muito progresso com tão agradável convívio! Resultado: registrei-me como professor de Inglês no Ministério da Educação. Tornei-me professor desse idioma no Colégio Dom Bosco, em Resende, e fundei um Clube análogo nessa cidade, o RELC — "Resende English Language Club". Contei com a colaboração de Mr. Holmes, um excêntrico americano cultivador de orquídeas. Tudo deu certo e chegamos a ter, em Resende, reuniões conjuntas dos dois clubes SPDC e RELC.

Surge, então, a grande oportunidade: o Diretor do Ensino do Exército — Gen Mário Travassos — decide mandar uma delegação de professores da AMAN, aos Estados Unidos, para estudar o famoso Sistema Educacional de West Point. Eu — professor de Mecânica Racional e Subdiretor do Ensino da Academia e mais quatro professores, que relembro num pleito de saudade, já que se passaram para o outro lado da vida. Eram eles: Ten. Cel. Rocha Santos, professor de Física, Ten. Cel. Abílio dos Reis, professor de Geometria Descritiva, Ten. Cel. Antenor O'Reilly, professor de Topografia e Ten. Cel. Nilo Cruz, professor de Geometria Analítica, Cálculo Diferencial e Integral. Como chefe de tal Delegação, tinha, em conjunto com os amigos, a consciência da responsabilidade que nos era conferida.

Recordo que a minha vida, em 1949, era demasiado intensa com trabalhos de administração do ensino e aulas na

AMAN, além das aulas de Filosofia e Inglês no Colégio D. Bosco. Em acréscimo, aulas práticas, que ministrava para preparar candidatos à frequência dos *meetings* do RELC aos sábados e, ainda, aulas de inglês à noite para colegas professores. Sem contar as aulas semanais, às 5ª feiras, de Filosofia Rosa Cruz e palestra para os cadetes, às 2ªs feiras, na Cruzada dos Cadetes Espíritas, cuja fundação promovi, apoiado pelo muito bom amigo Gen. Cmt. da AMAN, Cyro do Espírito Santos Cardoso.

Sim, a minha vida, aqui repito, em tais circunstâncias, era demasiado ativa e cheia de permanentes preocupações, pois exageradamente tensa, sem que eu percebesse!... Resultado: somando tudo isso ao que tive que fazer na preparação da viagem aos Estados Unidos, eis-me a sentir-me meio estranho de repente, como se demasiado sensível, meio abatido, nervoso!...
Nas vésperas da viagem, cheguei a pensar em desistir! Mas como? Se sempre houvera sido tal viagem uma intensa aspiração e, ainda mais, com a missão junto a West Point, eu, naqueles idos, o colaborador imediato e de confiança do Gen. Cmt., agora também da absoluta confiança do Gen. Mário Travassos, Diretor do Ensino do Exército!? Lembro-me que pensei: farei esta viagem, sinta-me bem ou mal; acertarei as coisas lá pelo exterior; meu irmão professor de psiquiatria e psicologia, assim me fala: "Você está muito cansado; esta viagem lhe fará bem". Fez, realmente, extraordinário bem, mas não me curou.

Intensifiquei a minha atividade, procurando dar o máximo de mim próprio, não só ajudando colegas que não falavam o inglês, como também, extremando-me demasiado na pesquisa, durante os 20 dias na Academia de West Point. Alí, vi e apreciei um estabelecimento de ensino extraordinariamente positivo em todos os campos da educação: do intelectual ao moral, com a preparação técnica muito própria à condição militar e social mais alta, para, afinal, servir bem, muito bem ao país. Confirmei tudo o que se dizia da fama dessa magnífica Academia Militar, em que o oficial sai bem formado em engenharia, com destino já para uma das armas do Exército, especializando-se na tropa por mais um ano, na ARMA escolhida, antes de tudo, superconsciente de sua responsabilidade como

"West Pointer". Uma Academia com "A" maiúsculo, de instrução e educação superior, onde se inclui o famoso "Código de Honra". Uma Filosofia de Ação de Vida, que desejaríamos que se ampliasse mais e mais a todo e qualquer sistema educacional nos demais países.

Ideais em marcha, esses sempre, há muito, encontrados na intimidade do ensino da Teosofia e que, também, fui encontrar na presença e no brilho da sóbria palavra do Dr. Swimburne Clymer, irradiante de espiritualidade verdadeiramente cristã, em Beverly Hills, quando o visitei logo depois, ao viajar até Filadélfia.

De volta ao Brasil, preparamos e apresentamos os relatórios da viagem e, particularmente, do que aprendemos em West Point: eu próprio e os demais professores. O Gen. Diretor de Ensino do Exército, Mário Travassos, decidiu que faria eu uma exposição perante o Estado Maior do Exército, visando, naturalmente, a possíveis modificações no próprio regulamento de nossa Academia Militar das Agulhas Negras – AMAN, em Resende. Todavia, não me foi possível; é que me senti mal. Estava com um acentuado "stress". Tive que me afastar das aulas e, também, da Subdireção do Ensino durante certo lapso de tempo, a conselho médico, só me reequilibrando alguns meses depois!... Tendo sido sempre muito distinguido pelos Comandos da Academia, eis que volto às aulas e à Subdireção do Ensino, menos de um ano depois, por insistente decisão e convite do General Nestor Souto de Oliveira, em 1951. Reassumi a função, na qual me mantive com mais três comandantes: Generais Jair Dantas Ribeiro, Júlio Teles e Hugo Panasco Alvim. Em 1957, desloquei-me para Salvador, após aceitar o honroso convite, já mencionado, do então Ministro Henrique Batista Teixeira Lott, para fundar e comandar o Colégio Militar, recém-criado, naquela cidade, por ato do Presidente da República. Tal a urgência desse deslocamento para Salvador que, afinal, resultou em grande sacrifício para a querida esposa, a providenciar sozinha a mudança, adquirindo uma estranha alergia, que veio a atingir-lhe a bela voz que sempre teve, chegando a cantar trechos e trechos de óperas, da qual só bem depois, em Salvador, veio a libertar-se.

A Academia de West Point com seu Sistema de Educação, calcado firmemente no "Código de Honra", seria um excelente exemplo a ser seguido por todos os estabelecimentos de ensino de países que se prezassem de se acharem inseridos no seio de uma civilização que pretendesse ser realmente cristã, como ocorre conosco, no ocidente! É triste, porém, verificar que nada mais longe da verdade, de vez que uma civilização cristã jamais seria a da exploração do homem pelo próprio homem, este armado de dinheiro e máquinas e aperfeiçoamentos técnicos, tudo próprio a concentrar a riqueza nas mãos de poucos, mesmo que a injustiça, a miséria e a fome se alastrem, envolvendo a maioria dos irmãos humanos, muitas vezes sem teto, sem alimento, sem educação, com apoios apenas teóricos, e de favor, de elites afortunadas!...

O Código de Honra da Academia de West Point não discrimina religião ou filosofia. É apenas saber-se: "*o que é certo, o dever, o que deve ser feito e o que não é certo, o anti-dever, o que não deve ser feito*". Assim, fixa-se no educando uma Filosofia de Vida, complementada por um sóbrio Cristianismo, sem porém, qualquer conotação esotérica. Aqueles educandos, talvez, não se apercebam que, ali, em seu Código de Honra, estão, na sua essência a Divina Palavra de Amor de Jesus e o Magno Ensinamento da Retidão do Buda.

Assim, apesar das restrições ao sistema americano capitalista, na Academia de West Point, o verdadeiro Cristianismo, sob o Código de Honra, procura preparar o militar como cidadão de uma pátria nobre, na segura antevisão de um mundo melhor.

Chama a atenção os ambientes amplos, sérios e tocados de valores morais, que maravilham as cerimônias religiosas ali realizadas, quer na Igreja Católica, quer na Luterana!... Para mim, que não me filio e, então, já não me filiava a qualquer delas, mesmo assim, tornaram-se inesquecíveis, pela beleza sóbria dos templos, pelos cânticos orfeônicos apresentados pelos próprios cadetes, pela austeridade zelosa, responsável, espiritual, que irradiava de toda aquela bela conjuntura humana, nas tais solenidades!...

Ainda dessa viagem aos Estados Unidos, recordo o grande dia em que, sozinho, me dirigi à Filadélfia e de lá fui ter a Beverly Hills, onde se encontrava a sede, para a América, da "Fraternitas Rosae Crucis", instituição, como já disse, a que pertencia havia um ano, frequentando o seu Colégio Pitágoras em Resende. Fui até lá conhecer, pessoalmente, o Dr. Swinburne Clymer, seu Grão-Mestre, indiscutível eminência em tal área, e alta representatividade na Federação Mundial dos Iniciados. Foi de grande valia, para mim, essa visita. O Dr. Clymer pareceu haver simpatizado comigo. Prendeu-me por mais de uma hora além do previsto, proporcionando-me voltar à Filadélfia com um seu filho, de automóvel, depois de, por sugestão sua, haver eu perdido o trem do horário que previra. Encantou-me a visita, a conversa franca com um homem verdadeiramente sábio, que já publicara mais de 60 livros! Impressionou-me substituir sempre a palavra Deus (*God*) por Lei (*Law*). A todo instante, repetia: "*But that's the Law, that's the Law*"! Isso até me fez bem: prefiro até hoje falar na Grande Lei. Na Lei Divina, no Karma, ao invés de falar em Deus. Às vezes, até me lembro do Senhor Jinarajadasa, grande Instrutor Teosófico, que dizia preferir não falar em Deus, porque, em seu nome, certas igrejas já haviam sacrificado muita gente! E, também, pode-se pensar que Buda, um dos maiores instrutores que a humanidade já teve, não falava em Deus: na subjacência do seu missionário ensino estava, também, a LEI. O RETO CAMINHO! Eu que, na minha presente existência, me mantivera sempre ligado ao problema filosófico da Vida como um todo e, particularmente, da Vida Humana, na minha contínua "Busca da Verdade", teria, hoje, que me dar conta do verdadeiro bem de tal viagem ao exterior. Conhecer novo ambiente, novos costumes, novos temperamentos, quase que uma raça, um tipo de vida diferente. Tudo isso reforçou o estímulo à "Busca", quando verificava que a abertura do Universo Moral não depende de religiões, nem de culto a denominações quaisquer de tradições às vezes deformadas e, sim, do ato da vida em si, em seu nobre aspecto, levando ao cultivo da *Retidão*. Esta — Retidão — é a tônica do ensino do Senhor Buda, enquanto o *Amor*, é a tônica do ensino e da vida do Senhor Jesus, o Cristo. Ambas as tônicas se mostravam evidentes ou vividas no nobre ambiente educacional de West-Point.

Ainda nessa década, tive extraordinárias experiências em Salvador/BA, durante meu comando no Colégio Militar de Salvador. A seguir, algumas delas.

1°) Encontrei, em fins de fevereiro de 1957, praticamente em ruínas, o prédio estadual, que abrigava menores — que o depredaram quando o deixaram — onde foi instalado o Colégio Militar. Recuperado, o edifício, tão rápido quanto possível, a aula inaugural ocorreu em 6 de maio daquele ano. Com oficiais amigos e dedicados colaboradores, como o Cel. Almir Soeiro, meu subcomandante, Majores Sílvio Silveira e Vaz Sampaio, Capitães Antônio Bendochi e Ivo de Almeida, este verdadeiramente excepcional em relação ao trato com o aluno e, ainda no professorado, Ten. Cel. Alberto Ramagem, Subdiretor de Ensino os Capitães Goulart, Panisset e alguns outros, como ainda, professores civis extremamente dedicados, sendo que, alguns, chegaram a trabalhar gratuitamente durante mais de 4 meses. Assim, como a extraordinária dedicação de todos esses oficiais e mais o apoio incondicional que me deu o Cel. Antônio Bendochi, Cmt. do 19° BC, os alunos do Colégio Militar já desfilaram *brilhantemente*, no próximo 7 de setembro, apenas 4 meses depois, a juízo do próprio Estado Maior da Região. Senti-me, então, o orgulho de quem cumpre muito bem uma tarefa, que me fora confiada pelo Exm° Sr. Ministro Teixeira Lott, não obstante as dificuldades e o não auxílio preconcebido do então Comandante da 6ª Região Militar.

2°) Houvera tido uma experiência transcendental inesquecível, abençoada pela Hierarquia Maior, ao invocar o Mestre Philippe e o Divino Mestre Jesus! A salvação de um jovem Tenente, depois de 24 dias de coma, com fratura exposta e septicemia, a qual lhe mantinha a febre em torno de 40 graus, fato já assinalado nos termos em que já descrevi.

3°) Afinal, a experiência pessoal de enfermidade que me acometeu, inesperadamente, fazendo-me sofrer muito com problema semiagudo, se não agudo, na coluna cervical, já à altura de 1958-1959, o que, afinal, acabou me levando a demitir-me do Comando do Colégio.

Na verdade, com grande sofrimento, tal enfermidade me levou até à radioterapia, para acalmar as dores e poder dormir. Só bem mais tarde, já na segunda metade de 1959, é que, depois de lidar com muitos médicos, buscando-os, além de Salvador, em São Paulo e no Rio de Janeiro, até mesmo cura nas areias monazíticas de Guarapari/ES, afinal, me equilibrei com tratamento espírita, na realidade extraordinário. Soubera da famosa médium Calina, residente na Cidade Baixa, para os lados do Bonfim, por intermédio da qual se processavam operações fisio-psíquicas extraordinárias. Procuro, então, o já conhecido e operoso médium Divaldo Franco, da "Mansão do Caminho" e o consulto a respeito. Ele se referiu à Calina de forma muito positiva. Daí, fui procurá-la acompanhado da irmã do Sgt. Jader, que sempre apreciei e estimei no próprio Colégio, sob o meu comando. Logo no primeiro encontro, fui medicado em preparação à próxima operação a que deveria submeter-me. Falando, no dia seguinte, ao Dr. Nova, especialista que, às vezes, consultava, aprovou ele a medicação, dizendo ser muito moderna e, talvez, ainda não encontrável em Salvador. Fiquei, então, confiante; consegui o medicamento e eis-me em preparação! Após três ou quatro dias, lá no ambiente da operação, me encontrava em companhia da minha esposa e do médico do Colégio Militar, Dr. Albergaria. Material para a operação: apenas algodão e éter, que eu próprio levara! De bruços, sem camisa, algodão impregnado fartamente de éter, posto sobre a cervical, distendido para o omoplata esquerdo, Calina, mediunizada (seria o Dr. João de Deus, o suposto operador invisível) atrita energicamente a massa de algodão ao longo da cervical e, mais intensamente ainda, sobre o omoplata, esquerdo, nos seus bordos inferiores e, aí, nessa última região, a mão espalmada, vai aos poucos se fechando, como juntando o algodão e, logo após, no próprio algodão, se achava uma pequena peça, como um quisto um tanto fibroso, que foi dito pelo "suposto operador" haver sido a causa de todo o processo sofrido por mim! De imediato, pensei que, exatamente naquela região, havia algum tempo antes (talvez 2, 3 a 4 meses), sofrido forte impacto de encontro a uma chave da porta do meu gabinete no Colégio. Lembro-me de que até pensei: felizmente não foi sobre a coluna!... No momento da operação, o Dr. João de Deus, suposto operador invisível, pede ao Dr. Albergaria mandar examinar o tal quisto, verificando-se, então, a contextura meio fibrosa daquela peça orgânica, com certo tom inflamatório! Comecei a melhorar muito. Todavia, fui avisado de que deveria submeter-me a outra operação, agora, porém, usando instrumento, isto é, bisturi. Assim aconteceu, sem a presença do Dr. Albergaria, que ficou indeciso por sua responsabilidade, como médico, mas fui então acompanhado pelo Major Sílvio Silveira, oficial amigo, a quem muito devo em positiva colaboração na fundação do Colégio Militar.

Submeti-me a uma injeção de coramina e, logo depois, a incisão foi feita longitudinal à altura da parte cervical da coluna. O sangue assustou a minha esposa, mas em nada alterou o meu estado de espírito. Havia sofrido uma injeção de coramina como disse e tudo continuou bem. O sangue logo controlado. A seguir, faixa de algodão bem impregnado de éter foi disposta ao longo de toda a coluna, da cervical ao cóccix. Então, se sucede forte atrito do algodão a partir do cóccix até a incisão feita na cervical. No algodão apareciam muitas e muitas pequenas partículas de cálcio, que ali se achavam concentradas e afirmadas serem osteófitos retirados, as quais, em pequeno frasco, foram entregues à minha esposa.

Foi dito que teria havido uma operação de limpeza de coluna dos tais osteófitos, e que, para isso, teria sido necessário atuar fluidificando um pouco a coluna (esta a linguagem do suposto ou efetivo Dr. João de Deus) para conseguir o fim visado e que, por isso, deveria ficar 24 horas em repouso absoluto e ser dali carregado para o automóvel até o leito em casa!...

Lembro essas emoções e esperanças, depois de quase um ano difícil, muito difícil, de sofrimento e medicina que não me curava! Acredite-se ou não: o fato é que me equilibrei, até hoje! Teria sido, mais uma vez, uma dádiva a mim concedida, evidenciando planos ou espaços superiores, onde existirão seres superiores e de onde podem operar junto à necessidade humana? É claro que, na contingência de tal sofrimento e a ocorrência da operação transcendental, sendo *eu o paciente*, me veio consolidar certezas e evidências de que estaria, de há muito, no caminho certo da "Busca da Verdade"!...

Desse ano, 1958, vive em mim bem forte a lembrança do falecimento do meu querido pai, Alfredo de Mendonça Uchôa, em Maceió, de grave distúrbio cerebral. Aconteceu quase 4 (quatro) anos depois de sua cura verdadeiramente "milagrosa" em agosto de 1954, com a manifesta presença e atuação do mestre Philippe de Lyon, nas extraordinárias circunstâncias já anteriormente acentuadas nesta autobiografia. Naquela triste oportunidade, fui à Maceió e ainda o querido pai me reconheceu e se mostrou firme, corajoso e preparado para o desenlace! Extraordinário exemplo de coragem e, ao mesmo tempo, de uma singular proteção naquele transe: muito sereno e psicologicamente firme, certamente bem amparado e sustentado pelo mesmo Mestre que já o salvara 4 (quatro) anos antes!... Por isso é que ficamos, os da família, seguros de que a desolação de sua perda para este mundo foi compensada pela certeza de ter sido ele abençoado, então, pelo Divino Mestre, o Senhor Jesus, o Cristo.

Referindo-me, como sempre venho fazendo, à "Busca da Verdade", é de lembrar e fixar aqui, nas páginas desta autobiografia, a positiva recordação da inesquecível noite, agora em Salvador, em que fui polarizado, ou melhor, inspirado, por certa entidade, Guia Espiritual de um médico presente a uma sessão promovida pela LBV (Legião da Boa Vontade), onde deveria eu pronunciar uma conferência. Era um médico muito conceituado em Salvador, amigo de muitos dos presentes e bem conhecido como um renitente debatedor das teses espirituais, reagindo sempre à aceitação de seus pontos básicos.

Era eu, então, Cel. Cmt. do Colégio Militar de Salvador. Fora convidado e aceitara falar à noite de uma 5ª feira no ambiente da LBV. Por afazeres inesperados e urgentes ligados ao Colégio Militar, fui obrigado a faltar ao compromisso. Desculpando-me, avisei e dei certeza de minha presença na 5ª feira seguinte. Aconteceu, porém, que, no domingo precedente, um excesso de sol na praia me queimou demasiado, principalmente os lábios, formando uma bolha da queimadura de canto a canto da boca. Era tão nítida, ostensiva, de tão pronunciada inchação, que passei a sentir-me mal quanto a falar em público, em tal condição: mostrar-me, afinal, com o lábio inferior inchado, deformado!... Já havendo faltado na 5ª feira anterior, cheguei lá e procurei me justificar junto ao presidente da reunião, a impossibilidade de falar, naquela noite. Havia comparecido, dizia eu, apenas por consideração à instituição, ao público que estava presente. Ficou, então, combinado, depois da justificativa junto ao presidente, que alguém me substituiria, mas que alguns momentos me seriam dados, em que tomaria a palavra para que, rapidamente, justificasse mais esse adiamento, passando a palestra para a próxima 5ª feira!... Sendo assim, aos 10 minutos para 9 horas da noite, assumi a palavra para dizer da minha impossibilidade de falar, dada a condição evidente da queimadura dos lábios e para prometer a palestra na próxima 5ª feira! Começo, então, as desculpas e a promessa da 5ª feira seguinte. Pois bem!... Terminei as "ligeiras" palavras 90 minutos depois, 1 hora e meia, às 10 horas e 20 minutos. Em resumo, acabei pronunciando, a "contragosto", conduzido por incontrolável impulso, a "palestra" da 5ª feira próxima, de forma inexorável, compulsiva, sem opção!... Ao longo da palestra, de vez em quando lembrava-me de que não podia falar! Todavia, ia em frente, falando e falando sob estranha inspiração, pode-se dizer, mesmo, uma viva compulsão... E, então, o que aconteceu, tornando aqueles 90 minutos inesquecíveis?!... Ocorreu o seguinte:

Logo encerrada a palestra, o médico, como disse antes, recalcitrante debatedor, opondo-se sempre às teses espíritas e espiritualistas nas quais dizia não encontrar verdadeiras bases científicas, estudante de filosofia que era, pede imediatamente a palavra e entusiasticamente fala, proclamando ali, de público, a sua *conversão definitiva* ao espiritualismo nos seguintes termos: "Senhor Cel., o discurso que V. Exª (nunca ninguém havia se dirigido a mim em termos de V. Exª) acabou de pronunciar, foi uma resposta completa, integral, a todas as minhas dúvidas! Até poderia parecer que V. Exª as conhecesse todas e, então, nesse discurso, se preocupasse em respondê-las!... Meus amigos, nunca mais poderei ser um materialista; não tenho mais qualquer dúvida; *faço aqui, neste momento, a minha "profissão de fé espiritualista"*.

É claro que fiquei emocionado e lhe disse, logo após serenada a vibração de suas palavras e da alegria, até tumulto, dos presentes:

"Dr, não foram apenas as minhas palavras, a palestra que ouviu, a razão de sua transformação tão rápida. Na verdade, o senhor entrou na sintonia interna do meu pensamento, de minha intuição, quando abordo esses temas."

Então, é de perguntar-se: por que hora e meia para apenas pedir desculpas *por não poder falar?* Parece-me certo responder: seguramente, alguém do Plano Maior decidiu dar àquele médico a mensagem que estava a merecer. Para isso, utilizou o que — vulgarmente, no Espiritismo — se chama mediunidade. Aliás, desde bem antes, nesta autobiografia, já mencionei haver essa condição despertado em mim, de forma objetiva e clara, indiscutível, desde os 17 anos de idade. Quando desse evento, já me encontrava nos avançados 53 anos de idade!... Para as pessoas presentes, que bem o conheciam no seu sincero interesse e na sua provada teimosia, ficou evidente o grande acontecimento da noite. Houve, então, na sala, como já disse, vibrantes demonstrações de alegria, envolvendo o recém-converso médico tão estimado por todos.

Ainda relembrando o tempo de minha estada em Salvador, 1957-1960, como Cmt. do Colégio Militar, sinto muito caras as lembranças da convivência tão sã e plena de alegria com as crianças e a juventude boa e inteligente daquela terra!...

Tenho, algumas vezes, estado em Salvador e visitado o Colégio muito bem instalado, hoje, na Pituba. Entretanto, com certa tristeza, lembro do já extinto Colégio original e as grandes dificuldades de sua fundação em Brotas, perto do Hospital Militar. Recordo as tantas e tantas vezes em que, fardado, com as insígnias de coronel, vinha do Rio Vermelho à Ladeira das Galés, em ônibus superlotado, comprimido ali dentro, porque me faltava continuidade no apoio da 6ª Região Militar ao meu transporte. O comando da 6ª RM, não há dúvida, preferia que eu me desesperasse e fosse substituído! Nessas condições, eu subia a Ladeira das Galés, íngreme, agressiva, depois da difícil viagem de ônibus, não tão indicada para um coronel fardado, na persistente certeza de que dias melhores. E assim foi: 1º) a alegria do jipe que recebi; 2º) o carro *Chevrolet* para o comando, conferindo-me, afinal, no transporte, o *status* de um Cmt. de Unidade!...

Enfim, de volta ao Rio por vontade própria, demissão solicitada, eis que o Gen Teixeira Lott, então Ministro da Guerra, me recompensa com a magnífica oportunidade de fazer o curso da Escola Superior de Guerra (ESG) que, ao tempo e até bem depois, não era acessível a professores efetivados no Magistério Militar, como eu. O Estado-Maior do Exército, que eu soubesse, não lhes facilitava o acesso a tal curso, desde que seria, antes de mais nada, necessário a indicação! Falou-me então o Gen Lott:

"Quer fazer o curso da Escola Superior de Guerra?" — "Claro que sim, Senhor Ministro!".

Então, diz o Senhor Ministro:

— Diga ao Bryner (Chefe do Estado-Maior do Exército) para lhe indicar.

— Peço então a V Exª desculpar-me por ser franco. Senhor Ministro, o Estado-Maior não gosta de professor do Magistério Militar e, por isso, peço licença para ponderar. Quer fazer V Exª o favor de me indicar diretamente?

Achou até "graça" no que falei e, no dia seguinte, já me achava por ele indicado para o magnífico Curso da Escola Superior de Guerra!... Nele fui extraordinariamente feliz, sendo-me, até possível, lá deixar um pequeno, mas talvez expressivo sinal da "Busca da Verdade", conforme assinalarei um pouco à frente.

Mestre Morya.

Capítulo X

Os anos 60 a 68 — a ESG (Escola Superior de Guerra) — USA — Curas — Os discos voadores nos céus de Washington — Brasília

De volta ao Rio, havendo deixado o Comando do Colégio Militar de Salvador, eis que os meus dois chefes imediatos silenciam a meu respeito. Seria como se já estivesse escrito na "lei do invisível": a eles dois não caberia apreciar, julgar e falar sobre o meu trabalho em Salvador e, sim, a uma autoridade maior, corrigindo ostensivamente o silêncio proposital daqueles chefes. Um deles, o meu antigo comandante, que me houvera dificultado o cumprimento da missão na criação do Colégio e, o outro, mais acima, discreta mas efetivamente, tudo indica, influenciado pelo primeiro! Não lhes escrevo os nomes em homenagem à hierarquia e, também, por não dever enfatizar aspectos tão negativos em irmãos humanos, com os quais me relacionei na conjuntura dos meus trabalhos! Soube disso, porém, o Exm° Ministro Teixeira Lott e baixou portaria especial de apreciação e elogio ao meu desempenho no cumprimento da missão de fundação do Colégio Militar de Salvador, em condições que ele houvera sabido terem sido muito precárias, difíceis! Ainda hoje, ao recordar, sinto-me bem, na certeza de que não decepcionei o insigne Ministro, que ora homenageio nesta lembrança.

Antes de prosseguir, devo dizer que esta década 60-70 foi para mim extraordinariamente rica de experiências, no sentido da "Busca da Verdade", que venho referindo ao longo desta autobiografia. Pouco a pouco, poder-se-á ver a razão de tal afirmação; é que, nos anos subsequentes, minha vida evoluiu em tônica transcendental indiscutível, um tanto diferente da dos anos 40-60, envolvendo a pesquisa sobre os chamados Discos Voadores, visando a objetivos de contatos, o que será referido, com relativa minúcia, mais à frente.

Eis-me, então, em princípio de 1960, matriculado na Escola Superior de Guerra! Éramos uma turma de 93 estagiários (estagiário chamava-se ou chama-se até hoje; não, aluno) sendo 58 civis e apenas 35 militares. Que ambiente magnífico de estudo e trabalho, todos conduzidos pelo mais vivo interesse patriótico e tomados da convicção de estarmos nos preparando para, em alto nível, servir à própria Nação! O Poder Nacional estudado como decorrência das possíveis ações do próprio Poder, considerado este em 4 (quatro) campos bem definidos: *econômico, psicossocial, político* e *militar*! Como professor da Academia Militar, eis-me, então, inserido particularmente no campo psicossocial, sem perder de vista, porém, que a Escola, a ESG, se destinava, como ainda hoje, a promover e realizar estudos visando a uma verdadeira e harmônica integração do Poder, como resultante daqueles campos. O estagiário seria convidado a instruir-se em todos eles, assenhorar-se dos problemas de cada um, para, afinal, ter uma visão superior da realidade nacional em termos de Poder Atual como, também, no do Potencial a realizar a curto, médio ou longo prazo, na emergência de necessidades internas nacionais ou externas, internacionais.

Assim, em conferências sucessivas, com debates francos, implicando complementações e esclarecimentos maiores em torno dos temas apresentados, os estagiários, assim estimulados, prosseguiam reunidos em Grupos de Trabalho. Então, com tarefas específicas, eis sem dúvida o indiscutível proveito de tais atividades, na consideração globalizada dos problemas nacionais e sugestões de linhas estratégicas que devessem orientar a atuação político-administrativa realizadora do Governo. Visar-se-ia, naturalmente, ao propósito da atuação governamental operante e efetiva, com vistas às realizações próximas ou mais distantes, porém, sempre, colimando, *nos objetivos nacionais permanentes...*

Durante esse ano de 1960 na ESG, fiz ótimo relacionamento, podendo apreciar e valorizar muitos colegas e bons amigos, que recordo com saudade. Tivemos nós, os estagiários, magníficas oportunidades de viagens no Brasil e fora do Brasil, as quais nos trouxeram sensível proveito. No Brasil, as viagens à Foz do Iguaçu, a magnificência das águas que nos oferece sentimento profundo de poder, poder e energia. Ao Território do Amapá, Serra do Navio, conhecemos do imenso potencial em manganês dessa região da vastidão amazônica. Ao Rio Grande do Sul, onde tocou-me a viva emoção, superiormente alimentada em mim pelas tradições de liberdade e vista ampla das coisas, tudo arraigado nos campos ondulados, os pampas daquela terra privilegiada!... No exterior, a viagem aos Estados Unidos, inesquecível e proveitosa, particularmente pelo que fomos vendo por lá em avanço de melhoria na vida familiar, social e, também, nos ambientes que expressam demonstração de poder, quando visitamos instalações militares de toda ordem. Vimos e apreciamos tudo, desde Forte Bragg aos subterrâneos de Nebrasca, centro de defesa estratégica do Ocidente, até às imediações do Canal do Panamá, onde se planta, no Caribe, a segurança de defesa da região interamericana e, ainda, até Colorado Spring e Pittsburgh!... Esta foi uma maravilhosa viagem de instrução, alargando-nos substancialmente a vista sobre os problemas da defesa ocidental!... Falando em defesa, lembro-me de que, no ambiente da ESG, já tínhamos ouvido, então, alta autoridade da Embaixada Americana referir-se a bombas atômicas (seria, com certeza, a bomba de hidrogênio), que teria um raio de ação de 400 km; pensei, então, que, se lançada sobre o Rio, atingiria São Paulo!... Desde antes, mas particularmente depois desse anunciado poder atômico, a visão apocalíptica de possível destruição da humanidade... jamais me abandonou!...

Na Escola Superior de Guerra, vivi eu um grande e inesquecível momento, em que, certamente, pelos espaços visíveis e invisíveis do auditório, perpassou uma onda qualquer de cósmica vibração, à qual ninguém, ninguém mesmo, pôde ficar indiferente! Relembro o acontecimento e tenho certeza, com modéstia interior — pois conheço a fonte, as causas — mas com ostensiva "vaidade" exterior, humana, pois fui aplaudido de pé por todo o seleto auditório: todos os estagiários (cerca de noventa colegas), instrutores, professores e conferencistas do chamado "corpo permanente" da Escola. Também estavam presentes o General Chefe do EMFA (Estado-Maior das Forças Armadas), o General Cmt. da Escola (na época, o Gen. Fabrício) e mais uns tantos oficiais ligados à Chefia do EMFA e ao Comando da ESG. Já houvera sido eu relator de um Trabalho de Grupo versando sobre a Lei de Diretrizes e Bases de Educação, então palpitante e importante assunto em debate no Congresso Nacional. Havia sido muito feliz na apresentação, em plenário, do relatório do Grupo. Na ESG, era distinção tal oportunidade: a rigor seria como se o orador, o relator, fosse o conferencista do dia a ser submetido, juntamente com o seu Grupo de Trabalho, ali presente no tablado do auditório, ao debate que se seguia à exposição. Tal debate normalmente se estendia por hora e meia a duas horas. Nunca havíamos assistido a qualquer exposição sem o debate sistemático e amplo a seguir.

Aconteceu, porém, que, um pouco depois, fui novamente escolhido para relator de um Grupo de Trabalho sobre o seguinte tema: "Estudar os Problemas de Moral nos Vários Setores da Vida do País e Indicar Linhas de Procedimento em Benefício da Segurança Nacional". Soube, algum tempo depois, que esse tema quase foi vetado, em face de sua delicadeza e implicações. Relutei, no ato, ponderando já haver sido distinguido com o privilégio da oportunidade do relatório sobre a Lei de Diretrizes e Bases da Educação. Por isso, não achava justo privar um colega dessa oportunidade, em meu benefício. Nada consegui para demover o Grupo da escolha feita e eis-me então relator de outro tema, por si mesmo muito interessante, por implicar conotações eminentemente filosóficas de características sociais, morais, políticas e, até mesmo, religiosas. Na verdade, qual seria a Moral, segundo a qual o Grupo deveria apreciar e desenvolver o tema? Haveríamos que a justificar plenamente, para que o trabalho detivesse condição de validade. Tarefas distribuídas a cada um, como de regra, ficando ao relator a missão de integrar as contribuições de forma justa, coerente, válida. Sendo assim, sobrevieram as contribuições, as quais, em sua maioria absoluta, foram assimiladas na redação final do relatório, aprovado pelo Grupo. Ficou bem claro que, além de relator, me coube a tarefa de quase toda a introdução filosófico-moral e a parte referente à moral na família, aproveitando, é claro, a contribuição dos colegas. Aprovado o relatório no Grupo, chega a oportunidade de sua leitura e debate. O relator, praticamente, o conferencista do dia, cujo trabalho deveria ser largamente debatido. Logo de início, nesta recordação, já anuncio o "absurdo", o "inesperado", colocando o que a Teosofia sempre estimulou, ao indicar caminhos cada vez mais claros para viver e compreender o mundo! Devo dizer que, no dia da apresentação, só pensava em manter-me restrito ao tema do relatório aprovado pelo Grupo, por ser ele muito delicado. Não havia no Grupo um só estudante de Teosofia; era um relatório sóbrio, objetivo, legado à conjuntura do momento, preparado e redigido com muito cuidado.

No ambiente da ESG, havia uma audiência de mais de 100 pessoas: estagiários, membros do corpo permanente e visitantes, o General Chefe do EMFA e oficiais desse órgão. Aí, então, aconteceu o inesperado.

Comecei a ler muito pouco e a falar muito mais, desenvolvendo larga e atipicamente a introdução filosófica do relatório bem simples e cuidadosamente elaborado. A facilidade, porém, da palavra, o relativo entusiasmo que mais e mais me conduzia a inesperados desenvolvimentos e, até a posições não defendidas ou expostas no relatório, tudo acabou por me fazer empregar quase todo o tempo de que disporia para apresentá-lo, lendo menos de 1/3 do seu centeúdo!... O presidente do Grupo se levanta, vai até junto a mim na tribuna, interrompe-me e fala:

— Coronel, tenha a paciência e veja que já não dispõe mais nem de cinco minutos do tempo para falar e não leu ainda 1/3 do relatório; não há mais tempo para apresentá-lo completo!...

Atônito e indeciso, ouço a voz forte e vibrante do então Cel. Castro e Silva, que tinha a seu cargo o controle do tempo, exclamando muito alto:

— Continua, continua!...

Segue-se, então, uma grande gargalhada dos assistentes, pela ênfase da palavra do Cel e, principalmente, porque não tinha mais ele, ali, autoridade para o que fizera. Era que o General Fabrício, Comandante, estava presente e, então, só ele poderia autorizar-me a prosseguir além do tempo previsto, ao qual deveria seguir-se o debate de uma hora e meia. Serenado o ambiente, diz-me o General Comandante:

— Coronel, esqueça-se do tempo e fale o tempo que quiser!

O silêncio voltou a reinar e prosseguiu, tanto ou mais veemente do que antes!... Não houve o debate de hora e meia regulamentar e falei, assim, mais de duas horas sobre o tema, cuja exposição encerrei sob intensos aplausos dos colegas, toda a magnífica assistência de pé!... E eu um tanto "espantado" e perplexo, em face de tal manifestação tão espontânea e ruidosa!...

Levanta-se, então, de imediato, o Professor Lamy, muito católico, da Faculdade Santa Úrsula, e fala, dirigindo-se ao General Comandante:

— Não tenho procuração dos colegas nesta situação inesperada, mas julgo poder representá-los. Senhor General, pediria a V. Exª que, impresso esse trabalho, fosse ele enviado a órgãos públicos e de classe. Seria bom, muito bom que o conhecessem.

Por que razão tudo isso ocorreu? É de não saber-se bem, mas ocorreu: na ESG, pela primeira vez, um tema exposto não ser debatido!...

A seguir, teço algumas considerações sobre aquela minha fala, que não deixa de respirar algo do transcendental com que, de regra, nós humanos, habitualmente, não estamos afinados. Assim aconteceu.

Lidas as duas ou três primeiras páginas do relatório, que conduziam ao problema ético-moral, começo a falar livremente, sem a leitura sistemática e cuidadosa do relatório que, lá pelas páginas 6 a 10, concluía pela moral cristã, à base do amor e da espiritualidade sem quaisquer considerações dogmáticas.

Súbito, veio-me ao pensamento a miséria da fome, da falta de abrigo, de um lar não orientado, incapaz de viver os sentimentos puros que devem informar o mundo social etc... Tudo isso me levou, de imediato, às condições materiais da existên-

cia e à sua verdadeira importância na vida e na convivência entre as pessoas. Então, fui dizendo e prosseguindo mais e mais:
— "Estamos aqui falando e filosofando sobre moral, mas como viver moralmente no âmbito indefinido dos mocambos e das favelas, no conluio indiscriminado da ignorância, da fome, da ausência de tetos e abrigos que protejam das intempéries, da falta de orientação educacional que compense, reequilibre e vença os primários desejos do sexo e do egoísmo? Tudo isso conduz aos conflitos e crimes, desde muito cedo, quando, então, a mente infantil, a sensibilidade da criança e da primeira juventude, ainda tão plásticas, podem salvar-se pelos exemplos dos pais e dos adultos educados. Onde, porém, esses educados, socialmente realizados, que seriam herdeiros de tal tradição de miséria dos mesmos ambientes, que se perpetuam num sistema de vida contraditório, cheio, às vezes, da moral teórica dos domingos nas igrejas e feriados por um lado, e cheio de impossibilidades básicas de saúde do corpo e do espírito, por outro, durante os dias da semana que prossegue"?!
— "Então, devemos voltar, corajosamente, o nosso pensamento e reverenciar aqueles que enfatizam, como fundamento de uma sociedade feliz, a importância das condições materiais da existência! Isso significa ser materialista? Talvez, mas há que se procurar desmistificar essa tal salvação de almas pelas religiões que insistem na humildade, no valor de ser submisso, quiçá escravo, sofredor e, até miserável por algum tempo, para ter a compensação da salvação da alma para a "Vida Eterna"!...
Continuei falando, com estranha e surpreendente ênfase, sobre a importância desse outro mundo para o qual o homem "tem" que salvar-se, mas no qual ele precisa valorizar-se neste próprio mundo! E acrescentei:
— A realidade é assim mesmo, isto é, o outro ou outros mundos, que existam ou possam existir, convivem com o *espaço-tempo*, em que estamos inseridos. O ser humano participará, então, desse ou desses outros mundos, ou outros espaços, quer sejam próximos, quer remotos!
Naquela oportunidade, lembrei a passagem de Sócrates, quando disse: "Conhece-te a ti mesmo e conhecerás o Univer-

so e os Deuses".

A conclusão seria a de que temos que nos salvar, nos realizar verdadeiramente em "espírito e verdade", aqui mesmo; porque o *aqui* e o *agora* e o *futuro* se confundem na *eternidade do ser*. Parecia até que estávamos enaltecendo demasiado os materialistas. Não seria, porém, assim. Eles, os materialistas, parecem não haver chegado a um materialismo maior, no qual, podemos proclamar hoje, convive o espírito que informa todo o Universo. Daí em diante, fui mostrando que é necessário conhecer outros níveis superiores da matéria e da energia, que a Metapsíquica e o ensino esotérico, profundamente espiritualista, consagram e demonstram. Expus, assim, um materialismo de um *mundo só*, bem mais rico do que a ciência atual ainda supõe, oferecendo sutileza progressiva da matéria que conhecemos, até os níveis etérico e supra-etérico e, ainda mais, de outros espaços que, certamente, convivem com o espaço-tempo. Nesse sentido, espaços de matéria não física e energias correspondentes, ainda não denominadas, ou mesmo nem suspeitadas pelo ensino acadêmico oficial, tudo, afinal, conduzirá, certamente, no futuro, a um conceito muito mais rico do Homem e do Universo!...

Chegado a esse ponto, começo a falar do espírito convivendo com a matéria, em todos os níveis em que ela se manifesta, até chegar à condição, ainda material, mas já um tanto espiritual do homem interior, pessoalmente digno e divinamente moral, que se afirma, em si mesmo, nos seus valores espirituais, capaz de realmente amar, conquistar sabedoria e poder, pelo conhecimento das Leis Superiores da Vida que lhe traçam a excelcitude do próprio destino! Tese e antítese, a seguir, a *SÍNTESE*, comunhão dos contrários, critério hegeliano para o conhecimento e definição da Verdade. No caso, Materialismo, a Tese, Espiritualismo, a *Antítese*; a seguir, a comunhão de tais contrários: Verdade, ou seja, a *SABEDORIA DIVINA*.

Em tal linha de pensamento, quando enfatizando o Espiritualismo, fui mostrando o papel importante, porém primário e limitado, dos dogmas de todas as religiões do mundo, tentando encerrar, em seus círculos pequenos e fechados, a ascenção do espírito humano para o Poder Supremo, o Divino. Esse é o caminho para realizar a Palavra de Jesus, de viva esperança, considerado o valor indiscutível, mas relativo, das Religiões Dogmáticas para o homem, ainda nos primeiros degraus da sua divina ascese. Falei, ainda, da necessidade de compreender e procurar despertar, afinal, no ser humano, sua responsabilidade inalienável no esforço para a DIVINA ASCENSÃO. Esta, sim, um dia do futuro, será a verdadeira Salvação da Palavra do Divino Mestre, realizando o absoluto ecumenismo para a nossa humanidade, ao qual Ele se referiu, quando disse:

— E, um dia, virão do norte e do sul, do oriente e do ocidente e serão um só *Rebanho e um só Pastor*.

Tudo isso eu falei, sob o influxo inspirativo do momento, procurando ir à frente na leitura do pequeno relatório (seriam de 35 minutos). Em consequência, falei pouco mais de 2 (duas) horas, acabando, em definitivo, com o debate, depois de explicitamente autorizado por S. Ex.ª o Comandante General Fabrício.

Religiosos de todos os matizes, não religiosos estudiosos dos problemas sociais e políticos de diferentes correntes ali presentes, todos de tônica anti-marxista, todos, sem restrições quaisquer, aceitaram a abertura da Cósmica amplitude filosófica apresentada. E essa abertura abarcava, em harmonização inegável, as posições aparentemente opostas do materialismo marxista e do espiritualismo cristão amplo, universal. Nada implicava na sistemática dogmatizante das Igrejas, mas no Espiritualismo que, de há muito, poderia ser visto convivendo intimamente com a matéria dos espaços que se interpenetram e se sucedem, fazendo entrever o Divino Destino do Ser Humano!

A propósito, acrescento que escrevi, ou melhor, disse essas coisas em 1960 e, hoje, desde poucos anos para cá, os sábios físicos da Universidade de Harvard, Boston, afirmam que é mister, imprescindível mesmo, admitir e afirmar o "espaço do espírito", a conviver com o espaço do elétron, isto é, o da matéria, o nosso espaço-tempo, dentro do qual todos estamos inseridos.

Lembro, com felicidade e até espiritual euforia, esse grande dia na Escola Superior de Guerra, repito, com natural e bem possível "vaidade humana", por ter sido aplaudido de pé, mas, também, seguramente, com modéstia interior, por estar bem certo de que o que então aconteceu foi, para mim, uma prova de estar certo na "Busca da Verdade", em cuja busca o discípulo jamais está só, quando começa a dar, mesmo muito tropegamente, os primeiros passos na Senda do Espírito. Ainda nesse 1960, terminando então o Curso da Escola Superior de Guerra, por excesso em banho de cachoeira, com duchas um tanto violentas, sinto algo de anormal no trecho cervical da coluna, em mim muito sensível, depois dos sofrimentos em Salvador e da cura que já referi. Vou, então, no Rio de Janeiro, ao Dr. Jorge de Oliveira Belo, médico homeopata confessadamente espírita. Lembro o fato, aqui, de vez que o nosso encontro marcou uma fase, que me foi muito positiva na área transcendental da cura paranormal, em que sempre andei envolvido, como já disse, desde os meus 18 anos! Entro em seu gabinete; vejo um quadro de Jesus e lhe pergunto:

— Dr. Belo, o senhor é espírita? — Responde: — "Sou e estou vendo que o senhor também é. Aliás, logo que o senhor entrou, tive a ideia de convidá-lo para trabalhar comigo: o Sr. tem pérolas mediúnicas que talvez desconheça..." — Digo-lhe então: — "Acertou muito bem, Dr., quanto às pérolas mediúnicas; só não está certa a sua dúvida quanto ao meu conhecimento delas. Conheço-as e as tenho usado." E ele acrescentou: "Há muita gente, naturalmente referindo-se ao mundo invisível, esperando pelo seu trabalho!"... Então, concordo de imediato e muito alegre, satisfeito. É que as atividades profissionais intensas, com a fundação do Colégio Militar de Salvador e, naquele ano, o Curso da ESG, não me haviam permitido, praticamente, trabalhar no campo da mediunidade curadora a que sempre me dedicara. Acertamos que eu começaria a trabalhar logo que terminasse a ESG. Assim aconteceu e eis-me na proximidade de seu gabinete, em uma sala muito adequada, logo no início de 1961. Bendigo o tempo em que comecei a conviver com a clínica do Dr. Belo, admirando-o sempre por seu alto espírito de caridade cristã, atendendo gratuitamente clientes e clientes, cobrando, apenas em dias alternados, extraordinariamente pouco, em relação ao padrão médico da época. À minha vista e apreciação, o trabalho, a dedicação e o desprendimento do Dr. Belo, no atendimento clínico, bem o definiam como um solícito e verdadeiro cristão!... Mais de

2 anos frequentando o ambiente de sua clínica em Botafogo, firmaram em mim a certeza de que estava no caminho certo, sempre na "Busca da Verdade", procurando dar de graça a irmãos necessitados, um pouco do muito que recebia de instruções e ensinamentos esotéricos, que sentia enriquecer-me o mundo interno. Ao mesmo tempo, notáveis casos de cura, decorrentes da contínua assistência junto à necessidade, se sucediam. Recordarei aqui apenas 3 (três) que, indelevelmente se fixaram na viva recordação daquele tempo.

Logo no terceiro dia de trabalho junto ao Dr. Belo, no início da noite, como de regra, uma senhora me procura e diz: "O Dr. Belo mandou que minha filha René viesse à sua presença. Ela tem estado muito mal; já esteve internada por 3 (três) meses no Hospital da Aeronáutica. Tem acessos convulsivos violentos e, depois, passa sempre 2 (dois) a 3 (três) dias sem se alimentar. Vim dizer-lhe isso, para que o Sr não fale na presença dela". Um pouco depois, chega a jovem René, muito pálida e aparentemente deprimida. Sentamo-nos os três e, logo de imediato, digo, levando à estupefação a Senhora que, antes, cuidadosa, me pedira discrição:

— Mas a senhora veio dizer-me que sua filha estava tão mal?!... Por que isso? Ela já está boa; neste instante nada mais tem. Sim, ela estava doente, mas não era propriamente doença! Sofreu uma tremenda atuação espiritual de alguém que não é má, à qual a ela se ligou, desequilibrando seu *status* orgânico, por amor ou, talvez, uma excessiva amizade! Já foi afastada! Senhorita, agora você está completamente boa!...

A Senhora, mãe de René, demasiado surpreendida diz:

— René, o que o Coronel está dizendo!? Lembre-se que você adoeceu logo após a morte de sua maior amiga, a Verinha!

Então, acrescentei eu: "pois foi essa mesma Verinha, que se ligou demasiado ao seu psiquismo, a toda a sua estrutura emocional e física, desequilibrando, por amor e ignorância do estado em que está, o seu organismo físico-psíquico", disse eu à René.

Passados apenas 3 (três) dias, volta ela ao consultório do Dr. Belo, completamente restabelecida, acompanhada do noivo que desejava apresentar-me! Hoje, nesta lembrança de algo marcante na vida daquela jovem e, para mim, tão comprobativo de um outro plano ou nível de existência, de onde podem provir ações tão objetivas, incluindo-se sobre a vida humana, tenho mais uma razão para a certeza do caminho que leva à Verdade!

Ainda desse tempo de trabalho junto ao Dr. Belo, a maravilha, assim posso dizer, de uma transformação extraordinária na perspectiva de saúde de uma criança, talvez entre seus 9 a 10 anos, cujo tio, colega meu na ESG e médico, Dr. Olympio da Silva Pinto, me procura e pede para fazer algumas projeções energéticas ou passes e, assim, atender à criança, que deveria, em breve, operar-se na área de urologia. Não sou médico para minuciar, aqui, aquele problema. Lembro-me, apenas, de que a menina, de família com bastante recurso, de Campos, era tratada por médico de alto conceito no Rio, havia algum tempo, e que deveria sofrer a intervenção, visando à anormalidade de refluxo da urina, que estaria afetando o seu rim. Pediu-me o tio para atendê-la, pensando em que poderia eu colaborar de certa forma no caso, talvez com uma possível revitalização orgânica da criança! Lembro-me que, dada a minha ignorância anatômica, só pude pensar na região do problema e pedir ao meu Mestre querido, Philippe de Lyon, que projetasse, ali, a sua luz azul celeste, que, muitas vezes, via em tais momentos. Assim, procedi em duas oportunidades. Mais uma terceira vez, assim fiz, ligeiramente, dois ou três dias antes da operação! Pois bem! Não mais foi realizada a operação. Estava curada, isto é, a *operação foi incisivamente de outro nível!* Será isso acreditável? Parece que não; é difícil, mas não vou recear ser correto, honesto perante mim mesmo, perante a Verdade, que sempre busquei e aqui fica o depoimento. A menina estava surpreendentemente *operada*. O próprio especialista ficou espantado desde que acompanhava o caso, havia anos! Reversão espontânea? Sim, poderia ser. A minha vida, porém, está cheia delas... Lembro-me bem de que o Dr. Olympio, meu colega e tio da menina, me disse do espanto, da incrível surpresa do médico que vinha tratando da criança, aconselhando, afinal, depois de bastante tempo, a tal operação!... Examinando-a na 5ª feira, em que seria operada e nada mais encontrando para operar, internou-a até o sábado seguinte, aconselhando alguns exercícios nos dois dias que se seguiram, para ajuizamento final no sábado. Deu-lhe, então, "alta" definitiva; estava realmente curada! Nesta autobiografia que vou apresentando, seguindo, quanto possível, o decorrer cronológico, fatos análogos serão referidos, inclusive um caso idêntico em criança de 2 (dois) anos, esse, porém, à distância, mediante apenas recomendação telefônica à mãe, em Teresópolis. Esse caso assim ocorreu. Certo dia, em Brasília, recebo carta de uma mãe aflita, residente em Teresópolis, dizendo ter uma filhinha de 2 (dois) anos muito enferma, padecendo de muitas dores. Dizia-se ela desesperada, pois teria a filhinha que ser operada da bexiga; seria refluxo da urina para os rins. O cirurgião determinara aguardar 3 (três) semanas a 1 (um) mês, para eliminar excesso de contraste usado pelo radiologista. Como suportar tal sofrimento da garotinha?! Quando lhe estava para responder, telefonou-me ela em viva aflição. Fiz a senhora prometer-me fazer (mesmo que não acreditasse) o que eu iria indicar: três ou quatro vezes por dia, orar pedindo ao Mestre Philippe curar a sua filhinha, pensando ela intensamente na *luz azul celeste brilhante* da irradiação do Mestre, que ela deveria visualizar, passando por suas próprias mãos colocadas na região enferma. Rápido, disse-me ela depois, a garotinha é aliviada e, quando vai ao médico para a tal operação, nada mais tinha, estava curada!...

Ainda desse magnífico tempo de trabalho junto à clínica do Dr. Belo, a incrível cura da esposa de um prezado amigo dos tempos da Escola Militar do Realengo, então General no Comando da Grande Unidade militar de paraquedistas, na Vila Militar (RJ), General Paulo Torres, cujo caso se acha com minúcia no meu 1º livro, *Além da Parapsicologia*. Aqui resumirei:

Enfermidade de vários meses, de tônica psíquica, com noites perturbadas de inaudita ansiedade. Afinal, depois de assistência e persistentes tratamentos psiquiátricos, havia nove meses, procura o Gen. Torres o Dr. Belo (então em Botafogo), com o qual eu trabalhava, como já dito. Consultado, Dr. Belo indica procurar-me em Niterói, onde eu e o amigo Torres morávamos. Solicitado, eis-me na sua casa.

Em sua residência, a esposa do General expôs-me os sofrimentos, que já vinham de meses, sob a ineficiência de tratamentos psiquiátricos. Digo-lhes: "Desejaria que fossem à minha residência, na 5ª feira, quando lá realizamos uma pequena reunião espiritualista de estudos (não espírita); sei que são católicos, não quero fazer proselitismo; isso, para mim, não mais tem "importância"!...

Pois bem, essa palavra "importância" curou definitivamente a senhora enferma, sem que eu pudesse nem de leve esperar! Disse-me, depois o Gen. Paulo Torres (chegou a ser Presidente do Senado Federal, já reformado como Marechal), quando o encontrei na 2ª feira seguinte e explicou a razão pela qual não haviam ido à minha residência na última 5ª feira: "Veja você! Ela está boa desde àquela noite; foi o mesmo que tirar a moléstia com a mão!".

Acontecera o seguinte. Na ocasião, quando eu falei "isso não tem importância", súbito, a senhora entrou em uma aguda crise a censurar-me:

— "Não tem importância, como não tem importância?!... Como? Então você (dirigindo-se a mim) vem aqui para me afastar dela, me arrastar daqui? E ainda diz que não tem importância? Saiba! Eu sou o pai dela e não posso estar longe de minha filha!".

Insistiu, energicamente, repetindo a mesma coisa com energia crescente! Eu, muito calmo, tranquilo, acalmei o ambiente. Para todos os efeitos, tudo se passou como se ali estivesse uma personalidade intrusa que, afinal, se retirou, após eu "explicar-lhe" o mal que estava trazendo, sem saber, à sua filha, com aquela aproximação excessiva. Resultado: a senhora ficou completamente restabelecida. Minúcias desse caso, que já vinha de muitos meses, se encontram em meu primeiro livro publicado, *Além da Parapsicologia*.

O ano de 1960 reservou-me um acontecimento que, certamente, valeu pouco para os estagiários da Escola Superior de Guerra, o qual foi, porém, de suma importância para mim, no sentido do estudo e pesquisas posteriores, que me vieram revolucionar a vista do próprio mundo da ciência, da filosofia e da espiritualidade. Tal acontecimento, levou-me a um relacionamento objetivo com alguns outros ambientes de cultura e estudo do assunto nos Estados Unidos e na Europa. Trata-se do problema dos DVs, isto é, dos Discos Voadores. É que fomos convidados, os estagiários da ESG, para assistir, na ABI, a um documentário filmado, sobre os DVs, preparado e liberado para a divulgação reservada pela Força Aérea Americana. Cada estagiário poderia levar sua esposa. Assim o fiz. Filme muito bem feito, bastante objetivo, calcado certamente em dados decorrentes de elementos colhidos nas atividades implicadas no projeto "Blue Book" que, posteriormente, viria eu a conhecer. O filme, como disse, sem fantasias, mas com algum "suspense", termina, afinal, com algo realmente extraordinário e tecnicamente muito bem controlado pelo sistema de gravação e "radar" do aeroporto de Washington: a visita de 14 objetos voadores às alturas de Washington. Tudo registrado, oficialmente, em filme e em áudio. Assistimos o que se teria passado na Torre de Controle: a emoção dos observadores, técnicos que acompanharam o andamento do surpreendente acontecimento sobre Washington! Apareceram alguns pontos indicativos, nitidamente, de objetos no radar e, logo depois, alí são vistos mais quatro pontos, deslocando-se na mesma direção. Eram, esses últimos pontos, os quatro jatos da Força Aérea Americana, que haviam decolado com a missão de pesquisa e identificação dos pontos desconhecidos. Súbito, desaparecem os tais pontos indicativos dos objetos e sobrevém o comentário do técnico observador naturalmente admirado:

— É como se desaparecessem os objetos com velocidade infinita!

Hoje, sei bem que haviam, apenas, se invisibilizado!

Logo a seguir, aparecem novamente na tela do radar, objetos análogos. Surgem, desta vez, apenas dois jatos americanos, mantendo contato com a Torre de Controle. Aí, dá-se o oposto: os objetos se aproximam dos dois jatos e formam um anel, envolvendo-os e dispondo-se cada vez mais perto. Isso promove, naturalmente, tensão crescente nos comandos americanos, denunciada na gravação feita! Fecha-se o anel mais e mais e, de repente, tudo se desfaz e, novamente, os objetos desaparecem instantaneamente. Os depoimentos gravados, no filme e em áudio, dos pilotos dos quatro jatos, não deixam dúvidas sobre do que se tratava.

Daí em diante, comecei a interessar-me pelos DVs, mas na contingência da época, não os pude estudar com seriedade e investigá-los pela própria natureza do fenômeno. Aparições sempre inesperadas e fugidias, avistamentos muito sujeitos a descrições fantasiosas, enganos e até mistificações conscientes ou inconscientes.

Certa vez, alguns meses depois, já em 1961, a imprensa do Rio de Janeiro publicou um despacho proveniente de cidade americana, que informava sobre um casal, supostamente de interplanetários, o qual teria desaparecido misteriosamente de um restaurante. Alguns anos depois, em estudos, buscando cuidadosamente informações da conjuntura mundial sobre tais fenômenos, fui encontrar o célebre caso Thruman Bethrum. Este cidadão era funcionário graduado de uma empresa de estrada de ferro, em expansão de suas linhas. Certa noite, de fim de semana, quando só no acampamento, teve a extraordinária oportunidade de ter à sua frente um estranho objeto. Quando procurou aproximar-se, viu-se cercado por seres (humanóides) muito baixos e fortes, que o levaram ao interior do objeto, à presença do Comandante, surpreendentemente uma mulher, que se chamava Ana Rhanes. Bastante afável e até bonita, depõe Thruman, proporcionou-lhe ela algumas poucas provas de poder paranormal e promete futuros encontros. Em carta à esposa e, verbalmente, ao seu chefe, descrevia a Comandante Ana Rhanes, destacando sempre sua simpatia e beleza. Certa vez, em um restaurante, o chefe de Thruman lhe chamou a atenção para um casal, que lhe fazia lembrar a descrição de Thruman. Estaria o casal em mesa próxima. Thruman se dirige àquela mulher e a cumprimenta; inquire sobre conhecerem-se antes e insiste. Ela responde negativamente e trata de retirar-se. Thruman segue o casal. Na portaria, recebe o recado na palavra do funcionário do restaurante:

— A senhora, que aqui passou, mandou dizer-lhe que a todas as perguntas a resposta é SIM!

Prosseguirei esse assunto, um pouco mais à frente, quan-

do tratarei dos DVs, a partir de 1968, já agora em Brasília.
Retirei-me definitivamente da atividade militar em 1963, até então ainda ligado à Academia Militar, à qual retornara em fins de 1960. Já reformado, fui residir em Niterói/RJ e pude fazer parte da equipe que fundou a SUNAB (Superintendência Nacional de Abastecimento), a convite do amigo e colega Benedito Pio, alto funcionário do Banco do Brasil, que o Presidente João Goulart havia conhecido em Catanduvas/SP, apreciando-lhe a desenvoltura e a eficiência no trabalho. O Pio convida outro grande amigo meu e dele, ex-colega também, Tiago Cunha, tão jovem quanto muito competente funcionário, na época, do IBC (Instituto Brasileiro do Café). Os dois passaríamos a trabalhar para a SUNAB. Ao convite, eu digo da minha ignorância na área. Então, diz-me o Pio:

— Você sabe escrever e, em pouco tempo, entenderá de abastecimento.

Fui em frente e, pouco depois, já estava a abordar temas de tal natureza, com missão, em Recife, Maceió, Aracaju e Salvador, em contato com as Associações Comerciais, de escolher o candidato a Delegado da SUNAB em cada um dos respectivos Estados.

Um tanto à frente, com relação à SUNAB, à COBAL (Companhia Brasileira de Alimentos) e à CIBRAZÉM (Companhia Brasileira de Armazenagem), vejo-me, nesta última, como Chefe do Serviço de Contabilidade de Custos, função naquele tempo de Engenheiro Civil, em que sou investido, depois de pequeno estágio na Companhia Siderúrgica Nacional, em Volta Redonda. Até hoje guardo a muito boa lembrança da perfeição do muito operante e eficiente Serviço de Custos em Volta Redonda, o qual mantinha — e, certo, ainda mantém — todo o controle operacional da eficiência do trabalho de produção na Siderúrgica.

Na CIBRAZEM, lembro-me bem, não me foi possível entrar no custo dos serviços de construção de obras e, pouco a pouco, fui vendo que deveria demitir-me, o que fiz sem tardança.

Tive oportunidade de trabalhar, colaborar, com o meu estimado e inesquecível amigo Cel Jaime Rolemberg, idealista consumado, intrinsecamente espírita, que houvera fundado a

CAPEMI (Caixa de Pecúlio dos Militares Beneficente), instituição a que se dedicava com acendrado amor e inexcedível espírito de serviço, visando à assistência da criança, do velho e, também, às respectivas famílias. Que trabalho maravilhoso conduzia ele, o Rolemberg, sob a inspiração e os conselhos objetivos que dizia receber do Frei Fabiano de Cristo, os quais lhe chegavam através da ímpar mediunidade de Chico Xavier! Começando eu na CAPEMI, como Diretor de Engenharia, logo vejo-me como Diretor Administrativo, na condição, praticamente, de Vice-Presidente, trabalho que me absorvia e polarizava as atividades no Rio de Janeiro. Estaria escrito, talvez na Lei, que teria outro trabalho, bem diferente e que esse novo trabalho não seria à beira do Atlântico, no formoso, belíssimo, Rio de Janeiro, cidade em que muitas vezes residi e aprendi a estimar e mesmo amar, desde os dias acadêmicos do Largo de São Francisco, na *Escola Politécnica*, ali postada em solene, hierática dignidade! Seria Brasília meu destino, se bem que jamais houvesse nisso pensado, mesmo quando, desde os idos do fim da década 50-60, durante sua construção, o grande e inesquecível amigo Israel Pinheiro, que teve a grande tarefa de execução material da implantação do seu traçado, dirigir e promover a sua construção. Israel era meu parente e grande amigo e me convidara, várias vezes, para visitar Brasília. Chegava a pensar na relativa "loucura" (no bom sentido) que seria em tal planalto, de árvores retorcidas e teimosas, lutando com a aridez, aparente, pelo menos, dos campos planos ou ondulados e alturas interrogativas nos longes do horizonte, ali, em tais condições, implantar uma cidade! "Loucura"? Sim! Mas, na verdade, loucura no bom sentido, que busca o divino que os missionários guardam no coração, na mente intuicional, até mesmo à revelia da própria consciência, como uma espécie de obrigação do "dever fazer" sem, mesmo, uma plena consciência, saber porquê? A partir daí, milhões de dificuldades da incompreensão humana, social e política, quantas vezes, e o valor da vitória, quando se coroa numa obra como Brasília no coração do Brasil!... Eis, nessa lembrança do passado não tão distante, a sentida e vivida homenagem a Juscelino Kubitschek de Oliveira, o JK de todos os brasileiros e a seus verdadeiros colaboradores, entre os quais, com imensa saudade, destaco o grande amigo Israel Pinheiro!

Brasília seria o meu destino e nela estou, pelo corpo material que ainda tenho, pelo coração que me faz amá-la, pelo espírito que me liga, em definitivo, aos ideais que a fizeram existir!... Como Diretor Administrativo da CAPEMI, sediada na Rua Senador Dantas, Rio, conheci, em meu gabinete, o Cel da Aeronáutica Francisco Vasconcelos Menescal, delegado da instituição em Brasília. Soube que era um espírita dedicado ao problema da criança e que teria sido muito bem escolhido para a representação em Brasília. Estabelecemos, rápido, um laço forte de fraternal amizade, que sempre e sempre veio se revigorando, até hoje, quando nos estimamos como verdadeiros irmãos, até mesmo ao deixar ele este plano de existência, fato ocorrido ultimamente. Logo na primeira conversa que mantivemos, ao falar de Brasília, do espiritualismo que lá despontava por todos os lados e se desenvolvia, disse-me ele dos seus mais diferentes campos: igrejas e templos de várias tônicas, católicas, luteranas, budistas, outras orientais de vários matizes, centros espíritas ou espiritualistas os mais diversos, desde a umbanda, Kardec e Pietro Ubaldi, até o já tão falado Vale do Amanhecer da tia Neiva e a Cidade da Fraternidade, no interior de Goiás, a que se ligava o próprio Cel Menescal e, ainda, nas proximidades, a Fraternidade Eclética, do chamado mestre Yokanaan.

Um ou dois meses depois, eis-me em Brasília, a serviço da CAPEMI, para ali instalar melhor aí a sua Delegacia. Senti-lhe o ambiente, os ares simpáticos por toda a parte e comecei a pensar na região, nos termos esotéricos e transcendentais que a Teosofia me oferecia, com respeito ao futuro berço da 6ª Grande Raça, que sucederá à Raça Ariana, a raça atual, à qual pertencemos.

Sabemos, hoje, que a 6ª Sub-Raça dessa 5ª Raça, a Raça Ariana, está se formando, começando a desenvolver-se na zona californiana dos Estados Unidos e que dela surgirá a 6ª Grande Raça, que terá seu início na Sul América e, aí, se desenvolverá daqui a alguns milhares de anos. A evolução planetária vai em frente, supervisionada pelo Governo Oculto do

Mundo Terrestre, segura, firme em seu inexorável caminho, apesar das maldades e tropeços humanos, segundo as Divinas Leis, ou melhor, a Lei Maior, que leva ao seu destino, à sua complementação, dentro do atual Esquema de Evolução Solar!... Assim pensando, decidi mudar-me para Brasília.

Procuro instalar-me na cidade, naturalmente buscando um trabalho. Depois de alguns convites, acabei nomeado engenheiro na estrutura administrativa do Distrito Federal e, ainda mais, para engenheiro credenciado junto à Caixa Econômica Federal.

Instalado, afinal, em Brasília, onde chegara em princípio de fevereiro de 1968, logo me filiei a um Grupo de Parapsicologia já existente, ao qual meu filho Paulo Roberto, já pertencia. Em uma das reuniões do Grupo, sou apresentado ao Sr. Wilson Gusmão, amigo de alguns daquele grupo, em cuja fazenda, dizia-se, ocorriam notáveis fenômenos luminosos. Falava-se: seriam "assombrações"? Seriam fenômenos relacionados com Discos Voadores, como julgava o proprietário Wilson? Prosseguirei, no capítulo seguinte, no qual direi de notáveis acontecimentos e transformações de minhas próprias aspirações conjunturais em Brasília, levando-me, finalmente, dos trabalhos de engenharia, à volta definitiva ao âmbito educacional, ao qual tanto me dedicara no correr da vida militar.

Ainda nessa década 60-70, em seus primórdios, nos "áureos" tempos das sessões metapsíquicas (ou de verdadeiro espiritismo científico) à altura de 1962, convertera-se à tal pesquisa o distinto e notável clínico Dr. Abdon-Ab-Ramia atuante em Niterói. Sintonizamo-nos bastante nas afinidades de tão explicável interesse. Certa vez, diz-me ele:

— Estou com um caso gravíssimo, a rigor, considerado perdido pelos especialistas, mas que, como clínico e, também, conhecendo as técnicas hipnóticas, vou tentar a cura ou sensível melhora. Todavia, sei de seu trabalho (tônica espírita) como magneto-curador com projeções e contatos (passes), desde muito, pelo que sei, de grande efeito e, em alguns casos, de inegável sucesso. Quer ajudar-me?

Aceito o convite do já muito estimado clínico e lá fomos nós para, juntos, agirmos. Seria a aplicação do hipnotismo e do magnestismo espiritual, no gravíssimo caso de hemorragias sucessivas intestinais incontroláveis, com melhoria palidamente mediante transfusões sanguíneas, uma e, às vezes, duas por semana.

Menina, mocinha já aos 14 anos, bem alta, porém com apenas 35 a 38 quilos, Eloisa Diderot, muito viva, inteligentíssima, diz à família, depois da 2ª vez do nosso atendimento:

— Finjo-me hipnotizada, em atenção ao Dr Abdon; entretanto, gosto muito dos passes magnéticos do General, que me aliviam e dão esperança.

Afastam-se o Dr Abdon e a hipnose, fico eu com o magnetismo, passes, imposição de mãos e projeções, tudo acrescido de oração fervorosa ao Mestre Philippe de Lyon. Devo repetir que o Mestre, sem que eu soubesse, nas auras de Jesus, me fez um devocional desde que, em 1954, quando salvou meu pai em coma, fato minuciosamente relatado em meu livro *Além da Parapsicologia*.

Dediquei-me ao caso daquela sofredora jovem tão doente, com melhoras, se assim é possível dizer, a rigor, quase imperceptíveis. Sua mãe, uma noite, diz: "não há dúvida que vou perder minha filha!". A ela respondo:

— D. Cristina, há o "milagre": vamos esperar.

Surgiu, em Niterói, a fama de um médium curador superinconsciente. Estimulei os pais da jovem para chamá-lo. Veio, pediu a minha presença e lá esteve três ou quatro vezes; em seguida, chamou-me à sua residência e lá incorporou o suposto espírito que me disse:

— Você esteve lá e viu: tudo foi feito sem qualquer proveito e o caso não tem cura. A sua missão, agora, é preparar a família para o desenlace, para a morte de Eloisa.

Respondi-lhe eu então:

— Olhe, não aceito o que diz; a Eloisa vai restabelecer-se, ficará boa mesmo. Se tenho eu uma missão, será para a felicidade da família e a cura da jovem.

Pouco depois, em declínio evidente, para espanto do próprio amigo Abdon e dos especialistas, que nela não viam qualquer esperança, as hemorragias cessaram e, pronto: banho de mar em Icaraí, queimadinha de sol, 59 quilos em pouco tempo, namorado e casamento.

Ficamos todos muito felizes, tudo acontecendo nas auras vivas e brilhantes da luz azul celeste, que eu sempre percebia, do querido Mestre Philippe, muitas vezes transformadas no ouro da Bendita Luz do Cristo Jesus.

Terminarei, encerrando este caso com algo transcendentalíssimo. Anos e anos depois, casada Eloisa e já um filhinho do casal. Estava eu residindo em Brasília. Ao telefone, diz-me a Cristina Diderot, mãe da Eloisa:

— Sabe, General, a Eloisa está aflitíssima, com muitas dores intestinais. Competente e conhecido cirurgião de Hospital na Tijuca, indicou cirurgia para retirar uma pequena parte do intestino ulcerado. Eloisa confia nele, sem restrições. Está sofrendo grandes dores e muito aflita. Que poderei fazer? Apoiar esta cirurgia?

Respondi-lhe imediatamente: "diga à Eloisa para não se operar". Ouvindo o que eu falava ao telefone, disse minha esposa:

— Como você teve coragem de dizer o que disse. Já pensou na sua responsabilidade?

Digo-lhe:

— Nada pensei, apenas falei com inesperada segurança!...

Assim dissera e eu à mãe aflitíssima: "Cristina, diga à Eloisa que não se opere; o Mestre Philippe está mandando dizer *que ela não se opere, não se opere!* Não se esqueça, o próprio Mestre está recomendando".

Pouco depois, já minha esposa me havendo chamado a atenção pela ocorrência, em especial, sobre a recomendação, telefona-me a própria Eloisa, dizendo de suas dores e da competência clínico-cirúrgica do médico. Digo-lhe: "O Mestre confirma o que já foi falado à sua mãe. Vou lhe repetir a mensagem dele para você: *"Não se opere, não se opere, não se opere"*. — Diz-me ela: *"Sim, sim, não me operarei, confio no Mestre Philippe"*.

Passam-se meses e... silêncio. Procurando indagar, eis a informação por parte da D. Cristina: "Desapareceram as dores, nunca mais ela foi ao médico; por isso, ela diz estar boa".

Esteve, assim, muito bem, por bastante tempo, plenamente recuperada, feliz! Pergunto: isso é normal, paranormal, espiritual, o quê? Seu sofrimento desaparecera pela "graça" da oração, nas auras ouro-azul do Mestre Jesus, que ela mereceu. Faleceu algum tempo mais tarde, quando o Mestre informou que ela, finalmente, estava preparada para a "Grande Cura", ou seja, o transpasse para um outro espaço de vida em que toda moléstia desaparece.

Capítulo XI

Brasília — 1968 — Engenharia — Sociedade de Parapsicologia — Os discos voadores — O mestre Morya da Fraternidade Branca

Engenheiro do DF, eis que, com a minha idade, havia tido muita experiência nessa área, como já mencionei. Inicialmente, na própria engenharia civil, quando jovem, no Espírito Santo, logo após a diplomação pela Escola Politécnica do Rio de Janeiro. Mais tarde, relembro aqui, os trabalhos de engenharia que executei no âmbito da 7ª Região Militar, em Recife e, a seguir, na então Inspetoria de Costa, no Rio de Janeiro, durante os anos de 1936 e 1937, na Fortaleza de Santa Cruz e no Forte do Imbuí e, ainda, no projeto de embasamento de canhões pesados, no Forte Coimbra/MS, à margem do Rio Paraguai. Depois, ao me reformar no Exército, minha condição de engenheiro civil e militar me foi de extrema utilidade na CIBRAZEM e na CAPEMI.

Tive, nos primeiros tempos de Brasília, que me adaptar e reconhecer a relativa humildade da função, porém houve que aceitá-la feliz: seria o tributo que pagaria à felicidade de minha vida futura nessa bela Capital. Depois de meses desempregado, com dificuldades financeiras, ser engenheiro de licenciamento e fiscalização de obras no Gama, cidade-satélite, de criação recente, a lidar muito com barracos, residências bastante pequenas e lojas do seu discreto comércio. Aceitei e trabalhei, satisfeito, fazendo nessa cidade-satélite um "mundo" de amizades humildes, que cultivava com carinho muito especial.

Antes mesmo de começar a trabalhar como engenheiro do

DF e da Caixa Econômica, menos de um mês depois da chegada à Brasília, como já referi, integrei-me ao Grupo de Estudos Parapsicológicos, no qual me mantive por algum tempo. O Sr. Wilson Gusmão, mencionado anteriormente, já desfrutava de um bom relacionamento com seus dirigentes. Também, já membro do Grupo havia relativo bom tempo, o meu filho, hoje coronel Paulo Roberto Yog de Miranda Uchôa — à época, ainda capitão e servindo no Batalhão de Polícia do Exército de Brasília. Ocorre que meu filho havia conhecido bem o Wilson, proprietário da fazenda em Alexânia/GO, já bem falada pelos fenômenos que lá aconteciam, estranhamente intensos. A Rede Globo havia promovido uma pesquisa na tal fazenda. Essa pesquisa, organizada com muito carinho, usando material e equipamentos apropriados, resultou sem qualquer sucesso. Apenas o ruído de insetos, de pequenos animais fugidios por aqueles matos e muitos vagalumes, tudo aquilo que, em muitas noites de nossas futuras pesquisas, também apenas ouvíamos ou víamos. Foi esse o resultado daquela bem preparada "expedição". O organizador, funcionário da Globo (chefe da sucursal de Brasília), Antonio Praxedes, disse-me certa vez:

— Se tudo o que se diz for verdade, se estranhas luzes ou objetos realmente se aproximarem de forma inesperada e sobrevier "pânico", o que acontecerá com esses tão improvisados pesquisadores?

Assim pensando, deu-se conta de que deveria incluir no grupo alguém afeito a tais circunstâncias e, por profissão, obrigado a enfrentá-las e controlar a situação. Daí, o convite e a inclusão do meu filho, que acabou se integrando ao grupo, tomando parte dos preparativos e, com autorização de seus superiores, participando das jornadas daquela equipe tão original, organizada pela Rede Globo. Duas ou três noites por lá. Dias agradáveis, com banhos de cachoeira, etc. À noite, nada, apenas o silêncio e a presença de insetos e vagalumes decepcionantes, lindos a "baixas" alturas!

Fazia pouco tempo dessa excursão de pesquisa, quando me integrei ao tal Grupo de Parapsicologia, cujo presidente e vice-presidente — e mais alguns — já conheciam a fazenda e, naturalmente, o seu proprietário. Meu filho já os havia levado lá, onde o Grupo se reuniu várias vezes, tendo tido a oportunidade de observar e testemunhar fenômenos luminosos inexplicáveis.

Certa noite, decidimos que nos reuniríamos lá, na fazenda. Eram cerca de 120 km a partir de Brasília. Tudo acertado para a próxima 6ª feira, 13/03/1968. E lá fomos nós para a fazenda "Vale do Rio Ouro", vulgarmente conhecida como "Chapadinha"! A viagem implicava em 85 km de asfalto, até Alexânia, sede do município, e mais cerca de 30 km de péssima estrada de terra, esburacada, e com alguns "valentes" atoleiros em tempo de chuva, exigindo, às vezes, que o carro, bem conduzido, deslizasse na lama, como se deu em decorrência de algumas chuvas que precederam aquela noite de 13 de março de 1968.

Começa naquele instante, *solenemente* declaro, uma *nova* fase da minha vida, em termos de pesquisa e de acontecimentos, ou melhor, provas espirituais inesperadas, extraordinárias, que acabaram mudando o meu caminho! Intensificou-se e afirmou-se verdadeiramente a "BUSCA DA VERDADE", que já tanto tenho mencionado nesta Autobiografia e, para mim, tão importante que até se acha incorporada ao título deste trabalho: *Uma Busca da Verdade: Autobiografia*. Nesta altura, já devo enfatizar que jamais me acompanhou, conscientemente, preocupação especial sobre a "Busca da Verdade". Tal busca veio se afirmando, naturalmente, ao longo da minha vida, através de fenômenos extraordinários, muitos dos quais já assinalei e outros tantos ainda serão apontados na sequência deste trabalho. Tais fenômenos conscientizaram-me de sua indiscutível valia e significado espiritual, como se estivessem ligados, um ao outro, por um fio kármico, invisível, que conduzia ao mais alto sentido dessa verdadeira BUSCA DA VERDADE. Agora, em idade avançada, a reconheço como um processo que vem desde os meus 17 anos, de maneira inflexível e feliz! Em linguagem esotérica, diria eu: um *Karma positivo*, sempre e sempre implicando em perspectivas avançadas conducentes à Espiritualidade, nas auras puras da Mensagem Teosófica da Grande Fraternidade Branca, dos Excelsos Mestres de Shambala, lá nos longínquos Himalaias.

Na verdade, é chegado o momento de dizer do meu incrível e maravilhoso encontro com um desses Excelsos Mestres, exatamente na primeira noite de ida à fazenda Rio do Ouro, a popular fazenda "Chapadinha". Lá, vivi magníficas observações e experiências sobre os Discos Voadores e, em alguns momentos, contato com a manifesta paranormalidade de muitos fenômenos ali presenciados, não só por mim, mas por tantos outros que também os buscaram! Estávamos sempre em grupo, os fenômenos sobejamente testemunhados, analisados, controlados.

Depois da meia noite, já em torno de uma hora da manhã, reunidos os do Grupo de Parapsicologia em conversa animada, com o detalhe de que muitos estavam armados, de vez que se sabia da existência de lobos e onças nas imediações.

Súbito, senti uma vontade compulsiva de sair para sentir a "vibração" das cercanias. Mesmo jamais havendo estado ali, eu sabia que a casa era rodeada por mato denso, às vezes com a presença de animais perigosos: onça, lobo etc.

Cheguei a pensar na "loucura" daquela atitude, mas decidi que não iria apreciar "vibração" alguma, caso fosse acompanhado por alguém e portando uma arma. Então, saí sozinho, desarmado na noite escura, por uma pequena estrada que levava a um pomar e, por uma bifurcação, a cerca de 300 metros, a uma pequena barragem um pouco abaixo. A vista adaptada à escuridão, pude distinguir uma estreita vereda que levava para cima do morro. Comecei a subi-la, sem pensar em qualquer perigo! Quando iniciei a subida pela tal vereda estreita, sensitivo que sempre fui, comecei a sentir como se estivesse sendo acompanhado! Qualquer psicólogo, "sábio e apressado", diria logo: "o medo, o medo pode criar tais sensações, inclusive a sensação de falsas presenças. Ora, dada a minha pretérita experiência com o paranormal, inclusive materializações de seres de fora do espaço-tempo, conforme tanto já descrevi, continuei tranquilo e até pensei: "Encontrei, afinal, uma fazenda "mal-assombrada"; há muito tempo que desejava isso". E fui subindo, sentindo-me muito bem, como se o suposto acompanhamento fosse positivo, seguro. Logo depois, isso ficou provado...

Cheguei a uma pequena área menos inclinada e de mato rasteiro, no meio da qual se encontrava uma árvore relativamente alta. Fui em frente. Parei e fiquei considerando a situação, olhando atentamente para um lado, para outro, para frente, para trás, aquilatando a verdadeira situação em que me encontrava: sozinho, naquele mato, noite escura, já bem longe da casa residencial, sem qualquer arma, nem mesmo um fósforo com que pudesse espantar uma onça. Olhei para a esquerda. Quando me voltei para a direita, o meu espanto, a incrível surpresa, o imenso susto: bem perto de mim, pouco mais de um metro, estava um homem bem mais alto do que eu, vestido com túnica clara e cobertura um tanto luminosa, barbas pretas e fartas, olhar brilhante. Ainda sob o impacto de tal surpresa, do grande susto, ouço falar-me clara e pausadamente:

"Sou Yogarim. Você tem aqui uma missão: observar, pesquisar, escrever livros e divulgar! E nunca se esqueça de que, de ora em diante, será sempre protegido por mim!..."

Ao pronunciar as últimas palavras, começa a rarefazer-se, ao mesmo tempo em que se inclinava como a despedir-se... e desapareceu. Nesse instante, super emocionado — e me sentindo muito feliz — faço uma reverência como a homenagear um ser realmente superior. Voltando ao estado normal, isolado como estava, sinto envolver-me uma onda de felicidade, de uma estranha alegria interna, que ainda hoje relembro com viva emoção. Imediatamente, lembrei-me da fotografia do Mestre Morya e pensei: não há dúvida, vi e ouvi o Mestre Morya e expliquei para mim mesmo não me haver ele declarado a sua verdadeira identidade, velando-a com o nome de Yogarim, naturalmente para evitar emoção maior de minha parte, pois, desde muito, sabia do altíssimo *status* espiritual desse Mestre de grande relevo na Hierarquia da Fraternidade Branca!

Retornei à casa da fazenda, onde os companheiros estavam preocupados com a minha ausência. Nada falei a eles, dado ao insólito do inesperado acontecimento pois, afinal, nem eu, nem qualquer deles teria pensado, ou mesmo sonhado, um fenômeno de tal natureza! Mantive reserva e só fui revelar em minha própria casa à querida esposa, já certo de que teria sido realmente o Mestre, pela identidade perfeita com a fotografia, com a qual fui comparar. Sem dúvida alguma, tratava-se do Mestre Morya a impressionante figura do ser que se disse Yogarim!... Então, com ela comentei:

— Quem sou eu para merecer tal encontro, tais palavras que, nitidamente, ouvi, inclusive as de promessa de proteção? Quem sou eu para merecer um encontro com Mestre da Hierarquia Superior, Ascensionado, como o Mestre Morya? Ele, que, juntamente com o seu irmão Mestre Kut-Humi, lançou a Teosofia no Mundo?! Como isso foi possível?

Então, a minha esposa, Enita, pondera:

— Não se esqueça de que Jesus falou, sem distinção, com muita gente. Porque você que, desde tão cedo, muito moço, sempre estudou e se preocupou com problemas sérios de assuntos espirituais, não poderia ter um encontro desses e uma palavra do Mestre?

Achei razoável o que ela disse. Por isso, apesar de muita consideração racional sobre o problema, fiquei otimista, esperançoso e certo da autenticidade do Mestre.

Sucederam-se acontecimentos positivos e os anos seguintes confirmaram sobejamente, sob luz maior, tal perspectiva da minha vida! Ali, estivera, mesmo o Mestre, o que depois ficou provado.

Na verdade, o acontecimento daquela noite me fez ser demasiado perseverante, inclusive no animar os companheiros, tornando a todos nós decisivamente assíduos na pesquisa. Toda semana deslocávamo-nos para a fazenda, à noite de 6ª feira e ali ficávamos até a madrugada da 2ª feira próxima! Isso perfazia três noites de vigília por semana e em qualquer condição de tempo. Nos quatro primeiros meses, março a julho, àquela nossa perseverança nada respondia: apenas noites muito lindas, o sussurro às vezes intenso dos insetos e pequenos animais movendo-se próximo, muita conversa, alegria e esperanças entre nós!

Wilson, o proprietário da fazenda afirmava, com viva convicção, as noites que ali já vivera, extraordinárias! Contava a sua primeira experiência: achava-se ele praticamente só, quando, viu uma luz muito brilhante, um tanto acima, na encosta da elevação à frente de sua casa. Saiu ao pátio em frente e pensou:

Uma Busca da Verdade   221

"não tenho medo; aproxime-se, aproxime-se!". Falava como se ali estivesse uma inteligência consciente e responsável, podendo decidir. Deu-se, então, algo que dizia não saber explicar. Súbito, viu-se prostrado sobre um dos joelhos e a intensa luz bem próxima! Desapareceu, em instantes, e ele entrou em casa um tanto sonâmbulo. Quando plenamente consciente do que se passara, em plena normalidade, assim conta ele, tinha nas mãos um escrito em caracteres estranhos que, alguns dias depois, descoberta a chave de interpretação, assim dizia:

— Paz a todo Universo! As experiências nucleares humanas estão abalando o nosso sistema!

Daí em diante, dizia o Wilson, uma frequência impressionante de objetos ou densas formações luminosas a pouca altura, no ambiente da fazenda. Isso nos mantinha a esperança, além de que, quanto a mim, ainda contava a segurança das palavras ouvidas no encontro com o mestre: "observar, pesquisar, escrever livros e divulgar".

Voltando. Quatro meses decorridos, estamos a 22 de julho. Logo ao chegarmos, nesse dia à fazenda, diz o Wilson: "até que, afinal, chegou o dia de vocês... Vamos subir para o ponto que irei mostrar e, exatamente, às nove horas da noite, todos irão ver"... Subimos e lá nos postamos curiosos. Então, às 9 horas em ponto, surge foco de luz intenso aproximando-se célere da longa encosta de morro à nossa frente. Deslocava-se com rápidas interrupções sucessivas. Então, todos vimos à frente grande massa nevosa bem definida a aproximadamente 400 a 500 metros. Éramos sete e todos nos colocamos lado a lado, de mãos dadas, voltados para aquele objeto e, certamente, todos muito emocionados. Destaca-se o Wilson do grupo e, quando se afasta por alguns passos, diz: "pensava que o ambiente estivesse bom, mas não está"! Logo a seguir, cai ruidosamente de costas sobre o chão duro, um tanto pedregoso. Diz ter sentido um estranho choque; caíra, mas, felizmente, não se machucara. Então, vem à frente do grupo em linha e sai em direção perpendicular no sentido da aproximação do tal objeto. Disse ele, após o acontecido, que mentalmente estaria pedindo que o objeto se aproximasse, insistindo. Aí, percebeu que telepaticamente se lhe dizia "Não é possível, há perigo de vida, perigo de vida, perigo de vida!..." Enquanto isso, sem que o Wilson soubesse, ao meu lado, o companheiro Waldir estava a me dizer, seguidamente, que estava passando mal e eu a dar-lhe conselhos para reagir. Súbito, desde que o Wilson continuou a insistir, foram nele produzidos os mesmos sintomas que afligiam o meu vizinho e voltou ele um tanto aflito por sentir-se também muito mal, exclamando: "Depressa, depressa, perigo de vida, perigo de vida. Todos depressa para a Kombi; vamos!" Todos, rápido, nos dirigimos para o carro. Fui eu o último a entrar e, por isso mesmo, um grande acontecimento sobremodo impressionante ocorreu à minha clara observação, ainda fora da viatura.

O objeto desaparece da encosta em frente e se põe no espaço, belo como uma estrela, iluminando toda a área, a Kombi e todos nós. Espetáculo lindíssimo, inesquecível. Pensei então e, até hoje, ainda penso: "A estrela de Belém poderia ter sido um objeto como aquele; seres de civilização superior (quem sabe?) de mundos distantes, poderiam ter decidido apoiar a missão de Jesus, encaminhando os reis magos, grandes autoridades espirituais na época, ao seu berço. Um extraordinário objeto, assim mesmo, tão brilhante e belo, parecendo uma estrela, poderia ter sido a Estrela de Belém!?... Então, a Bíblia estaria certa e as religiões erradas, porque todas negam a existência de seres estelares adiantadíssimos que nos possam visitar! Foi, como se vê, uma esplêndida e maravilhosa noite, a do meu primeiro encontro pessoal com tal fenomenologia, hoje já famosa!

Depois dessa noite inesquecível de julho, fatos extraordinários se sucederam. Que eu saiba não há referência na conjuntura mundial a uma sequência tão persistente de fenômenos em que a realidade ufológica se afirme tão rica e cheia de inexplicabilidades científicas. De 1968 aos primeiros anos da década de 70, frequentei assiduamente tal ambiente. Muitos dos primeiros companheiros se afastaram, depois que os fenômenos ficaram mais raros; "muita gente", isso aconteceu, certamente, ali queria ver apenas o espetáculo. Faltava, a muitos, formação ou curiosidade científica para valorizar tais fenômenos, como eles mereciam. Resultado: apenas um grupo persistente, sempre ali se manteve atento. Fiz parte de tal grupo e publiquei as observações mais impressionantes, com estudos e investigações práticas e teóricas em meu livro *A Parapsicologia e os Discos Voadores* — O caso Alexânia, no qual já dizia do caráter paranormal dos acontecimentos. Nesse livro salientei, com o apoio dos seres visitantes, a aplicabilidade, à maioria desses fenômenos DV, da teoria do Hiperespaço e do Hipertempo. Essa teoria foi, por mim, inferida da fenomenologia metapsíquica, parapsicológica ou, ainda, do espiritismo científico apresentada em meu primeiro livro *Além da Parapsicologia - 5ª e 6ª Dimensões da Realidade*.

Pesquisava conosco, em Alexânia, um extraordinário e seguro sensitivo — Adelino Rosa — hoje já muito conhecido, não só em Brasília, como também em várias capitais. Por intermédio dele, pela primeira vez, me foi despertada a atenção para o relacionamento dos DV, pelo menos de alguns deles, com o Hiperespaço, quando a esse sensitivo, por via telepática, foi dito: "viajamos à velocidade de anos-luz/segundo". Estarrecedora velocidade, inimaginável e fora de qualquer possibilidade no *espaço-tempo*, de acordo com a ciência atual, como nos diz a Física mais avançada, em cujo seio se encontram as teorias da Mecânica Ondulatória, Relativista e dos "Quanta".

Bem mais tarde, cerca de 4 anos depois, eu próprio, já melhor preparado, vim a saber, por uns certos amigos visitantes de nível superior, espontânea e inesperada confirmação sobre tal velocidade de deslocamento. Mais do que isso, inteirei-me sobre a própria natureza hiperespacial — etérica — da vida e da civilização de certos seres superiores. Seres provavelmente estelares, analisados no meu livro *Mergulho no Hiperespaço* que trata largamente da superação do espaço-tempo em face de uma realidade dimensional superior, já cientificamente inferida em meu outro livro, *Além da Parapsicologia*.

Aí está o "inexplicável" científico atual, que afasta os cientistas: o Hiperespaço permitindo uma visão paracientífica que aponta para o futuro. No Hiperespaço inclui-se a explicação da estarrecedora velocidade de deslocamento entre as estrelas, velocidade essa de anos luz/segundo! Tal velocidade me foi confirmada diretamente, depois de haver, antes, sido anunciada através do sensitivo Adelino Rosa.

E bem evidente que não deverei repetir, nesta Autobiografia, tudo o que se acha escrito nesses dois livros que acabo de referir, versando sobre experiências com os DV e seus tripulantes. Todavia, vou deixar aqui assinaladas, com breves comentários, as observações e experiências mais notáveis que, certamente, concorreram para criar no meu *underground* psicológico-científico, um conjunto de conceitos muito bem afinados com os estudos da Teosofia, a Mensagem dos Excelsos Mestres da Grande Fraternidade Branca.

Como acabo de dizer, é claro que não cabem aqui minúcias da pesquisa ufológica realizada, constantes dos livros *A Parapsicologia e os Discos Voadores* e *Mergulho no Hiperespaço*. Caberá, sim, nesta Autobiografia, em que venho enfatizando a "Busca da Verdade", dizer do intrínseco valor dessa pesquisa em seus conteúdos profundos e, ao mesmo tempo, sutis, espirituais. É o que pretendo continuar fazendo, tendo em vista sempre a "Busca da Verdade", cuja VERDADE aqui não conceituo apenas na sua expressão do Divino, buscado pelos que anseiam pela Iniciação Superior! É que devemos visar, não só a essa meta superior, como também aos diferentes estágios ou níveis dessa VERDADE. Tudo dependerá do enfoque da consciência em cada plano de *Ascensão*, buscando o conhecimento sempre mais perfeito das coisas e da própria vida em tais níveis. Isso significa o conhecimento desses níveis e, a seguir, a Ciência Maior, que leva à VERDADEIRA SABEDORIA, que consagrará a CÓSMICA VERDADE. Por isso, procurarei, nesta síntese de apreciação das ocorrências transcendentais dos anos 68-70, dar o justo valor a cada experiência.

Começarei dizendo que, em face da "Busca da Verdade", a maior e mais incisivamente proveitosa experiência, de valia inestimável, foi a ocorrência não ufológica, espiritual ou parapsicológica, que se encontra no início da própria pesquisa ufológica.

O encontro com o Mestre Morya que, afinal, me ofereceu estímulo para uma pesquisa visando à sua confirmação, que sobreveio inegavelmente positiva, extraordinária! Chegando, certa vez, à cancela no alto do morro, local em que começa a suave e depois mais pronunciada descida até a casa principal da fazenda, em companhia do prezado amigo Dr. Oswaldo França, digo-lhe:

— Não gosto do procedimento dos companheiros que, quando aqui chegam, disparam tiros para avisar ao Wilson (proprietário da fazenda) da nossa chegada. Lembra-se você, Oswaldo, do que contei sobre o encontro com o Mestre Morya? Pois bem, estamos aqui nós dois apenas. Ao invés de tiro, seria melhor, em lembrança e homenagem ao Mestre, fazer uma reverência invocativa ao Senhor Cristo — Maitreya, Grande Hierarca da Fraternidade Branca e, certamente, o Mestre dos Mestres, inclusive de Morya! Aqui, nada de tiro; reverência, sim, à Grande Fraternidade.

Pusemo-nos, de pé, voltados para as partes mais elevadas das montanhas circundantes.

Então, de olhos cerrados, pronunciei a invocação, uma rápida oração:

— "Senhor Jesus, o Cristo, Senhor Maitreya!..."

Logo de início, acendeu-se à distância, no ponto mais alto, a talvez 3 ou 4 km de distância, uma enorme esfera de luz ouro, irradiando luz, cujos raios fluíam intensamente, iluminando-nos àquela distância! Ficamos incrivelmente emocionados, ante a resposta tão transcendental, expressiva, pura e, por sua vez, altamente Espiritual! Seria extraordinário, dir-se-ia. Sim, por isso, aguardaríamos e teríamos outras e outras oportunidades de experiências ou comprobativas observações! Assim aconteceu na semana seguinte.

Chegamos à tal cancela, apenas os dois, já visando a uma contraprova ou confirmação, em torno do que acontecera na noite da semana anterior. Os demais companheiros já lá se encontravam na casa do proprietário. Chovia muito; o Oswaldo abriu a cancela e a fechou com dificuldade. Passamos a descer cuidadosamente a estrada um pouco acidentada. Adiante, talvez uns 300m da casa principal, exclama o Oswaldo:

— Como é, nós não vamos fazer a invocação que planejamos?

— Com essa chuva tão pesada?

— Mas não esqueça que, se é aquilo o que pensamos que seja, não depende da chuva! Acontecerá com chuva ou sem chuva.

— Você tem absoluta razão: faremos a reverência invocativa ao Senhor Maitreya daqui mesmo, sentados no interior do automóvel. Paro o carro, visando à invocação. Mantenho os olhos abertos. Mal pronunciei o nome do Supremo Hierarca, Senhor Cristo Maitreya, acende-se, como ocorrera na semana anterior, uma enorme e brilhante luz, não mais ouro como a precedente, mas de um azul muito claro, muito brilhante, projetando *flashes* intensos e seguidos sobre nós, no automóvel, como se uma resposta realmente maravilhosa em termos de luz, chegando a clarear intensamente o interior do carro através dos vidros fechados. Agora, a luz acendera bem mais perto, à meia encosta do morro lateral (não mais à frente, como da vez anterior), no máximo, talvez, a uns 400m ou 500m. Extraordinário e emocionante momento para nós ambos!... Confirmara-se, indiscutivelmente, a relação: *Invocação do Senhor Cristo* e *O Belo Sinal Luminoso*, tão evidente, ostensivo!...

Capítulo XII
Os discos voadores em Alexânia/GO — Criação da Associação Universal Morya e da União Pioneira de Integração Social (UPIS), em Brasília/DF

Desses fatos, guardamos sigilo, até que, depois, juntamente com outras pessoas, eles passaram a ocorrer, emocionando a todos. A rigor, qual o verdadeiro significado desses eventos? O fenômeno estava ali, contribuindo com meu mundo interno, psicológico, em direção à minha "Busca da Verdade". Evidentemente, fenômenos como esses, falaram, profundamente, ao meu coração, à minha vida, à minha perspectiva científica, já inesperadamente revigorada pelo encontro pessoal com o Mestre Morya, poucos meses antes e, agora com os dois acontecimentos de respostas luminosas tão belas e expressivas.

Na verdade, a seguir, muitas dessas oportunidades as tive, juntamente com outros amigos, ocorrendo muitos outros fenômenos com objetos luminosos. Mencionarei apenas um, de conteúdo flagrantemente espiritual, em condições bem diferentes, na presença de sete testemunhas (eu seria a oitava). O fenômeno luminoso ocorreu a 50 ou 60 metros do Grupo, constituído por quatro casais, que se encontravam no "triângulo" de observação.

A partir de março de 1969, os fenômenos haviam praticamente desaparecido. Era maio desse ano, dia 22, aniversário da filha do Wilson, como já disse, proprietário da fazenda. Estávamos, no triângulo de pesquisa. Então, o amigo Roberto Beck me fala: "General, soube que, quando o Senhor faz uma invocação reverenciai aos Seres Maiores, uma luz se acende, em resposta, pulsando raios luminosos sobre os presentes. É verdade?". Respondo: "Sim, tem acontecido muitas e muitas vezes". Acrescenta ele: "Quer fazer, agora, para nós?" Respondo-lhe, de imediato: "Não, nada de prece, invocação para lá e luz para cá; isso pode até parecer 'chantagem'", digo eu, com a intimidade que sempre tive para com aquele amigo Roberto. Pondera ele alguns motivos e insiste, salientando que nós oito éramos espiritualistas e, certamente, poderíamos ter uma bela experiência, etc. Digo-lhe, então: "Você está certo; o ambiente está ótimo nessas alturas e neste local, para fazermos uma oração à Grande Fraternidade Branca; vamos esquecer essa preocupação de luz; se acontecer bem, se não, iremos em frente".

Assim combinado, os quatro casais ali dispostos à prece, à oração, tomo posição um pouco à frente e falo naquela noite escura, no "triângulo" das pesquisas costumeiras:

— "Senhor, Senhor, Senhor Jesus, o Cristo, Senhor Maitreya..."

Mal havia pronunciado essas palavras, eu de olhos cerrados, ouço alguém do grupo exclamar emocionado: "Olhe, olhe, olhe!..."

Naturalmente, vendo-me concentrado, cala-se e aguarda (era o meu querido amigo Dr. Otacílio Camará, já hoje falecido). Continuo a invocação. Quando termino e abro os olhos, lá estava, na encosta próxima, talvez a uns 50 a 60m de distância, uma bela luz azul claro, emitindo, como já disse, seguidos "flashes" sobre o Grupo. Então, pergunto:

— Poderei descer para conversar mais próximo? Caso positivo, responda com três sinais.

Assim aconteceu e decidi descer até bem próximo, sob a apreensão da minha esposa, suspeitando ela da existência de cobras por ali, estando eu sem botas, com calçado comum. Aceita a hipótese do sono das cobras àquela hora, desço e fico a uns poucos metros do objeto luminoso. Logo de início, parece, fizeram-me um teste: um vento forte, atuando sobre o mato rasteiro, com sensível rumor, me envolve. Balbuciei então: "Suponho ser isso um teste de emocionalidade; se assim é, posso afirmar que passei no teste; estou calmo, tranquilo". Todavia, pergunto: "Foi um teste? Responda com três flashes". Foi confirmado. "Quero conversar ou entender-me, mas sem hipnose qualquer, calmo e lúcido como estou, para responder e fazer perguntas. Se possível, três flashes". Confirmado, aguardei. Começa, então, a formar-se a 3 ou 4m do meu lado direito, oposto ao do objeto luminoso, uma névoa densa, que foi se ampliando e elevando, como uma massa ectoplasmática análoga às que vira eu, tantas vezes, em ambientes fechados de sessões de materialização! Como nessas sessões, às vezes, de tais massas surgiam seres ou objetos (já tratei desses fenômenos no meu primeiro livro *Além da Parapsicologia*), pus-me a esperar o desenvolvimento desse emergir, daquela massa branca... Cumpre aqui acrescentar que, ao deixar o Grupo e me dirigir ao surpreendente e incrível objeto luminoso ali postado, estava seguro dos meus passos e da minha tranquilidade psíquica para uma serena e objetiva investigação e bem certo das palavras que ouvira do Mestre Morya: "De agora em diante você será sempre protegido por mim"!

Ainda devo aduzir que, no auge do adensamento da massa nevosa, à minha direita, sem que um ser ou objeto se mostrasse, lembro que balbuciei muito claramente, quase como um "desafio": "O que porventura aí estiver, pode aparecer; não estou nervoso; já estou 'habituado' (muitas e muitas vezes em salas onde se davam indiscutíveis, densas, materializações) a abraçar 'fantasmas', mais um ou menos um, para mim não importa". Mantinha-me calmo e seguro. Naturalmente, tinha plena consciência de que deveria aguardar e aguardar. Estava atento às respostas positivas, dadas até agora num ambiente misto de sinais luminosos e palavras que, telepaticamente, nítidas percebia, ou mesmo ouvia. Telepatia, como se fosse uma audição interna, faculdade conhecida no Espiritismo sob tal denominação, a qual desenvolvi bastante, quando me preparei para escrever o terceiro livro *Mergulho no Hiperespaço*. A massa nevosa crescia e crescia ao meu lado e adensava-se muito! No momento culminante da expectativa, ouvi nitidamente, como vindo da tal luz do objeto luminoso à esquerda:

— Você está realmente bem, mas tenha paciência, aguar-

de outra oportunidade.
Percebi essas palavras, com muita nitidez, e balbuciei:
— Compreendi bem, aguardarei outra oportunidade, vou retirar-me.

A névoa se desfez e eu subi os 50 metros, onde estava do grupo. O tal objeto luminoso ainda lá permanecia, quando ao grupo me incorporei. Trocamos sinais luminosos; o objeto desapareceu e nos retiramos do local sob a mais viva emoção!...

Cumpre enfatizar o que já disse, isto é, que esse fato se passou em maio/1969, sendo que os fenômenos de estranhas e luminosas aparições haviam praticamente desaparecido desde março daquele ano.

Anunciada, depois, pelo sensitivo Adelino Rosa, o momento da outra oportunidade. Seria em um domingo, às 9 horas e 10 minutos da noite, num local então indicado. No dia e hora marcados, lá estávamos nós. Fomos eu, Adelino e um seu amigo para o local. Nos acompanhavam, mais ao longe, minha esposa e um casal amigo. Na hora exata, surge uma luz azul muito brilhante a uns 15 a 20 metros de nós três, que nos encontrávamos aproximadamente a uns 300m do "triângulo de pesquisa". A luz surgiu um tanto abaixo de nós, em pleno mato. A insistência do amigo do Adelino em nos acompanhar, levou-nos ao insucesso. Começou a passar muito mal, com fraqueza generalizada. Sentou-se, depois deitou-se no mato bastante suspeito de cobra. O objeto luminoso, depois de ter se aproximado bastante, tomou altura, emitiu vários sinais luminosos, agora luz dourada, como despedida. Apagou-se a luz e assim se encerrou a estranha experiência da noite. Seria o caso de perguntar se já haveria acontecido, com pessoas ou grupos, experiência da natureza das duas que acabo de referir? Bem assim, se teriam a coragem de publicá-la, desta forma, tão agressiva à normalidade vigente? Só uma explicação: o exercício autêntico no dizer a verdade e a presença da veracidade, sem mácula e sem qualquer restrição ou receio, por quem está seguro da "Busca da Verdade", da espiritualidade Maior. As evidências indiscutíveis se oferecem, então, claras, àqueles que têm, segundo o Divino Mestre, ouvidos que ouvem e olhos que veem!

Antes de ir à frente, dizendo dos extraordinários fenômenos da fazenda, realmente surpreendentes sob o ponto de vista científico, sem apresentarem, porém, espirituais conotações, como os retro referidos, devo dizer do que se passou em consequência desses últimos fenômenos, em que se impôs, evidentemente ao meu espírito de estudante de Teosofia, a figura inconfundível do Mestre MORYA. É mister ainda acrescentar, de passagem, que mais de 12 anos decorridos, vim a saber, por intermédio de um notável Mestre chileno, Sr. Vajera, que Yogarim, o nome que me foi dado pelo estranho Ser na noite de 13 de março de 1968, seria o verdadeiro nome que o Mestre MORYA recebera, quando nasceu Príncipe de Rajputi, na Índia.

Espero que, ao ler essas linhas em que, subjacente, está uma verdadeira reverência ao Mestre Morya, o leitor fique bem longe de supor que associo Ufologia com religião. Apesar disso, existe uma tendência, de muita gente mística, sem formação científica, de fazer da Ufologia uma religião como outra qualquer, perturbando, de verdade, o campo das pesquisas. Jamais esquecerei de que as religiões têm prejudicado extraordinariamente a marcha do homem para o conhecimento científico, enquistadas em seus dogmas intransponíveis. Falar em Mestre, é apenas saber, reconhecer e experienciar a verdade da presença, em nosso mundo, da Grande Fraternidade Branca de Excelsos Seres que cuidam da evolução planetária, os quais, em sua maioria, vivem física e hiperfisicamente em Shambala, nas alturas do Leste dos Himalaias, na Ásia Central.

Voltarei, um pouco mais à frente, aos idos de 1970 e 1972, com indicações ainda de notáveis fenômenos, analogamente ao que já fizemos até aqui, com outros tantos já apreciados. É que, antes, devo dizer da criação da Associação Universal MORYA.

Na verdade, à altura dos fins de 1969 e primórdios de 1970, pensei em criar uma sociedade de caráter teosófico, sob a égide protetora desse Ascensionado Mestre, começando a reunir pessoas amigas e a mostrar que haveria real proveito e espiritual sentido fundarmos tal sociedade, visando a estimularmo-nos a todos nos âmbitos da ciência, da filosofia e da espiritualidade. Destinar-se-ia, também, a "divulgar", como me havia dito o Mestre, naquele extraordinário encontro.

Assim é que a fundamos e a legalizamos, juridicamente registrada em 1974. Reuniões semanais, ora em Brasília, ora no ambiente da fazenda, revigoravam o que já tanto referi dos fenômenos com implicações nitidamente espirituais.

Achando-me, então, trabalhando na área da engenharia civil, súbito me vejo na educação, convidado pelo querido amigo e ex-aluno dos meus tempos de Escola Militar do Realengo, no Rio de Janeiro, Cel. Jarbas Passarinho, para trabalhar no âmbito do Departamento de Assuntos Universitários — DAU — do Ministério da Educação, do qual era o titular. Passei a sentir-me imensamente feliz, por voltar ao campo educacional, no qual ingressei como capitão, ainda aos meus 32 anos. Relembro que comecei, nessa área, na Escola Militar de Realengo, como Professor Adjunto de Mecânica Racional, muito felizmente conduzido pela mão amiga do então Cel Professor Augusto da Cunha Duque Estrada, personalidade de altíssima formação intelectual e moral, que aqui reverencio. Tendo-me reformado em 1961, eis que vinha, afinal, reencontrar, depois de alguns tropeços e enganos, o meu novo e decisivo caminho!

Afinal, deixei de lado toda a engenharia e, já, no Ministério da Educação, sobreveio-me a ideia de fundar uma Instituição de Ensino Superior. Para isso, seria preciso ser criada uma Sociedade Civil, sem fins lucrativos, uma associação designada oficialmente como Mantenedora, que deveria administrar Faculdades e Institutos de Pesquisa de nível superior, e por eles responsabilizar-se. Comecei a sentir o rápido amadurecimento de tal ideia, como se o próprio Mestre MORYA estivesse aprovando o novo rumo. Nesse sentido, com alguns amigos, comecei a tarefa e, algum tempo depois, após algumas dificuldades no Conselho Federal de Educação, órgão normativo das atividades na área do Ministério da Educação e Cultura – MEC, estava criada a Mantenedora (UPIS – União Pioneira de Integração Social) aprovada em 1972, juntamente com a sua primeira Faculdade, a FACEAS (Faculdade de Ciências Exatas, Administrativas e Sociais). Essa Faculdade abrangia, inicialmente, três cursos autorizados: Economia Doméstica, Administração e Superior de Turismo. Foi, para todos nós empenhados na tarefa, um grande e marcante acontecimento, que festejamos efusivamente. O único aspecto desagradável, na época, foi a grande dificuldade que enfrentamos, em face de certa animosidade discriminatória que havíamos identificado no próprio Conselho Federal de Educação, decorrente de um Padre católico e de um Pastor protestante, cujos nomes prefiro omitir, de vez que suas atitudes nunca os recomendaria, tal a estreiteza de suas convicções.

Durante o processo de criação dessa entidade educacional, a UPIS — um grande acontecimento ocorreu. É que a AUM (Associação Universal Morya) já fundada, mas ainda não oficialmente registrada, mantinha atividades de cura e palestras semanais, versando, particularmente, como disse anteriormente, sobre a Teosofia. Depois de certo tempo, constituiu-se quase uma rotina a palestra teosófica que fazia às terças-feiras, em um barracão de madeira, na sede de uma credenciada organização espírita — Cidade da Fraternidade, de cuja Diretoria cheguei até a fazer parte, assistencial, por certo tempo. Até hoje, muitos anos depois, existe o amplo núcleo assistencial "Cidade da Fraternidade", de assistência à criança, a cerca de 200km de Brasília. As reuniões que fazíamos às terças-feiras, como palestras teosóficas eram bastante frequentadas. Pessoas havia que muito dificilmente faltavam. Certa vez, muito cansado pelos afazeres da fundação da UPIS, decidi não ir. Em face, porém, de ponderações insistentes de um prezado amigo, que ali sempre comparecia — e quase se propôs a me levar — acabei indo. Pois bem. Todos faltaram, mesmo os mais persistentes frequentadores! Éramos, afinal, apenas quatro: eu, o amigo Geraldo Fonseca, que me levara até lá, alegando que eu não deveria decepcionar os que esperavam a palestra, o meu natural substituto, prof. Mário Teles, que se sentava ao meu lado na mesa, de onde ambos dirigíamos os trabalhos e, afinal, o querido amigo Cel. Menescal, que já antes referi, como o grande amigo irmão, que me trouxera, em definitivo, para Brasília (hoje já na espiritualidade). Assim, pois, apenas quatro! Não havia condição para o ritual habitual e a própria palestra!...

Aí, então, o incrível aconteceu! A PRESENÇA objetiva e

material do Mestre MORYA! Seria possível?! É realmente de indagar-se e de, certamente, duvidar-se! Ao lado, na sala, havia um grande "pôster" com o retrato do Mestre, realmente impressionante, com aquele olhar de energia irradiante... Então, falei:

— Hoje não vamos fazer como sempre, desde que somos tão poucos. Seria interessante que um Instrutor Maior viesse até nós e nos dissesse algumas palavras, por intermédio do prof. Mário Teles, aqui, ao meu lado.

Mário Teles era e é um sensitivo, capaz de transmitir mensagens o que, algumas vezes, ali já havia ocorrido. Era comum, no encerramento das sessões, emitir ele mantras ao influxo de uma entidade superior. Súbito, percebi, na semi claridade da sala, alguém junto a mim, e anunciei, já um tanto emocionado.

— Amigos, já há algum tempo que esta Sociedade se fundou e, agora, tenho a grande alegria de dizer que o seu patrono, o Mestre MORYA, está aqui a meu lado!

Nisso, disse-me depois o Geraldo — que não era sensitivo — que sentira uma grande emoção, pois, antes de eu falar, já ele o estava observando e até comparando a sua fisionomia com o "pôster", ali ao lado. Daí em diante, o Geraldo é quem descreve: viu ele aquela figura rarefazer-se e, pouco a pouco, confundir-se comigo. Aconteceu, então, que comecei a falar como se fosse o Mestre, sentindo-me com o psiquismo descontrolado, eu ao meu próprio lado, ouvindo e raciocinando, porém, sobre as suas palavras, ao mesmo tempo em que extraordinariamente surpreso! Dirigiu-se o Mestre ao Menescal e encareceu a valia de sua dedicação ao problema da criança (era ele o Diretor Presidente da Instituição que mantinha a Cidade da Fraternidade) estimulando-lhe o trabalho nessa área e, afinal, concluiu:

— Para finalizar, devo ainda dizer que estou muito satisfeito com o andamento que está tendo a tarefa que atribui a um discípulo.

Neste momento, senti que ele estava se referindo a mim!... Retira-se e se mostra, novamente, semi materializado, ao meu lado. O Mário Teles levanta-se e diz: "Hoje, nem mais uma palavra deve ser pronunciada aqui". Emite mantras altamente sintonizados, vira-se para o Mestre, faz marcante reverência, inclinando a fronte! O Mestre se inclina levemente e desaparece! Sou tomado, então, de incontrolável emoção, chorando quase convulsivamente, até, afinal, retornar a um estado visivelmente indicativo de quem teria vivido um grande, emocionante e imprevisto acontecimento psíquico!... Então, é de pensar-se: muitos e muitos esperados não foram e o Mestre, inesperado, ali estava, objetivamente, sob a vista de quatro testemunhas!... Por outro lado, o corrido comigo — acesso de incontidas lágrimas — se fosse perante uma assistência maior, grande parte, certamente, não estaria preparada para compreender o que se teria passado?! Seria próprio? O certo é que foi evitado. Apenas eu e os três amigos, ali estávamos!...

O acontecimento que acabo de referir, com evidente relação com os eventos da "fazenda dos DVs", no que respeita à presença atuante do Mestre MORYA, estão claramente inseridos no contexto das minhas atividades ligadas à criação da UPIS, às quais, no momento, muito exigiam de mim e dos meus amigos. Na verdade, muitas e muitas dificuldades houvemos que superar, para a instalação definitiva dessa Instituição Mantenedora de ensino superior. Firmou-se, porém, ela, no âmbito de Brasília, de forma segura e decisiva. Entretanto, não no sentido do ideal que a inspirou, cujas raízes se encontram na Teosofia, revigorada pela presença do Mestre MORYA e que, no silêncio do meu coração, no cerne das minhas aspirações, visava a servir ao jovem de hoje para bem criar o verdadeiro homem educado de manhã, dotado de Crístico Universalismo. Haveria eu de padecer quase do sentimento do impossível, em face de uma conjuntura educacional materialista, ligada a conceitos formais, sem substancialidade filosófica, espiritualista, incapaz de conduzir a maiores esperanças! Na verdade, é de ver-se, na conjuntura educacional, a dominância de um pragmatismo que, felizmente, pode até recomendar-se em termos de uma filosofia moral prática, visando ao Bem, mas, certamente, sem qualquer grandeza de ideal que alimente o educando, visando à sua cidadania cósmica, universal, como ser responsável pelo Destino Superior da Própria Humanidade. Sim, esse Destino, entrevisto na Luz

Maior que o Senhor Cristo — o Grande Instrutor do Mundo — faz descer das alturas himalaicas, aos olhos dos que sejam capazes de ver, os grandes ideais que se fazem representar no Instituto Universal MORYA e no seio da própria UPIS, nos seus próprios Estatutos. Ideais, cujas finalidades explicitadas dizem de aspirações ao estudo e cultivo da Ciência, da Filosofia e, em consequência, da Espiritualidade, em termos avançados!... Ora, esses avanços dos vários campos, inexoravelmente, se encontram na Mensagem da Grande Fraternidade Branca que a Teosofia indiscutivelmente PROCLAMA, visando à Redenção Humana!

Como quer que seja, deixo aqui nestas páginas autobiográficas a minha perene gratidão aos grandes amigos do Conselho Diretor da UPIS, que me têm apoiado tanto e tanto, levando à frente essa instituição de alto conceito no ambiente educacional de Brasília, consolidada em suas condições materiais, bem assim positivamente credenciada em termos de ensino, dentro da relatividade conjuntural do Ministério da Educação.

Considero, agora, uma vez mais, dever voltar às pesquisas da "fazenda", ainda aos anos 1968 e 1969, ressaltando certas perplexidades científicas, que não é possível omiti-las. No que a seguir apreciarei, não há conotações espirituais diretas, apenas, como já disse, "perplexidades" científicas, fenômenos estranhos que a Física clássica atual, ou mesmo avançada, dificilmente explicará, a não ser que sofra substanciais transformações de princípios quase secularmente consagrados. Assim, então, prosseguirei, mesmo que repetindo alguns fatos narrados em um ou outro dos meus dois livros *A Parapsicologia e os Discos Voadores* — cujo subtítulo "O Caso Alexânia" indica o local privilegiado dos notáveis acontecimentos e, também, *Mergulho no Hiperespaço* que se lhe seguiu. É que, nesta Autobiografia, não há como deixar de enfatizá-los, dado a que enriqueceram, de verdade, alguns muitos meses ou anos de minha vida. Por isso, como poderia omiti-los aqui?!...

Capítulo XIII
Fenômenos extraordinários na fazenda de Alexânia

Uma semana depois da primeira observação de julho/68, a qual acabou por sugerir natureza similar para à "Estrela de Belém", logo após chegarmos ao ponto de observação, vimos todos, na colina oposta, uma luz intensa que logo se desenvolveu em um arco luminoso. Lembrava um arco-íris, ou melhor, um U invertido a uns 300 a 400m de onde estávamos os sete em observação; a abertura inferior estimamos em uns 800 metros, que verificamos no dia seguinte, e uma altura provável de mais de 1.500m. Ficamos muito admirados e notamos que a lua, penetrando uma nuvem escura, favoreceu a intensificação luminosa da forma em curva realmente inexplicável em termos da ciência atual. Com a minha básica formação de engenheiro civil, havendo estudado razoavelmente Física e Mecânica, disciplina esta última de que fui professor catedrático na Academia Militar, como não ficar espantado com a luz curva, bela e agressiva?! Não havia ali qualquer fonte de energia conhecida ou mesmo presumível! Que técnica humana, em tais condições e mesmo em condições quaisquer que o homem pudesse estabelecer, repetiria tal fenômeno?!... Só uma técnica superior ali patente! Certamente existiria, outrossim, uma ciência também superior envolvida. Quais os titulares desse conhecimento, de tal ciência ou sabedoria e dessa técnica?... Quem, dentro da ciência atual, arriscará uma resposta?

Pouco depois, algumas semanas, todos os que nos achávamos no triângulo de observação, súbito vimos formar-se um círculo de luz muito densa e clara, levemente azulada, em rápido movimento de rotação, como se fosse uma roda gigante de parque de diversões, emitindo tangencialmente *flashes* de luz vermelha. Seria como se esses *flashes*, emissões luminosas tangenciais, impulsionassem a tal roda e a movimentassem, rapidissimamente, consequência essa de fortíssima retropropulsão. Esse extraordinário fenômeno ali perto, talvez uns 300m, na escuridão da noite, nos dava a impressão de que uma poderosa energia ali atuava. O fenômeno sugeria a emissão violenta de faíscas elétricas de transformadores em curto-circuito. E se aquilo resolvesse dirigir-se rápido em nossa direção, de forma por nós incontrolável?! Daí o susto, o temor manifesto por alguns! É bem de ver-se que aqui cabem as mesmas considerações de natureza científica já feitas no caso precedente, resultando em perplexidade, de verdade, para quem possui formação científica. Evidente surpresa, até beleza, coisa extraordinária para quem perlustrou os caminhos da Física, da Química, da Ciência.

Assim, fomos prosseguindo com as nossas pacientes pesquisas durante todos os meses restantes de 1968... Algumas vezes, contava-nos o Wilson, durante a noite, alta madrugada, era despertado, deixava a casa e mantinha contato com seres estranhos, dos quais um dizia-se ser o comandante daquelas operações. O Wilson o identificava como "Comandante Aramac". Dizia-nos ele que o sonambulismo inicial, não bem consciente, passava à plena consciência em tais momentos. Pedi-lhe, então, que ponderasse ao tal Comandante sobre o nosso vivo interesse em assistir a um desses contatos e documentá-lo. Posteriormente, comunica-nos o Wilson que o "suposto" Comte. Aramac havia aquiescido e prometido que iria permitir que assistíssemos a um desses contatos e que o fotografássemos.

Ficamos eufóricos e esperançosos. Passaram-se muitos dias, talvez semanas, até que a 31 de janeiro/1969, a promessa foi cumprida. Devo enfatizar que vivíamos, àquele tempo da pesquisa na fazenda, como se realmente antecipando grandes acontecimentos: os dias de 2^a a 6ª feira seriam como simples intervalos para as alegrias e esperanças da pesquisa de 6ª feira à noite, até, praticamente, a madrugada de domingo para 2ª feira, quando retornávamos a Brasília. Conosco se encontrava sempre um bom fotógrafo, Luiz de Albuquerque, do Ministério do Interior, muito interessado e persistente, amigo.

Chega, afinal, a grande oportunidade do dia 31 de janeiro de 1969. No princípio da noite daquele dia, um grande rumor agita a calma noturna: os porcos espantados, apavorados!... Uma onça resolve atacá-los e chega a matar um deles! Tiros e a onça se foi deixando o ambiente agitado. Estávamos ansiosos na espera de que, naquela noite, seríamos premiados com o prometido evento: assistir ao contato do proprietário da fazenda, Wilson, com o tal ser, o suposto Aramac. Subimos para o "triângulo da pesquisa" às 21:00 horas, como sempre o fazíamos. Éramos oito, o grupo acrescido de um novo elemento, que ali estava pela primeira vez e que não resistiu emocionalmente ao evento: abandonou, nervoso, o ponto de observação e foi, pode-se dizer, esconder-se no interior da Kombi, na estrada, ali próximo!... Em resumo, os fatos ocorreram como passo a descrever sob a vista de seis observadores, dispondo de potente binóculo, além do Wilson, que foi ao encontro do estranho objeto luminoso. Quando ao local chegamos, de imediato, todos vimos uma luz subir a encosta vizinha da elevação ao lado, prosseguindo horizontalmente, uma vez atingido o alto, por trás das árvores. Essa luz e seu movimento foi fotografada pelo nosso amigo Luiz. Em seguida, a luz retornou, agora pelo alto, em direção ao pequeno bosque, próximo e abaixo do local em que nos encontrávamos. Ainda bem no alto, desapareceu e surgiu nítida, brilhante, próximo à extremidade esquerda do bosque já referido, a pouca distância do nosso posto de observação. O Wilson sentiu-se atraído e desceu os 100m da encosta, indo até aquela luz sob as nossas vistas atentas. O Wilson se aproximou da luz e, de binóculos, todos vimos os dois face a face. Disse o Wilson que quis escrever o que o estranho ser lhe dissesse, mas ele lhe mandou guardar o papel e a caneta, afirmando--lhe: "Guarde tudo isso, o seu receptor comporta bem a minha mensagem". Aconteceu, porém, que nada tivemos da suposta mensagem. Parece que a mensagem seria apenas (e já era muito) a materialidade da extraordinária ocorrência. O encontro foi fotografado e apresentado em clichê no meu livro *A Parapsicologia e os Discos Voadores*. Em certo momento, alguns poucos minutos após, súbito, um intenso clarão azul envolve os dois do sensacional encontro e, no mesmo instante, nas alturas bem distantes, para o lado da casa da fazenda, no ponto mais alto da montanha, uma esfera luminosa dourada surge e emite "flashes" de luz ouro intensos sobre nós. No mesmo instante, o estranho ser e o objeto — disse o Wilson — em forma de pequena gôndola, desaparece na efusão do clarão azul!... Pareceu até que a luz ouro, irradiando em "flashes" da montanha distante, pretendeu significar a euforia por haverem cumprido integralmente o que haviam prometido: um encontro objetivo, em frente a todos nós. O estranho ser, que se viu ali no encontro, apresentava aspectos e características humanas normais. Todos os seis ali postados o viram muito bem, através do potente binóculo disputado por todos nós!...

Ao recordar acontecimentos como este, alguns mais que já referi e poucos outros que ainda se seguirão, estou certo da plena justificativa da minha orientação, de vez que ela comprova, com indiscutível evidência, conteúdo de notória importância no processo da "Busca da Verdade", que venho enfatizando como objetivo fundamental ao longo de minha própria vida. Na verdade, para a criatura humana, o que de mais importante poderá existir do que ficar certa de que não estamos sós no Universo das Galáxias, Estrelas e Planetas e de que irmãos de outros sistemas já podem chegar até nós, de forma tão clara, nítida, objetiva, demonstrando, de modo insofismável e seguro, a Palavra do Divino Mestre, o Senhor Cristo Jesus, quando disse: "Há muitas moradas na casa de Meu Pai". Isto significa que, como habitamos a Terra, ponto minúsculo em um minúsculo sistema solar planetário da Via-Láctea de alguns tantos bilhões de estrelas, muitos e muitos, tantos e tantos outros seres como nós habitam outras "terras", aqui e acolá, nesta ou em outras Galáxias, sob este ou outros céus! Confirmam-se, outrossim, as palavras do Apóstolo Pedro, quase ao encerrar a sua segunda Epístola, quando diz: "E, de acordo com a sua Palavra, há novos Céus e novas Terras, onde a justiça habita".

Não buscarei, aqui, obedecer a uma sequência cronológica, nem me preocuparei com enfatizar demasiado evidências ou demonstrações sobre ocorrências de fenômenos envolvendo extraplanetários do nosso sistema solar ou de outros sistemas. O mesmo diria em relação a extraordinários fatos paranormais, que nos demonstram a realidade de Altas Hierarquias, que conosco convivem, sob a Divina Luz do Cristo-Jesus, temas ainda muito desconhecidos por todos nós...

Irei, todavia, rememorando fatos e eventos de natureza variada que muito bem me fizeram, satisfazendo plenamente a curiosidade racional de estudante de matemática — desde quase a infância — e de acadêmico de engenharia civil, como também dos vários anos e anos de professor de Cálculo Vetorial e Mecânica Racional da Escola Militar do Realengo e da Academia Militar das Agulhas Negras.

Por outro lado, tais fatos virão, também, justificar plenamente os estudos do Espiritismo Científico de Richet, Ernesto Bozzano, Flammarion, William Crookes e tantos outros. Justificarão também ensinamentos teosóficos, que sempre os cultivei desde os vinte anos de idade e, muito particularmente, a teoria que expus na última parte do livro, — *Além da Parapsicologia - 5ª e 6ª Dimensões da Realidade*. Nesse livro, proponho a impositiva Teoria da existência do *Hiperespaço* e, em consequência, também do *Hipertempo*. Seriam respectivamente as 5ª e 6ª dimensões da Realidade, isto é, teríamos agora um Universo Hexadimensional, ao invés do Universo Tetradimensional da Física Relativista de Albert Einstein. Nesse livro, procurei justificar, de forma segura, com profusão de fatos supercontrolados na área do "paranormal", a 4ª dimensão de espaço já inferida, até mesmo já demonstrada experimentalmente, pelo famoso físico alemão Frederick Zöllner na década de 70-80 do século XIX. Juntamente com outros destacados cientistas alemães, ele estudou a fenomenologia promovida pelo notável médium americano de efeitos físicos — Henry Slade, pesquisas constantes do seu livro *Provas da Sobrevivência*. Inferiu Zollner essa outra dimensão de espaço, o *Hiperespaço*, que seria a 5ª dimensão do Universo, à qual procurei, no livro, acrescentar, justificando o *Hipertempo*. A 2ª dimensão de tempo, o *Hipertempo*, seria, pois, a 6ª dimensão do Universo, já agora hexadimensional que, desde então, comecei a aceitar, não propriamente como imposição da Física das universidades, mas como manifesta evidência decorrente da Paraciência que pesquisa a paranormalidade. Sendo assim, penetra-se na explicação racional do paranormal, tema de que trato largamente no meu livro — *Muito Além do Espaço e do Tempo*, publicado em novembro/1983. Ali, acrescento a esse Universo Hexadimensional, algo de possíveis dimensões que se demonstram transcenderem, mesmo, a essas seis dimensões do próprio Universo já ampliado, Hexadimensional!...

Tudo isso são pretendidamente supostas realidades, que se encontram ao longo do caminho dos que buscam a verdade sem preconceitos de tradições superadas, demonstrações de um conservadorismo anti-dinâmico, que procura afogar no nascedouro qualquer sentido de valor ou significado no cosmos do princípio da intrínseca, natural e inexorável transformação evolutiva. Esta, quase parece encontrar-se na essência da própria vida e constituir-se, afinal, na primeira manifestação da Causalidade Primeira ou Primária, que impulsiona o Universo a realizar o seu destino.

Capítulo XIV
Fenômenos metapsíquicos ou parapsicológicos e ufológicos, estimulantes da "Busca da Verdade" – Mergulho no hiperespaço

Tenho até aqui referido, talvez demasiado, à presença do "paranormal", do "inabitual" do materialismo de Richet na minha vida. Não que essa presença seja o extraordinário das místicas exaltações de candidato à fama, suposta "santidade" ou admirável exibição de poder que promove até o surgimento de "escolas" ou "seitas". Parece que, comigo, os fatos foram sempre ajustados às minhas exigências racionais de estudante de Matemática e de Física. Nesta rememoração autobiográfica, não há como deixar de lado e esquecer alguns desses eventos, em que o imprevisto e o surpreendente ocorrem, como que insistindo em responder às minhas próprias dúvidas, fazendo-me definitivamente forte perante posições ou argumentos aparentemente valiosos de crenças e religiões, cuja grandeza teve o seu tempo e este já se foi. O mesmo em relação ao elegante e pretensioso ceticismo científico, que até já deixou de andar de pé, por ser trêmulo, vacilante e sem qualquer grandeza! É que o ceticismo, para ainda viver, há que arrastar-se nos níveis baixos da inteligência e, quando trôpego consegue ficar de pé, a onda de preconceitos, ditada pela cósmica lei da "persistência", o envolve e o torna infantil, jungido àquele "ditado" aparentemente sem nexo, mas que ainda persiste: *Vamos deixar como está, para ver como fica.*

Vou indicar algumas das paranormalidades anunciadas, antecipando várias perguntas:

1. Pelo que se sabe, dentro da conjuntura mundial, ocorreram eventos paranormais com muitas pessoas. Se ocorreram, como essas consideraram ou como os enfrentaram e procuraram interpretar?

2. Uma vez ocorridos aqui ou acolá, que influência haverão produzido para "fazerem bem ou mal" ao ser humano, apreciados pela competência de alguns e postos de lado pelo desprezo da maioria pretensiosa dos titulares da cultura: sacerdotes, filósofos, sociólogos, gente da conjuntura política, etc?!...

3. Com resposta negativa às duas primeiras perguntas anteriores, poderei ter esperanças em que os depoimentos desta autobiografia, juntos a muitos outros, reconhecidos, possam ser úteis e sensibilizar estudiosos do âmbito da ciência, para começarem a acreditar em uma ciência mais ampla, ainda não consagrada, aparente ficção agora, mas a ciência maior do amanhã?!...

Acredito no progresso e tenho a alegria interior de acreditar no avanço da ciência, a qual há que romper a conjuntura "espaço-tempo", limitada pela velocidade da luz e antevejo chegar-se à Ciência do Hiperespaço, como também de outro tempo, o *Hipertempo*, em cujo âmbito larga faixa do paranormal se explicará e se incorporará ao conhecimento humano. Então, também, a presença, entre nós, de seres físicos ou hiperfísicos de outros sistemas, desse espaço ou do Hiperespaço-Solares e Extra-Solares; explicar-se-á, outrossim, como tais seres podem viajar entre as estrelas e, naturalmente, podem, chegar até nós!...

Da ambiência da paranormalidade parapsicológica, metapsíquica ou psi-cobiofísica, como também ufológica, ou do conjunto de todos esses campos, seguem-se vários casos, eventos espontâneos ou provocados, certamente supranormais, etc... Tais casos podem até lembrar os chamados *milagres* que, segundo a tradição e a crença popular, muitas vezes ocorreram ou ocorrem, em consequência de rezas cheias de fé e promessas que algumas religiões estimulam. Vejamos alguns casos, sem observar qualquer cronologia e, agora, fora do ambiente da fazenda em que se pesquisavam os DVs. Esses fatos, em conjunto, me foram criando, desde cedo, confirmados depois por sua qualidade e significação, uma ambientação do "transcendental", dentro da qual várias vezes me surpreendia, ao mesmo tempo em que me sentia muito feliz com tais indiscutíveis evidências, revigorando a minha "Busca da Verdade"?!...

Logo após chegar a Brasília, isto é, poucos meses depois, em torno de setembro ou outubro de 1968, meu prezado amigo daqueles tempos, Dr. Lídio Henriques, então Presidente da Organização Espírita – Cidade da Fraternidade, com sede em Brasília, me solicita acompanhá-lo a Caratinga/MG, onde se realizavam já famosas sessões de materialização, nas quais se materializavam espíritos, entre os quais médicos operadores, que atuavam semi-iluminados, no grande salão, por objetos fosforescentes, realizando notáveis operações. O meu amigo iria operar-se da próstata. Os instrumentos a utilizar seriam trazidos pelos próprios médicos, isto é, pelos operadores espirituais normalmente invisíveis. Enquanto agiam, o médium sensitivo Antônio Silva, humilde funcionário do Banco do Brasil, jazia prostrado em longo e baixo sofá, junto ao grande salão, em ambiente de espaço bem pequeno... Conforme disse, ao longo desta autobiografia, já tinha eu prática de sessões de tal natureza que havia presidido dezenas de vezes em muitos locais, particularmente em meu próprio lar, algumas das quais constam, com minúcia descritiva, em meu primeiro livro – *Além da Parapsicologia*.

Iniciada a sessão, eis que surge, no meio daquele salão, um vulto de homem alto, de avental e com um gorro típico, perfeita indumentária de médico, bem iluminado em estranha claridade. Identificava-se como Joseph Gleber, já conhecido ali como o Dr. Gleber. O Senhor Ribeiro, que então presidia o evento, depois da saudação inicial do recém-chegado, começa a apresentar-lhe os visitantes. Quando chegou a minha vez ele anuncia — General Uchôa. Em voz bem clara, forte, fala o Dr. Gleber: "General, General! Venha cá, que eu quero dar-lhe um abraço". Já habituado, como disse, com tais fenômenos, levanto-me e me dirijo ao meio do salão. Apertamo-nos efusivamente as mãos e, então, puxa-me ele para bem próximo, seu rosto colado ao meu, quando me diz, bem junto ao ouvido e baixinho:

"Quando precisar de mim em seus trabalhos de cura, chame-me, chame-me, que eu atenderei, estarei presente". E ainda acrescentou: "não vá sentar-se, fique aqui conosco, ajudando-nos!"... Logo de imediato, entrega-me um grande pacote de algodão e lá fiquei eu, no estranho ambiente, durante bastante tempo, a dar apoio material e com palavras animadoras a doentes, junto ao meu amigo L.H. Sessão muito rica de fatos, com várias entidades em ação, duas das quais as vi muito bem materializadas ao mesmo tempo. Para culminar o valor dessa minha fantástica experiência, em face das exigências racionais que sempre me acompanharam, dada a formação científica como engenheiro civil de que já falei, habituado a inquirir, fui levado à cabine, pequeno compartimento anexo, onde jazia em transe o médium Antônio Silva. Ali estava ele, semi-iluminado e um tanto transparente!... Isso me haviam referido bem antes da sessão e eu revelara o mais vivo interesse em observar!...

Esses fatos que acabo de narrar, em verdade, são de um significado, que transcende a tudo normalmente imaginável em ciência!

É bem mais fácil, ao cientista, afirmar que não passam de mentiras, mistificações, desinteressar-se e ir dormir tranquilo, com a dose de conhecimentos sedimentados que já possui, sempre em oposição ao novo, ao progresso! É o que vai acontecendo pelo mundo todo... felizmente com algumas exceções!...

Não discutirei a tristeza dessas reações conservadoras. A história da própria ciência é assim mesmo: só poucos, muitos poucos, em cada época, mantêm aceso o facho da inteligência inquiridora do ainda oculto à vulgar condição humana! Devo, porém, ir em frente. Pelo que se segue, agora, nesta autobiografia, vejamos como tudo isso, afinal, pode revelar--se autêntico pela "maravilha" de um só fato, de suma importância na vida de uma jovem, o qual enfatizarei um pouco à frente. Como disse várias vezes, esta autobiografia não é um livro científico, contendo provas e contraprovas, visando a demonstrações quaisquer. Esta prova, que mencionarei, será sempre de nenhum valor para um cético; todavia merece ser referida, de vez que, dentro do espírito deste trabalho, evidencia e comprova alta paranormalidade, revigorando motivos cada vez mais seguros, significativos, no sentido de estímulo e certeza de que a espiritualidade aí se acha implicada e justifica, certamente, a *busca da verdade*, na tônica indiscutível de seres de outras dimensões, que notoriamente se afirmam, surpreendendo a incredulidade humana.

    Passam-se alguns meses. Certa noite, no exercício de atendimento a um amigo, oficial do Exército, há muito enfermo com sério problema na coluna vertebral. Apelo ao Dr. Gleber, o espírito materializado da sessão de Caratinga. Não houve decepção. Um resultado espantosamente positivo. Dizia-me sempre, nas diferentes oportunidades, em que eu apelava: "prometi, por isso, estou aqui". Sempre, pois, operante e eficiente nas diferentes ocasiões em que compareceu: alívio quase imediato, com cura integral em alguns casos. Como ponto alto, porém, desta rememoração, que há pouco antecipei quando me referi a uma jovem que teria sido curada, menciono o caso de Sandra, jovem funcionária da VASP, caso esse superincrível de cura paranormal, que se seguindo a muitas outras não referidas, veio *demonstrar sobejamente*, o valor transcendental da sessão de Caratinga/MG, de que participei.

    Juntamente com algumas pessoas da minha mais profunda amizade, minha esposa Enita, o Cel. Murilo Bettamio (naquele tempo Major) e sua esposa Greici e minha nora Regina Pereira Uchôa, encontrava-me na residência do Professor Bruno Matarazzo. Fui solicitado por este amigo a atender a uma moça do apartamento vizinho, abaixo do seu, com problema sério de vista, que, havia muito, não podia resolver. Presente a jovem enferma, de vez que se tratava de possível operação, apelo ao querido amigo Gleber, do qual venho falando.

    Compareceu. Percebi auditivamente que ele me dizia: "Como prometi, aqui estou, mas vou precisar de auxílio nesta área da visão. Por isso, reúnam-se amanhã as mesmas pessoas e à mesma hora".

    Assim fizemos e lá estávamos à hora certa. Compareceu o Dr. Gleber; disse da presença de um colega. Logo a seguir, sinto tomar-me ele os dedos médio e indicador de minha mão direita, colocando este sob aquele, em uma ligeira torsão. Apesar de não me considerar um paranormal vidente, de

olhos cerrados, eis que "vejo", ou "visualizo" centelhas brilhantes de luz azul-violeta projetando-se dos meus dedos semienrolados para o interior do olho da jovem (talvez 2 ou 3 minutos apenas) e sou levado, compulsivamente, a dizer-lhe (eu em perfeita lucidez, consciente):
"Senhorita, você sofreu uma forte atuação na sua vista (lembro de que não falei operação); durante a noite, vai doer bastante, mas não vai ser necessário analgésico, não convém usá-lo". Pois bem, naquele momento, a jovem Sandra estava curada, com extraordinária surpresa para seu médico!... Subestimando, de certa forma, a ocorrência, julgando-a ao nível de muitas outras da minha atividade já muito antiga de "curandeiro" (minha esposa, Enita, tem "horror" a que eu use tal expressão; prefere sempre que diga "curador"), só muito mais tarde, fui saber, ocasionalmente, pela própria Sandra, no balcão da VASP, onde ela trabalhava, do verdadeiro "acontecimento" que fora tal cura, que levou viva perplexidade ao seu especialista. Disse-me, então, a própria Sandra, que tinha um "cisto" na fóvea (delicadíssima membrana do fundo da retina), dificilmente operável, tal o perigo de cegueira. Já estivera a examinar-se com cerca de 15 (quinze) especialistas, que não lhe aconselharam operar-se!... Pois bem: o tal "tumorzinho" desaparecera — o tal cisto — e ela estava absolutamente curada!... Então, quem a curou? O agente? Que técnica utilizou, se não houve qualquer instrumento usado ali, em plena sala da residência do prof. Bruno Matarazzo?... É inacreditável?! Também penso assim, mas é verdade!... Para mim, porém, é apenas mais um caso selecionado e bem testemunhado da minha experiência, cheia de tantos e tantos outros análogos, que apontariam para o "milagre" das igrejas! Não sou, porém, de igrejas quaisquer — católica, protestante, budista, centros espíritas de Kardec ou de Umbanda, nada disso! Sinto, porém, pretender pertencer à Igreja Invisível e Universal do Cristo e Senhor, que se afirma perenemente em termos de Bondade, que Jesus exemplificou e ensinou aos que O Buscam e Amam! Aí, há algo da Essência da Verdade?! A ciência não pesquisa, nem aceita tais evidências! Ela tem razão e, com suas *razões*, vai indo, até o dia em que possa despertar, conduzindo-se, afi-

nal, pela palavra do Grande Cientista inglês Lord Kelvin, que já referi antes e que, agora, repito:
"A Ciência é chamada, pela Eterna Lei da Honra, a encarar os fatos face a face."
Antes de prosseguir, perguntaria, mesmo falando em termos de ceticismo científico: a cura de Sandra, nas condições expostas e com o extraordinário sucesso verificado, deixará dúvidas sobre a autenticidade do então "suposto" (na sessão de Caratinga) Dr. Joseph Gleber que me abraçara com muita delicadeza e prometera ajudar-me em trabalhos de cura? Vejam e ouçam os que têm olhos para ver e ouvidos para ouvir, disse o Divino Mestre!...
De volta de Caratinga, em companhia do amigo L.H., em pleno dia ensolarado, súbito, os dois ouvimos uma forte buzina "rouquenha", como de veículo a pedir passagem, revelando impaciência pelo nosso displicente comportamento na estrada. Perplexos, dêmo-nos contra de que estávamos sós na rodovia! Que seria aquilo? Qualquer psicólogo ou especialista da área psicológica ou psiquiátrica, bem advertido em assuntos de tal área, diria — alucinação. Assim cheguei a pensar, não obstante haver sido a suposta alucinação dúplice: eu e o meu amigo surpreendidos. Pensei durante a viagem e nos dias seguintes: não comentarei esse fato com pessoa alguma e aguardarei que se repita, se tiver conotação transcendental, isto é, hiperespacial, de vez que considerara eu o Hiperespaço, no meu primeiro livro já escrito e publicado. Pois bem, o fato repetiu-se de forma evidentemente probativa de sua natureza, poucos dias após. Havendo acontecido numa terça-feira, quando regressava de Caratinga, a espetacular repetição ocorreu no domingo seguinte! Eu e minha esposa Enita, dirigíamo-nos, na manhã daquele domingo (10 horas), à feira no Núcleo Bandeirante, a 10 Km de Brasília. Quase no topo de um discreto aclive, já bem junto do pequeno núcleo cognominado de *Velha Cap.*, antigas moradas de engenheiros construtores de Brasília, repentinamente, fenômeno análogo ao da estrada de Caratinga ocorreu: buzinadas seguidas e intensas de suposto motorista apressado a pedir passagem; havia apenas o meu carro na estrada deserta à frente e atrás!... Quando

me dirigi à minha esposa, procurando dizer-lhe do primeiro incidente, ela me interrompeu e disse: "já sei, você vai contar coisa relativa a essas buzinadas, não é?" Disse-lhe: "sim e você, ouviu?" Respondeu: "ouvi nitidamente e me espantei quando vi que estávamos sós"! Que dois momentos de alucinação auditiva dúplice dos quais eu teria participado!... Como explicar? Pesquisar? Como? De que forma? Concluí que deveria deixar tudo de "molho". Pois bem, veio a terceira vez! Eu e minha esposa, regressando do cinema quase à meia-noite, posto que conversamos um pouco com um nosso filho depois da sessão, no "eixinho" W/Sul, ao nos dirigirmos para a SQS 109, onde residíamos. Ocorreu, então, à tal hora, (cerca de meia-noite) o mesmo "escândalo" de buzina rouquenha como alguém a pedir passagem! Estávamos sós no "eixinho". O fenômeno foi de meridiana evidência. Então, passei a afirmá-lo *categoricamente!*... Que importará a mim o falso e preconceituoso juízo dos que até *podem rir-se pejorativamente* de tal depoimento. Dar-lhes-ei razão. O mundo precisa desses "certinhos", seguros em suas opiniões, missionários *guardiães das verdades bem arrumadas, muito cuidadosamente conservadas na geladeira*, campeões do benfazejo e eficiente conservadorismo. Mas o caso é que a história tem mostrado que a VERDADE, com letras maiúsculas, utiliza certos processos e até certos agentes para levar à frente a ETERNA BUSCA dela própria, da Divina VERDADE, que se revela pouco a pouco mais pura, brilhante e ampla, como o Infinito, ao espírito humano em marcha! Somos todos partícipes de um processo governado por Lei Maior, caminhando na perspectiva de um Infinito que progressivamente se amplia!... Sim, quem estuda Matemática, na culminância filosófica de suas abstrações, sabe que, no plano de suas maiores sutilezas possíveis ao espírito humano, infinitésimos contam-se em infinitésimos (são os infinitésimos de várias ordens), como infinitos podem ser concebidos, analogamente, contidos em Infinitos!... Por isso, podemos falar em "Infinitos", que se ampliam ou em Infinitos que se sucedem dentro da própria conjuntura do mundo inteiro, da construtiva abstração do espírito humano! Será difícil entender? Não, mesmo para o mental, o racional, apenas espaço tridimensional. Não, ainda mais para a intuição moral e, principalmente, para a percepção crística, visão direta da própria Raiz do Universo. Desse depoimento experimental, em termos de estranha audição, passo agora à mesma transcendência, à conjuntura espaço-temporal em termos de visão em pleno meio-dia de céu absolutamente límpido de dia ensolarado!

Depois da inspeção de uma obra, engenheiro fiscal da Caixa Econômica Federal que era, ao dirigir-me ao carro, vejo-o sob estranha fumaça, julgando-o em princípio de incêndio. Aproximo-me rapidamente, entro e verifico que tudo do carro está normal e há uma estranha névoa azulada, que havia tornado foscos os vidros do para-brisa e da porta oposta, não permitindo qualquer visibilidade externa. Olhando à esquerda, vi um sol brilhante, um caminhão ao lado; súbito, tudo desaparece, e a visibilidade, com a transparência dos vidros, se restabelece. Pensei, então: se há ou houve qualquer propósito transcendental, que se repita em condições de poder eu melhor apreciar e julgar. Se não, como qualquer psicólogo, direi: tive uma simples alucinação, nada mais. Dera-se o fato num sábado, 31-1-69, dia em que, coincidentemente, o encontro com o interplanetário na fazenda, fato já descrito, se deu! Então na terça-feira seguinte, ocorre a grande confirmação do paranormal, novamente em pleno meio dia. Ao aproximar-me do carro tentando abrir-lhe a porta, pelo vidro da porta oposta, névoa azul densa penetrava e, também, pelo para-brisa. Emocionado, entro e me sento, ficando a observar o fenômeno. Os vidros tornam-se foscos como pintados a óleo, exatamente como no sábado anterior, amarelados e eu sem qualquer visibilidade externa, imerso na estranha névoa, quando o sol era brilhante lá fora. Como fizera no caso anterior, tomo de um lenço e atrito o vidro, sem qualquer sucesso. Observara, antes, no para-brisa, o deslocamento da seção que dividia a parte fosca da que ainda estava transparente. Havia algo que penetrava a estrutura do vidro, permitindo até inferir da sua espessura. Considerei então: agora, estou satisfeito e quero observar como tudo isso vai desaparecer. Súbito, tudo volta ao normal naquele meio-dia ensolarado! Que indicariam ou deveriam significar para mim esses dois fenômenos, um de caráter auditivo, surpreendente, e outro, de estranha visibilidade em pleno meio dia, particularmente sabendo eu do âmbito da metapsíquica, *que a luz solar tem ação destruidora, desintegradora, da matéria ectoplásmica*, com que se perfazem, ora as materializações em nosso espaço-tempo, ora manifestações físicas luminosas, ora audíveis?!... A primeira conclusão seria de que ali haveria a intercorrência de outros elementos ou mesmo outras leis: a matéria nevosa seria atípica e o processo da produção do fenômeno também atípico, desde que em plena luz solar!... Com que fim? Quem sabe se não seria porque não lanço fora as "pérolas" que recebo? Na verdade, guardo-as bem e faço-as valer perante pessoas de formação científica! Poder-se-ia perguntar: esses fenômenos teriam que ver com a "Busca de Verdade"? A resposta seria definitivamente positiva, pois seriam demonstrações da limitação da nossa ciência do "espaço-tempo" e provas cabais da matéria e da energia, inteligência, técnica e, em consequência, consciência e capacidade de planejar e executar fora da normal contingência ou da conjuntura humana! Não está bem claro, então, que tudo isso tem a ver com a *VERDADE MAIOR*, em que se encontram espaços mais sutis e vida muito, muito mais rica, demonstrada por seres mais avançados do que nós?

Já escrevi algumas páginas sobre fenômenos surpreendentes na fazenda de Alexânia. Repito que nesta autobiografia não tenho em mente referi-los todos, de vez que os mais importantes, quase todos se acham em meus dois livros *A Parapsicologia e os Discos Voadores* e *Mergulho no Hiperespaço*. Voltarei, porém, a insistir em que as idas à fazenda de Alexânia e a pesquisa lá eram parte da nossa vida e de queridos amigos, que aqui os relembro com saudade: Adelino Rosa e Ivanir Viana, ambos notáveis sensitivos. Major Jacob Zweiter e seu sobrinho professor Jaime Zweiter, ambos também sensitivos, principalmente o Jacob; Edmar Lins, assíduo pesquisador, que depois se afastou, juntamente com o Waldir Coutinho, este também um sensitivo desenvolvido; o Wilson Gusmão, bem desenvolvido sensitivo proprietário da fazenda e o seu cunhado José Marques; Dr. Oswaldo França, professor Newton

Milhomens, o meu filho, então Capitão, (hoje Coronel) Paulo Roberto Yog de Miranda Uchôa, todos esses referidos amigos desde os idos de princípios de 1968. No ano seguinte, outros se somaram: Dr. Wenceslau Amaral, Roberto Beck, auditor, logo depois, da Caixa Econômica Federal, professor Paulo Coelho e sua esposa Salete, professor Bruno Matarazzo, Dr. Otacílio Camará, Cap. Murilo Bettamio (hoje Coronel da reserva) e sua esposa Greici, Roberto Pinho, arquiteto Fabrício e sua esposa, a professora Nazaré, Fátima Machado, do Senado, Rubem Galina, então estudante de Engenharia e alguns outros.

Já, então, a partir de meados de 1969, com o declínio dos fenômenos a partir de março desse ano, muita gente foi se afastando, até reduzir-se, de fato, o grupo àqueles que, a partir de 1970, foram se preparando para colaborar efetivamente na pesquisa que levou ao meu livro *Mergulho no Hiperespaço*. Todos vivíamos os dias da semana na alegria antecipada das horas de vigília na fazenda.

Capítulo XV

Ainda a década de 70: livro sobre o Senhor Cristo e curas paranormais "absurdas", porém comprovadas. "O milagre das igrejas"? Não! Os novos tempos que chegam!

Certa noite, no meu gabinete de Diretor da UPIS, chega-me às mãos um número da revista *Veja*. Logo ao abri-la, o frontispício de um artigo sobre Jesus e, ao lado, um pouco abaixo, uma fotografia. Lia-se o seguinte: "Filósofo dissidente fala sobre um Cristo Humano."
Interessado no assunto, eis-me decepcionado, dada a relativa mediocridade das respostas do tal filósofo às inteligentes perguntas do jornalista. Então, pensei: que filósofo é este que não aproveita a oportunidade para falar, de verdade, sobre um Cristo Humano e fica nessa faixa clerical medíocre, que ainda influencia tanta gente? Ocorreu-me, então, que eu poderia, partindo das perguntas do jornalista, escrever um trabalho, até mesmo um pequeno livro, sobre o Cristo. A ideia foi, rápido, tomando corpo. Fechei a porta do gabinete imediatamente e, em pouquíssimos minutos, fiz o esquema do livro. Logo após (isso lá para meia-noite), comecei a escrevê-lo. Tal o início do meu 4ª livro: *Cristo para a Humanidade de Hoje – Científico, Social e Político*.
Concomitantemente com a decisão de escrever o livro, passei a observar as perguntas do jornalista, para considerar como as responderia, ou não. O que poderia eu dizer sobre o Cristo que já não houvesse sido escrito? Então, rapidamente, à minha mente, além dos Evangelhos, ocorreram-me alguns

livros que havia lido.
— a *Vida de Cristo*, de Renan;
— a *Vida de Cristo*, de Giovani Papini;
— a *Sabedoria do Evangelho*, de Carlos Torres Pastorino, em 8 volumes extraordinários, contendo maravilhosa pesquisa;
— *Harpas Eternas* do Mestre Hilarion de Monte Nebo. Este último, então, uma transcendental e maravilhosa obra em três grandes volumes. Que poderia eu então escrever? Não obstante essas rápidas conjecturas, ao sair do gabinete, às 2 horas da manhã, já o livro estava iniciado.

Posso dizer com segurança que esse livro é atípico, diferente: nada repete, a não ser o normal de poucas citações bíblicas, evangélicas e, também, algumas poucas do extraordinário livro *Harpas Eternas*, o mais amplo e belo livro jamais escrito sobre Jesus. A atipicidade, porém, do meu livro começa por ser, essencialmente, teosófico!... O Cristo, o grande Instrutor do mundo, Choam do 2° Raio do Amor-Sabedoria.

O Cristo Histórico, revelado na pessoa de Jesus de Nazaré, que deu ao mundo a Divina Mensagem do Grande Instrutor, o qual por ela se sacrificou no Gólgota. Assim, perante a História da nossa Civilização, Jesus, o Cristo Histórico, precedido por Krishna no passado bramânico, Moisés no passado hebraico e Budha. Enfatizei nesse livro a realidade dos três Cristos:
— o Cristo Cósmico, não pessoa, mas Raio Operativo do Poder Divino Criador;
— o Cristo Interno, Cristo Místico, a Faúlha Divina no coração humano, que Jesus realizou plenamente;
— o Cristo, grande Instrutor do mundo.

Assim sendo, é que Jesus não é o Cristo em si próprio; foi, em verdade, sim, Jesus, o seu Excelso Representante; Mensageiro Divino nos idos da Palestina, de excepcional perfeição. Este é o posicionamento teosófico do livro que publiquei e que suponho, com quase certeza, ter sido apoiado pelo querido Mestre Morya. Creio pelo menos que esse livro teve o respaldo do Excelso Mestre, pois, sem dúvida, o seu prefácio foi espiritualmente inspirado.

Posso dizer, pois, que o livro é essencialmente teosófico. Nada inventei. Tudo nele decorre do ensino teosófico, que, felizmente, veio sempre me conduzindo desde os 20 anos e se alguma coisa ali está fora disso, do estudo de tantos e tantos anos, talvez haja sido apreendido no silêncio do coração, em que, muitas e muitas vezes, o Mestre fala e ensina ao discípulo, SEM QUE ESTE SAIBA A FONTE DO CONHECIMENTO OU DA INSTRUÇÃO!

Neste livro, vê-se o Cristo, o Senhor Cristo, na condução do 2º RAIO DO AMOR-SABEDORIA — como o *Grande Instrutor do Mundo*, certamente o Instrutor da Grande RAÇA ARIANA, que se originou em alguma parte central da Ásia, há quase um milhão de anos, segundo Blawatsky. Nesse livro, também, vê-se Jesus alçar-se, pela experiência sacrificial do Gólgota, à culminância da crística condição, identificando-se com o Senhor Cristo do Ocidente, o Senhor Maytreya do Oriente, em seu Divino Trabalho como Grande Instrutor do Mundo. Por isso, o Mestre Morya certa vez recomendou que, em nossa reverência de prece ou orações, deveríamos, os humanos, falar, pronunciar os dois nomes assim:

"Senhor Jesus – Cristo". Ou então:

"Senhor Cristo – Jesus", naturalmente, em face da integração dos dois Grandes Seres, irmanados na mesma Grande Obra de *Instrução do Mundo*, particularmente depois do sacrifício de Jesus no Gólgota.

Hoje, ao lembrar de haver escrito esse livro, sinto-me feliz: o Mestre o aprovara em seu silêncio. Todo o esquema que eu havia primeiro feito, na noite inicial, foi por água abaixo: o livro tornou-se bem outro e, em sua parte final, culmina, deixando explicitada, bem clara, o que chamei de "Crística Ideologia", já anteriormente exposta, segundo a qual o nosso mundo, o mundo atualmente infeliz e sofredor deverá ser, um dia, social e politicamente organizado. Nesse livro, está sendo apresentado por escrito o que oralmente já havia eu apresentado, em surto de inesperada e forte inspiração na Escola Superior de Guerra, em 1960, sendo, felizmente, com muita surpresa, apoiado pelo seu então comandante, o Gen. Fabrício. Ele estava presente e me autorizou que falasse além dos 35 minutos que tinha eu pelo regulamento da Escola. Estenderam-se os 35 minutos por mais 90, os quais seriam reservados para os debates. Foi rompida a praxe pelo General e lá ficou a cósmica mensagem, ouvida nos termos em que já mencionei pelos assistentes, 93 colegas do curso, oficiais e professores civis do corpo permanente de instrutores e dois generais presentes. Ouvida também por aquelas paredes silenciosas, gravada nos arquivos akásicos, que o vulgo está bem longe de conhecer.

Como resumirei, aqui, essa *Crística Ideologia*, explicitada em meu livro sobre o Cristo? Sei que o poderei fazer sucintamente e assim o farei, dada a sua importância. As pessoas, homens e mulheres, todos passamos, mas os princípios superiores, inspirações do Universo Moral, caminham e caminham até um dia poderem penetrar a alma e os corações humanos das sociedades, dos povos em marcha!

Assim, apresento aqui, muito sucintamente, essa *Crística Ideologia*. Ela constitui-se na conjunção de um *super materialismo* que Karl Marx não conheceu pois tudo, para ele, segundo o materialismo do século XIX e de agora, se resolveria em "matéria" e "energia" no "espaço-tempo". Isso porque se ignorava a matéria dos espaços superiores. Desconhecendo o hiperespaço, os espaços astral e mental, que uma paraciência avançada, liderada por estudos teosóficos, já aceita e de um *superespiritualismo* essencialmente cristão e universalista. Isso tudo nos leva à *tese* e *antítese*, matéria e espírito, constituindo-se, na síntese: *Sabedoria Divina*, que informará a vida social e política da sociedade de amanhã. Não será, talvez, para o futuro milênio (muito próximo, à vista), mas para os milênios que virão. Assim, mesmo com a restrição apontada, valoriza-se Marx, que acentuou a decisiva influência e extrema importância das condições materiais da existência, implicando trabalho, alimento, abrigo, educação e saúde e, também, ao desmistificar a religiosa pregação de "salvação de almas" oferecida pelas igrejas dogmáticas cristãs ou não. Acrescente-se, ainda, o Universalismo Cristão da Palavra de Jesus:, "e *virão do norte e do sul, do oriente e do ocidente (todos os quadrantes) e serão um só rebanho e um só pastor*".

Afinal, a *Crística Ideologia* assim se afirma, enfatizando o que acabo de dizer:

"Um Ultramaterialismo conjugado a um Superespiritualismo cristão absolutamente universalista, muito acima de qualquer ortodoxia religiosa, sempre inexoravelmente dogmática". De propósito, por julgar assunto muito importante, repito essa referência ao acontecimento invulgar na ESG, 1960. Hoje, quando escrevo este trabalho, já sei que notáveis pesquisadores, físicos da Universidade de Harvard nos EUA, afirmam a coexistência de um "espaço do espírito" com o "espaço do elétron", isto é, da "matéria". Isso é uma viva esperança de que a mensagem da Teosofia, que fala sempre em espírito-mátería, está chegando aos laboratórios das Universidades. Os Grandes Mestres da Fraternidade Branca sabem o que fazem, pois os homens hão de caminhar por seus próprios méritos, isto é, levados pelos próprios pés.

Recordo bem que, durante o 2º quinquênio da década de 70, acontecimentos verdadeiramente notáveis ocorreram, evidenciando a presença de um Poder realmente maior junto à criatura humana, quando ela merece. Cada uma dessas curas é mais incrível do que a outra. Curas quase "milagres", constrangendo-me até a mencioná-las, tal a implicação do extraordinário, do supranormal aparentemente milagroso. Escrever, relatar algo, proclamando excepcionais capacidades técnicas ou espirituais e quando o fato vai ao "milagre". O que fazer? Silenciar, esconder a "Pérola" oferecida ao sofredor e a *Mostra* da *Verdade* a quem escreve estas linhas? Não; escreverei, divulgarei qualquer que seja o juízo dos que considerem estas palavras.

Disse-me, certa vez uma discípula da UPIS: "General, soube que o Sr. faz curas. Tenho uma prima que está seriamente enferma de uma ferida na perna, há 8 meses, já havendo ido até a especialista no Rio, por duas vezes, sem qualquer resultado. Está muito impressionada e abatida, pois teria que se ausentar do País para especializar-se (psicóloga), sem poder fazê-lo. Poderá vê-la?",

Sim, respondi e, no dia seguinte, às 15 horas, em minha casa, estavam a Maria de Jesus, aluna da UPIS, e sua prima enferma.

Ferida feia: um verdadeiro "buraco" na perna, impressionando-me deveras, logo que removidos a gaze e os espara-

drapos. Quase não se via o fundo escuro da ferida, dando a impressão de que ali caberia uma falange de dedo anular!...
Tive um verdadeiro choque emocional ao fixar a lesão e o pálido semblante da jovem enferma, visivelmente abatida. A ferida teria provindo de um caroço, agora "suspeito", mas que não havia sido feito dele qualquer biópsia. Tomado de um sentimento bem intenso de "pena" ou amor pelo triste quadro à minha frente, concentro-me, como sempre desde há muito já o faço, no meu querido Mestre Philippe de Lyon e, logo a seguir, na Luz Ouro do Senhor Jesus, o Cristo. Balbucio algumas palavras de prece, apelo à Divina Lei e visualizo raios dessa Luz Ouro, penetrando a intimidade da ferida, com a ordem mental, pretendidamente do Senhor Jesus, para a revitalização imediata do campo biológico, buscando a correção da forma, isto é, a normalização do plano superior da pele. Na verdade, insisto e repito: aconteceu que visualizei como um raio ou feixe de raios ouro como da Luz de Jesus, penetrando a ferida até o fundo, agindo com objetivo regenerador. Apenas alguns minutos. A seguir, digo à aluna Maria de Jesus:

"À noite, quando chegar na Faculdade, entregue no meu gabinete uma garrafa d'água filtrada, destinada a ser bebida pela sua prima; quando do encerramento das aulas, às 23 horas, passe por lá e a leve."

Nesta noite, após receber a garrafa, isolei-me no gabinete, preparei a água, procurando sintonia nas auras de Jesus. A jovem enferma tomou a água. Três dias após, comunica-me a aluna intermediária:

"Sabe, General, a minha prima está boa". Admirado, digo-lhe: "Como assim? E aquele "buraco" na perna? Responde-me:

"Está boa. Não há mais buraco!" O tecido havia se refeito em menos de três dias. Pedi que voltasse a enferma à minha casa e, espantado, pois havia oito meses que se tratava com especialista — verifiquei: não havia mais ferida!... Então, um pedido ao Mestre e ao Senhor Jesus e uma garrafa d'água impregnada de uma possível magia, e a jovem psicóloga foi curada em três dias.

Dentro de poucos dias, no Hotel Nacional, em festa de formatura da UPIS, dançava ela como se jamais houvesse tido

ferida. Três semanas depois, verifiquei: aquela triste e feia lesão, a ferida tão funda, transformara-se em uma simples mancha, como se fosse de nascença!...
Havemos de convir do extraordinário de tal evento. Que se teria passado? "Milagre" segundo crenças religiosas? Onde o "religioso do milagre"? Eu? Quem? Eu, que penso e vivo em tônicas de permanente inquirição científica? Todavia, a bem da *Verdade* e enfatizando a "Busca da Verdade", digo que não pertenço a qualquer credo religioso, mas, interiormente, procuro cultivar, não uma religião — das que dividem os homens — mas a Religião do *Cristo Jesus*, da *Bondade*, do *Bem*, a única que Ele realmente fundou, sem qualquer rótulo.

Pessoalmente, fui aprendendo, pouco a pouco, nos lineamentos primeiros do Espiritismo Prático de Assistência aos Necessitados, prosseguindo sempre à luz da Divina Mensagem dos Mestres Ascensionados da Fraternidade Branca, entre os quais está, como sempre esteve, a Excelsa Presença de Jesus, o Cristo e Senhor. Sim, essa Mensagem de Bondade oferecida novamente ao mundo, já há mais de um século, aí está conosco, sob a responsabilidade imediata de difusão dos queridos Mestres MORYA e KUT-HUMI, que prepararam inicialmente Helena Blawatsky para apresentá-la e a outros tantos extraordinários discípulos, como Annie Besant, C.W. Leadbeater, Jinarajadasa, Rudolph Steiner e alguns outros, a fim de divulgá-la e esclarecer para os dias de hoje do interrogativo futuro, para o qual todos nós caminhamos...

Assim sendo, que imenso significado terá certamente fato como esse, se relacionado com a "Busca da Verdade", que tenho sempre em vista enfatizar ao longo deste trabalho? Sim, pois comprova a absoluta e, por isso, decisiva importância do imponderável, do eminentemente espiritual, em certo momento sobrepondo-se a todo condicionamento, hipóteses e recursos materiais, em face de uma vida humana a proteger e preservar! Qualquer ortodoxia religiosa se obrigaria a afirmar o "milagre", fosse eu um Sacerdote, um Pastor, que qualquer deles poderia falar no Espírito Santo, Deus ou mesmo em Santo Milagroso. Mas, nada disso! A natural evolução para o "Espírito" em termos do Divino Universal...

Ainda nas décadas de 70-80, não há como deixar de ressaltar, aqui, fato notável, estranho e absurdo, mas provadamente verdadeiro, sobre o qual um nobre e muito culto amigo, professor Flávio Pereira, me aconselhou a escrever um livro só para documentá-lo. Com isso, sugeria ele, um livro só para divulgar esse tal fenômeno insólito, verdadeiramente incrível!...

É que, durante por cerca de uma hora, o meu Mestre Philippe de Lyon deixou-se passar por mim, materializado, às 3 horas da tarde, junto a um grande médico clínico em Petrópolis e no Rio de Janeiro, professor da Universidade do Brasil, o Dr. Spielman. Isso teria se passado, segundo soube, mas que não apurei diretamente.

Aqui, direi rapidamente do evento, dado o que significou, para mim, pessoalmente e para o próprio Dr. Spielman, pessoa jamais voltada para assuntos de filosofia espiritualista, materialista, de acordo com o que me havia falado ao telefone sua amiga Romy Habsburgo. Esta senhora me telefonou, pedindo-me para ir a Petrópolis (eu em Brasília) ver um filho daquele médico que se achava gravissimamente enfermo em Petrópolis (soube depois ser um sobrinho querido, de 12 anos de idade). O Dr. Spielman, disse-me ela, estava desesperado por não haver mais recursos médicos para acalmar as alucinantes dores no fígado da criança (soube depois que se tratava de um câncer). Sem qualquer crédito no transcendental, mas desesperado, segundo a sua amiga Romy, concordou no apelo telefônico que a sua amiga iria fazer-me. Eu voltara do Rio fazia pouco e me era praticamente impossível tal atendimento pessoal. Ouvindo do desespero do médico, disse eu a Romy: "Olhe, diga ao doutor que para o Mestre atender, ir aí ver a criança, não precisa que eu vá; eu nada sou no caso; ele poderá ir sem mim e o fará se a criança e a família merecerem". Admirada ficou com as minhas palavras a senhora Romy: "Mas, General, será isso mesmo possível?" Replico-lhe: "É, e tenho até a impressão de que o Mestre está ouvindo esta conversa e que irá".

Comunicado o nosso diálogo telefônico, manifestando eu muita atenção e boa vontade (disse-me depois a senhora Romy), o Dr. Spielman resolve telefonar-me, diretamente, para me agradecer. Aí, então, começa o "absurdo", o "incrível": o

Mestre, não eu, atendeu ao doutor no meu telefone, pediu-lhe o telefone de Petrópolis e, à noite, telefonou ao doutor comunicando-lhe sua chegada a Petrópolis no dia seguinte pelo ônibus que lá chegaria às 3 horas da tarde. Para que fosse identificado, disse-lhe como estava vestido: de branco e de colete, com chapéu cinza, nele uma fitinha azul e, ainda mais, disse: "uso bigode". Até aí, e com razão, o Dr. Spielman me esperava, desde que o processo começou pelo telefone atendido na minha residência e o doutor não me conhecia. Observo que jamais falara com o Dr. Spielman.

Passam-se 10 dias, quando a Senhora Romy me telefona, agradecendo muito a minha ida a Petrópolis, desculpando-se por haver retardado o agradecimento e dizendo que a criança, então atendida já se iam 10 dias, estava passando bem. Ficou superadmirada quando lhe disse que não me houvera afastado de Brasília. Insistiu em dizer-me que o Dr. Spielman havia falado minuciosamente da minha ida até sua casa e do atendimento à criança. Convenci-lhe da minha permanência em Brasília. O médico, logo depois, telefonou-me inconformado, assegurando que eu havia sido recebido por ele na rodoviária e, de automóvel, por ele conduzido à sua residência. Deu-me detalhes sobre os motivos de sua convicção e, afinal, estarrecido e perplexo, aguardou ele a minha visita a Petrópolis para esclarecer o caso. Isso ocorreu pouco depois, de vez que o inusitado e incrível acontecimento me aguçara a curiosidade, no sentido de pesquisá-lo com o máximo interesse e seriedade.

Fui a Petrópolis juntamente com a minha esposa, Enita, e a nora Mathilde. Recebeu-nos o Dr. Spielman e tudo relatou.

Eis o relato do Dr. Spielman:

"Em face da comunicação telefônica estava eu às 3 horas na rodoviária; imediatamente identifiquei a pessoa e a ele me dirigi, cumprimentando-o e chamando-o pelo posto — "General". Ele não se identificou; aceitou assim chamá-lo e mais, depois de o haver conduzido à minha residência, onde várias pessoas da família nos aguardavam, apresentei-o a todos como "General Uchôa" e ele aceitou a apresentação assim, apertando a mão de um por um. Depois, conduzi-o ao quarto em que estava a criança. Pôs-lhe uma das mãos sobre o fígado e a outra sobre a cabeça. Então, pediu-me para que me retirasse, o que deveras estranhei. Pouco depois, ouvi que ele conversava, ou melhor, falava baixinho com o menino. Alguns minutos após, retirou-se e a criança nos disse: "Esse homem, que aqui esteve, me disse uma coisa e me recomendou nunca dizer a ninguém".

Disse-nos o doutor quando da nossa visita ao seu consultório: "Ao encerrar o atendimento, prontifiquei-me a levá-lo de volta, à rodoviária. Ponderou que não era necessário. Insistindo eu, aceitou e sentou-se ao meu lado no automóvel que eu próprio dirigia. São 10 km da minha residência à estação rodoviária. Lá fomos nós, ao meu lado sempre supondo ter o "Gen. Uchôa". Ao atravessarmos um pequeno bosque, disse-me ele então:

"Doutor, pare, que eu quero ficar aqui". Ponderei-lhe que ali não havia qualquer outro caminho, nem qualquer possibilidade de condução, ônibus ou automóvel para levá-lo à rodoviária. Alguns instantes mais e ele, firme e categoricamente, me fala:" Doutor não me pergunte a razão, nem pondere: faça-me o favor de parar. Quero, em verdade, ficar aqui". Em face de tal determinação, parei. Apertamo-nos as mãos e ele se retirou, permanecendo, porém, em pé junto ao veículo. Parti e ali desapareceu ele como por "encanto", deixando-me estarrecido, a pensar para onde o "General" teria ido. "E, assim, perplexo até hoje estou." A criança havia ficado aliviada a ponto de, dez dias depois, quando a Romy me telefonou, chegar-se a falar de sua cura. O Mestre, porém, o preparou para a "grande cura", como chama ele ao transe da morte, que liberta os enfermos de quaisquer sofrimentos decorrentes de moléstias quaisquer. Veio a criança a falecer 35 dias após esse incrível acontecimento, amenizado o seu sofrimento.

A emoção do Dr. Spielman ao nos contar essas coisas era extraordinária, sem nada entender do acontecimento. Expliquei-lhe, então, o que teria sido um fato mesmo incrível dentro da surpreendente fenomenologia da paranormalidade: "materialização de um ser espiritual (nesse caso o Mestre), que se encontra normalmente e vive em um espaço superior, no espaço astral, não físico, mais sutil e superior a esse ao qual pertencem os nossos corpos físicos. Desde o advento das sérias pesquisas científicas no âmbito do que Charles Richet chamou de Meta-psíquica e outros sábios do fim do século passado e princípios deste século XX, como Ernesto Bozzano, Camille Flammarion, Acksakoff, Paul Gibier e muitos outros chamaram de Espiritismo Científico, que tudo isso é absolutamente inacreditável na contingência humana em que vivemos. Particularmente, em plena luz solar, poderá haver, evento mais extraordinário, mais incrível do que este que acabo de relatar? Em resumo, um Ser de tal hierarquia, com semelhante poder, deixar-se passar por mim e proceder como procedeu, depois de ouvir a ligação telefônica da Romy para mim, tratando do desespero do médico (que a Romy me disse ser cético, materialista). Atender ao médico no meu telefone, telefonar-lhe, não se sabe de onde, à noite do mesmo dia e lá chegar, em Petrópolis, no dia seguinte proceder conforme descrito!... Não sei de fato igual ou análogo existente na literatura sobre paranormalidade! E, mais ainda, levei eu a Petrópolis um livro em que há uma fotografia de festa de família do Mestre, com mais de 40 pessoas, em que ele está entre os demais. De imediato, foi reconhecido na foto pelo Dr. Spielman, então visivelmente, emocionado!...

Qual a explicação para tal evento? A ciência humana ainda é tão pequena que nem se aproxima remotamente da sua compreensão. Só em um futuro, talvez bem distante cientificamente, em termos pequenos da ciência atual, será, talvez, possível analisar e explicar fenômenos dessa natureza, os quais, desde muito, neste próprio século XX em que estamos, vêm ocorrendo. É verdade que fenômenos análogos e mais frequentes de materialização, longe da luz solar, têm ocorrido em famosas experiências de consagrados sábios, como os que já apontei e mesmo nas minhas próprias, durante mais de 15 anos de séria investigação. Damo-nos conta, porém, de que tal fenômeno à luz do dia sempre foi raríssimo, dado o poder destrutor da luz solar sobre a matéria ectoplásmica, absorvida pelo ser superior para materializar-se!...

Além disso, no caso, um detalhe: a fala na língua portuguesa com o Dr. Spielman e com a criança enferma, quando se sabe que o Mestre Philippe era francês, conhecia o inglês, pois esteve em Ohio, nos Estados Unidos, por algum tempo, e o russo, por haver permanecido alguns anos na Rússia, onde se sabe, com o apoio do Czar, acabou recebendo o título de Doutor "Honoris Causa" pela Universidade de S. Petesburgo (o mesmo que acontecera pela Universidade de Ohio e de Paris, por extraordinárias curas que fizera durante sua existência física, de 1849 a 1905). Como, então, falou ele português com o médico e com a criança enferma, fazendo-se entender perfeitamente? Como aceitar tudo isso e, principalmente como explicar no âmbito da ciência atual? Poderemos (quem sabe?) um dia explicar, mas agora? Por ora, a humildade e a coragem de divulgar já representam alguma coisa, visando ao âmbito da paraciência em que tais fatos se contém, a ciência do futuro para a qual caminhamos.

Vale a pena relatar mais um fato de nível altíssimo e também inexplicável, que há que ser lançado em interrogação para os dias do futuro, para a Ciência Maior que todos podemos antever com esperança justificada, desde que já existe ditado popular decorrente da história da ciência, que diz: "A ficção de um século, muitas vezes, tem sido a verdade científica do século seguinte". Imaginemos, por exemplo, a televisão: imagens falando, transmissões, ao vivo, de jogos de futebol e acontecimentos sociais de toda natureza? Maior aproximação, dessa forma, de todos os continentes que, assim, se intercomunicam?!

Como explicar que se tornariam realidades nos dias que correm? Impossível, diriam os cientistas do século passado; arte demoníaca diriam os limitados sacerdotes do ortodoxismo religioso!... No entanto, hoje é uma técnica que decorre do alto nível da ciência, que tem a sua raiz na inteligência humana, descobrindo a célula fotoelétrica!

Mais uma "impossibilidade" aqui se segue e esta, agora, estritamente ligada à minha "Busca da Verdade' que, pouco a pouco, vem se enriquecendo e continua ao longo das experiências da minha vida. Seria até para silenciar... Mas como assim proceder, se Jesus, ao homem de então, disse:

"A Luz não deve ser oculta de baixo do Alqueire."

Em certos aparentes "milagres" de cura, é comum ouvir o médico, o psicólogo, o biologista, gente, enfim, de formação científica, dizer: aconteceu por uma reversão espontânea; teria ocorrido, então, casualmente, com a tal reversão espontânea, em decorrência da natural vitalidade orgânica do paciente, buscando, segundo impulso biológico, a própria saúde. Isso, aliás, em certos casos, deve ser verdadeiro, não há como negar. Todavia, há casos estarrecedores, dando muito, muito em que pensar. Eis mais um deles, que ocorreu, digamos por coincidência, com a minha participação, sempre e sempre nas auras da invocação ao Mestre Philippe de Lyon e o Senhor Jesus, o Cristo. Jovem enferma (28 anos) internada no Hospital Regional de Taguatinga, acometida de leucemia, sangue irrecuperável, aconselhada a família a levá-la para a própria casa, onde não poderia resistir mais de 15 dias. Chegando a sua residência, e mostrando pequena reação, a família a faz internar-se em outro hospital: o HDB do Plano Piloto de Brasília. Solicitado, fui até lá, sempre buscando a sintonia aqui, do Mestre Philippe sob as Bênçãos do Senhor Jesus, o Cristo. Na presença de pessoa muito ligada à família, parte da qual controlou, do lado externo, o acesso ao quarto da paciente, procurei, como sempre, orar ao Mestre com vista ao Senhor Jesus. Ao encerrar o trabalho de cura, ouço voz que diz:

"A Graça do Senhor baixou sobre esta criatura."

Ainda no transe, em que sempre me mantenho superconsciente, digo:

"Senhorita, dentro de pouco tempo, restabelecida, vou vê-la desfilar na W/3."

Uma semana depois, o sangue normalizado, com alta do hospital, estava em sua residência! Cerca de dois meses após, a querida amiga Célia Maria, pessoa que assistira a cura no HDB, de parte da enferma recuperada, vem à minha residência fazer o convite para visitá-la, a fim de sairmos juntos e eu vê-la desfilar na Avenida Comercial de Taguatinga, pois lá morava e essa seria a sua W/3!

Reversão?! Sangue irrecuperável, enferma para morrer em 15 dias! Que estranha reversão espontânea?! Saiu, então, do hospital não para morrer, mas para viver, transformada, em sua dinâmica espiritual e vir a falecer um ano e meio depois, sem mais o problema leucêmico. E eu tenho, na minha vida, outros tantos casos análogos! Então, o que dizer? Repetir as considerações feitas no caso precedente? Seriam as mesmas. Por isso, aqui fico. A ciência clássica haverá de ser humilde e, assim, não fugir ostensivamente a teorizar sobre a paranormalidade. Por que se mantém preconceituosa em medíocre atitude? Antecipo aqui algo do Congresso Centenário da Sociedade de Pesquisas Psíquicas de Londres, realizado em Cambridge em 1982. De lá voltei, mais certo do que nunca, de que deveria publicar o meu livro, já então quase pronto — *Muito Além do Espaço e do Tempo*, em que apresento uma teoria absolutamente geral para explicar qualquer fenômeno paranormal. Reconheço que o cientista, o homem de ciência atual, há que fugir da teoria geral que apresento, pois nela se considera a evidência do hiperespaço, e de espaços outros superiores que eu próprio já havia inferido e justificado no meu 1° livro — *Além da Parapsicologia - 5ª e 6ª Dimensões da Realidade*.

Nesse Congresso, em Cambridge, na Inglaterra, não representei o Brasil, ainda super fechado na ciência clássica densamente espaço-temporal, como também em outros países. Representei, sim, uma Associação Americana de Pesquisas Parapsíquicas, sediada em Durham, na Carolina do Norte. Também com o apoio da Universidade de Duke (EUA), de onde partiu o impulso inicial para a criação da Parapsicologia, cuja oficialização (dessa terminologia) se consagrou em 1953 em Utrecht, Holanda.

Representando a tal Sociedade no Congresso, em Cambridge, sobre o qual direi no capítulo seguinte, lá tratei, particularmente, sobre a fenomenologia promovida pelo paranormal Thomaz Green Morton, de Minas Gerais, inicialmente em Três Corações e, hoje, em Pouso Alegre/MG. Com ele o *absurdo* acontece, conforme verifiquei com muito cuidado, comprovando-lhe a indiscutível evidência!... Não só eu, mas outros, esses pesquisadores de grande formação científica, afeitos a pesquisas paranormais, como o Dr. William Roll, Diretor de Pesquisas da Associação Americana referida e o cientista canadense Dr. Lee Pulos, os quais haviam estado aqui, no Brasil, verificando os incríveis fenômenos apresentados pelo paranormal Thomaz Green Morton. Este tema, abordarei posteriormente.

Capítulo XVI

Ainda a década 70: cura extraordinária — Vale do Amanhecer — Viagem à Europa em 1978: dez países — Arte e beleza — I Congresso Internacional de Ufologia

Vale do Amanhecer

Ainda nessa década de 70, não posso deixar de referir um grande acontecimento de evidente tônica médico-espiritual, ocorrido aqui em Brasília, conferindo-me a extraordinária ventura de haver sido intermediário de tal fato extraordinário.

Existe, relativamente próximo a Brasília, a maravilhosa obra espiritual de assistência e amor intitulada "O Vale do Amanhecer" — conhecida amplamente em outros estados ou regiões em que já conta com filiais. Tal magnífica instituição, fundada pela inesquecível Tia Neiva, mulher de comprovada e desenvolvidíssima mediunidade, baseada na qual, tal instituição surgiu, se manteve, se desenvolveu em altíssimo nível de prestação de apoio a necessitados, serviços sociais e de orientação espiritual a milhares de pessoas, tanto que reconhecida oficialmente pelo poder público.

Depois de certo tempo aqui em Brasília, eis que eu e minha esposa, a ela e ao marido Sassi nos afeiçoamos em verdadeira amizade, a qual mais e mais se estreitou depois da ocorrência que passo a descrever e de que todos nós mantemos uma grata memória.

Adoeceu Tia Neiva muito gravemente, uma vez que houvera tido sério problema pulmonar, tuberculose e do qual restou sensível enfisema. Ela, porém, sempre em intenso trabalho como que adaptada a tal situação. Súbito, muito enferma, aconteceu vermos na imprensa a notícia do seu grave estado de saúde, com a sua impressionante fotografia despedindo-se dos discípulos, assim, supunha-se, preparando-se para o desenlace. Impressionamo-nos com o noticiário e, nessa mesma noite, lá estávamos para visitá-la, muito querida que já nos era, a mim e à minha esposa.

Lá chegando, em torno das 20 horas, chega ela à sala muito bem vestida como sempre. Sentimos logo seu grave estado, em profunda dispneia, quase sem poder falar e insistindo na conversa, apesar de notória dificuldade, que já vinha se acentuando mais e mais a cada dia, sem cura médica à vista.

Pensamos em um pretexto para nos retirarmos para evitar aquele esforço de sua delicadeza, em atenção a nós, para falar.

Alguém a chama; ela se levanta e sai. Aproveitamos a oportunidade e, com o apoio imediato de seu marido Mário Sassi, que, providencialmente, vinha chegando, abandonamos o local e, por ele conduzidos, fomos ver o estado avançado de construção do templo atual, muito grande, que estava na fase de envolver o antigo (que já não era pequeno), o qual ainda não estava coberto. Algumas estruturas — apenas de suporte da cobertura que viria — e as paredes, já estavam prontas, tanto externas como muitas das futuras divisões internas.

Quando estávamos com o Mário no ponto mais remoto da área do novo templo em construção, distinguimos, ainda bem longe, na densa penumbra da noite, três vultos dirigindo-se para o ponto em que estávamos. Tia Neiva, logo bem distinguida no branco do seu vestido, e um casal que a acompanhava até ali. Nessa hora, ela se destaca e apressa o passo em nossa direção e eu, rápido, deixo para trás o Mário e a minha esposa e me apresso também em sua direção; tudo muito rápido. Ao nos encontrarmos, em absoluto silêncio, veio-me de imediato o que deveria fazer: ela ficou em posição receptiva e eu como se por ordem superior, a irradiar energia sobre ela. Chegaram os demais, pondo-se em volta. Tudo isso à luz das estrelas, isto é, a céu aberto. Senti estranha força penetrante, como sempre, decorrente da aura irradiante azul celeste do

Mestre Philippe, impregnada da irradiação ouro de Jesus. Em pouco tempo, ela se sentindo muito bem, dizendo-se curada, começou a falar normalmente, explicando minúcias da construção e do acabamento do imenso templo.

Voltamos, afinal, todos à sua casa, dizendo-se ela curada. Disse-lhe então: "Virei aqui mais vezes para atender à querida amiga". Despedimo-nos lá pelas 2 horas da manhã. Mais umas poucas vezes e ela estava clinicamente bem, para espanto do seu médico. Perguntando-lhe a respeito, disse-me que seu Guia Seta Branca lhe havia mandado procurar-me na noite inicial. Disse-me ainda que ele falara que ela precisava de uma energia diferente, pois tudo no *Vale* vinha da sua mediunidade. Eu era de outra tônica de energia da qual tanto ela precisava.

Viagem à Europa

Em 1º de janeiro/78, partimos do Rio para a Europa. Éramos dois casais, nós e o casal Cel. Murilo Bettâmio e Greici. No dia seguinte, eis-nos em Portugal, extraordinariamente bem recebidos pelo diplomata brasileiro Secretário Luiz Brum e sua dileta esposa Juanita, casal esse que providenciou, com o mais vivo interesse, minha conferência no Instituto Pio XII. Foi para mim muito grata, emocionante, depois de 2h 40min, com pequeníssimo intervalo, a palavra final do seu Presidente, um padre:

"Há 20 anos que acompanho as atividades deste Instituto. Esta é uma das noites mais memoráveis e inesquecíveis aqui vividas!".

Altíssimo interesse, ficando nós por lá em vivas conversas até quase 2 horas da madrugada. Fiquei muito feliz.

Visitamos o Castelo de La Pena, muito frequentado, uma verdadeira presença de arte elevada, de excepcional beleza. Esse foi o primeiro Castelo que conhecemos na Europa, cuja beleza se sucedeu nos muitos que, depois, visitamos, conforme será resumidamente referido, adiante, sobre esta magnífica viagem que fizemos por dez países. Seguiu-se o um belíssimo e célebre Castelo de Queluz, no estilo francês, com luminárias deslumbrantes e mostra de excepcional riqueza, no tempo.

O Tejo nos surpreendeu com a sua largura e majestade.

Vimos a torre de Belém às suas margens. Tudo muito belo. De Portugal, passamos à Espanha, onde desfrutamos dias magníficos. Madrid, cidade profundamente simpática, muito nos impressionou com o burburinho incontido e alegre do seu povo. Da nossa estada na Espanha, distingue-se, particularmente, na minha lembrança, as impressões realmente inesquecíveis das visitas que empreendemos ao "Alcazar" de Toledo e ao "Vale de Los Caidos". Acompanhara eu, e muito bem, pelo noticiário de todas as fontes de informação, à época, a Guerra Civil Espanhola. Ali estava o Alcazar de Toledo, lembrando vivas epopeias de heroísmo e valentia extraordinária dos que ali resistiram à fúria das paixões da verdadeira guerra que foi a revolução dita Republicana.

Impressionante o Alcazar, a pesada e antiga fortaleza, onde o heroísmo dos seus defensores emocionou o mundo. Tal heroísmo ficou eternizado nas célebres palavras — que se acham lá, registradas num mural — com as quais o Cel. Moscardó, Comandante da resistência, respondeu ao filho, oficial preso pelos atacantes. Seu filho, ao telefone (de campanha, com fio, à época), lhe diz que seria fuzilado, caso o pai não concordasse com a rendição. Eis a resposta do pai:

— "Meu filho, jamais nos renderemos: levante a cabeça, ore a Deus, dê um 'viva' à Espanha e morra como um herói!"

Na tradicional cidade de Toledo visitamos também a sua antiquíssima Catedral, de interior realmente muito belo.

Também extraordinária foi nossa visita ao "Vale de Los Caídos". Um memorial monumental e basílica erguida entre 1940 e 1958, a cerca de 40km de Madrid, em memória dos nacionalistas mortos na Guerra Civil Espanhola, de 1936-1939. Uma verdadeira maravilha de fé, de engenharia e de arte, tudo ali tão bem apresentado. Uma basílica imensa, no interior da rocha viva, com seu pórtico solene na íngreme escarpa de granito supermilenar. No alto da montanha de rocha granítica, para cujo cume se vai em íngreme plano inclinado, uma cruz majestosa (150m), monumento em concreto armado disposta sobre um imenso bloco de rocha — 4 faces — de grandes dimensões. Apoiadas em cada uma dessas faces, em bronze, a escultura gigantesca de um dos quatro Evangelistas, em posição de luta e domínio simbólico de um animal apocalíptico (João, a águia; Lucas, o touro; Marcos, o leão e Mateus, o homem alado). Cada uma dessas estátuas seria capaz, por si só, de dar fama a qualquer praça de uma grande cidade.

Da Espanha, eis-nos sobre o histórico mar Mediterrâneo, chegando em poucas horas a Roma! Como um todo, a cidade não nos deixou a impressão que esperávamos: a antiguidade ali nada prestigiada; o *antigo* sem carinho de conservação, ou melhor, do cuidado, particularmente notável isso no Coliseu que visitamos, dando-nos conta da preocupação que havia sobre possíveis desabamentos. Todavia, tivemos a emoção dos que sabem o que ali se passara, bem ao gosto da prepotência cruel dos grandes da corte, particularmente, dos Césares impiedosos: ambiente de verdadeiro massacre de gladiadores e, muito pior, da incredibilíssima epopeia de sofrimento dos cristãos, que, afinal, com o tempo derrubaram o aparente e "inderrubável" monolito que era o Estado Imperial romano!...

Em Roma, porém, a compensação das emoções mais altas de arte e de beleza que lá fomos, afinal, encontrar, depois de também viver, por algumas horas, o lúgubre e impressionantemente triste ambiente do labirinto das catacumbas, tradicionalmente tão ligadas ao cristianismo em Roma. Tudo ali impressiona: Roma onde foram levados ao sacrifício São Pedro e São Paulo, símbolos imperecíveis do apostolado cristão, realizado em meio à dissolução de costumes e duro materialismo conquistador do Império Romano.

Fomos ao Vaticano, visitando-lhe as galerias de arte, o chamado tesouro de São Pedro, a capela Sistina, a impressionante Basílica de São Pedro.

Tudo excelente, nobre e muito belo. De início, na imensa galeria dos grandes pintores, que fizeram a glória imorredoura das suas concepções e realizações de arte e beleza, todos nós nos sentimos encantados com quadros de renomados artistas, muitos dos quais da Escola de Rafael (ali estava dito) e assim fomos ficando eu, minha esposa Enita, Bettamio e Greici, cada vez mais encantados com a excepcional efusão de beleza até que, ao final, fomos ter à "Sala de Rafael". O celebrado pintor que viveu, apenas, 36 anos, mas que deixou, à posteridade, as excelsas maravilhas de sua arte genial, do seu extraordinário domínio da forma e da cor! Ali, na contemplação daquela sala, tocada pela magia do espírito, a frase muito feliz da minha querida esposa, emocionada:

— "Aqui é parar, olhar e chorar!..."

A seguir, visitamos o ambiente pictoral de Miguel Ângelo, por excelência: a Capela Sistina, espetáculo de beleza também indescritível! Como reunir em tão pouco espaço ou área e nas condições daquele ambiente não plano, abobadado, tanta arte, tanta beleza, tanta mensagem que o verdadeiro sentimento artístico transmite?

Ainda a maravilhosa visita ao Tesouro de São Pedro: jóias de todos os tamanhos, matizes e excelências, pulseiras, colares, crucifixos etc, ora pedras preciosas livres, ali soltas e outras artisticamente engastadas em prata, ouro e platina, tudo em disposições dentro de belíssimas vitrinas e, também, objetos desses metais preciosos finamente trabalhados, tudo realmente maravilhoso! Sem qualquer censura, posto que não nos cabe, lembrei-me das palavras de Jesus, o Mestre dos Mestres:

"Não ajunteis ouro, nem prata, nem tesouro algum na terra, onde a traça consome e o ladrão penetra e rouba; ajuntai tesouro no Céu, onde a traça não consome, nem o ladrão penetra e rouba."

Aí, nesse maravilhoso subterrâneo, ainda vimos o "suposto" túmulo de São Pedro e os túmulos de João XXII e Pio XII.

Daí, de Roma a Firenze (Florença), onde tivemos uma estada feliz, às voltas com a magia ainda da arte de Miguel Ângelo, com o qual já tivéramos inesquecível contato no Vaticano, particularmente na Capela Sistina.

Fomos ao Museu de Arte e lá duas obras extraordinárias: o Moysés de Miguel Ângelo, impressionante pela tradição de que "só falta falar" e no fundo de um corredor, em um espaço de ampla sala, o "David", também de Miguel Ângelo, um verdadeiro e belíssimo monumento de arte, pelas proporções e pela beleza, trabalho evidente de verdadeiro gênio!...

Visitamos a Catedral de Santa Maria de Fiori extraordinariamente bela desde o exterior de mármore finíssimo de várias cores. Aí, em Firenze, tivemos, realmente, momentos de grandes emoções de arte e espiritualidade, esta sempre revelada em obras de beleza sem par.

Seguimos para Veneza; lá vivendo a originalidade e o encanto dos seus famosos canais em táxis aquáticos. Neles passeamos, na euforia de um sonho de criança, quando ouvíramos falar dessa característica da cidade, e ali os estávamos vendo, bem como os quarteirões da cidade ligados por pequenas pontes, uma maravilha! E a praça de São Marcos, com sua suntuosa catedral! E centenas ou milhares de pombos, mostrando a viva alegria da própria vida natural naquele recanto, tocado pela majestade da fachada da catedral, que no alto, ostenta quatro belíssimas arrojadas esculturas de cavalos, de origem grega, em ouro e bronze, vindas de Constantinopla no ano 1204!...

Daí a nossa viagem foi a bem alto, bem alto mesmo, às alturas geladas da "Cortina d'Ampezzo", nos Alpes Dolomitas. Cidade como que engastada entre montanhas muito elevadas revestidas de um pinheiral maciço que lhes veste os flancos até bem alto e, na época da nossa passagem por ali, ostentando belos desenhos de neve e gelo sobre o fundo verde meio escuro, formado por gigantescos pinheiros um e outro muito próximos como que aconchegados por mágico poder.

Ali, a alegria ora rumorosa, ora silenciosa dos hábeis, esquiadores se projetavam, na vertigem de deslizamentos maiores, aparentemente perigosíssimos, todo encanto de viver que fomos observar de um hotel-estação, ao qual subimos (2420m) em bondinho de cabo de aço, para tão vertiginosas alturas; tudo realmente maravilhoso!...

Assim, na magia da sucessão de castelos plenos de arte e beleza e das mais variadas emoções de viajantes pouco afeitos aos caminhos da Europa e às suas tradicionais cidades, fomos indo em frente. Há que se destacar, em nossas recordações, Insbruck, capital do Tirol austríaco, com suas danças típicas; Salzburg, terra de Mozart, onde assistimos a um espetáculo de "marionete" magistralmente montado e genialmente conduzido, com bonecos de tamanho natural, exibindo vozes de grandes cantores. Uma verdadeira maravilha! Continuando, eis-nos atravessando pequeno trecho da Alemanha, quando passamos, um tanto rápido, cerca de apenas umas duas horas, pela cidade morada de Hitler — Berts-chengarden. Viajando por estradas secundárias, fomos apreciando o estilo simples e elegante de pequenas cidades, até que chegamos a um ponto do qual podíamos ver, à distância, mas nitidamente, o "Danúbio Azul" de Strauss. Afirmava-se àquela distância como um rio que revelasse mesmo um culto à beleza, no momento ensolarado, brilhantemente azul. Uma beleza inesquecível.

Em Viena, povo muito simpático, afável, informando-nos sempre gentilmente, contatando conosco, com visível marca de afabilidade e simpatia. Todos na rua praticamente falando o inglês, em que tão bem nos entendíamos. Pela primeira vez, visitamos uma grande área de cidade subterrânea, momentos de eufórica alegria pela novidade e ostentando um magnífico comércio tão ao gosto de Enita e Greici. Estávamos, logo após, na maravilhosa catedral de Santo Estevão, das mais belas que vimos na Europa, com púlpitos extraordinariamente bem trabalhados, exibindo muita arte e excepcional beleza.

Estivemos num parque belíssimo, ajardinado, onde fomos prestar viva e sentida homenagem de reverência e profunda admiração ao gênio sempre presente de Strauss, em frente à sua estátua. Lá permanecemos alguns instantes em profundo silêncio, na evocação de suas músicas, especialmente, suas valsas imortais.

Próximo ao parque, no "Arabian Coffee", um antigo palácio, com jardins interiores, dançamos, eu e Enita, uma valsa de Strauss e fomos fotografados, no momento, pelo querido e sempre solicito amigo Bettâmio.

No dia seguinte, visitamos o mais belo castelo que vimos na Europa — o de Schoenbraun —, famoso palácio pertencente à dinastia dos Habsburg. Excedeu esse castelo em beleza, a tudo que já víramos! Aí viveu Maximiliano I, cujo túmulo havíamos visto na Catedral de Insbruck. Um verdadeiro sonho de arte esse castelo, com salas e mais salas em estilo "rococó", todas elas decoradas em ouro de 24 quilates, culminando tal excepcional beleza na sala dos espelhos. Lá se encontravam, e naturalmente lá estão ainda, duas salas decoradas em arte chinesa, tudo praticamente em ouro pelas paredes e belíssimas peças de porcelana vindas da China, ora em azul, ora em rosa. Ficou na tradição que as pinturas ali vistas e apostas nessas salas em ouro, foram feitas no mar, para evitar poeira.

Ali se encontravam ora em forma de medalhões, ora em formas retangulares, tudo extraordinariamente belo! Tapeçarias suntuosas e, em grande quantidade, cristais da Boêmia ali em grande demonstração de elegância e beleza, luxo e riqueza, verdadeiro requinte do BELO.

Seguimos para a Hungria, com a emoção e a curiosidade de penetrar a "Cortina de Ferro". Gostamos muito, apesar de notarmos como que uma alegria menor nas ruas, tudo, porém, com muita ordem, limpeza e a mesma cordialidade que havíamos apreciado já bem acentuada em Viena.

Nessa estada em Budapeste, tivemos uma noite magnífica em Grinsing, zona famosa de belos hotéis, restaurantes e centros de diversões. Selecionamos um dos restaurantes e lá fomos encontrar música de alto nível; até "Aquarela do Brasil" ali ouvimos sob estrepitosas palmas de muitos brasileiros, que, como nós, ali se achavam.

A alegria naquele ambiente nos proporcionou eufórica felicidade tão "longe" e tão "perto" da pátria distante, estimulados por vinho extraordinariamente fino e suave. Comentamos: se há de fato néctar, este seria o "néctar dos Deuses".

No dia seguinte, fomos visitar o ambiente belíssimo de um local relativamente alto, com castelos de real beleza, tão lindos como a sugerir um conto de fadas! A seguir, uma bela igreja, com torre e fachadas trabalhadas em imitação de renda, verdadeira obra excepcional de arte. Essa igreja numa praça, em cujo centro se via monumental estátua de Matyas, famoso herói nacional da Hungria.

Seguimos de volta à Alemanha, onde, em Munich, conhecemos a famosa cervejaria frequentada por Adolf Hitler, que passou, à história pelo culto do *super-homem* de origem nórdica, no qual se realizaria na raça alemã, que dominaria o mundo sob a influência decisiva da moral de força de Nietschze, absolutamente anticristã.

Tal ideologia, que custou o sacrifício de cerca de 40 milhões de seres humanos durante a 2ª Guerra Mundial, 1939-1945, alguns milhões dos quais, judeus mortos ignominiosamente em campos de concentração ou em câmaras de gás, onde iriam "banhar-se", deixando fora suas roupas e calçados, então aproveitados na época da guerra.

Foi uma grande emoção vermos o ambiente da cervejaria de Munich, frequentada habitualmente por Adolph Hitler, onde não permanecemos, apesar de sua celebridade histórica e canecões de cerveja de alguns litros, "inspirador" da alegre euforia dos que ali vimos aparentemente bem felizes!...

Munich, cidade bastante grande, de amplas ruas e avenidas, com um intenso comércio no centro e nos subúrbios. Lá encontramos, numa praça junto a um grande mercado, um simpático grupo artístico brasileiro, gente muito alegre, mostrando-nos felizes por tal encontro.

Deixando Munich, ladeada por campos de neve de autoestradas e pinheirais e avistamos os Alpes Bávaros, de singular beleza naquela época de inverno.

Chegamos, afinal, à cidade gelada de Paterkirchen, onde se realizava um emocionante torneio internacional de esqui. Para nós, um impressionante espetáculo jamais visto, naturalmente, por nós destas bandas ensolaradas. Por ali, vimos hasteada a Bandeira Olímpica de Inverno, isso bem próximo da base americana de Garnish.

Daí, fomos pouco a pouco, cada vez mais empolgados, pela beleza das paisagens geladas, nos aproximando da Suíça, de Genebra, havendo também passado perto de sua capital Berna, atingindo a zona de Interlagos. Demoramos um pouco na cidade de "Interlaken", assim chamada por se encontrar entre dois lagos bem à margem de um deles, o lago "Thunersee" e nas proximidades do lago "Briendersee".

Atingimos "Gestaad" a estação de inverno mais famosa da Europa, ligada a competições internacionais de "ski".

Da autoestrada, voltamos à estradas secundárias para molhor conhecer coisas, recantos e cidades da Suíça. Viajando em plena tempestade de neve, alguns momentos sem qualquer visibilidade, orientado o percurso por balizas altas vermelhas dispostas de ambos os lados da estrada, pequenos trechos da viagem realmente emocionantes. Rumávamos então para Lyon, na França, deixando para trás Genebra, essa grande e famosa cidade, junto a um belo lago, cheio de gaivotas e cisnes. Prosseguimos em uma viagem muito bela, onde nos encantaram os campos gelados e montanhas de encostas cujos pinheirais estavam cobertos de neve. Atingimos Lyon a cidade em que nasceu e viveu o Mestre *Philippe de Lyon*, o meu querido Mestre desde os idos dos 18 anos de idade. Lyon na nossa viagem era um local especialmente visado. Visitamos, sob viva emoção, o seu túmulo, no mausoléu da família. Ali me postei, mudo inicialmente e, depois, em choro convulsivo agarrado às grades do mausoléu. Éramos os três, eu, Enita e Greici, desde que o Bettâmio, febril, lá não foi. Oramos e, em seguida, fotografamos, felizes.

Conhecemos a residência em que nascera o Mestre e vivera. Estivemos, em vibrante sintonia espiritual, no parque, jardim muito belo, que sempre frequentava o Mestre, onde nos encantamos com a tradicional criação e presença de belos pavões.

Aí, em Lyon, entregamos o *Fiat*, que havíamos alugado em Roma. Afinal de avião, eis-nos em Paris.

Ali estavam o Sena a deslizar sereno, Notre Dame, apontando a beleza de suas torres para o céu, o Arco do Triunfo, o Louvre, a Torre Eiffel etc...

Vivemos em Paris, inicialmente, maravilhosa noite: o espetáculo do "Folies Bergére". Nunca havíamos visto tanta beleza, tanta luz, tanto colorido, tantos excepcionais bailados em quadros sucessivos. Visitamos o Palácio de Versailles, das mais caras tradições francesas. Realmente maravilhoso, criado por Luiz XV, visando às festividades do casamento de Maria Antonieta com Luiz XVI, ambos imolados pela Revolução de 1789; daí, saímos para os Jardins das Tulherias, depois de conhecer o pequeno e grande Trianon.

Esses Jardins das Tulherias apresentam uma bela sequência de lagos, sendo que, em um deles, se vê uma linda alegoria do Deus Apoio num carro puxado por inúmeros cavalos!.. Assistimos a um final de missa em Notre Dame, catedral imponente, sóbria, em estilo gótico. Aí, foi coroado Napoleão Bonaparte, com a presença do Papa Pio VII.

Estivemos no "Les Invalides", em visita ao túmulo de Napoleão. Lá, também se encontra o sarcófago de Rouget de

Lisle, inspirado autor da Marselhesa.

    Afinal, sempre descendo e subindo escadas nas estações de metrô, eis-nos em visita à Torre Eiffel, verdadeira e indiscutível maravilha do século passado. Belezas descortinadas de alturas: bem perto "Le Champ de Mars", onde se vê "L'Ècole Militaire". Fomos, outrossim, ao Quartier Latin, ambiente mais popular que teríamos de visitar. Depois da excursão programada para ver de perto e inferir da grandeza e beleza dessa cidade, à noite, fomos ao "Lido", um dos pontos mais altos dos "shows" teatrais de Paris. Tal espetáculo realmente indescritível: vive-se, homenageia-se a arte e a capacidade de exibi-la. No fim, até helicóptero surpreendeu-nos sobre a plateia, "atirando em bandidos, que estariam roubando o quadro Mona Lisa".

    Afinal, eis-nos no Museu do Louvre, extraordinária exposição, de arte e beleza de quadros e esculturas de artistas célebres, antiguidades egípcias, gregas, romanas e orientais, dentre as quais vimos a "Vênus de Milo", "La Pietá" de Miguel Ângelo e os "Dois Escravos" de Villeneuve.

    Afinal, alguns poucos dias após à chegada a Paris, agora no aeroporto "Charles de Gaulle", eis-nos de viagem para Amsterdan. Aí, também, uma maravilhosa estada, com baixíssima temperatura. A cidade, cortada por grandes e pequenos canais, lembrando Veneza. É comum dizer-se, particularmente na Holanda, que Veneza é a "Amsterdan do Sul". Que originalidade na beleza dessas duas cidades amigas! As águas lhes permeiam a intimidade da vida física e, quiçá, em seus fluidos invisíveis irradiem aura positiva à essencialidade também social e política; tudo muito belo e simpático. Aí, em Amsterdan, a ostensiva presença generalizada de plantas e flores por toda parte, impressionando muito na maioria das janolas das casas residenciais. Nisso, Amsterdan supera todas as cidades que vimos na Europa. Temperatura muito baixa, baixíssima de verdade. Tomamos um grande barco com o teto e os lados de vidro para um passeio pelo principal canal da cidade, que apresenta muitos e muitos outros menores, entre os quais fica sempre uma rua. Nesse passeio, vimos uma impressionante torre, construída em 1614, junto a qual um enorme barco ancorado, com a originalidade de ser um verdadeiro depósito de gatos vadios encontrados pela cidade. O canal, em que passeávamos, aos poucos se alonga e alonga e amplia até a baia de Amsterdan, cercada de cais e estaleiros. Ela, a baía, se comunica com o mar do Norte. Impressiona, estranhamente, em Amsterdan, o comércio *sex*, com casas estranhas, especialistas no assunto: ruas com vitrinas, mostrando mulheres prostitutas de suposto "alto *status*", ostentando pura ambientação familiar, para atrair fregueses, coisa extraordinariamente atípica, estranha e "elegantemente" chocante!

De trem, eis que lá vamos para Rotterdan. Magnífica viagem. Rotterdan um dos maiores portos do mundo, com grande comércio, que visitamos sob um frio quase insuportável.

A seguir, ainda tivemos uma bela experiência, visitando as cidades holandesas de Markem e Volendam. Nevava demasiado e os rios e pequenos canais, ao longo da viagem, todos gelados!... Gostamos imenso do ambiente dessas cidades, particularmente de Volendam, onde vimos, ao amanhecer do dia seguinte ao em que lá chegamos, o mar absolutamente gelado, imóvel e ondulado, em gelo definitivo. O belíssimo foi a espuma das ondas na praia, gelar no espaço, perfazendo maravilhoso "rendado". Para nós, aquele amanhecer, em Volendam, foi na verdade belíssimo! Aí, em Volendam, nós do grupo, por um fotógrafo especializado, fomos fotografados em trajes típicos da região, isto é, todos a caráter, eu até, de cachimbo, em ação! Ficou ótima essa fotografia, que guardamos com muito carinho e persistente saudade!

Afinal, voltamos a Amsterdan e daí a Londres, que todos nós tanto desejávamos conhecer.

Em Londres, tivemos uma bela estada de quase uma semana. De início, depois de nos instalarmos em discreto hotel, junto ao "Terminal West", onde do aeroporto chegamos de ônibus (grande distância), decidimos, conhecer a cidade, em uma longa excursão para turistas, cerca de 3 a 4 horas, de ônibus. Pelas principais ruas e avenidas, essa excursão deu para que bem nos situássemos, felizes, pelos locais tão celebrados pelo sofrimento da última grande guerra e os ambientes que todos nós sabíamos possuir história eminentemente ligada à nossa vigente civilização! Vimos alguns notáveis monumentos e, muito bem, o Tâmisa, imponente, cortando e embelezando a tradicional e famosa cidade. O "Palácio de Buckingham", o "Parlamento", a "Torre de Londres" com a sua triste história de prisão de gente da corte. Nos dias seguintes, visitamos todos esses ambientes, particularmente o Palácio de Buckingham, onde assistimos à bela cerimônia de mudança da guarda! Era um dia especial, 14 de fevereiro, dia de São Valentim, que lá se diz o dia da Amizade. A guarda escocesa de fole, em traje de gala, tudo ali um ambiente festivo. A bandeira da Rainha tremulava no mastro, indicando sua presença no famoso palácio. Nesse dia da amizade, trocam-se presentes e Enita e Greici assim o fizeram na base de perfume e incenso.

Voltamos ao centro da cidade. Ruas muito movimentadas, com muita gente "não inglesa", turistas e pessoas de diferentes origens, particularmente indianos, árabes e de vários outros países. Lá, em plena rua, onde conhecemos um simpático estudante brasileiro, dele ouvimos ser muito difícil, em Londres, encontrar um inglês!... Em Londres, fomos muito motivados para assistirmos espetáculos teatrais. Assim o fizemos, começando por uma comédia musical, *I Love my wife*, muito interessante.

Outro belíssimo espetáculo fomos ter na noite seguinte: "A vida de Hans Anderson", o célebre contador de estórias em "contos", que vem encantando gerações e gerações. Espetáculo com a originalidade de grande número de crianças artistas e muitas na plateia! A educação da criança, lá por aquelas plagas inglesas, sentimos ter um lugar muito importante, de verdade!...

Visitas, podemos dizer, maravilhosas e uma muito impressionantes, fizemos em Londres. Vejamos: a maravilha do magazine Harolds, que ocupa um quarteirão com quatro andares extremamente luxuosos, atapetados e intensamente iluminados, realmente de uma beleza extraordinária, inesquecível. Outra maravilhosa visita, fizemos à Catedral de Westminster, um verdadeiro monumento nacional, em que se projeta, afirma e resplandece a história da Inglaterra, ali representada, presente, em expressões de arte, pinturas e esculturas, túmulos e estátuas de reis e rainhas, homens de estado, grandes escritores e poetas famosos!... Num certo momento da visita, ouvimos num alto-falante a interpretação de um trecho do Evangelho seguido de um "Pai Nosso"; todos os presentes ficamos, então, em profundo silêncio reverenciai. Naquele majestoso ambiente, vivemos assim, um inesquecível momento!... Visitamos, ainda, nessa catedral, a capela da RAF (Real Air Force) que enfrentou e venceu a Força Aérea Alemã durante a 2ª Guerra Mundial, onde, em uma das paredes, se vê um vidro circular cobrindo um enorme buraco feito por estilhaço de granada alemã, durante a célebre *Batalha da Inglaterra*, quando a aviação alemã não pôde vencer, nos idos da 2ª Guerra Mundial. Na sequência do que estamos escrevendo, resta impressionante a visita feita ao Museu de Cera de Mme. Tussaudt. Uma extraordinária exposição histórica de estátuas, em cera, de personalidades famosas que fizeram história no desenvolvimento de nossa civilização. Estátuas perfeitas e até cenas em cera, em que várias personagens são vistas: arte realmente portentosa. Ainda se apresenta, no museu, impressionantemente a batalha de Trafalgar, vencida pelo Almirante Nelson! O espetáculo é verdadeiramente incrível; é como assistir-se à própria batalha ao natural; barcos, canhões, tiros, ordens e mais ordens, um pandemônio de batalha, com mortos e feridos. Ali, o terrível e inesquecível: a Câmara do horror, em cuja entrada se vê o retrato impressionante de Hitler; lá dentro, vultos esqueléticos dos campos de concentração de prisioneiros da 2ª Guerra Mundial, mostrando aberturas com cadáveres acumulados e também as demoníacas câmaras de gás, onde milhares e milhares de judeus foram assassinados tão vilmente.

Lá dentro, ainda tudo em cera, reconstituições de crimes e suicídios famosos, como, por exemplo, o célebre assassino "Jack", o estripador (figura completa em cera), ali apresentado em sua própria roupa, a qual ele próprio legou ao museu, à Mme. Tussaudt, quando ainda em vida: ali ele, junto à banheira em que assassinou cerca de 40 mulheres, dissolvendo os seus corpos em ácido sulfúrico! Quadro esse horroroso para o visitante! No mesmo ambiente, a autêntica guilhotina que decapitou Maria Antonieta e Luiz XVI, com imitação do sangue ali ostensiva e tantas e tantas outras coisas do manifesto terror que ali se exibe!...

Ficou-nos, porém, viva na lembrança, a recordação da perfeição dos vultos em cera de personalidades célebres, como os Papas João XXIII e Paulo VI, Picasso, Selassié e muitos outros!... De ônibus, fomos conhecer o belíssimo Castelo de Windsor. Viagem maravilhosa, atravessando o Tâmisa aqui e ali, caminhando entre mansões belas e amplas, que mostram bem o alto *status* de uma cultura secularmente credenciada pela riqueza, arte e elegância de tradicionais famílias!...

Ali, em Windsor, pudemos ver o inglês ao seu natural, comum, isto é, tal como realmente é no cotidiano: seu traje, suas educadas maneiras nas ruas, nas lojas, em qualquer parte. Por isso podemos dizer: o inglês é, antes de tudo, um *educado*.

Passamos seis dias em Londres. Eis-nos então em seu imenso aeroporto com destino ao Brasil, onde chegamos muito, muito felizes.

Assim, pois, encerrou-se a nossa magnífica viagem a dez países da Europa, viagem em companhia dos queridos filhos espirituais, ou melhor, filhos pelo espírito — Murilo Bettâmio e Greici.

Finalizando, a respeito dessa bela viagem à Europa, resolvemos conferir um "Diploma de Honra ao Mérito" ao casal Bettâmio-Greici:

Ao Bettâmio, por sua perícia inegável, revelando segurança como motorista, ao levar-nos firmemente por Alpes gelados, nunca dantes navegados.

À Greici, por sua rápida atuação, estilo "mulher maravilha", pela rapidez incrível com que evitou que o nosso carro se precipitasse num abismo profundo das encostas geladas nos Alpes Suíços.

I Congresso Internacional de Ufologia

Ainda nessa década de 70, no sentido de tornar mais eficiente a nossa pesquisa de Ufologia, resolvi fundar o CENEU – Centro Nacional de Estudos Ufológicos. Com justiça destaco a eficiente ação da querida amiga professora Aríete Costa, sua primeira secretária executiva. Esta grande amiga já tundara a

ALMUB – Academia de Letras e Música do Brasil — de cuja fundação participei e da qual, hoje, em 91, sou presidente. Nunca pensei em ser acadêmico, mas com 6 (seis) livros publicados, estou conformado e sem constrangimento.

Como presidente do CENEU, resolvi promover, aqui em Brasília, o 1° Congresso Internacional de Ufologia — 1° CIUFO, o que foi feito de 26 a 29 de outubro de 1979 — A flama do entusiasmo esteve e ainda está na alma, a qual veio das palavras do Mestre MORYA. "...escrever livros e divulgar", estaria me conduzindo: escrever livros sim, mas haveria de divulgar por todos meios e que melhor do que um Congresso Internacional?!...

Com possibilidade financeira do apoio do Banco Bradesco, eis a presença nesse congresso de vários cientistas estrangeiros e brasileiros, dessa área ufológica, dentre os quais destaco, com profunda saudade, pois já faleceu, a figura tranquila e firme do altamente conceituado professor Dr. Allen Hynek. Estiveram também presentes, algumas outras notáveis personalidades científicas, como o Dr. James Hurtak, da Califórnia, Léo Sprinkle da "University of Wyoming", todos os três dos Estados Unidos. Também destaco a presença dos professores Samuel Sanchez Bueno (Lisboa), Fábio Zerpa (Argentina), Alain Esterle (França), então presidente do GEPAN (Grupo de Estudos Sobre os Fenômenos Aeroespaciais Não Identificados/França) e, ainda, o inesquecível pesquisador brasileiro Felippe Machado Carrion, do Rio Grande do Sul, já falecido, o professor Hulvio Brandt Aleixo (Belo Horizonte), o pesquisador chileno Comendador Durat e muitos outros brasileiros.

Estou seguro de que foi um grande acontecimento, realizado em outubro de 1979 e que me custou, então, sério prejuízo financeiro, mas me trouxe a alegria da certeza de que estaria eu absolutamente certo, justificado, mesmo em face da palavra do querido Mestre MORYA quando disse: "...e divulgar".

Relembrando esse I Congresso Internacional, recordo-me de que, em um Congresso Ufológico Nacional, preparatório desse 1° Internacional, em São Paulo, no mês de março do mesmo ano, com a presença, também, do renomado prof. Allen Hynek, eminente astrônomo, ao qual já me referi, que lá pronunciou brilhante conferência sobre o Universo, com belos "slides" de galáxias. Lá, nesse congresso preparatório, ainda sob o impacto das belezas estelares ali mostradas, fiz eu uma conferência, em bem cuidados 59 minutos, sobre a energia de propulsão das naves em suas viagens interestelares. Assim pude fazer, porque, em meu livro *Mergulho no Hiperespaço* se diz da possibilidade de anos luz/segundo, levando-se em consideração a energia decorrente de retropropulsão de fótons de luz (não do nosso espaço — temporal, mas hiperespacial), cuja raiz se encontra, outrossim, na própria intimidade das estruturas tanto solar, como das próprias estrelas!... Tive essa audácia petulante: dizer essas coisas na presença do prof. Allen Hynek, que ia recebendo aos poucos, ao pé do ouvido, a tradução do que eu falava. Até certo ponto, chegamos a nos entender, pois tinha ele, além da astronomia, certos conhecimentos rosacruzes.

Capítulo XVII
A década de 80 — Congresso em Cambridge — A Universidade de Duke/EUA — Curas extraordinárias

Esta década começa com um caso de cura notável, acontecimento realmente extraordinário: ambiente de UTI, Hospital da Beneficência Portuguesa de Santos, na presença de quatro médicos, dois dos quais ostensivamente desafiantes, dizendo-se absolutamente incrédulos, uma psicóloga e eu próprio, com a minha permanente atitude de preocupações científicas racionais nada aconselhadas pelos místicos! O fato, porém, ocorreu, e esse um a mais da imensa série em que fui "aquele que pediu". Eu os explico pelos horizontes novos do espírito que estão sendo alargados, tocados de uma luz nova da espiritualidade maior, que vem de alturas insuspeitáveis, mostrando-se ao homem de hoje, para que, afinal, saiba construir um "amanhã" mais feliz! Algo que tem imensa valia na eterna "Busca da Verdade", patrocinada, plenamente apoiada e estimulada pelas bênçãos do Senhor! Fatos como esses, nesta autobiografia assinalados, irão surgindo mais e mais, aqui e acolá, até que o homem, reformulando-se a si próprio, particularmente em relação à ciência da Vida, encontre rumos certos, caminhos mais puros em sua eterna ascensão. Lançado a público o meu livro sobre o Senhor Cristo, tive a oportunidade de lançá-lo, também, em Santos, no Teatro Municipal, lançamento patrocinado pelo então diretor da Faculdade de Medicina, o grande neurocirurgião professor Stamato, chefe da Clínica Neurocirúrgica da Beneficência Portuguesa local. Um jovem amigo meu, médico dessa área, hoje professor da Universidade de Campinas, também neurocirurgião, lá em Santos fazendo estágio, sugeriu ao professor Stamato atrair-me para uma experiência, em face do que, no meu primeiro livro — *Além da Parapsicologia* —, consta sobre a salvação de duas pessoas em estado de coma, sem qualquer esperança médica: meu pai Alfredo Uchôa, aos 77 anos (uma semana em coma) e um jovem Tenente de 22 anos, José Bendochi Alves, meu ex-aluno na Academia Militar, aquele em Maceió e este em Salvador (o Tenente, em coma, havia 24 dias).

Dado o alto conceito em que sempre me teve o jovem médico, Dr. Elson de Araújo Montagno, hoje, como já disse, professor da Unicamp com doutorado em Berlim, o Dr. Stamato aceitou promover a minha ida a Santos, onde se lançaria, no Teatro Municipal, o meu 4º livro, então sobre o Cristo. Aconteceu lá chegar e logo ouvir do Dr. Stamato:

— "Aqui está um livro seu; li os dois casos de coma; tenho aqui um caso sem esperança, praticamente perdido, de um rapaz de 18 anos em coma há vários dias, com febre fora do controle, talvez de bulbo, tudo em consequência de parada cardíaca, pois tem lesão congênita do coração. Muito difícil foi chegar com vida à Beneficência. Quer ir vê-lo, tendo agora a oportunidade de um caso rigorosamente científico?!... É que disponho de tomógrafo recém-importado da Inglaterra e, por isso, estou certo de que o seu caso é absolutamente perdido!".

Aceitei, de imediato. Fui à Beneficência, à UTI da instituição!... Dois médicos jovens, um tanto petulantes, disseram-me textualmente não acreditarem em nada do que iria eu fazer, mas pediram para assistir. Como, desde muito, não procuraria, como hoje ainda não procuro, curar em termos técnicos, mesmo do espiritismo, com remédios, passes, imposição de mãos para transmissão de energia ou práticas psíquicas comuns, não lhes dei a menor importância e concordei em que assistissem. Esse tipo de cura, quando ocorre, é de caráter místico (da Ciência Mística). Invoco, de forma adequada, própria, a presença espiritual do meu querido mestre Philippe de Lyon. Daí para a frente, a presença luz ouro do Senhor Jesus, *Densa e Divinamente Pura*, projetada em fluxos intensos sobre o paciente. No caso seria sobre a cabeça, colocada entre as minhas duas mãos abertas e um tanto afastadas da superfície da cabeça do paciente. Limito-me a balbuciar palavras imperceptíveis aos circunstantes. No caso, quatro médicos que lá estavam, uma psicóloga amiga da família e uma enfermeira um pouco mais distante. Apenas 10 a 15 minutos, no máximo, durou tal atuação!

Volto a Brasília na manhã do dia seguinte e sigo de imediato para Minas para atender compromisso no ambiente do antigo Colégio Caraça. Dois dias depois, quando regresso à Brasília, encontrei, à minha disposição, passagem aérea para Santos e um apelo para que eu lá voltasse. Razão: a febre havia desaparecido, o coma estava leve, um surto de esperança lá renascera!... Fui até lá. Agora, sem os dois médicos e sem a psicóloga, porém com a presença esperançosa do pai — o Dr. Vancone, alto funcionário do Ministério da Fazenda. O doente sem febre e em coma leve. Nova reunião, e uma sessão da mesma natureza da anterior. Ao término, digo, ainda, na relativa concentração em que estava, algo que logo esqueci e me foi comunicado cinco a seis meses depois, quando o pai do rapaz o trouxe à Brasília, para me conhecer; dissera então eu, ao final da referida 2ª experiência:

— "24 horas para sair completamente do coma e vai ficar bom!"...

Conforme soube depois, pelo próprio Dr. Vancone, o jovem saiu daquele estado no dia seguinte e, nove dias depois, estava em casa, recuperado e sem qualquer sequela orgânica. Apenas pequena perturbação da memória, de que se achava em tratamento.

Que dizer de um caso como esse, supercontrolado cientificamente pela maior autoridade na área, àquela época, em Santos, o professor Stamato?... Dirá o cético: reversão espontânea! Explica assim, vai em frente e, à noite, dorme, tranquilo, o sono da apatia científica, que persegue tantos neste País e no mundo!... E se acrescentar eu aqui que o Dr. Vancone me comunicou o estarrecimento do cardiologista do jovem, que o vinha acompanhando, quando verificou, 24 dias depois da 2ª aplicação, estar ele também curado da lesão congênita do coração que ocasionara o processo cerebral?!... Alguns meses após, quando fui a Santos pronunciar conferência sobre Ufologia, convidado ao ambiente familiar do Dr. Vancone, para um jantar, mostra-me ele as radiografias comprovadoras do incrível acontecimento: a lesão *cardíaca congênita desaparecera* sob as bênçãos de Jesus!... Milagre? E o "milagreiro"? Não: a VERDADE do Espírito!... Os fatos extraordinários que têm acontecido ao longo da minha vida, aos quais tenho referido, quase segundo critério cronológico, revigoram em mim a certeza de que um Karma positivo, no âmbito do espiritual ou da paranormalidade, sempre me tem acompanhado! Na verdade, durante a minha existência física, sempre me mantive alerta e seguro quanto aos eventos dessa natureza que me têm envolvido, fazendo-me certo de que a "Busca da Verdade", cada vez mais, se vem afirmando, com notáveis evidências.

Isso, reconheço, é uma felicidade, que bem me sustenta na avançada idade em que me encontro (84 anos), apesar de sérios sofrimentos físicos que, ultimamente, me têm acometido.

Durante a década de 1980, participei intensamente de dois Congressos Internacionais.

1°) O 2° Congresso Internacional de Ufologia, aqui, em Brasília, em 1983/abril (lembro que o 1° Congresso Internacional, já referido, ocorreu em 1979);

2°) O Congresso comemorativo do 1° centenário da Sociedade de Pesquisas Psíquicas de Londres, reunido em Cambridge, a qual foi fundada em 1882.

Ao primeiro desses congressos acima, dei-lhe grande apoio, quer financeiro, quer cultural: aqui estiveram cientistas de escol da América, França, Argentina, Bolívia e Portugal. Na ausência inesperada do prof. Flávio Pereira, de São Paulo, pronunciei a conferência inicial sobre a história da ufologia no contexto da evolução da própria ciência contemporânea, no ambiente de um belo congraçamento de pesquisadores nacionais e estrangeiros presentes; houvera colaboração muito eficiente de todos eles. Mais uma vez, conforme ocorrera no 1° CIUFO em 1979, já referido, foi grande o meu prejuízo financeiro, mas a mim nada importou, pois o Mestre, pessoalmente, me dissera: ... e divulgar".

No segundo congresso, reunido em Cambridge, na Inglaterra, houve mais de 400 participantes com apreciável número de PhD e Prêmios Nobel de Física, Biologia etc. Nunca estivera em um ambiente tão refinado da ciência contemporânea, em tão alto nível. Nunca vira tanta substância e, mesmo, valor de pesquisas muito próprias e seguras, para verificar, demonstrar um "mundo" de fatos paranormais que, há muito, já se achavam demonstrados. Por outro lado, nunca vira tanto temor, tanta restrição para tratar-se de uma "teoria", que pudesse explicar os eventos ali demonstrados na área do paranormal. É que só uma atitude, um posicionamento paracientífico, livre de cânones consagrados da ciência atual, poderia promover, fazer surgir uma *teoria*, capaz de explicar todo o acervo de pesquisas avançadas ali apresentadas por tantos cientistas. Lá estava eu, representando não o Brasil, que ali não se encontrava, apesar de dois brasileiros presentes — eu e um querido amigo médico neurocirurgião, com cerca de cinco anos de especialização no exterior: dois anos na Universidade de Duke, Estados Unidos e na Alemanha, onde fez doutorado em Medicina pela Universidade de Berlim. Ali estávamos representando uma sociedade de Pesquisas Psíquicas Americana, situada em Durham — em "North Carolina", juntamente com o seu diretor de pesquisas, William Roll, e um cientista canadense, de origem grega, Dr. Lee Pulos.

É que esses dois últimos haviam estado aqui, no Brasil, pesquisando junto conosco — eu e o Dr. Elson — um conhecido sensitivo, cuja notória paranormalidade já ultrapassara as fronteiras o que, afinal, resultou em estarmos juntos, os quatro, com a mesma tarefa: apresentar o caso, em Cambridge, isto é, a exuberante série de fenômenos "absurdos", apresentados por esse incrível paranormal: Thomas Green Morton!...

Tínhamos que nos limitar a documentar, demonstrar a veracidade dos "absurdos" científicos, sem, porém, qualquer condição de emitir hipóteses teóricas, visando a explicá-los. É que qualquer teoria, por lógica que fosse, abalaria os cânones científicos vigentes e o congressista ali, em Cambridge, ficaria desconfortável, certamente, relacionando os fatos como provindos de um místico vulgar. O que fazer então, em face de arraigadas "certezas" científicas, fortes e definitivos preconceitos da ciência atual?

Pouco tempo após o Congresso, porém, aqui, em Brasília, lancei o meu livro *Muito Além do Espaço e do Tempo – Fenômenos Inexplicáveis pela Ciência*, EXPLICADOS: uma "PARACIÊNCIA". Nesse livro, publicado após o Congresso de Cambridge, em dezembro do ano seguinte (1983), apresentei eu uma teoria geral da paranormalidade.

A teoria que apresento, ver-se-á ser absolutamente geral, abrangendo até a área ufológica em que a ciência clássica também empaca. Isso em face do inexplicável das presenças extraterrestres e, particularmente, quando seres interplanetários que nos chegam de outros sistemas solares, dizem viajar à velocidade muito superior à da luz, o que constitui, atualmente, uma verdadeira "heresia" científica.

Acrescente-se que, não obstante a aparente "heresia" científica, tais interplanetários de outros sistemas solares — e mesmo alguns do nosso próprio sistema — insistem em que viajam em uma outra dimensão de espaço, ainda não percebida pela ciência humana. Isso quer dizer que navegam no *hiperespaço*. Na verdade, a física matemática do gênio de Albert Einstein só alcança essa "hipótese" em termos de abstração, limitando-se objetivamente às quatro dimensões do "Contínuo Espaço-Tempo". Sendo assim, o quê (?) poderá existir para além desse espaço-tempo? Nada, diz a Física Quântica, como também a Relativista. Ou seja, nada existe para além da matéria e da energia fora desse "Contínuo Espaço-Temporal". Não aceitam a hipótese de possíveis espaços outros, como referidos pelos interplanetários estelares que vêm de dimensões superiores e que lidam com a matéria e energia em níveis ainda desconhecidos pela ciência atual. Alguns, hoje, veem nisso uma ficção, mas quem assinará em baixo que, um dia, no amanhã da nossa Ciência, isso não possa ser aceito como fato científico consumado?

Essa Teoria Geral, absolutamente abrangente, que disse acima haver apresentado no livro que lancei em dezembro/83, algum tempo depois de regressar da Inglaterra, decorreu de grande sequência de fatos e circunstâncias inspiradoras. Tais circunstâncias, estou certo, de tônica rigorosamente científica: pesquisas levadas a termo no âmbito parapsicológico e, também, no ufológico, muito bem testemunhadas, todas elas, de ambas as áreas, conduzidas com muito cuidado, conforme se encontram em meus livros publicados desde 1970 aos dias atuais. Todo esse cuidado e objetividade provieram da minha razoável formação científica que já tenho referido, como engenheiro civil, na área da matemática e da física teórica e prática, campos em que ingressei no professorado de nível superior na Escola Militar do Realengo e, a seguir, na AMAN (Academia Militar das Agulhas Negras). As experiências a que me venho referindo, básicas de tal Teoria Geral, implicam objetivas sessões de materialização (perfeita tomada de "corpo físico" de seres de outras dimensões), transporte efetivo de objetos materiais através de obstáculos densos, paredes e portas rigorosamente fechadas sob absoluto controle. Fundamenta-se ainda a Teoria que apresento, em longos estudos de Teosofia, bem assim em contínuas oportunidades de contatos interplanetários. Nesses contatos, instruções, nitidamente racionais, me foram passadas, com o objetivo de pesquisa de seres evidentemente não humanos, extraterrestres, em observações e experiências largamente testemunhadas, com esclarecimentos comprovadores do ensino teosófico, infelizmente, até agora, nada valorizado ou divulgado, apesar de oficialmente apresentado desde 1875 em Nova Iorque, por Helena Petrovna Blavatsky.

Aqui, nesta autobiografia, em que sempre enfatizo a "Busca da Verdade", perante o mundo maravilhoso de fenômenos que me têm acompanhado, hei que referir, mesmo sucintamente, os fatos que apresentei, objetivamente, no Congresso de Cambridge, na Inglaterra, eu e os demais representantes da Sociedade Americana de Pesquisas Psíquicas, sediada em Durham, na Carolina do Norte (North Caroline/USA). Evitarei ser demasiado fastidioso por excesso, tal a exuberância dos acontecimentos, dos eventos.

Devo, a bem da verdade, dizer que, naquele tempo, primeiros anos da década de 80, o paranormal Thomaz Green Morton tudo fazia para facilitar qualquer prova e contraprova do "absurdo" que ocorria, consubstanciando a autenticidade dos fenômenos, que decorriam de sua presença. Além disso, os que vou indicar, quase todos, senão todos, ocorreram nas minhas próprias mãos, em plena intensidade da luz artificial (elétrica) ou solar. Assim:

1) uma nota de 10.000 cruzeiros (antes do cruzado, é óbvio), dobrada em minha mão direita fechada, com anunciada emissão de energia, talvez, por não mais do que cinco segundos e a breve aproximação de um cigarro aceso do dorso da minha própria mão. Aberta a mão, ao desdobrar a nota, nela estavam escritas, como que a fogo, algumas palavras em letras maiúsculas;

2) em condições análogas, agora, uma outra nota, bem coberta de margarina, o bastante para um "slide" colorido feito pelo Dr. Oswaldo França. Thomaz anunciou que a nota deveria transformar-se em produto próprio para higiene; aberta a mão, a margarina havia desaparecido e a nota estava coberta de pasta de dente *Close up* muito conhecida e ali reconhecida por todos;

3) em minha casa, no sítio em Alexânia (GO), três colheres do nosso faqueiro, tomadas as três pela extremidade dos cabos, enrolaram-se rapidamente, ao serem suspensas pelo Thomaz, transformando-se em uma rosa de colheres de sopa, cada concha uma pétala;

4) nas mesmas condições do caso anterior, três garfos igualmente, ao serem suspensos, rapidamente se enrolam, perfazendo uma peça intrincada, podendo-se, dificilmente, distinguir cada garfo;

5) na minha própria mão, fechada com idôneas testemunhas presentes, inclusive jornalistas e dois médicos de Santos, moedas nacionais correntes atualmente, serem em poucos segundos, transformadas em moedas correntes do tempo em que era eu criança (lembrei-me e as reconheci), em moedas do tempo do meu pai criança, da década de 1880-1890, e, ainda, em moedas da década de 1860-70, quando o meu avô era jovem, tudo isso anunciado ali sumária e surpreendentemente executado segundos após o anúncio (cinco a dez segundos, no máximo). Todas essas moedas ali evidentes, controláveis,

presentes em minha mão! São tantos e tantos os extraordinários eventos que desafiam a física, a química e a biologia, que só há um caminho para o cientista clássico, convicto de seu próprio conhecimento: fugir deles, não os apurar e "dormir" tranquilo com os seus "valiosos" preconceitos e suas inarredáveis certezas. Para o religioso das ortodoxias vigentes (mesmo cientistas impregnados de crenças ou crendices), a explicação é muito fácil: são *artes do demônio* para empolgar e ludibriar a criatura humana, visando a conquistar-lhe a alma! Muito fácil!... E como a ciência poderá, um dia, apurar tais artes, de tão abstrusa tecnologia satânica? O futuro dirá! Que os cultores de tais crenças, nocivas à evolução científica, do conhecimento, resolvam ir em frente, porque tudo isso haverá de ser, no futuro, incorporado à Ciência Humana, com *letras maiúsculas*.

Ainda no contexto do que agora estou tratando em relação ao Congresso de Cambridge, nas auras do verdadeiramente extraordinário, ali por nós relatado, acrescentarei mais um pouco:

1) Tomando entre meus dedos (polegar e indicador) a metade de uma moeda de 20 cruzeiros, a outra metade segura pelo Thomaz, na presença de dois médicos da Beneficência Portuguesa de Santos, um deles o Dr. Elson Montagno, hoje Professor da Unicamp e presentes algumas outras pessoas, inclusive dois jornalistas. Ao enunciado enérgico do sensitivo Thomaz, anunciando a transmutação da moeda, pouco a pouco, aos olhos de todos estarrecidos, foi ela crescendo entre os meus dedos, ficando amarelada e, assim, ante nosso espanto, ali estava agora uma moeda de ouro do Banco de Reserva da República do Peru, muito bela aliás, com uma lhama de um lado e, de outro, motivos incas, solares: *um "sol" de ouro*: moeda peruana, achando-se nela inscrito: BANCO DE RESERVA DA REPÚBLICA Nacional do Peru! Como é possível acreditar nisso? É justo o psicólogo ou o cientista afirmar: "ludíbrio" "magia de circo", "picaretagem", "prestidigitação" e assim por diante. Ora, isso é coisa que não é possível, ainda, ocorrer à vontade, nos laboratórios humanos de institutos e universidades, por isso se diz não ser científico, não ser verdadeiro! E vamos to-

dos em frente, orgulhosos do que realmente já conquistamos. Esses "sábios" se esquecem de que viemos do obscurantismo medieval até a luz deste século **XX**, onde as imagens falam e onde os radiotelescópios surpreendem mundos a bilhões de anos-luz no infinito dos céus super longínquos...

2) À vista de mais de 20 (vinte) pessoas, em meu sítio, em torno da mesa, Thomaz dobrou, com as mãos, um garfo de nosso faqueiro e o partiu em dois, mostrando a todos uma metade em cada uma das mãos. Depois, em plena luz, sob nossa vista estarrecida, segurando firme as duas partes, ele as repôs em sua situação original. As duas partes foram fundidas, restabelecendo o garfo como dantes, emendado, ficando apenas ligeiro traço, a indicar o que ocorrera!

Finalizarei com mais um fenômeno apenas.

3) Na mão de uma funcionária dos Correios e Telégrafos, uma cruz de palitos de fósforos se transformara, rápido, em uma cruz de metal brilhante. O Thomaz, então, se propõe a completar a cruz com o rosto de Jesus crucificado, firmando uma bolinha de papel de cigarro no ponto de cruzamento dos braços da cruz. Isso a ser feito sob a vista de mais de 20 pessoas, em torno de uma mesa, na sala principal da residência do casal Dr. Oswaldo França e a professora Neusa França, pianista de escol, solista da Orquestra Sinfônica do Teatro Nacional de Brasília. Toma ele, o Thomaz, a tal bolinha de papel de cigarro e a pressiona no ponto certo: concentra-se como diz ele, na irradiação da energia mental, tentando várias vezes sem sucesso. Então, ele me vê e imediatamente me convoca para ajudá-lo. Pede-me para pressionar entre os meus dedos a bolinha de papel metálico de cigarro abarcando eu a cruz e a tal bolinha. Ele se limita a segurar-me os dedos (polegar o indicador) pelas duas primeiras falanges e a afirmar com a máxima energia: "Mentalizemos transformar-se essa bolinha de papel de cigarro sobre a cruz e entre os dedos do General, no rosto de Jesus Crucificado". Isso o fez seguidamente com veemência e eu, no momento, também pensei fortemente no que se visava: a *rosto de Jesus*. Logo depois, senti que algo estranho estava ocorrendo: o meu polegar estava sendo fortemente atingido, como se fora a dor de um furo objetivo,

Uma Busca da Verdade

tornando-se mais e mais intenso (cheguei até a pensar que em breve sangraria). Poucos instantes mais, o incrível ali estava, à vista estarrecida de todos: o rosto de Jesus Crucificado, parecendo feito do mesmo metal da cruz, com a coroa de espinhos bem nítida... Também ali estava a certeza de que teria sido o nariz afilado do rosto de Jesus, que estaria furando o meu polegar... Abaixo um pouco, a marca de um princípio acentuado de corte decorrente da extremidade inferior da barba de Jesus e, acima, as marcas dos espinhos da coroa. Tudo isso marcado ostensivamente em meu próprio dedo polegar, na intimidade do qual se deu o fenômeno, tanto que permaneceu profunda marca, como se fosse a matriz em metal "geradora" do rosto. É de convir e aceitar que isso é demasiado forte para acreditar-se e que os cientistas têm razão, mesmo vendo objetivamente, como todos ali viram e eu próprio, além de ver, sentir na própria carne!...

Fico aqui sobre referência a essa inacreditável fenomenologia produzida pelo Thomaz, de vez que já fiz suficientes considerações sobre o verdadeiramente paranormal, para-científico aí patente, remetendo tudo ao futuro, (quem sabe?) à consecução de uma Ciência maior! Só apenas, duas observações ainda a enfatizar:

1°) o rosto de Jesus feito sobre a pequena cruz de metal, que viera de palitos de fósforo, ali estava aparentemente no mesmo metal da cruz (transmutação do papel de cigarro em o mesmo metal da cruz?);

2°) com a presença do Thomaz, súbito, formarem-se focos e raios de luz intensa, tudo estranho, inexplicável, e, às vezes, até em plena luz do sol, como ocorreu, certa vez a observadores espantados, inclusive eu próprio, minha família e pessoas amigas, no aeroporto de Curitiba, quando caminhava ele em pleno sol, para o avião ali estacionado!...

Na realidade, os dias do Congresso do Centenário da Sociedade de Pesquisas Psíquicas em Cambridge, seguidos de ligeira estada em Londres e regresso pelos Estados Unidos, foram de muito valor para mim, sempre em companhia dos queridos amigos Dr. Elson de Araújo Montagno e a muito estimada amiga e sua companheira Andréa Boyd, na casa de

cujos pais, em Boston, nos Estados Unidos, com eles me hospedei, durante poucos, porém, maravilhosos dias!...
Essa viagem tornou-se inesquecível no âmbito das minhas mais gratas recordações não só pelos dias do Congresso, como pelas inesperadas "tropelias" da própria viagem. Desde o volume excessivo das nossas bagagens, conduzidas de qualquer forma em ônibus, trens e aviões, até a nossa própria viagem de automóvel nos Estados Unidos de Boston a Durham, North Caroline, em percurso de mais de 3.000km. Aí, em Durham, pude apreciar o que é, de verdade, uma universidade americana. A Universidade de Duke, que maravilha de ambiente, de parques, gramados, jardins e interiores magníficos, tudo bem digno do relativamente avançado nível da civilização americana. Foram dias, para mim, de alto proveito cultural: a universidade, praticamente, a vida de Durham. Nesses dias da "Duke University", ou melhor, de Durham, além da própria universidade em si, tive a alegria de algumas experiências vividas.
Lá, recebi uma visita muito especial junto com o Elson, em cujo apartamento me hospedei. Eu e ele superdesorganizados em nossas coisas. Tudo como a indicar uma amizade já de séculos. Interessantíssima, então, a visita de Peter Lew Leach, um inglês de 38 anos na época (1982), altissimamente preparado em coisas espirituais e que houvera estado no Brasil um pouco antes, quando nos relacionamos, em Brasília. *Status* muito alto de realizações espirituais, particularmente sintonizado (?) com os Mestres da Fraternidade Branca, especialmente o meu querido Mestre Morya. Esta a razão maior da nossa aproximação. Em viagem de automóvel de Boston a Durham, passamos em Centerville, na Virgínia, anunciando-lhe a minha passagem por ali, e o meu destino, Durham, e o número do telefone. Estava ele, então, a serviço de causa espiritual, na qual tanto se empenhava, em Colorado Spring. Ao regressar, telefona-me e vai visitar-me em Durham. Foram colóquios, para mim, extraordinários, superafinizados, em que nos sentíamos muito aproximados em termos do Mestre Morya e seus elevados propósitos de serviço à causa do espiritualismo mundial. Tanto era assim que ele, Peter, estava,

como ainda está, com a grande tarefa de criar um Novo Centro de Energia Espiritual da Fraternidade Branca, ali próximo, no próprio Vale do *Shenandoah*, em cujas proximidades estivemos, eu, o Elson e Andréa. Esse trabalho, em *Shenandoah*, para todos os efeitos, é patrocinado diretamente pelo Mestre Morya. O Peter assistiu a uma conferência que pronunciei na Sociedade Americana em Durham, Associação cujo diretor de Pesquisas, William Roll, havia estado aqui no Brasil, estudando o Thomaz e que nos havia, a mim e ao Elson, aprovado como representantes, apesar de brasileiros, daquela Associação de Pesquisas na Inglaterra. Nessa época, o Elson, como neurocirurgião, estava fazendo especialização em tal área na "Duke University", sob a supervisão especializada e mundialmente conceituada do eminente Prof. Naschold, cuja alta personalidade muito me impressionou.

    Juntamente com o Elson e o Peter, nós três tivemos uma maravilhosa experiência religiosa na Igreja Luterana da Universidade de Duke. O templo, em si, já é muito lindo, excepcionalmente bem postado no centro de um imenso parque ajardinado, com esguia torre apontando para o alto. Vivemos os três juntos uma verdadeiramente excepcional experiência espiritual, quando do encerramento da cerimônia. Seria como que se ondas de luz nos envolvessem de todos os lados, tudo conduzido pelo brilhante coro orfeônico da igreja. Não pertenço a qualquer igreja específica, mas vou a qualquer delas e tive esse privilégio de assim me sentir (aliás, eu, Peter e Elson) quase que divinamente gratificados com tão vivas, sutis e puras emoções.

    Relembrando a minha estada junto à "Duke University", como deixar de valorizar a experiência de minha conferência na Sede da Associação que representara, junto com outros, na Inglaterra? Foi uma conferência de vasto espectro: a paranormalidade em seu sentido amplo, desde os fenômenos cientificamente pesquisados em Duke, sob a orientação do Prof. Rhine, o campo espírita da mediunidade curadora, isto é, sobre as curas paranormais, espíritas ou não, os fenômenos de materialização de espíritos, até o seríssimo problema dos discos voadores!...

Bem mais de duas horas, sob o vivo interesse dos professores e pesquisadores ali presentes, seguindo-se imensa série de perguntas, eu então muito auxiliado pelo Elson que, quase sempre, havia de as traduzir, para que eu, em seguida, as respondesse, então, em inglês! É que, em mim, há um notório desequilíbrio entre o que posso falar e falo em inglês e o que posso entender, dada a falta de convivência, de prática, pois, de ouvir. O Peter assistiu a essa conferência e nela me deu, com o Elson, o mais positivo e eficiente apoio. A minha vida contém, na realidade, um mundo de experiências e observações das diferentes áreas em apreço, sobre as quais ali falei, modéstia à parte, com facilidade e segurança!...

Em Durham, ainda com o Elson e o Dr. William Roll, tive uma experiência única: visitei o local de trabalho de uma médium profissional, Patrícia. Era um ambiente muito agradável, pleno de florestas, junto a uma barragem! Ampla construção de madeira, com quartos de aluguel; um muito espaçoso hotel atípico, em que se cultivava a mediunidade em alto nível. Ficou-me a bela lembrança da estada ali, onde assistimos a diferentes trabalhos mediúnicos. Sentimo-nos todos muito bem. Como o ambiente era apropriado, dado o envolvimento com florestas tão exuberantes de vida, certamente, visitadas ou habitadas por espíritos da natureza, elementais que, muitas vezes, se comprazem em colaborar nos trabalhos humanos!...

Em referência ainda a esse ótimo período de 26/09/82, ao fim da 1ª quinzena de outubro de 82, não há como deixar de lado o mais importante, por ser o mais transcendental evento ocorrido, atingindo o altíssimo nível de um verdadeiro "milagre", o qual aconteceu na semana em que fui hospedado pela família Boyd, cujo chefe, um industrial nas imediações de Boston, era pai da querida amiga Andréa Boyd. Ali, um moço de 28 anos de idade, irmão de Andréa, esquizofrênico, praticamente incurável havia 10 anos, pois assim estava desde os 18. Homem, pois, muito jovem, de físico bem normal e até bonito, jamais se relacionava, com quem quer que fosse. Pelo que soube, durante o tempo do frio, não deixava o seu quarto, onde ficava isolado; durante o calor, fazia algumas agitadas saídas, sempre hostil a quem quer que fosse. Na véspera de viajar de volta ao Brasil, um irmão do jovem, então Ministro Luterano recentemente ordenado, sabendo pelo Elson de alguns casos realmente extraordinários de cura supranormal por meu intermédio, fala-me!

— "General, antes de regressar ao Brasil amanhã, poderá o senhor fazer uma oração pelo meu irmão?"

E aí me disse ele das minúcias do estado de absoluta perturbação psicológica do irmão esquizofrênico, sem qualquer cura ou melhora até então.

De imediato, aceitei (jamais, em minha vida, recusei pedido de tal natureza).

Fui imediatamente avisado de que o irmão, o André Boyd, não poderia estar presente, dada a excitação que lhe era habitual àquela altura do ano, outubro. Não importaria; faria a oração solicitada.

Às nove horas da noite, no quarto principal da casa, éramos cinco ali reunidos: o irmão, Ministro Luterano, o Elson, a Andréa, a srª mãe do jovem enfermo e eu. Na impossibilidade de sua presença, solicitei a todos que visualizassem o enfermo ali, em pé, no centro do grupo. Em seguida, todos reunidos, orei ao Senhor Jesus Cristo (primeira e, até hoje, última vez em que orei em inglês), pedindo ao Divino Mestre que conseguisse dos Senhores do Karma, dos Senhores da Divina Lei, a cura do enfermo, que a graça fosse obtida, se houvesse merecimento só apreciável e julgado pela Divina Lei: "*Divino Poder*". Foi tudo muito rápido, visualizada a Luz Ouro de Jesus, envolvendo o jovem enfermo ali imaginado ou visualizado, em pé e humilde, no meio do grupo.

Um mês depois, já no Brasil, soube que fora curado e que estava com o comportamento normal tão ambicionado. Hoje, casado, restabeleceu o ambiente feliz de sua família e de trabalho.

Reconheço que é demasiado acreditar-se em fato como esse! Algum "milagre", segundo os cânones das igrejas. Que seja! Do Senhor Jesus, o Cristo, em face dos méritos, certamente, do enfermo e de sua simpática família! E a Ciência? E a Psicologia e a Psiquiatria Humanas, que poderão dizer? Penso, sim, que, nessa cura a não ser duvidar, não admitir o fato, ou, na melhor hipótese, dizer que haveria falso diagnóstico, crer em reversão espontânea, cura casual ou absoluta coincidência e tudo mais nessa mesma linha?... Aqui, volto a dizer: a minha vida é cheia dessas "coincidências e reversões espontâneas". Lembro, aqui, apenas mais um caso já anteriormente mencionado e enfatizado: o do sangue leucêmico da enferma que, se dizia, viria a falecer, no máximo, em 15 dias, e que se recuperou completamente em menos de uma semana. "Era uma enfermidade incurável!"...

Tratando ainda dessa década de 80, cumpre salientar, com grande emoção, o seguinte evento que aqui ficará como "o último", cabendo-me, afinal, terminar esta *Uma Busca da Verdade:Autobiografia* que já está se estendendo demasiado.

Um dos diretores da nossa instituição, a UPIS, professor Assenço, me fala para atender a um seu amigo que estava mal, a família em verdadeiro pânico, por falharem soluções médicas normais. Havia 10 anos sofria de alergia e, no momento, em fase crítica, muito mal física e psiquicamente, o corpo cheio de chagas; até os remédios antialérgicos lhe faziam piorar!...

Juntamente com um outro seu amigo, também professor, este do CEUB (Centro de Estudos Unificados de Brasília) professor Ramagem. Os três chegamos à residência do enfermo às duas horas da manhã. Reconheço-o, então: o enfermo me era conhecido dos tempos em que trabalhava ele no Ministério das Comunicações com o Cel. Francisco Menescal, muito meu amigo. Fala-me então, o enfermo, Pinedo:

— "General, eu vou morrer, não pode haver dúvidas. Veja como está o meu corpo e sempre piorando, apesar de todos os remédios; levante o lençol e veja (já não podia vestir pijama; apenas, um lençol o cobria)".

Assim o fiz e fiquei estarrecido: dezenas e dezenas de chagas por todo o corpo, como se a ele tivesse colada uma vestimenta de chita de padrão de rosas vermelhas esparsas, em profusão; eram chagas, umas já um tanto secas, outras novas e até purulentas! Tomado de surpresa e dó, não foi possível conter-me e exclamei:

— "Pinedo, você está mesmo muito ruim, mas há um Poder, um único Poder que poderá curar você, e rapidamente: o

Poder de Jesus Cristo! Mas eu não posso afirmar sua cura, pois só Jesus saberá do seu merecimento e, assim, a aprovará ou não. Se aprovar, você verá que, em pouco tempo, estará bom".

Presentes os dois professores e a esposa do paciente, a ela pedi trazer uma garrafa — de preferência branca — de água filtrada. Assim ela fez e coloquei a garrafa junto a mim, na mesa de cabeceira. Orei, ali, de pé com os demais, ao Cristo--Senhor. Senti-me muito bem, visualizando a *Luz Ouro* densa, pura e divina do Senhor, envolvendo o Pinedo e penetrando, como que por mágico poder, a estrutura físio-psico-espiritual do enfermo. Em seguida, seguro a garrafa d'água e peço, ainda em oração ao Senhor Jesus, o Cristo, elevando em oferta ao Divino Mestre, para que fosse energizada, aquela água:

— "Permiti, Senhor, que os Devas, os anjos que te servem, em Teu NOME, preparem esta água, em benefício da saúde deste nosso irmão tão enfermo!"

Nesse momento, visualizo a água assumindo o tom nitidamente da *Luz Ouro de Jesus*. Apenas isso, como acabo de descrever, com todos ali naturalmente bastante emocionados. Isso na madrugada de sábado (duas da manhã) e na próxima terça-feira, sem mais qualquer pânico, já eu e os seus amigos o encontramos lendo revista, de pijama, na sala de sua residência, dizendo-se curado. Na verdade, todas as pústulas secas, a pele ressecada caindo e o corpo ficando limpo. Só psicologicamente fiz, ainda, a pedido do paciente, rápida oração de agradecimento pelo ocorrido.

Na quinta-feira seguinte, menos de uma semana depois, soube que toda a pele estava limpíssima e ele, vestido, tranquilo, de roupa comum, chegou até a dirigir automóvel, levando "coisas" para seu sítio nas proximidades de Brasília!...

É demasiado evidente a presença de um Poder Superior, ali inegavelmente demonstrado, comprovando a absoluta certeza da "Verdade transcendental" do Crístico Poder ali atuante! Como duvidar? Só há um caminho: negar o fato. Eu com os meus mais de 80 anos de vida física e uma vida pública de mais de sessenta, muito conhecida, desde que mais de 40 anos no Exército e os restantes, também, em atividades públicas, como engenheiro civil, professor e diretor de instituição de ensino superior, não passar de vulgar "mentiroso", um "alucinado" qualquer de crendice religiosa (que não as tenho, de vez que não pertenço, a qualquer igreja do mundo social e político) e, ainda, no caso, envolvendo dois amigos de reputação ilibada.... Fico aqui. Apenas digo: Não será isso vivo estímulo de alto nível, à *Busca Eterna* de uma viva e *Divina Verdade?*... Demonstração do Crístico Poder!...

Epílogo

I – Vidas passadas?!

Já vai bem longe esta autobiografia. É tempo de encerrá-la, tendo em conta a sequência que lhe é própria. Todavia, haverei que aduzir, neste final, além de algo ainda muito significativo, alguns outros aspectos para mim de real valor, complementando o extenso depoimento que apresento sobre a minha própria vida. Lembro que, na primeira página, quando iniciei este trabalho, disse que poderia começar em longínquo passado egípcio, o que não fiz então, iniciando-o a partir da data de meu nascimento a 21 de abril de 1906. Agora, porém, acrescentarei algo dizendo do passado e suas repercussões presentes, de vez que, à tal visão do passado, fui levado por uma maravilhosa regressão espontânea no tempo! Regressão já é hoje fenômeno estudado por autoridades científicas do âmbito da Psicologia, da Parapsicologia, e de práticas espirituais, assumindo, para os céticos da área da ciência, a denominação de Estudos de Memória "extra cerebral", termo adotado entre os parapsicólogos materialistas. Outros ainda denominam "Estudos sobre a Reencarnação", como se vê em muitas obras de orientação mais ampla, espiritualista. Em destaque, poderei citar sobre o assunto duas delas: a notável obra, já na primeira metade deste século, do engenheiro francês Gabriel Delanne, cujo título é *A Reencarnação* e, ultimamente, a obra altamente credenciada nos meios científicos do neurologista e psiquiatra americano Dr. Ian Steevenson, da Universidade da Califórnia, intitulada *Vinte Casos Sugestivos de Reencarna-*

ção. Tais livros são densamente científicos, além de muitos outros de autores de tônica paracientífica, porém esotéricos, espiritualistas, como, por exemplo, um da Dra. Annie Besant: *A Reencarnação e a Lei do Karma*. Annie Besant foi por muitos anos presidente da Sociedade Teosófica, atualmente com sede em Adyar, na índia. Podemos também citar o Dr. William Walker Atkinson, conhecido como Yogi Ramacharaka, autor de extraordinários livros como o *Poder Mental*, o *Curso Adiantado de Filosofia Yogui*, etc...

Dentro de um posicionamento pessoal, que sempre porfiei para que fosse objetivo, nunca fui um pesquisador dessa delicada área reencarnacional. A experiência em tal área me sobreveio inesperada, surpreendente, na década de 70, já aos meus 66 anos de idade. Experiência de transcendental natureza pessoal: fenômeno de auto regressão. Aconteceu como se segue esse pequeno, mas emocionante, incidente na minha vida.

Na verdade, é que ocorreu ver-me em plena consciência transportado a vidas passadas, vivendo-as naturalmente como se em vigília estivesse a assistir a um cinerama. Limito-me a mencionar a incrível, supostamente transcendental experiência, certo de poder afirmá-la como provavelmente traduzindo realidades passadas. Digo, porém, que essa "suposta" experiência de vidas passadas me fez muito bem e explica muitos aspectos da minha vida atual, mostradas nesta autobiografia.

Recebemos, em nosso lar, a visita de três personalidades de escol, os três ligados ao movimento mundial essencialmente espiritualista que se apresenta sob a denominação de "Sudha Dharma Mandalan". A esse movimento, de cunho profundamente esotérico, eu e a minha querida esposa já nos havíamos ligado, desde mais de trinta anos atrás, quando em Resende, era eu professor da Academia Militar das Agulhas Negras e seu subdiretor do Ensino Fundamental.

Aproveitamos muito das práticas espirituais preconizadas pelos instrutores desse movimento espiritualista, cujo centro de irradiação se encontrava e, decerto, ainda se encontra nos longínquos Himalayas, segundo afirmam hoje seus instrutores.

Esses três instrutores vieram honrar-nos com a sua presença em um almoço que lhes oferecemos: um era o seu Iniciador

Externo, isto é, a sua maior autoridade no mundo externo atual, outro, Sr. Vajera, grande pintor chileno, autoridade máxima do movimento na América do Sul; o terceiro, Sri Rama Linga, convidado pelos dois primeiros para uma excursão pela América do Sul, o qual era a maior autoridade espiritual de certo Monastério ligado a um famoso Ashram no norte da Índia. Há, em nossa residência, um pequeno "templo de oração" com retratos dos grandes Mestres das várias correntes espiritualistas orientais, inclusive, as do Senhor Cristo Maitreya e de Jesus.

Antes do almoço, a minha esposa Enita lhes pede para abençoar o pequeno templo. Levantam-se a um só tempo, pressurosos, vão ao pequeno templo, onde entro eu, seguido pelos três e, ainda mais algumas pessoas. Todos ali reverencialmente postados, o Mestre Rama Linga inicia um belo cântico "mantrâmico", isto é, começa a emitir mântras, sons sagrados adotados no seu mosteiro tibetano.

Sinto, então, forte impacto interior e me vejo estranhamente em um mosteiro no Tibet, como se familiarizado com tal recanto. Vejo, de olhos cerrados e viva emoção, limpidamente consciente e lágrimas pela face, o mosteiro em que me foi dito, então, como que interiormente, que ali vivera na existência passada! Não só isso, no breve espaço de tempo do canto do Mestre Rama Linga, tive também a clara informação, como se por uma nítida percepção interna, da razão pela qual na vida atual me tornara um engenheiro civil, consequente à grande vocação para matemática desde a infância. Também, do porquê vim a ser militar, sem a mínima vocação para tal carreira! Nesse rápido e fugaz espaço de tempo, foi como se alguém me falasse: "Você, no Tibet, chegou a avançado estado místico; tornou-se, segundo a própria lei, necessário que, na atual existência, reequilibrasse a sua evolução psico-espiritual em tônica diferente. Daí as duas profissões sem qualquer conteúdo místico: engenharia, com a vocação matemática que trouxe do berço e a carreira militar voltada para densas experiências necessárias, ambas sem qualquer conotação mística. Lembro aqui que relatei bastante, ao longo desta autobiografia, as incertezas e incríveis circunstâncias que, afinal, me ligaram definitivamente ao Exército, no seio do qual fui, apesar de nenhuma vocação, muito, muito feliz.

Poucos dias após, no aeroporto, pouco antes do seu embarque, o Mestre Rama Linga diz-me:
"Estou muito satisfeito com a sua vinda ao nosso embarque. É que queria dizer-lhe algo, talvez muito importante: "Na próxima encarnação, você voltará ao Tibet". Respondi-lhe com viva emoção: "Mestre, quando o senhor cantou mantras em nosso pequeno templo, eu me vi no Tibet, em um mosteiro, tão nitidamente que seria capaz de reconhecê-lo se por lá andasse". Respondeu-me o Mestre: "Eu percebi isso claramente e estou autorizado a dizer-lhe: você vai voltar ao Tibet". Nada lhe havendo falado, considerei um válido fenômeno parapsicológico o que, emocionadamente, acabara de ouvir!

Passa-se algum tempo e tudo veio a acontecer como se, naquele momento, no meu pequeno templo, sob o cântico do Mestre Rama Linga, se me houvessem aberto canais transcendentais de percepção para ver o passado. Assim, em uma fazenda do amigo Roberto Ribas, onde nos reunimos para uma espécie de "retiro espiritual" durante o carnaval de 1973, certa tarde, já o sol praticamente desaparecido, súbito, vivo uma inesperada experiência durante um pequeno passeio que fazia sozinho. Ao atravessar um pequeno curral, em cujo centro se achava isolado um mourão, um grosso poste de madeira fixado ao solo, para fins de controle de gado, tenho de repente uma "crise" de aprofundamento consciencial, em termos de regressão, agarrando-me ao tal poste para não cair e me vejo, como se em um passado muito remoto. Ali, a nítida figura da Nair Xavier da Costa, que conhecera aos meus 22 anos de idade e ela, aos 16, conforme referi antes, nesta autobiografia. Seria como se uma estranha voz me dissesse haver ela sido minha esposa no antigo Egito! Ficou-me a lembrança viva dessa psicológica e inesperada experiência. Passa-se algum tempo e, certa noite, em meu gabinete na UPIS, sozinho e já bem tarde da noite, senti algo estranho, cerrei os olhos e, superconscientemente, como se em um cinerama, vejo-me com extraordinária surpresa no Egito, ano 1350 a.C. Dei-me conta de uma vida que seria a minha própria, bem infeliz, pois que arcara com a responsabilidade de um passado um tanto pecaminoso, que não me foi revelado. Era eu um trabalhador em construções, mas já um tanto místico. Certa vez, impressionou-me a figura de um elevado sacerdote em uma solene cerimônia no templo. Tornei-me um devoto, ligando-me espiritualmente àquele alto sacerdote, que hoje sei seria o mestre Philippe de Lyon, de quem atualmente me sinto tão aproximado. Na verdade, como já referi várias vezes, teria sido ele o Excelso Ser, Realizado na Divina Sintonia do Senhor Cristo-Jesus, e a Ele extraordinariamente devotado desde os dias da Palestina, o qual me teria orientado firmemente desde os 18 anos, no sentido da devoção ao Divino Mestre.

No antigo Egito, ele havia permitido que um jovem sacerdote me casasse clandestinamente com jovem da área do Faraó, o qual começara a proteger-me desde os dias sombrios do cativeiro e, também, quando fui preso algum tempo depois no alto Egito. Minha família contava então dois filhos, os quais foram abruptamente separados também da mãe, recolhida à corte em inaudito sofrimento, que se prolongou por toda a sua restante e também infeliz existência.

Uma vez no mundo espiritual, eis que me protege carinhosamente o mesmo alto sacerdote, o futuro Mestre Philippe de Lyon, já também ele próprio nos planos superiores. Vejo-me, a seguir, em outra vida, nos anos 600 a.C., agora um iniciante Sacerdote de Amon, já em busca de permanente mística sintonia com o mesmo alto sacerdote, hoje excepcionalmente devotado ao trabalho de amor do Senhor Jesus. Em sua última vida física, 1849 a 1905, a sua existência constituiu uma notabilíssima vivência de crístico amor, como inexcedível "curador" transcendental, ou melhor, místico espiritual, sempre e sempre na Divina Aura da Luz Ouro de Jesus. É que teria sido ele o "Servidor", isto é, o "chefe" do Monastério Essênio em que se abrigaram Jesus e sua família, quando fugidos da fúria assassina de Herodes. Na verdade, hoje retificada pela autoridade do Mestre Hilarion de Monte Nebo, a bíblica versão da "fuga" para o Egito teria sido mantida e bem propalada na época para maior segurança de Jesus e sua família, ao tempo da perseguição do insano "imperador" Herodes. Nessa existência nos anos 600 a.C., ainda no Egito, vejo-me nitidamente como sacerdote, bastante místico e, já então, muito dedicado a cura, sensibilizado pelas dores e sofrimentos humanos, que poderiam ser aliviados por influxos ou ações espirituais decorrentes de Poderes Superiores do Pleno Amor, que adviriam de Seres Maiores. Eu, por uma forte intuição, invocava um Grande Sacerdote de Amon, o qual só muito depois fui identificar, após deixar eu o mundo físico àquele tempo. Hoje, estou certo, que é o mesmo Grande Ser que atualmente conheço como o querido Mestre Philippe!

Nesta viva e clara experiência psíquica livre do espaço e do tempo, recordei nitidamente que, certa vez, quando sacerdote, atendi a uma jovem muito devocional, conseguindo-lhe a cura transcendental, isto é, em nível espiritual. Essa pessoa, muito depois, quando do intervalo inter-reencarnacional, fui reconhecer como a esposa dos idos egípcios anteriores, isto é, da vida pregressa, aos 1350 anos a.C.

Agora, quando me dou conta de que a minha vida atual conta um sem-número de curas paranormais, espirituais, extraordinárias, vibro na sintonia desse passado dos idos de 600 a.C., onde eu, sacerdote egípcio, teria iniciado o Karmico caminho da cura em nível superior, bem acima do espaço-tempo, em que todos fisicamente nos encontramos.

Daí, então, um grande salto no tempo e eis-me na Índia como simples agricultor e filho dos mesmos pais, que tive na vida atual: Alfredo de Mendonça Uchôa e Idalina Moreira de Mendonça Uchôa e com a maior parte dos irmãos da atual encarnação. Isso à altura do século XIII d.C. Éramos agricultores, todos, meu pai e nós, muito dedicados aos misteres da vida agrícola.

Como "herança" do passado, já era eu bastante místico e gostava de procurar aliviar sofrimentos. Nessa encarnação, nenhuma aparente aproximação com o Mestre Philipe me foi revelada. Tornei-me então budista, aproximando-me das tônicas de instrução nas quais vim a saber, pela primeira vez, dos Mestres da Grande Fraternidade Branca, recebendo instruções positivas no sentido da Bondade e do Crístico Amor. Isso explica porque, após a encarnação do século XIII d.C., na encarnação seguinte do século XVII d.C., eu me inclinei espontaneamente para tornar-me monge no Tibet e, também, porque nesta atual vida, sempre fui propenso a estudos e experiências místicas e transcendentais, aceitando facilmente a Palavra Espírita da Coordenação Kardequiana e a Grande Mensagem da Teosofia. Sim, essa Grande Mensagem plena dos Divinos Acentos das Palavras e Ensinamentos de Buda e de Jesus para o mundo de hoje, cumprindo o que dissera Jesus aos seus discípulos: "Pedirei ao Pai e Ele vos enviará o Espírito Consolador, o Espírito da Verdade, que restabelecerá todas as coisas e vos ensinará muitas outras, que ainda não podeis entender. Ele virá e o mundo não o conhecerá, porém ficará convosco até a consumação dos séculos!".

Eis, em verdade, o que aí vemos: o mundo indiferente, às voltas com religiões que dividem os homens, abençoam, em solenes cerimônias, armas de guerra, disputam o poder temporal e juntam "tesouros na terra, ouro e prata que a traça consome e o ladrão penetra e rouba" — como alertou o Divino Mestre — relegando a segundo plano os "tesouros do céu", também da sua DIVINA PALAVRA.

Nessa última encarnação do século XVII, foi tal o meu sentimento místico, uma verdadeira vocação, que abandonei o lar e dele fugi apesar da grande devoção da minha querida mãe de então, para procurar um mosteiro um pouco distante, onde, afinal, renunciei ao mundo externo e me recolhi, definitivamente, à vida monástica. Sempre e sempre, tanto quanto compatível com as materiais obrigações de tal vida, encontrava-me em meditação e orações. Soube depois, com segurança, do que já poderia prever de duras preocupações da família, principalmente minha mãe, uma irmã e uma tia queridas, que não se conformavam com o meu desaparecimento. Nas vias de terras tortuosas, de grandes elevações e profundos abismos, só um bom Guia me poderia ter orientado e conduzido, conforme ocorrera. Mas como a família saber?

Para onde teria eu ido? Só alguns anos depois, monge consagrado, volto ao antigo lar, vivendo a magnífica euforia do reencontro! Poucos irmãos, entre os quais, como dissera, uma irmã muito querida, uma tia e a minha mãe muito amada por todos. Foram momentos de indizível felicidade, encontrando todos na indescritível alegria do retorno, dos instantes felizes que se prolongaram por muitos dias. Das três pessoas a quem me referi e eram do meu íntimo convívio familiar dos anos 60-70 do século XVII, afirmo peremptoriamente a presença atual da minha querida esposa, Enita, então minha mãe; quanto aos demais familiares, a informação permaneceu um tanto nebulosa, não sendo possível afirmar, com segurança. Sinto-me, porém, inclinado a uma relativa certeza: a tia, seria uma querida prima a quem muito me afeiçoei nesta vida e a quem muito prezo fraternalmente. A outra, a irmã, pessoa da minha mais cara amizade e que tem, realmente, comigo uma excepcional afinidade nos campos da iniciação mística. Ainda nessa vida pregressa dos idos do século XVII, nos aproximamos todos, nas auras do amor cristão, sempre presente.

Quanto à irmã, suas fortes tendências místicas a levaram a deixar também o lar, indo, com a aquiescência materna, abrigar-se à sombra, também, de um monastério. Na vida atual, tal laço de aproximação, pode-se dizer de tendência esotérica, começou a provar-se, em verdade, desde o primeiro encontro; um relacionamento afetivo definido, unindo-nos em profunda amizade nos dias atuais. Minha esposa Enita foi, portanto, a mãe devocional. A tia, teria sido a esposa do século XIII, quando agricultor na Índia, e hoje seria, como disse, uma parente muito querida à qual sou, espiritualmente, bastante ligado. E a outra, irmã dos tempos do Tibet, seria a Nair Xavier da Costa dos meus 22 anos da vida atual. Nair faleceu, infelizmente aos 16 anos, em plena mocidade e já estaria entre nós, em sintonia, como acabo de dizer, da profunda e espiritual amizade que nos aproxima em verdade e que aqui identifico pelo seu místico apelido do século XVII d.C. — G Gant.

Em tudo isso é de ver-se um passado na linha do caminho para o transcendental ou esotérico-espiritual, como a preparar-me para a vida atual, em que relato coisas realmente fora do comum, dizendo respeito à certeza de um "mundo maior", em que se inscrevem os caminhos dos seres sempre no sentido de afinal, um dia, realizarem-se em "Espírito e Verdade" sob as Divinas Bênçãos do Senhor Jesus, o Cristo.

Ainda em relação à vida dos anos 1.600 a 1.700 d.C., os

mosteiros do Tibet em que os dois irmãos se recolheram eram próximos e, de vez em quando, encontravam-se em visita de cura em uma aldeia próxima, onde iam sempre e eram muito carinhosamente recebidos. Tais condições do séc. XVII lhes proporcionaram inegáveis laços e afinidades espirituais nesta existência.

Além disso, em referência a laços de vidas passadas, aqui ainda refiro, encerrando esta rememoração:

— o meu filho Luiz Carlos, filho, no Egito antigo, de Enita, minha esposa atual e irmão da minha esposa do infeliz casamento egípcio dos anos 1350 a.C.;

— a minha querida filha Anna Maria, originária do centro da Europa e que a nós se juntou por fortes sintonias de afinidades espirituais e amor;

— O meu filho Paulo Roberto, filho, atualmente, pela terceira vez: no Egito, na índia e na vida presente e

— a minha querida filha Angela, que conheci nos idos do séc. XIII, já àquele tempo uma "virtuose" da música, tocando maravilhosamente instrumentos de corda, especialmente a citara indiana.

Como quer que seja, nessa recordação, sinto que encontro explicação para certos acontecimentos, realmente maravilhosos, que me foram ocorrendo, viva demonstração de um karma feliz, positivo, o qual me vem acompanhando ao longo desta vida em tônica de laços bem profundos de amor no seio da família, tais como meus pais, esposa, filhos e irmãos, incluindo-se muitos parentes estimados mais chegados. Também os queridos sobrinhos e sobrinhas, primos e primas, muito particularmente os netos, todos de uma amizade preciosa, sem restrições, realmente cristã.

Além disso, vida ainda muito feliz pelas múltiplas e incríveis oportunidades de poder reconhecer, sempre junto a mim, a presença do querido Mestre Philippe de Lyon, nas puras auras do Divino Mestre Jesus, pondo-me à frente impressionantes eventos dignos de serem considerados "milagres", no conceito vulgar das curas extraordinárias, muitas das quais, não todas, mencionei até aqui. Eventos possíveis, sem dúvida, à conta do Divino Poder de Jesus, o Cristo e Senhor.

II – Reflexões finais

Nunca houvera pensado em ser militar, não obstante, desde criança, ter ouvido referências e palavras de simpatia pela carreira, proferidas por meu pai e seus amigos. Já disse, no texto desta autobiografia, das circunstâncias kármicas que me levaram à vida militar. Disse das dificuldades financeiras que me conduziram à Escola Militar do Realengo e, daí, à revolução nos idos de 1922 e suas consequências para mim. Depois, mesmo fora do exército, envolvido na revolução de 24-10-1930, já engenheiro civil e, também na revolução paulista de 9-7-1932, então como Primeiro-Tenente comissionado, apesar de sem qualquer instrução militar. Houve, evidentemente, que fazer o curso para o oficialato na arma de engenharia, que vim a completar nos primórdios de 1934. Mais tarde, conforme relatei, de certa forma tive participação na revolução de 1935, como comandante de subunidade no Recife/PE.

Apesar de engenheiro civil, trabalhando na profissão, engajado evidentemente no problema do trabalhador, só na Escola Militar Provisória, convivendo com um colega muito dedicado à questão social, comecei a interessar-me pelo assunto. É que ele, Antônio Rolemberg, fez o que pôde para atrair alguns colegas para o seu lado, pondo-os em contato com revistas de tônica socialista e indicando livros para os mais curiosos, entre os quais eu me achava. Acontecia, porém, que a minha formação teosófica já era muito firme, consolidada e eu pude entender que deveríamos aspirar a um socialismo eminentemente espiritualista, dinâmico. Era uma espécie de *crística ideologia*, uma conjunção do materialismo e do espiritualismo crístico universalista. É uma tristeza ver--se, em todos os países, a pesada conjuntura político-social de criaturas humanas claramente divididas entre exploradores e exploradas. Sim, deveríamos propugnar, em termos elevados, por um *status* diferente para a pessoa humana: um cidadão ou cidadã, não de um país, nação, federação ou confederação que seja de nações unidas na conjuntura mundial, mas um ser humano digno, partícipe de uma cidadania cósmica, eterna, do *Universo Revelado Superiormente*.

Então, já um tanto instruído sobre o problema social, certa vez, levei o Rolemberg, que alimentava a esperança de me ter ao seu lado (comunista que era), ao ambiente teosófico. Aí, por duas vezes, pôde ele arguir, pedir esclarecimentos, obtendo respostas do querido e inesquecível instrutor daquele tempo, Aleixo Alves de Sousa, pessoa super esclarecida na área. Disse-me então o Rolemberg: "Agora eu entendo porque você se conservou tão firme nesse seu lado. Isso é coisa demasiado interessante, lógica, profunda! Por isso nunca mais voltarei aqui, porque, se continuar, ficarei fraco para a revolução social!" Era ele mais do que marxista: era um leninista confesso. Pouco depois, foi demitido do Exército e, a seguir, engenheiro civil atuante.

Do seu convívio, porém, decorreu o meu maior interesse pelo social. Acabei lendo alguns livros notáveis e que jamais foram muito aprovados pelo nosso *status* ocidental, nada recomendados pela nossa imprensa, sempre a serviço de um reacionarismo conservador genuinamente capitalista e hipócrita.

1ª) *Missão em Moscou*, do Embaixador Joseph Davies, homem de altíssimo nível técnico, engenheiro e industrial, amigo do Presidente Roosevelt. Esse livro decorreu de relatórios e cartas ao próprio Presidente Roosevelt e ao seu Ministro de Estado — Corder Hull, bem assim de transcrições de trechos de suas memórias. Esse livro não foi muito difundido no Brasil. A dominância do reacionarismo, evidentemente, nada desejaria reconhecer de bom na revolução russa, em face do sangue derramado. E a Revolução Francesa de 1789? O sangue que custou?! E a importância que teve para a democracia e as perspectivas do mundo atual?!...

2ª) *Um Engenheiro brasileiro na Rússia*, por Luiz Edmundo Bittencourt, que fora selecionado em concurso, como arquiteto, em Paris, para trabalhar na Rússia. Esse livro, muito interessante e informativo, teve trânsito limitado no Brasil e sumiu de circulação. Não havia interesse em divulgá-lo.

3ª) *Juízes Brasileiros Atrás da Cortina de Ferro* escrito pelo Juiz Osni Pereira Duarte e prefaciado pelo Juiz Rocha Lagoa, tão católico que houvera até pedido permissão ao Cardeal D. Leme, do Rio de Janeiro, para ir até a Rússia, depois de um congresso de juristas realizado em Leipzig, na Alemanha, quando eles foram convidados a Moscou.

4ª) Os livros *O Poder Soviético*, o *Cristianismo e a Nova Ordem Política e Social na Rússia*, de autoria do Deão de Canterbury, maior autoridade religiosa da Igreja na Inglaterra. Como quer que seja, dentro verdadeiramente de um cristianismo não dogmático, que vive nas mais altas intuições do espírito e jamais nos dogmatismos religiosos, alimentei sempre e ainda alimento vivida esperança no ser humano. Esperança de que o Oriente e o Ocidente transijam no bom sentido e construam, juntos, uma civilização em que o homem não seja vilmente explorado, nem violentado por ativos chicotes ditatoriais de qualquer natureza que sejam... É verdade que reconheço não estar a humanidade amadurecida para viver um sistema social à luz da aplicação de uma *crística ideologia*, como a tratada em meu livro sobre o Cristo. É verdade que, no momento, já há certas tendências de aproximação leste e oeste nos campos da ciência, da tecnologia, da arte e das maravilhosas realizações esportivas demonstradas em belíssimas olimpíadas, de um lado e de outro! Agora, 1990, a da aproximação política, com a queda do muro de Berlim.

Cabe ainda aqui depor sobre a minha natural aversão à prática política, não obstante a tradição familiar, meu pai inclusive. Todavia, a contingência kármica da vida envolveu-me em três revoluções e um movimento político: a de 1922, visando à deposição do Dr. Epitácio Pessoa, motivada por pretextos militares, particularmente decorrentes de uma suposta carta do Dr. Artur da Silva Bernardes, naquele momento candidato oficial à Presidência da República, considerada ofensiva aos militares, à Revolução de 1930, quando já engenheiro civil, mas ligado a alguns oficiais e diletos amigos, visando à deposição do Dr. Washington Luiz; a Revolução de 1932, promovida pelo conservadorismo político de São Paulo, decorrente da influência decisiva das fazendas de café e, afinal, a intentosa comunista de 1935, deflagrada no Rio e no Nordeste, quando já era eu oficial do Exército e comandava uma Companhia Técnica em Recife — 6º CPT. Nas duas últimas revoluções, porém, devo dizer, ao lado do governo, na defesa dos ideais do movimento de 1930, verdadeiramente nacional e que levou ao poder o Dr. Getúlio Vargas. Foi este, o de 1930, um movimento político-militar que empolgou realmente o Brasil, impulsionando-o para frente política, social e economicamente. Sucederam-se, no Brasil, outros movimentos políticos. Em 1937, o chamado Estado Novo, um golpe no integralismo, o fascismo brasileiro; em 1945, visando à deposição do Presidente Vargas e um tanto depois, a decisão de suma importância, tomada pelo ínclito Gen. Teixeira Lott, visando à posse do Dr. Juscelino Kubitschek. Ainda o movimento de caráter puramente militar com o afastamento do Dr. João Goulart e a implantação de um regime militar, o qual perdurou por cerca de 20 anos. Democracia estranha, pois com os presidentes escolhidos pelas Forças Armadas, embora eleitos indiretamente pelo Congresso Nacional, com a vantagem de, nenhum deles, aceitar perdurar além do período para o qual fora eleito. Em todos esses movimentos, eu sempre acompanhando, sem deles participar, porém interessado pelos problemas nacionais, que os estudara bem na Escola Superior de Guerra, nos idos de 1960, sempre os apreciando e acompanhando, até agora. Não obstante os desacertos do governo Figueiredo e a campanha democrática liderada pelo Dr. Tancredo Neves, alimento esperanças em que se afirme, em nossa Pátria, em curto espaço de tempo, uma democracia avançada, estável e de tônica social verdadeiramente cristã!...

Vale finalmente recordar alguns fatos estranhos, já mencionados e aqui rapidamente relembrados, os quais me autorizam a perguntar: "Será que já aconteceram com alguém?"

1º) Aos 16 anos, sem saber ao menos armar o fuzil, estar debaixo de fogo cerrado, fuzil na mão e munição, sem saber municiá-lo e como atirar, atônito.

2º) Sem qualquer instrução militar de oficial, nem mesmo de recruta, absolutamente ignorante a respeito, comandar um pelotão de engenharia de transmissões, do lado do Governo, durante a incursão em São Paulo (1932).

3º) Fora do Exército, havia oito anos, sem a ele definitivamente querer voltar, haver sido ao mesmo apresentado, à minha revelia, pelo coronel comandante do Batalhão, sediado em Vila Velha/ES, Eliezer Abbot. Não aceitou ele, nem se conformou com a minha recusa e pressionou-me, publicando em seu Boletim a minha *inexistente apresentação*. A duras penas conformei-me, havendo sido muito, muito feliz.

4°) Ainda engenheiro do Estado do Espírito Santo, sem estar à sua disposição (veja-se isso impossível numa situação normal no Exército), pertencer ao quadro de oficiais de um Batalhão de Infantaria do Exército, sem qualquer instrução militar, nem mesmo de recruta e estar, sem saber, havia quase um ano, na Arma de Cavalaria!

5°) O meu General Comandante da Artilharia de Costa/RJ, José Pessoa, incumbe-me de um projeto de paiol semienterrado, estrutura adequada à prova de bombardeio, para ser construído no Forte do Imbuí/RJ. Estudei bem o assunto e a documentação foi encaminhada à Diretoria de Engenharia para aprovação do projeto. Não aceito pelos colegas engenheiros militares, formados pela Escola Técnica do Exército (curso que eu não possuía), foi encaminhado ao seu conceituado professor, da própria Escola Técnica, com o compromisso de aceitarem eles a opinião e julgamento do coronel Müller, ali credenciado e competente professor. Resultado, escreveu ele, devolvendo o processo:

"Projeto excelente! Parabéns a esse oficial, por demonstrar haver aproveitado muito bem o meu curso!".

E eu jamais houvera visto esse coronel professor da Escola Técnica do Exército. Senti grande alegria, ficando muito bem visto na Diretoria de Engenharia.

6°) Como jovem estudante, civil, da Escola Politécnica/RJ, reprovado injustamente, vejo-me, no ano seguinte, aprovado, ajudado decisivamente, muito bem orientado pelo espírito ou a personalidade supranormal de Monge, matemático francês, praticamente o criador da matéria Geometria Descritiva.

O caso, que ao longo deste livro já apresentei bem mais minuciado, assim se resume:

— eu nutria intenso *ódio* ao professor, pois, na época do exame, já estava em condições de ensinar aos colegas e fui reprovado;

— no ano seguinte, ainda em setembro, surge o fenômeno Monge, que me deu, psicograficamente (nada eu sabia de psicografia, ou algo de espiritismo), orientação para a feitura de trabalhos gráficos e apresentação ao professor, da minha inimizade. Tal apresentação representava um alto valor na ficha do aluno. Depois do episódio da reprovação, no ano anterior, nunca mais eu havia frequentado uma única aula daquele professor (a frequência era livre). Disse Monge: "Veja, para os assuntos das três últimas questões, a minha Geometria Descritiva das págs. ... a...". Já mencionei as consequências de tal fato. Como conclusão, relembro que, de tudo isso, resultou ódio transformado em *tolerância e amizade* ao professor e, ainda mais, *início* verdadeiro de meus estudos espiritualistas.

7º) No 3º ano da Escola Politécnica do Rio de Janeiro, exame oral de Economia Política e Estatística, por antecipação especial solicitada por alguns alunos, inclusive eu. Anfiteatro cheio e uma certa tensão, pois o examinador era o professor catedrático da matéria, então diretor da Escola em exercício, avisara que o curto espaço de tempo, desde o final das aulas àquele exame, não teria sido suficiente para aos alunos se prepararem. Isso posto, aconselhou absterem-se os alunos da concessão especial, advinda de autoridades superiores, com a qual não concordava. Apesar disso, apresentamo-nos seis alunos.

Era eu o segundo da lista. O professor recebeu mal o primeiro, ridicularizou-o bastante e o fez sair, praticamente reprovado. Apresentei-me e ouço do professor: "Sr. Uchôa, a sua prova escrita está péssima".

De imediato, respondo:

— "Sinto muito, professor, mas não estou de acordo com o senhor; a minha prova nem está regular, está boa e mesmo muito boa!".

Ele ficou estupefato. E eu ainda acrescentei, em voz alta, com petulância:

— "Se o senhor tiver alguma dúvida, vamos discutir esta prova aqui em público". Minúcias desse fato tão inesperado já foram apresentadas nesta autobiografia.

O professor competente sabia que o aluno estava com a razão e não aceitou o arrogante desafio.

8º) Agora, ainda um pouco do "paranormal", extraordinário, não constante do texto, mas ocorridos na década de 80.

Todos implicam a inaceitabilidade pela ciência atual. O caso deu-se na Casa de Saúde do Dr. Paulo Niemeyer em Botafogo. Uma jovem senhora atropelada, em coma, atingida a cabeça, e mantida viva artificialmente com aparelhos próprios da alta técnica médica atual! Ali, compareço com o meu filho, então Comandante da Marinha Luiz Carlos Krish e a querida amiga Greici Bettâmio Guimarães. Ambiente de UTI, caso afirmado sem esperanças! Pois bem: deu-se, logo após a nossa saída, uma verdadeira revolução orgânica: renasceu a esperança médica e, um mês depois, já eu em Brasília, recebi telefonema do General Bettâmio Guimarães (sogro de Greici, hoje falecido), comunicando-me que o Marechal Acyr, sogro da ex-enferma, desejaria oferecer-me uma recepção na casa do filho, cuja esposa estava completamente restabelecida, para espanto de todos! O que fizera eu? Apenas, como em tantos outros casos, a oração nas puras auras do Senhor Jesus, o Cristo, e na sintonia da presença do meu querido Mestre Philippe de Lyon, como de tantas e tantas outras vezes! Reversão espontânea?

9°) Segue-se outro caso, análogo, aqui em Brasília: uma professora, Carla, do Colégio das minhas netinhas, desenganada, cérebro atingido, coma profundo! No Hospital de Base de Brasília, UTI, com apoio do médico, sem qualquer esperança, três vezes feita a invocação da Luz do Senhor Cristo, restabelecimento completo em uma semana! A professora ainda diz dos belos sonhos que teve, quando em coma.

Ambos os casos reversão espontânea? Como tantas "reversões espontâneas" ocorridas em minha vida? Em tudo isso, o caminho do Encontro da Verdade!

10°) Caso já referido, mas superextraordinário, por isso repetido. Um cisto inoperável na fóvea, membrana delicadíssima da retina de um olho da jovem Sandra, funcionária da Vasp. Havia muito, soube meses depois, sofria com esse problema! Caso inoperável, segundo todos os oftalmologistas consultados.

Assim aconteceu: sem saber da gravidade do caso, aceitei ver a jovem no apartamento do amigo professor Bruno Matarazzo, aqui em Brasília. Em face da promessa do Dr. Joseph Gleber, espírito que operava materializado (e penso que ainda opera) em Caratinga/MG e que me prometeu ajudar-me em trabalhos de cura. Na presença de alguns queridos meus: a minha esposa, Enita, minha nora Regina, Greici e seu marido, presente também o professor Bruno, ao orar, comecei a ouvir nitidamente (no espiritismo se chama a isso mediunidade auditiva): "Como prometi, aqui estou, mas não entendo dessa área: reúnam-se amanhã as mesmas pessoas e à mesma hora, que trarei aqui um colega especialista na área visual!". Suspensa a reunião, no dia seguinte, à mesma hora, todos ali estávamos. Então, ouvi: "Estou aqui e também, o colega especialista". Então, percebi que fluxos azul-violeta passavam pela minha mão e iam ter diretamente ao fundo do olho da jovem paciente. Apenas uns 5 a 10 minutos! Disse-lhe eu então: "Você sofreu um trabalho sério no fundo de seu olho; durante a noite vai doer, mas não será necessário qualquer analgésico". Isso em um sábado e, na 3ª feira seguinte, para espanto do seu médico especialista, estava ela operada, boa, afinal, de tal forma surpreendente. Assim, foi usada uma técnica operatória positiva, impossível na opinião de cerca (disse-me ela) dos 18 especialistas que já a haviam examinado e opinado! Com certa minúcia, repito esse caso, para enfatizar o incrível no encerramento desta autobiografia.

11°) Agora, mais um absurdo, rigorosamente paranormal, inexplicável pela ciência acadêmica, um verdadeiro desafio ao posicionamento científico, em que a ciência humana se supõe como absoluta "dona da verdade", em sua "santa", porém até natural ingenuidade; caso simplíssimo, sem aparente valor, mas capaz de emudecer cientistas ou fazê-los dar as costas por não poderem explicá-lo.

Às três horas da tarde, chegando ao ambiente dos "guichês" da Agência do Banco do Brasil, aqui em Brasília, encontro o jovem amigo Newton, da V turma de formandos da UPIS, instituição da qual sou Diretor-Presidente.

Cordiais cumprimentos e a satisfação do Newton ao me apresentar à senhora sua sogra, Senhora Lindaura, dizendo-me ele da alegria com que me apresentava, desde que sabia do grande desejo da senhora em me conhecer. Realmente, trocamos efusivos cumprimentos. Espiritualista, trabalhava ela em um grupo de doze senhoras, visando a criar, juntas, campos de energia em bem de pessoas necessitadas. Falou-me, então, de centros de energia especialmente próprios, aqui, na região de Brasília, salientando a Ermida D. Bosco, a Catedral e, também, a Igreja D. Bosco na W/3-Sul etc. Perguntou-me se acreditava nesses pontos ou centros com propriedades energéticas especiais. Respondi-lhe que seria possível, mas que eu só tinha certeza de que os verdadeiros centros de energia se encontravam na intimidade da criatura humana: aí, sim, se encontraria o Cristo Interno do Coração de todos nós, o qual disporia, uma vez realizado em nossa intimidade espiritual, de energia ou energias até agora nem suspeitadas pela ciência clássica ou mesmo pela Parapsicologia. Continuamos a conversa em torno de tal assunto. Pouco depois, ao encerrar-se a conversa, reafirmei tudo isso, como uma espécie de conclusão. Então, súbito, a senhora, surpresa e espantada, vê que está com sua mão esquerda, em que mantinha uma caneta *Bic*, com que acabara de assinar um cheque, inundada de tinta azul brilhante e, ao mesmo tempo, a minha mão direita também inundada por tinta da mesma natureza. A sua blusa branca toda salpicada de tinta, a minha camisa também e até o paletó cinza que eu vestia! Ainda mais, uma grande mancha de tinta azul brilhante no piso granítico do Banco. Vimos, então, que a caneta estava sem uma gota de tinta, limpinha, limpinha de verdade! E então, como saiu do interior do plástico da *Bic*, para nossa perplexidade, às três horas da tarde, no ambiente da Agência Central do Banco do Brasil, aqui em Brasília.

Explique a ciência! Não podendo, seja humilde, pesquise e desperte para uma visão superior do Universo e da Vida, inspirada na maior mensagem de conhecimento, filosofia e espiritualidade já recebida pela humanidade, apontando para muito além da mediocridade de crenças religiosas superadas, que só fazem pensar em perdição ou salvação de almas, apesar de Jesus haver afirmado a salvação de todas elas! Refiro-me à mensagem da Teosofia, que conduz a pensarmos muito além do natural e mesmo nobre intelectualismo científico, qualidades de inteligência pertencentes ao "mental" do homem, que jamais levará à penetração da Realidade Divina do Universo Revelado. É preciso ir, de verdade, além, muito além, fazendo despertar o ser humano, em face dos fenômenos do espírito e da existência dos espaços superiores, com a *sua física, a sua química e, até, a sua biologia*. E, ainda mais, quem sabe, com o despertar da *crística visão direta* da intimidade cósmica, em que a alma encontra, de verdade, o Divino, no divino dos seres e das coisas!...

12°) A semi-abóbada celeste dividida em quatro setores pelo símbolo cristão: uma cruz imensa de um azul intenso e brilhante, fenômeno amplamente testemunhado.

Assim aconteceu esse evento, testemunhado, talvez jamais visto pelo olhar humano! Se já aconteceu, em alguma parte, pelo menos, até hoje, jamais houve quem tivesse a coragem de anunciá-lo, testemunhando. Esta autobiografia, conforme consta do prefácio, está cheia, realmente, do paranormal, surpreendente, transcendental de vários campos, mas esse fenômeno, com o qual agora a encerro, cresce demasiado de vulto pelo significado do símbolo cristão, a imensa cruz brilhante no límpido céu da noite, com tantas testemunhas!

Éramos um grupo de pesquisa, postado em certa elevação bem próximo ao Km 22 do trecho da estrada que leva a Unaí/MG, a cerca de 50 km aproximadamente de Brasília. Pequenas e discutíveis aparições luminosas nada valiosas para a vista exigente, objetiva. O tempo passando e passando e, para mim, nada importante na nossa persistente observação. A certa altura, um tanto veemente, falei bem alto para o grupo: "Essa gente de outros espaços parece não ter consciência; nós nos esforçamos, gastamos energia e tempo; estamos aqui postados e, na realidade, nada substancial acontece! Precisamos fazer-lhes um *ultimatum* desde que necessitamos, na verdade, de contatos objetivos, receber instruções que nos tenham a dar e não ficar assim sem nada de importância! Está bem que não nos ofereçam o contato de que precisamos (a veemência da minha palavra foi crescendo), mas, pelo menos, que deem no céu um sinal para valer, um *sinal "decente"*. Mal pronunciei tais palavras dizendo, pois, um *SINAL DECENTE*, ocorreu a maravilha no exato momento:

Um traço de luz azul intensa, brilhante com bordas douradas, surgiu belíssimo, vindo do zênite pela abóbada celeste visível, até o horizonte e ao mesmo tempo, outro traço análogo horizontal, à meia altura, estendendo-se por todo horizonte visível, ambos perfazendo a Imensa Cruz que dividiu em "quatro setores" a relativa imensidade do céu dali visível!

É bom fixar: isso ocorreu no exatíssimo momento em que disse eu, bem alto e com singular veemência: *"Ao menos deem um sinal decente no céu!"* Que de mais maravilhoso poderíamos nós desejar na inesquecível e memorável noite. Fica, outrossim, aqui o depoimento pessoal e, abrindo uma exceção em todo o relato feito até aqui, faço seguir os nomes de várias testemunhas, todas pessoas de reconhecida idoneidade:

— Dr. Fabiano de Cristo, médico, denodado pesquisador, atualmente em Belém/PA, onde se extrema em clínica e trabalhos ufológicos;

— Dr. Hélio Bastos, médico de alta especialização e reconhecida competência na área de Urologia, consagrado clínico em Goiânia/GO;

— Sra. Maria Elias (a Marinha) em cuja fazenda, próximo a Goiânia, extraordinários e inexplicáveis fenômenos luminosos haviam há muito ocorrido, sendo pesquisados por um grupo de Goiânia, ao qual os dois médicos Dr. Fabiano e Dr. Hélio pertenciam;

— Bruno Ludovico, especialista em computação, da área do SERPRO, ao tempo residente em Brasília;

— Sra. Lúcia Dantas, funcionária do Ministério da Cultura;

— Sra. Ruthiel de Azeredo Correa, funcionária do Palácio do Planalto;

— estudante de Direito César Augusto de Medeiros, de meu relacionamento, amigo da família.

Encerrado este extenso depoimento autobiográfico, aqui a minha mui sincera homenagem àqueles que tanto concorreram para que os meus mais de oitenta anos cronológicos possam ser lembrados, por mim, com plena felicidade, essa felicidade que rejuvenesce o espírito, porque se alimenta nas puras auras de um amor que não se define, nem pode medir-se em termos humanos vulgares. Procuro sintonizar, muito sinceramente, em termos de verdadeiro amor e de uma plena amizade que vêm, muitas vezes, do passado e que, às vezes, aqui, neste plano de vida, se inicia e vai certamente para o futuro nesta existência e em vidas que virão. A minha profunda homenagem:

— à queridíssima esposa, Enita, sempre exemplar companheira de todos os dias e momentos felizes de superior e espiritual experiência, em tudo que diz de uma vida conjugai muito, muito feliz;

— aos meus queridos quatro filhos, amigos verdadeiros de sempre e sempre, excepcionalmente devotados aos seus pais, aos quais só têm proporcionado momentos de verdadeira felicidade, pela vida que os tem sempre conduzido nas tônicas de bela inteligência, moral e amor junto aos respectivos cônjuges, filhos e netos;

— aos muito estimados irmãos, entre os quais aqui conto os da minha esposa: Darcy, Dilú, Benita, Néa e José Maria, este já do outro lado da vida. É que os sei todos afinados na verdadeira amizade, que reúne almas karmicamente aproximadas; e aos seus filhos e filhas e respectivos familiares;

— aos muitos queridos "filhos pelo espírito", Ruthiel, Greici e Bettâmio, cujo relacionamento de excepcional amizade, de há muito, me fez vê-los e aos filhos, como prolongamento efetivo da minha própria família.

J. Tadeu Alves.

Final

Encerrando este trabalho, mostro-me poeta posto que, depois dos 80 anos, publiquei poesias de minha autoria, num livro lançado, aqui, em Brasília, e intitulado *Oásis de Luz*.

Assim sendo, acrescento, como parte final deste livro que acabo de escrever, um poema, para o qual fui buscar inspiração na vibração interna do meu próprio coração, cujo título e essência poética, de certa forma, combinam com o presente livro. O poema intitula-se "Busca", que, creio, se harmoniza perfeitamente com esta Autobiografia, "Uma busca da verdade".

Estou certo de que qualquer dos nossos possíveis leitores aprovará este encerramento com tônica e inspiração poética.

Busca

Introdução

Através de aparelhos, instrumentos sofisticados,
Olhamos o muito límpido céu, luzes remotas
No azul escuro de noites estreladas,
Descobrindo plagas celestes, inda ignotas,
Muito além, talvez, do voo do pensamento.
Então perguntamos, pasmos, em tal momento:
Estará o gênio de Einstein superado,
Quando diz 300 milhões de anos/luz o diâmetro limitado
Da celeste esfera contemplada dia-a-dia,
Já tão bem estudada pela Astronomia?
Sim, esta ajudada pela Espectroscopia,
Que permite estudar seguramente tais astros cintilantes!...
E, também, ainda ela ampliada, junto à Radioastronomia,
Que identifica nebulosas, galáxias existentes
A mais de 20 bilhões de anos-luz, vivo esplendor
À vista do homem inda pequeno, mas ativo investigador?
Todavia, Einstein não está ainda superado.
Pois, limitando, mesmo sem condições de definir,
A forma do Universo perfeitamente.
Com tal limitação, abriu perspectivas, visando então
A busca de outros mundos ora provados existentes
Em espaços remotos do céu na imensidão...
Tais mundos são, agora, entrevistos pela Radioastronomia.
Maravilhas siderais surpreendentes
Como um sonho do ser humano, mentes acordadas,

Perspectivas sem fim, tais mundos evoluindo
Harmoniosamente pelo espaço infindo!...
Ainda há mais: a mecânica relativista
Seria superada em face da Ciência, à humana vista,
Se não fosse protegida, afinal,
Pela esotérica Lei do Ritmo Universal,
Que, de início, se fundamenta na ciência física do movimento
De elétrons-massa em vibrações e ondas
De rítmicas oscilações que se sucedem,
De momento a momento,
Na intimidade da matéria e, quiçá, da energia.
Certo, invisíveis, mas cosmicamente harmonizadas,
Explicando ações na própria ciência observadas,
Como se em puras tônicas de beleza
Tão sentidas e mesmo vistas em toda a natureza.
É que a Espectroscopia e a Radioastronomia,
Auxiliadas pelo princípio Dopler-Fizeau,
Dizem, com certeza, de galáxias longínquas,
Deslocando-se em vias imprevisíveis.
Com velocidades sempre crescentes, incríveis,
Afastando-se umas das outras, tranquilamente,
Como se estivessem em um Universo sem fim.
Fatos provados, hoje, no cosmo bem presentes,
Antes, porém, considerados impossíveis!
Tudo isso aquisição do espírito humano, enfim,
Ora indo em frente, em frente decididamente.
Agora, o homem espiritualmente forte,
Em progresso e progresso, até (quem sabe?)
Bem além, muito além da própria morte!...
A seguir, olhamos o muito pequeno,
O mundo microscópio à Ciência revelado.
Que vemos então? O mesmo pasmo, a mesma beleza
Na intimidade da Química e da Biologia, a se mostrar.
Pitágoras, o número presente na matéria, na energia
E na interioridade manifesta da vida primária elementar.
A paradoxal grandeza, plena de harmonia
Da maravilhosa ascensão, como se buscando os céus,
Afastados da Ciência, então, escuros véus,

Podendo o homem do futuro, em pleno amor,
Conhecer o Plano de Deus, o Criador!...
Perguntamos: o que dizer do homem no meio dessa escalada?
Ser pensante: o "EU PENSO, LOGO EXISTO"
Da cartesiana Filosofia?
Privilegiado, sim, autoconsciente, para conhecer
As leis da *Vida Universal* em manifestação?...
Tem feito muito e muito nas auras da Ciência.
Não há dúvida, é preciso reconhecer.
Sim, mesmo em longe futuro, um dia, em sintonia de amor,
Conhecerá o Plano do Divino Criador!
Para não sermos longo em demasia,
Pequenas referências apenas à Ciência e à Filosofia
Na existência brilhante do antigo pensamento.
Pitágoras, Sócrates, Aristóteles e Platão,
Legaram eles do passado grego, geniais,
Muito e muito de ideias e altos conhecimentos.
Caminhos abertos e conceitos universais.
Deixaram já entrever a ideal beleza
Da Vida Divina em pura manifestação
Clara no Universo das Ideias afirmado por Platão,
Certo precedendo a bela física natureza.
Maravilhas, em que todos nós vivemos mergulhados,
Trabalhando, sofrendo a desenvolver o Amor,
Tudo marcado como Divinal Caminho a seguir
Na Luz do Cristo Redentor.
Haveremos de ir em frente, regressando
De passado assim muito distante,
À segurança de Descartes, genial,
Com o seu estudo da forma, a Geometria,
E pelo racional do seu método
Brilhante, no extraordinário de sua Filosofia,
Derrubando preconceitos, dogmas e crendices,
Assim propiciando ao homem atingir o sentimento-razão.
Levando-o, certo da inteligência, um dia, à intuição.
Intuição, virtude mais alta para o conhecer, implicitada
Nas obras de um Leibnitz, Bergson ou Ubaldi, consagrada,
Abrindo-se o homem feliz, então, a conceitos amplos, Universais!...

Sim, no futuro século, pensamos,
É de esperar-se renascer
A mensagem monádica de Leibnitz, pura, brilhante,
Então, não mais em "harmonia preestabelecida",
Sugerindo equilíbrio, como se em relativa estática dominante,
Mas um "vir-a-ser", em equilíbrio dinâmico realizador
Do Plano de Deus, em vibração de Amor!
Tal virtude espiritual, a intuição,
Por Bergson e Ubaldi enaltecida.
Afirmar-se-á, muito breve, necessária na humana lida,
Nos caminhos às vezes tortuosos
Da escalada em nossa vida,
Buscando o *Cristo e Senhor*, plenitude de Excelsa Luz
Infinitamente clara, divinal, na Palavra de Jesus!

1ª Parte

Antes de ir em frente nestes versos
Talvez não inspirados,
Somos levados, sem dúvida, a escrever
Sobre a Presença de Jesus por ele prometida.
Sim, teremos que dizer da feliz certeza
De textos claros, consagrados,
Contidos no seu Evangelho de Amor e Caridade.
Assim, também, de sua *Augusta Presença* não desmentida,
Cumprindo a promessa: *estar entre nós*.
"Espírito da Verdade", "Espírito Consolador",
Em cósmica sintonia, manifestada
Na vibração mais pura do Divino Amor.
Mesmo que muitos e muitos, nesse mundo do futuro,
Não o reconhecessem e não lhe ouvissem a Voz!...
Seguramente, Sua Voz, há muito, já nos fala
Do ainda semioculto Governo Superior, Espiritual, da Terra,
Em ambientes certos à nós, à humanidade, já revelados
Em cartas e palavras de Mestres Ascensionados,
Tocadas do divino amor que Ele, o Cristo, demonstrou
Na Palestina antiga, em discursos de ensinos inspirados
Na verdadeira Caridade e plenos de Amor Puro,
Chave perene do Crístico Amor, antes, agora e no futuro!...

Agora, ainda sentimos a necessidade de voltar
À suposta ameaça de Einstein superada,
Assunto de possível espiritual significação,
Devendo buscar a transcendental razão
Da verdade de galáxias correndo, já antes mencionadas,
Em espaços distantes,
Imaginando-se não poderem regressar?!...
Pensamos voltarão ao ponto de partida disciplinadas,
Segundo a Lei do Ritmo, já referida,
Como básica na Física em geral,
Sugerindo podermos vê-las em termos do Universal.
Sendo assim, regressarão elas aos pontos de partida
Em novas vias imprevisíveis
No espaço remoto, vias impossíveis
De nós, humanos, agora, podermos conhecer.
Pela ciência nossa, ainda pequena, limitada,
À inteligência apenas, certamente
Pela intuição um dia superada,
Esta cosmicamente bem mais avançada,
Levando superior e cristicamente
A ciência de agora a renascer!...
Deverão retornar, pois, tais galáxias
Segundo a Lei do Ritmo Universal,
Depois da "fúria" do apressado movimento,
Regressando, como foi dito, ao inicial momento
Da cósmica partida, agora concentradas
Como antes, no futuro de então, novas, muito brilhantes,
Segundo novo conceito de tempo, agora, indiscutível,
Além, muito além, do que, neste momento, é "impossível".
Voltarão, sim, a errar pelos longínquos céus
Quem sabe? Seria ou será a Lei de Deus?!...
Trataremos, agora, da conjuntura e responsabilidade
Dos que têm ou julgam ter autoridade
Indiscutível na vida política e social:
Cientistas, filósofos ou entidades, em geral,
De pastores católicos, luteranos de quaisquer matizes.
Convidando-os a mui sinceramente
Buscarem, isentos de paixões, mentes despertadas,

Em tônica de amor, encontrar as verdadeiras raízes
Do pensamento e do humano amor nos albores
Da vida humana, mesmo que, inconscientemente,
Visando ao espiritual certo imanente,
Que vem do Divino Poder, em nossa vida.
Encontrarão ativos, sempre operantes, Grandes Instrutores
Nas tradições que informam a humana história,
Traçando ao humano espírito caminhos para a glória
Que virá, certamente, coroando suas jornadas,
Ao palmilhar sendas difíceis, mas iluminadas,
Uma vez transposta a porta estreita, o umbral da iniciação,
Bênção de amor para os que se realizam no ápice da escalada.

2ª Parte

Prosseguindo, em tônica de sinceridade,
Outros aspectos da interrogativa, suposta realidade,
Considerando os dados objetivos da ciência,
Quando, normal e habitualmente, são buscados,
Mesmo que só conjunturais sejam encontrados,
Sem as virtudes das racionais Filosofias,
Bem longe da vista ou do encontro de cósmicas harmonias!
Vejamos: a Mecânica, Ciência do Movimento,
Base primeira da Física, bem estudada
Nas escolas e academias neste momento
Da transição de séculos tão esperada.
Apresenta leis de valor indiscutível.
Assim, inicialmente, logo veremos
A Lei da Inércia de valor inestimável,
Regulando condições inexoráveis, como sabemos,
Do equilíbrio estático e dinâmico
Segundo o enunciado que conhecemos
Do grande Augusto Comte, consagrado:
Resistindo a perturbações "exteriores".
Tal lei pode e deve ser vista em níveis Superiores
Pela inteligência humana lúcida e atuante
No sentido de conhecimentos e emoções
Nos planos mais elevados em que se consagram as opiniões.
Sim, tal lei em suas disposições consideradas,

Pelo justo raciocínio analógico aplicadas,
Fixa muitas vezes estáticas, semi-paradas
Atitudes, crenças e convicções,
Explicando preconceitos e dogmas das religiões,
Até das ciências em marcha, perturbadas,
Dificultando positivas científicas transformações.
Há, porém, duas outras leis na Física e na Química,
Também presentes na Biologia, enfim,
Que fazem romper resistências tão naturais,
Revelando-se em impulsos para o progresso sem fim.
Com realizações consagradas certo, bem definidas.
Conduzindo à real beleza de vistas universais,
Desde os âmbitos físicos e biológicos
Às condições por nós vividas, psicológicas,
Incluindo-se aí, também, o mundo da filosófica opinião
Inspiradora, sem dúvida, da ciência em ascensão!...
Primeiro, é a lei da dinâmica do "vir a ser"
Que rege o evoluir até para o saber,
Por Spencer tão bem enunciada, a Lei da Evolução:
"A evolução consiste do homogêneo simples,
Contínuo, indefinido
Chegar ao complexo, heterogêneo e definido".
A seguir, a Lei da Ação e Reação de Newton,
Que lhe permitiu elaborar a Mecânica dos Sistemas,
Grande passo nesta área da Física, seguramente,
Lei ampliada por Comte à Lei da Equivalência.
Assim, "A toda ação corresponde uma reação equivalente
Desde que ambas sejam bem-medidas, certamente,
Conforme a natureza de cada conflito".
Tais leis regulam, então, a condição
Dos seres e das coisas à íntima transformação
Da matéria, da energia, da própria vida espiritual;
Aqui a Lei do Carma, da moral responsabilidade,
Sendo assim, na verdade, universal,
Vê-se essencialmente dinâmicas, presentes,
Sempre operantes
Nos campos da energia, da matéria, da Biologia,
Até da esotérica Filosofia,

Promovendo, no espaço-tempo, transformações necessárias.
Essas leis, como a da inércia, todas estão pelo raciocínio
Analógico, científico, antes mencionado,
Em nível superior de opiniões e preconceitos já citados,
Dogmas filosóficos e das religiões
Das discriminações, enfim, científicas empedernidas,
Ameaçadoras das ciências, às vezes, quase paradas,
Como satisfeitas, nessa estática situação,
Apesar de observações e de experiências, consagradas.
Sim, elas governam a sequência das humanas realizações.
Sendo assim, é de ver-se, na própria história,
Mil e quatrocentos anos foram vividos
Desde os epiciclos de Ptolomeu e suas celestes esferas
De estrelas e estrelas nos límpidos céus distantes,
No centro do mundo colocada, sobranceira.
Até Copérnico ver, bem claro a esteira
De sua translação em elipse solar,
Segura, perfeita, impressionante!...
Todavia Copérnico se cuidou e, silenciosamente,
Guardou tal conhecimento bem oculto,
Até que, bem depois, surgiu Galileu, impavidamente,
E ao mundo revelou essa verdade, resoluto,
Enfrentando, sabe-se bem, perigo real de vida
À vista da Inquisição. Nobre, corajoso,
Pois tal ensino demasiado afrontoso
Seria à Igreja, como que negando Deus.
Mesmo que o novo conhecimento estivesse tão bem provado,
Haveria de ser por todos humanos claramente renegado!...
Fez bem Copérnico, atrasando nesse ponto, a Astronomia,
Receoso dos severos dogmas conservados,
Inspiradores do Santo Ofício (ainda existentes?)
Na intimidade do Vaticano tão bem guardados...
Naquele tempo, supôs ele, Copérnico, certamente,
À fogueira, sem dó, seria levado,
Às chamas ardentes da Inquisição,
Como acontecera, antes, a Giordano Bruno, seu irmão
De crenças, de ideais avançados, conducentes à Maior Luz,
Ao sempre presente luminoso espírito do Evangelho de Jesus.

3ª Parte

Muito depois de tal avanço da Astronomia, a história,
A dinâmica Lei da Evolução, sempre presente, operante
Silenciosamente, nos bastidores do saber
E também, nos do filosófico-social,
Preparou a sanguinolenta glória
Estranha, bem difícil de compreender:
Sangue e glória, união sem dúvida paradoxal,
Extraordinária no campo político-social,
Nos pródromos, ebulição e tempestade
Da sangrenta Revolução Francesa,
Derrubando arcaicas, peremptas estruturas,
Visando, por seus líderes exaltados,
Talvez em excesso polarizados,
À *Liberdade*, à *Igualdade* cristãs de real beleza
Para o homem livre das gerações futuras.
Sim, havia chegado o século XIX, a princípio turbulento,
Com explosões de guerras na Europa em toda a parte.
Século que muito viu da espada de Bonaparte,
Invadindo países, um furacão, dominando povos,
Deixando, porém, em sua impressionante esteira,
O seu Código de Leis tão próprias,
Necessárias aos tempos novos!
Viu tal século a maravilha da espectroscopia
Pelo gênio de Newton como pré-anunciada
Na beleza impressionante do espectro solar.
Agora, porém, há muito, desafiando Comte, que dizia
Jamais a ciência humana certo conheceria
A vida, a intimidade do belo mundo estelar,
O mundo de luz, maravilhoso, das estrelas.
Haveria que conformar se com apenas vê-las
Brilhantes na pura luz delas emanadas!...
Surpreendentemente, porém, a Espectroscopia
Iria à frente, em verdade, vitoriosamente.
Permitiu estudar bem, quimicamente.
A natureza de sua estrutura material
Através da luz por elas irradiada,
Conhecendo-lhes bem a intimidade,

Surpreendendo, assim, tão longe, a unidade
Substancial da energia e da matéria em manifestação!...
Permitiu até conhecer-lhes nascimento,
Vida e morte, tudo, enfim, um conhecimento
Antes impossível à ciência, de fato, em ascensão!
Tal a verdadeira, imensa colaboração ao desenvolvimento
Do espírito humano buscando os céus.
Desfeitos, sem dúvida, espessos véus.
Da ignorância humana antes conformada,
Apesar de olhar para o alto deslumbrada.
Permitiu ainda tal ciência muito e muito mais,
Na mágica sintonia de buscas universais.
Agora, parece até, com vistas mais profundas,
Permitindo conhecer do atômico-molecular a interioridade
Da nossa Via Láctea ,quase sempre em nebulosidade,
Na condição também dos "impossíveis".
Sugerindo a natural, talvez cósmica uniformidade
De análogas intergaláxicas profundidades!
Foi este século XIX, é justo assinalar,
De progresso notável, singular
Nas várias áreas aqui consideradas.
Viu Lavoisier, o gigante da matéria
Com suas virtudes no âmbito da transformação
Como soe acontecer na química "reação",
Segundo princípio, quiçá, universal:
"Na natureza, nada se perde, tudo se transforma",
Verdade essa na ciência indiscutível,
Mesmo que a matéria tome uma outra forma,
E até outra estrutura, sempre que possível.
Viu tal século Marx, Kardec, Crookes e Blavatsky:
Marx brilhante, genial, em sua luta pelo operariado.
O bem social em face da sofredora sociedade
Imersa então, agora e talvez no amanhã,
Em discriminações inevitáveis certo anticristãs!...
Kardec muito culto, didata, criterioso
Iniciou sensato, o estudo da Paranormalidade.
Espírita convicto, sem dúvida corajoso,
Dizendo da Nova Palavra de Jesus à humanidade!...

Crookes, o químico-físico da matéria radiante.
Com decidido apoio de seus pares, cientistas de escol
Decidiu estudar fatos, dizia-se, impossíveis à luz do sol:
Materializações de um ser fora da carne, Kate,
Tipo de mulher, por ele habilmente fotografado
Em ambiente, com rigor, bem controlado.
Era Kate, um tipo de mulher bem apresentada,
Em roupagem branca, muito delicada, sedosa,
Dizendo-se missionária, havendo que sofrer,
Apesar de parecer feliz, ali tão bem vestida,
Como qualquer jovem, quiçá, muito vaidosa,
Em face da missão por ela aceita, recebida.
E Blavatsky a intrépida russo-polonesa,
Trazendo ao mundo da inteligência, do amor e da beleza,
Mensagem brilhante de divinal grandeza,
Palavra assintonicamente espiritual
De Excelsos Mestres Ascensionados,
Muitos dos quais vivem nos Himalaias altaneiros.
Tal mensagem, ensinos à humanidade dedicados,
Que vêm de níveis muito, muito elevados,
Não transitórios, conjunturais, apenas passageiros,
Mas permanentes, de altíssimo valor,
Para os homens no futuro iluminados
Nas auras puras do Evangelho do Senhor!
Do humano evoluir não poderia
Omitir a participação enigmática,
Poderosa e sutil da Maçonaria
E das arcanas Escolas Iniciáticas...

4ª Parte

Voltomos ao século XVIII,
Quando a máquina a vapor foi primeiro construída;
Revolução Industrial de inestimável valor.
A Inglaterra indo em frente com o domínio do Calor.
A esse tempo, Galvani, a Eletricidade,
A corrente elétrica por ele descoberta
E, logo após, energia concentrada
Na pilha de Volta acumulada...

Entramos no século XIX, com sucesso,
Nos campos da humana existência,
Num avanço notável da ciência,
Um salto extraordinário de vivido progresso.
A eletricidade de Edson, gerada e distribuída
Em luz e outras formas de energia,
Tornando a vida humana enriquecida
No trabalho, no lar, no dia-a-dia....
A Enciclopédia, Diderot, inspiradora fonte
Do gênio científico-filosófico de Comte...
O socialismo de Marx bucando inspiração
Em Hegel, grande filósofo clássico alemão...
Da ciência humana, não pode aqui ser esquecida
A figura do grande Darwin enriquecida
No belo campo da Biologia:
Então o transformismo das espécies conduzindo
A ver-se, afinal, toda vida evoluindo
Paradoxalmente, à intrínseca Unidade
Que virá da atual multiplicidade
Das vidas diferentes, hoje em ascensão,
À unidade maior, espiritualmente Universal! ...
Sim, tipos iniciais de vida ou espécies assinaladas,
Pela evolução constante em tipos ou raças transformadas
Sem dúvida, superiores como que magicamente assim levadas
Por constante *Impulso Energético Realizador*
Às esotéricas sintonias do *Cósmico e Divino Amor!*...
E, nesse século, Pasteur, o grande sábio da Microbiologia
De grande e múltipla importância, inclusive na cirurgia,
Defesa da vida humana continuamente ameaçada
Por vírus, vidas primárias, invisíveis, mas em atividade
Bem nociva ao viver normal da humanidade.
Chega, afinal o século XX
De Einstein, Planck e seus seguidores,
Da Relatividade, dos "Quanta, tudo em brilhante luz,
Ora em termos da viva e excepcional autoridade,
Visando aos planos mais elevados, em que transluz
A humana inteligência em busca de científicas claridades:
Aspirando a conhecimentos avançados,

Os cientistas, sem dúvida, mentalmente mais preparados,
Em busca de fatos da ciência muito elevados
E, também, da mais alta Filosofia,
Sensibilizando prestigiosas Academias
Por via da Lei da Inércia, porém, quase paradas,
Apesar de saberem dever perlustrar as vias
Dos múltiplos caminhos que lhes aponta a História!...
Eis, aí, pois, o dever inalienável: caminhar
Caminhar sempre, almas acordadas,
A evolução imanente, promovendo a glória
De um futuro feliz, em luz de belas alvoradas!...
Trataremos, ainda, do atual século de científica luz,
Dizendo de algumas outras vistas envolvidas
Em áreas semelhantes ou diferentes
De pesquisas e estudos transcendentes.
Começaremos lembrando Jung e Freud,
Ambos verdadeiros gênios nas áreas psicológicas,
Buscando o lado oculto das condições biológicas
Do humano ser físico e social,
Perfazendo o homem, enfim, certo, integral.
Freud, com a Psicanálise, dos abismos do Inconsciente,
De inicial sexualidade, profunda,
Chegando aos tumultos naturais do consciente,
Seguro de achar-se, assim, tão baseado,
No resolver problemas do homem desequilibrado,
Quer no âmbito próprio, quer no social.
Psicanálise, método de cura, genialmente apresentado.
Jung, discípulo de Freud, inicial,
Parece ver, mais claro que o Mestre, o universal:
Do ímpeto da vida, não só pelo sexo impulsionada,
Mas, também, por tendências
Ou aspirações indefiníveis, transcendentes
Como que de um divino a realizar-se sempre imanente
À criatura humana em busca de arquétipos anteriores
Decorrentes da Mentação Divina impulsionante
À destinos realmente superiores.
Freud, a Psicanálise, método de grande profundidade
E paradoxal altura, inteligência cintilante

Demonstrada em terapia notável, mesmo brilhante,
Trazendo muitos sofredores à plena normalidade!...
Jung a Psicologia Analítica voltada à condição humana,
Considerando bem mais ricas bases para a existência
Do ser humano nas vias do progredir,
Como a preparar-se uma nova ciência
A realizar-se buscando formas ideais.
Formas ideais já inseridas no Universo de Platão,
Universo de Ideias, capaz, de um dia,
Promover o melhor biólogo e social nas auras do porvir,
O homem então feliz na sociedade, com vistas universais,
Plenamente conquistada a espiritual e cósmica harmonia
Atingida pela humanidade nas vias do eterno progredir!...
A seguir, o brilhante gênio de Flammarion
Em via e acentuada sintonia
Com o científico espírito de Charles Richet
E do eminente cientista Oliver Lodge,
Muito bem conhecido físico, investigador
Das áreas transcendentais, sempre difíceis de conhecer,
Quando lhe surgiu surpreendente prova de filial amor:
O filho capitão, que ele, Lodge, perdera
O qual decididamente, supõe-se, resolvera
Demonstrar-lhe, ao pai, seguramente
Em outro nível certo mais sutil, superior,
O que conseguiu, disse, com inaudita dificuldade,
Com fatos convincentes, incisivas demonstrações e muito amor
A seu pai, tudo marca perfeita de sua real personalidade.
Tais fatos por Lodge apresentados
Em livro-depoimento "Raymond",
Confirmaram sentenciosas afirmações de notáveis cientistas,
Inclusive do cintilante espírito de Camille Flammarion.
Tal ocorrência, grande, imensa surpresa para Lodge
Bem conhecido em área tão sutil
Por suas exigências e rigores,
Assim também para os demais pesquisadores
Da mesma área de fatos apaixonantes,
Todos notáveis autoridades da ciência, brilhantes.

5ª Parte

Sem devermos estender-nos, aqui, de forma exagerada,
Alguns pontos, ainda, da ciência, ao tempo, consagrada,
Confirmando a Metapsíquica, a "Grande Esperança"
Do prestigioso gênio científico de Richet:
Lombroso, Acksakoff, Morselli, Delanne, Paul Gibier,
Também Ernesto Bozzano, sem dúvida, indiscutível
Grande pesquisador de fenômenos do "impossível".
Ocorre ainda lembrar Crawford com sua "Mecânica Psíquica"
Confirmando amplamente de Richet a Metapsíquica.
Surgiu também neste século XX
De estudos intensos da Paranormalidade,
O emérito Professor Rhine de famosa Universidade,
Que, cientificamente, com critérios matemáticos,
Confirmou setores muito importantes do metapsiquismo,
De fenômenos supranormais do parapsiquismo
Provadamente livres de tempo e do espaço.
Talvez então, ou certamente, de níveis mais sutis,
Outra ambiência natural, quiçá, do Hiperespaço,
Já antes suspeitado por Frederico Zöllner,
Para explicar suas transcendentais experiências
Desafiando, é evidente, os princípios clássicos das ciências!...
Agora, teremos ainda de tratar
Da ciência deste século em vivida ascensão,
Sob muitos outros aspectos diferentes,
Mas em brilho inegável, é preciso proclamar
À própria ciência em marcante evolução.
No fim do século passado,
Pelos irmãos Lumière apresentado,
Imagens fotográficas com rapidez suficiente.
Com técnica adequada, sucedendo-se,
Eis o cinema, o vulgo então sempre admirado,
Demonstração de uma ciência bem presente
Nesse princípio de século XX aqui tratado.
Marconi, o rádio, logo após, surpreendente,
A voz chegando límpida, misteriosa
Rádio e cinema demonstrações puras, valiosas
De real progresso da ciência já alcançada.

Ainda é de ver-se, nos primórdios deste século
A vitória provada, em face da gravidade,
Grande, não há dúvida, extraordinário passado,
Ao elevar-se o "mais pesado" ao leve espaço,
Admirando-se os povos cultos em geral,
O Gênio de Santos Dummont, tal realidade
Oferecendo ao homem atônito, surpreendido,
Principalmente por tais objetos nesse espaço
Segura e inteligentemente dirigidos!
Eis aí, então, a Aviação, glória humana perigosa,
Pois une povos em verdadeira festa de beleza,
Mas também os mata em "hiroshimas" pavorosas!
A Aviação então evoluindo,
Eis a técnica dos foguetes alcançada,
Com trajetórias circundando a terra, nunca sonhadas.
E, também, lançando-se ao espaço infindo
Buscando a lua e, quiçá, um dia, outras terras
De vidas como a nossa no meio da escalada,
Plano Divino traçado a outras esferas
Evoluindo, também, nos espaços exteriores
Com destino certo em níveis superiores,
A que todas as humanidades, um dia, realizadas,
Atingirão em tônicas de divinos esplendores.
Bequerel, os Curie, a radioatividade,
Sucesso químico-físico em ação:
A impressionante possibilidade
De curas inesperadas para a humana condição
E de elementos químicos a transmutação.
Problema científico, há muito, em equação.
Logo após, a célula fotoelétrica descoberta,
Sem dúvida, aquisição científica maravilhosa
Transformando luz em som e vice-versa,
A inteligência humana verdadeiramente aberta
A perspectivas extraordinárias de beleza sem igual.
Magia das imagens fotográficas falando,
A maravilha do cinema falado
E da televisão quase apontando ao supernatural,
Estendendo-se, rápido, a todo mundo, universal.

Sim, a técnica avançada da televisão,
Científica e socialmente controlada,
Há de servir muito e muito à educação,
À aproximação crística, sem dúvida, de todos os povos,
A qual deveria ser o objetivo maior dos tempos novos!
Também ainda neste século o demonstrado horror
Da terrível segunda guerra mundial,
Em sua fúria nazista, ou de Nietzche, descontrolada!
Fermi e Openheimer, a energia atômica liberada,
Verdade prematura, mas aí presente,
Ameaçando a própria humanidade,
Ainda nada realmente espiritualizada,
De súbito, destruí-la como infernal vulcão,
De jamais visto poder de fogo abrasador,
Aceso pela mente e as paixões humanas
Nas tristes, escuras e densas auras da *Ambição!*...
Neste século ainda, outras conjunturais verdades
Para no encerramento deste poema anunciar:
Jurgenson, vozes humanas ancestrais,
Linguagens desconhecidas
Gravadas na floresta,
Quando procurava sons de pássaros a cantar.
Surpresa inaudita, alegria irradiante,
Descoberta sem par, sentido de outras vidas!...
Logo depois, o pesquisador alemão Raudive
Comprova o fato, com técnica eletrônica perfeita, delicada,
A verdade de *Jurgenson*:
No invisível a voz humana sobrevive!...
Eis aí, pois, aquisição científica muito avançada.
Ainda há mais, porém:
O casal russo Kirlian conseguiu fotografar
Estranha energia do ser vivo irradiante.
Planta, animal, o ser humano seguramente,
Chegando afinal à científica evidência,
Um tanto revolucionária para o âmbito da ciência,
De existir um corpo invisível, certo surpreendente
Do físico aparente, corpo plasmático modelador
Do homem, do animal, da planta,

Quiçá, da beleza de uma flor!...
E o que dizer da notável tecnologia
Dos computadores abrindo ao homem a fantástica
Possibilidade que a eletrônica lhe propicia
Na brilhante chamada era da informática?
O ritmo célere com que a ciência avança
Nesse campo de programas e memórias
É como um divino impulso que lança
O homem à inexorável porvir de excelsas glórias...
Para cumprir esse destino já se modifica a tônica
Da ciência até bem pouco limitada
Mas que se amplia, por exemplo, com a Psicotrônica
Sendo aceita, progredindo, valorizada...
Este é, outrossim, o século da Ufologia,
Que estuda e diz da impressionante realidade
Da presença, entre nós, de seres não humanos
Ostentando, porém, a humana forma,
Supostos virem de mundos solares e extra-solares,
Fatos com que a ciência nossa, restrita, não se conforma
Por nada poder explicar, mesmo que sejam aos milhares:
As condições das viagens realizadas
Em naves estranhas impulsionadas
Por energia e técnicas ainda humanamente ignoradas?
Deslocamentos à velocidade de anos/luz, incríveis,
Quando provenientes de mundos estelares,
Considerados pela nossa Ciência tão impossíveis!...
Também, condições organo-psicológicas
Neles presentes, talvez afrontosas à humana ciência?
Tudo isso o interrogativo problema da Ufologia,
Bem acima, talvez, de qualquer das nossas experiências,
Ciência que será abrangente de todas as ciências conhecidas
Do mundo físio-bio-psicológico
Ao elevado mundo da Filosofia
E, também, ao da Espiritualidade.
Sim, ao fim deste século, talvez essa nova Ciência
Levar-nos-á a uma brilhante Hiperciência, em verdade,
Abertura, certo, à cósmica Sabedoria
Do ensino antigo, porém, novo, da Maior Espiritualidade

Do Cristo-Jesus, Budha, Krishna, Viasa,
Todos Avatares devidamente sintonizados,
Oferecendo tal Ensino Superiormente Iluminado.
Assim pois, nesta transição de séculos, a esperança
De que nos chegue à mais profunda intimidade,
Ao cósmico, espiritual Coração da Humanidade,
Tão extraordinária e luminosa herança,
O verdadeiro homem do próximo ou mais remoto "amanhã",
Tranquilo, superfeliz, em brancas roupagens, brilhantes
Quer sejam de Devas ou de Anjos cintilantes,
A ir em frente, mas sempre para o alto, impavidamente,
Visando, sem cessar, aos luminosos Céus
Afastados de sua visão, muitos densos e escusos véus,
Para ver, com a mais perfeita clareza, maravilhosa, enfim,
A excelsa manifestação de Deus, a Divina Verdade
Implícita neste poema, agora enfatizada no seu fim,
Todavia presente deste o início:
A Espiritual e Crística Verdade: "*A GRANDE VERDADE*"...

Final

Haveremos de encerrar aqui este poema.
Algo dizendo de Deus, a "*GRANDE VERDADE*",
Poder Divino, jamais, na realidade,
Em palavras humanas definível,
Segundo Flammarion, certo, impossível.
Diz ele em simples palavras, com segurança,
Dever afastar de si o homem tal esperança,
Por ser, em verdade, Deus indefinível;
Para a Ele referir-se, à humana criatura,
De uma humanidade já então mais avançada,
Deverá curvar a fronte e humildemente,
Na intimidade do coração mais pura,
Calar e reverenciar silenciosamente,
Todavia, buscando ainda um poético definir
Pediremos a Raul Machado, nosso antigo conhecido
Desde quase a infância, de belos tempos idos,
Inspiradas palavras, à vista que tinha da ciência,
Para fazer aqui, a Deus límpida referência.

De Deus assim falou o poeta referido:
"É a luz que aclara báratros profundos,
A Dinâmica surda que governa
A engrenagem mecânica dos mundos!
É esse fluido de amor que anda disperso,
Esse vislumbre de grandeza eterna
Que há nas coisas mais simples do Universo!"...
Terminaremos, afinal, este poema, versos tão livres
Quanto pássaros matinais deixando os ninhos,
Muito livres, realmente, como passarinhos
Voando pelo espaço azul, indiferentes
Ao que está cá embaixo dos seus caminhos!
Certo haveremos que encerrar tais versos
Nos quais tanto dissemos das coisas do Universo:
Astros, estrelas, galáxias próximas ou remotas,
Que nos falam em luz de regiões ignotas!
Veio-nos então agora a inspiração
De termos Fagundes Varela invocado,
Lembrando o seu poema brilhante, lapidar,
À sua amada Iná, tão belo, dedicado.
Desse lindo poema usaremos sentimentos,
Frases ou palavras, todas entre "aspas" apontadas.
Daqui para frente, Varela, a Humanidade
E Iná, simbolicamente, "*A GRANDE VERDADE*",
Esta sempre procurada e nunca encontrada
Nas áreas mais altas das Ciências e da Filosofia! ...
Diz Varela à sua amada, na busca para encontrá-la:
..... "Em qualquer parte em que teu espírito esteja,
Minha alma que te deseja não cessará de ir buscar-te".
"Irei às nuvens serenas,
Vestindo as ligeiras penas
Do mais altivo condor,
Irei aos antros profundos
Das montanhas encantadas,
Irei ao reino das fadas
E dos silfos errabundos"...
Indo em frente, ainda diz Varela:
"Se, depois de imensas dores,

No seio ardente de amores
Eu não puder apertar-te,
Quebrando a dura barreira
Desse mundo de poeira
Talvez, Iná, hei de achar-te"!...
Agora, porém, é a *Humanidade*
Que, fala à *Grande Verdade*, inspirada:
Varela à Iná, esta aqui simbolizada
E representando idealmente
A espiritual e Crística Verdade.
Assim fala, pois, a Humanidade:
.... Não cessarei "de buscar-te"
Não "vestirei as ligeiras penas do mais altivo condor"
Nem "irei aos antros profundos das montanhas encantadas"
Mas certo atingirei "O reino das Fadas e dos Silfos"
E Devas, iluminados servidores
Da hierarquia espiritual do amor de mil amores
E, então, afinal, com tal ajuda, sem "encontrar-te",
.... "quebrando a dura barreira
deste mundo de poeira".
Agora, de dogmas e preconceitos despedaçados
Pela Divina Lei pulverizados,
Em "barreira de poeira" transformados,
De poeira, pó sem dúvida transcendental,
E a romperei, vitória sem igual.
Nessa eterna luta para "encontrar-te"!...
Então, eu, a Humanidade, a ti "Iná",
GRANDE VERDADE, certamente,
hei de "achar-te".

Adendo

Estou na madrugada deste 25 de novembro de 1988, entre 4 e 5 horas da manhã.

Talvez, em decorrência de explícito e bem incisivo conselho do meu primeiro filho, decidi relatar, ainda, o fato transcendente a seguir.

Devo dizer da essência do acontecimento superior, pois adveio do ensino silencioso, certo, profundo, do meu querido e Excelso Mestre Morya da Fraternidade Branca. Começarei com a vista pitagórica da ação divina, isto é, do Poder Criador, fazendo vir à tona o Universo que se apresenta às concepções e conceitos do espírito humano como forma, matéria. Tal Universos emerge, desde as formas arquetípicas da matéria sutilíssima do espaço (ou plano) mental superior, através de espaços mais densos, até a densidade das estruturas de coisas e seres do nosso espaço, em que nos sentimos existir. A visão de Pitágoras, destinada à capacidade de abstração do espírito humano, certamente, no futuro, quando a divina Verdade for percebida, até na matemática, há de levar os humanos, a compreender a chamada *Tétrada Sagrada Pitagórica*, aqui sucintamente apresentada e seguida por algumas explicações.

Na figura, aí estão:
O ponto D — O Absoluto Criador
1º Raio — *O Pai* — (DA)
2º Raio — *O Cristo Cósmico* - *O Filho* — (DB)
3º Raio — *O Espírito Santo* — (DC) – *abstratamente, a primeira Energia Divina Irradiada.*

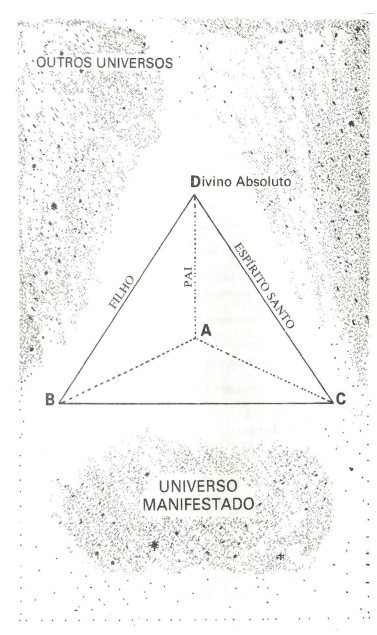

Tetraedro Pitagórico.

Na verdade, tudo se passa, como se fosse, na concepção matemática da mecânica pura (Física Teórica):

a) *O Espírito Santo* (3° Raio) traz a luz ao mundo, vinda dos vários espaços superiores. Essa energia se adensa até à matéria mais baixa de cada espaço inferior (no nosso caso, o reino mineral). Tudo pronto para o Poder Criador operar a manifestação do Universo.

b) *O Cristo Cósmico* (2° Raio, o filho) manipula a Energia-Matéria (a Ciência diz que matéria é energia concentrada) e cria a forma, isto é, faz nascer o Universo, segundo os nossos conceitos, desde os átomos primários de cada nível dos espaços da Manifestação, até o nosso denso espaço em que estamos plenamente conscientes.

c) *O Pai* (1° Raio) impregna a intimidade da forma material, desde o átomo dos sóis, estrelas e galáxias, com Sua Consciência Divina, inicialmente difusa, na elementariedade das coisas e dos seres. Daí, progressivamente, segundo as Leis Divinas, Profundas, até à consciência que se afirma como Autoconsciência já definida no Homem. E prossegue nos Devas, se ampliando aos Adeptos, seres cristificados, a exemplo do Cristo-Jesus, Grande Instrutor do nosso mundo, de todos os povos, nações ou raças da nossa Terra. Neste 1° Raio, o Divino Impulso Teleológico realiza-se plenamente na evolução da manifestação Universal.

Tudo isso, pergunto, não será uma *Verdadeira Maravilha* apresentada à nós, ao Homem?

Devo dizer ainda que, segundo o ensino pitagórico revelado na *Tétrada Sagrada*, o Universo vem à existência no pontilhado abaixo do triângulo A B C. Compreende-se, pois, que o *Tetraedro como um todo é* uma absoluta Inexistência. Então, a inexorável conclusão; Deus não existe, apesar dos Raios Atuantes. Segundo o conceito de existência, Ele é a *Realidade*. Ele é, pois, a *Causa* da existência. Ele não é a *Existência*, pois é a sua *Causa determinante*. Ele é o NADA. Tal Realidade, jamais definível e não conceituável é, enfim, a *inexistência*.

Afinal, depois do até aqui exposto, podemos concluir:

— *Deus, o Criador não existe, mas existem os Deuses*, isto é, Divinas Potestades que advieram dos Próprios Impulsos do

Universal Criador (o 1º Raio, o Pai) que, além da Consciência, confere ao então criado a dinâmica evolutiva, caracterizando uma íntima *teleologia*, visando à *Realização do Plano do Universo*. Então, em termos de *Eternidade*, surgem os Deuses (esses existem) *Planetários, Solares, Estelares, Galácticos*, dos respectivos Sistemas.

Olhando o relativo primarismo de certas Igrejas, com a sua dominante crença em *Satanás, Demônio* ou *Lúcifer*, aquele cujo crime maior teria sido induzir *Eva e Adão*, à luz do conhecimento, a comer o fruto da árvore proibida, daí supostamente a tragédia humana da *"Culpa e do Castigo de Deus"*, ocorre-nos dizer:

a) Há, em Latim, linguagem oficial das Igrejas, o verbo "Ferre" que significa levar, conduzir, cujos tempos primitivos são: *fero, fers, tuli, latum, ferre*.

b) Ainda a palavra latina *Lux, lucis*.

Logo, *LUCIFER significaria Condutor da Luz*. Sendo assim, eis aí o *ESPÍRITO SANTO*, que traz a Luz ao Mundo, segundo a *TÉTRADA SAGRADA PITAGÓRICA*, conforme vimos. Então, confesso a incrível conclusão: trazer a Divina Luz ao Mundo seria obra "do Demônio" das igrejas de Lúcifer — *O ESPÍRITO SANTO* tentando Eva a comer o tal fruto da árvore do conhecimento. Recordo que li, não me lembro bem se em Cesare Cantu ou outro notável historiador, que houve um Papa (talvez Inocêncio III) que dizia "A ignorância é a Santa mãe de Todas as Virtudes". Será mesmo ou há equívoco? Seria, então, o culto da obscuridade, provado na eterna luta das Igrejas, principalmente a Católica, contra a Ciência. E o que foi a Inquisição?

— O fato inicial comunicado a meu filho, do qual resultou essas considerações complementares foi o seguinte:

Dormindo muito tarde, cerca de 1h30mim da manhã, em 23-11-88 desperto, demasiado, insone, inquieto, às primeiras horas da manhã. Estranhei e insisti, procurando adormecer. Impossível. Então, estava eu muito alerta e meio admirado, pois costumava dormir até às 8 ou 9 horas.

Sem qualquer sonolência, eis que, de repente, começo a ter incredibilíssima audição: voz suavíssima, parecendo ser proveniente de muito, muito longe, como se do próprio plano mental. Seria, e foi, um diálogo, excepcional telepático, bem diferente dos que muitas vezes realizei — e referi ao longo desta Autobiografia — durante a investigação ufológica. O mais surpreendente, porém, é que vinha do Mestre Morya, da Grande Fraternidade Branca, com o qual já tivera dois encontros objetivos, um dos quais aqui em Brasília, sob a vista de quatro testemunhas, segundo foi referido!...

Começou dizendo-me: "Sou Morya e quero lhe falar e aconselhar". Fala então na transcendental delicadeza de uma fonia interna não definível ou normalmente explicável. Digo-lhe, de minha parte, emocionadíssimo: "Mestre, estou admirado e felicíssimo!" Continua Ele: "Nesse mundo de vocês, de uma ciência ainda tão materialista em que você foi tão bem formado em matemática e física experimental e teórica, dificilmente poucos têm chegado até nós. Por isso, é preciso que o fruto do seu trabalho, da sua obra, perdure e seja valorizado para o futuro. Não o deixe diluído, espalhado, como que largado ao vento. Com as minhas palavras, você saberá o que fazer, sem precisar que eu diga mais nada". Acrescenta, ainda, o querido Mestre: "Ouça, o Philippe vai falar". Então, eis o Mestre Philippe de Lyon que, conforme se encontra nesta autobiografia, sem que eu soubesse, dos meus 18 aos 48 anos de idade (quando me dei conta de sua presença) me orientou e conduziu para as auras devocionais de Jesus. Estabeleceu-se, outrossim, análogo, sutil e pequeno diálogo, com conselhos e razões semelhantes aos da palavra transcendental do Mestre Morya. Tudo foi mesmo maravilhoso. Ainda foi acrescentada outra palavra, com o excepcional amigo Lumen, do Egito de 1350 anos a.C., época a que cheguei em fantástica e cinerâmica regressão, em plena consciência, já relatada no princípio do Epílogo. Essa é uma amizade decorrente de afinidades conservadas ao longo de mais de 3.000 anos. Pequeno diálogo, ele vibrando de alegria por tal oportunidade das palavras aconselhadoras de tão elevados Mestres, Philippe e Morya. Ao primeiro, como eu, ele se acha, desde o passado egípcio, também muito ligado.

Foi uma manhã maravilhosa.

Segundo a orientação recebida do Mestre, novos trabalhos venho preparando, dentre os quais um pequeno livro sobre a Terapia Transcendental.

Que a Luz prossiga, percorrendo o seu caminho próprio, impulsionando a Eterna Busca da Verdade que a consciência de cada um de nós se empenhará em realizar. Como disse acima, estão em andamento, para breve publicação, as seguintes obras:

1. *Da Paranormalidade*
   – Curas e Fenômenos Transcendentais
   – Fatos Extraordinários, os DVs
2. *Cartas à Você*
   — Teosofia em forma epistolar

O livro de poesias *Oásis de Luz* foi publicado logo após a minha maravilhosa manhã de claro recebimento telepático das palavras dos Ascensionados Mestre Morya e Mestre Philippe de Lyon, os quais me estimularam às duas obras acima citadas como, também, quanto ao "Adendo" a esta *Autobiografia: Uma Busca da Verdade*.

Busquei

(Psicografado pela filha Anna Maria Christina Uchôa Mascarenhas, à caminho de Alexânia/GO, com o pai ainda encarnado e seriamente acamado, em sua residência, em Brasília/DF, cerca de 8 meses antes de sua transição).

Busquei sempre a Verdade
E nos caminhos por que passei,
Encontrei tropeços, dificuldade
Mas, sempre, sempre Busquei!

Por isso, ao final dessa jornada terrena,
Depois de tantas venturas, mas também de sofrimento e dor,
Posso afirmar: só essa Busca traz, ao espírito, a realização plena
E nos permite a transição serena
Para os planos da Luz, da Vida Eterna e do Amor.

Brasília, 6 de julho de 1995

❋ ❋ ❋

As Oitenta Pétalas de uma Eterna Rosa

Por ocasião do aniversário de 80 anos de Alfredo Moacyr M. Uchôa, o filho Paulo Roberto Yog presenteou-o, de surpresa, com um áudio visual sobre sua vida. O trabalho, batizado de "As Oitenta Pétalas de uma Eterna Rosa", constava de 240 slides que reproduziam toda sorte de fotografias que foi possível obter — e relacionadas com Moacyr — inclusive várias guardadas como relíquia com primas dele em Maceió. Hoje, transformado em vídeo, pode ser visto em *http://youtu.be/iTLnMgImveM*.

O texto, preparado pelo filho, teve como base o rascunho do presente livro, *Uma Busca da Verdade: Autobiografia* e aborda, de forma resumida e bastante ilustrada, os 3 principais segmentos da intensa vida de Moacyr: o profissional, o familiar e o espiritual. E o trabalho termina assim:

...Era uma vez uma rosa que nasceu eterna quando a mônada divina fecundou-lhe a semente. Em seu caminho de ascensão, floresceu em incontáveis canteiros, recebendo, em cada um, um nome e uma missão... No dia 21 de abril do ano terrestre de 1906, a Roda de Sansara recolocou-a no mundo dos homens e batizou-a de MOACYR. Uma noite, seus irmãos de jardim comemoraram suas OITENTA PÉTALAS, perfumadas com a pura essência do Divino Amor que já realizou em seu coração... Hoje, ela, a ROSA MOACYR, sabe qual é o seu destino. No mais profundo de seu ser, uma alegria incontida revela a certeza da inexorável FUSÃO COM A LUZ MAIOR... Quando o momento chegar, a ROSA, plenamente desabrochada, desvencilhar-se-á das milhares e milhares de pétalas que ornaram sua corola, para sentir, em cósmica vibração, que EU E O PAI SOMOS UM!!!...

❀ ❀ ❀

Carta ao meu avô

(escrita pela neta Denise, pouco antes do desenlace de seu avô, em março de 1996)

A Terra já pressente a tua ausência.
O verde das árvores reflete o vazio.
Um sopro frio permeia a natureza.
Tudo se cala, solenemente.
Saudade infinita sentiremos de ti.
Pai amado, deixa-nos órfãos.
Deste-nos tanta esperança!
Esperança de vidas sucessivas,
da justiça do Karma... reencarnação...
Ensinaste-nos a estudar os mistérios,

Teosofia, verdades divinas...
Encantou-nos com os anjos, os Devas,
a pureza dos seres ascensionados.
Tuas palavras encheram corações,
plateias, lares, hospitais.
Curastes.
Tuas curas permanecem como prova
de tua fé no Cristo, nos Mestres.
Ser de bondade sem fim...
Sabedoria interior, amor, Divino Amor.
(Tuas qualidades se multiplicam
à tentativa de enumeração)
Deixa-nos órfãos!
Avô, esferas mais sublimes
te aguardam - como a um Santo.
Bem vindo serás!
Os céus se rejubilarão com a tua chegada...
Há muito estás pronto para a Grande Viagem...
Teus Mestres Amados te receberão no Portal,
fiel discípulo que tu és!
Cumpriste cada etapa de tua missão pioneira,
reveladora, única e bela.
Tua vida foi uma trajetória de amor,
Busca e realizações.
Amaste ao próximo como a ti mesmo.
Amaste a Deus acima de todas as coisas...
A força de tuas preces
transcenderam as estrelas
e alcançaram seres de outros mundos.
Que também te ouviram.
Hoje, todos sofrem com tua partida inexorável...
Acompanhe teus Mestres, querido!
Siga teu caminho
iluminado pelo esplendor de tua alma!
Ouça os cânticos que te convidam...
Teus filhos te amarão para sempre.
Tua obra sobreviverá aos tempos...
Nós sentiremos tua falta,

A. Moacyr Uchôa

até que tu venhas nos buscar, um dia...
Vá com Deus, meu avô !
E salve o dia do nosso reencontro,
na Terra ou nos céus.
Nós te acharemos.
É só seguir a luz...

Tua netinha Denise

ALÉM DA PARAPSICOLOGIA
A. MOACYR UCHÔA
194 p. – ISBN 978-85-7618-311-2

O general, engenheiro e professor Alfredo Moacyr Uchôa foi uma figura eminente da ufologia e da pesquisa psíquica no Brasil. Acatado internacionalmente, sua bagagem de pesquisador, parapsicólogo, conferencista e escritor de seriedade incontestável o tornaram referência nas pesquisas do psiquismo e da ufologia transcendental. Sua coleção de vivências nessas duas áreas que se interpenetravam foi notável.

Nesta obra instigante, o prof. Uchôa relata e analisa um conjunto de casos paranormais de que foi participante. Trata-se de depoimentos de vivência real, com testemunhas idôneas, e todos impactantes. No primeiro bloco da obra, apresenta casos extraordinários de cura paranormal de que foi o intermediador. No segundo bloco, fenômenos de efeitos físicos: materialização de entidades, luzes, transporte de objetos e flores, em sessões promovidas no seu círculo de pesquisas e sob rigoroso controle. Eram evidências inexoráveis da continuação da vida e da existência de dimensões além da matéria.

Na última parte do livro, analisa com rigorismo, embasado em sua bagagem científica e amplo conhecimento do universo parapsicológico, as hipóteses cabíveis aos fenômenos que descreveu, postulando a existência de um hiperespaço e um hipertempo, numa realidade mais ampla.

Além da Parapsicologia é um rico acervo para os que buscam o conhecimento do que existe além da dimensão física, bem como um material precioso para os pesquisadores da área, pela clareza, objetividade e análise imparcial de um espírito científico e ao mesmo tempo sensível à amplitude cósmica da vida.

UMA BUSCA DA VERDADE
foi confeccionado em impressão digital, em agosto de 2021
Conhecimento Editorial Ltda
(19) 3451-5440 — conhecimento@edconhecimento.com.br
Impresso em Super Snowbright 70g. - Hellfoss